KB072479

Special Thanks to

세상이 아무리 바쁘게 돌아가더라도
책까지 아무렇게나 빨리 만들 수는 없습니다.

길벗은 독자 여러분이
가장 쉽게, 가장 빨리 배울 수 있는 책을
한 권 한 권 정성을 다해 만들겠습니다.

독자의 1초를 아껴주는 정성을
만나보세요.

홈페이지의 '독자광장'에서 책을 함께 만들 수 있습니다.

㈜ 도서출판 길벗 www.gilbut.co.kr
길벗이지톡 www.eztok.co.kr
길벗스쿨 www.gilbutschool.co.kr

스케치업&
V-Ray
실무 무작정 따라하기

유승우, 조세연 지음

길벗

현장실무표준 NCS 기반으로 한 건축 모델링의 기술
스케치업 & V-Ray 실무 무작정 따라하기

초판 발행 · 2017년 08월 1일

지은이 · 유승우, 조세연
발행인 · 이종원
발행처 · (주)도서출판 길벗
출판사 등록일 · 1990년 12월 24일
주소 · 서울시 마포구 월드컵로 10길 56(서교동)
대표 전화 · 02)332-0931 | **팩스** · 02)322-0586
홈페이지 · www.gilbut.co.kr | **이메일** · gilbut@gilbut.co.kr

기획 및 책임 편집 · 최근혜 | **표지디자인** · 박상희 | **내지디자인** · 김보경
제작 · 이준호, 손일순, 이진혁 | **영업마케팅** · 임태호, 전선하 | **웹마케팅** · 이승현
영업관리 · 김명자 | **독자지원** · 송혜란, 정은주

기획 및 편집 진행 · 방세근(basaebasae@naver.com) | **전산편집** · 김효진, 이기숙
CTP 출력 및 인쇄 · 평화당인쇄 | **제본** · 경문제책 | **CD 제작** · 멀티미디어테크

· 잘못된 책은 구입한 서점에서 바꿔 드립니다.
· 이 책에 실린 모든 내용, 디자인, 이미지, 편집 구성의 저작권은 (주)도서출판 길벗과 지은이에게 있습니다.
  허락 없이 복제하거나 다른 매체에 옮겨 실을 수 없습니다.

ISBN 979-11-6050-213-8 03000
(길벗 도서코드 006904)

가격 34,000원

독자의 1초를 아껴주는 정성 길벗출판사
(주)도서출판 길벗 | IT실용서, IT/일반 수험서, 경제경영, 취미실용, 인문교양(더퀘스트) www.gilbut.co.kr
길벗이지톡 | 어학단행본, 어학수험서 www.eztok.co.kr
길벗스쿨 | 국어학습, 수학학습, 어린이교양, 주니어 어학학습, 교과서 www.gilbutschool.co.kr

페이스북 | www.facebook.com/gilbutzigy 트위터 | www.twitter.com/gilbutzigy

국가직무능력표준을 적용해
현장 적응력을 100% 키워보자!

대학에서 강의를 시작한 지 벌써 9년. 매 학기마다 다른 강의를 하고 싶어 다양한 실험도 하고 교수법과 관련한 교육도 받곤 했지만, 강의에 늘 조금의 아쉬움이 남곤 했습니다. 그러던 중 갑작스레 집필 제안을 받게 되었습니다. 책에 무엇을 담아내야 할까 고민하던 찰나, 2014년부터 진행해 온 국가직무능력표준 개발 사업을 좀 더 표준화된 언어로 정리하고 싶어졌습니다.

우리나라의 많은 사회초년생들이 취업 이후 회사 업무에 적응을 못하고 1년이 채 안돼서 회사를 그만 두는 경우가 많습니다. 학교에서 배운 내용과 취업을 위해 준비한 스펙들은 사실 실제 업무에는 사용하지 못하는 경우가 대부분이고, 일을 하기 위해서는 현장에서 새로운 내용들을 습득해야 하기 때문입니다. 대학에서 강의를 진행하면서 이러한 문제점을 최소화하고자 학생들에게 현장 예제로 수업을 진행하면서 현장감을 익힐 수 있도록 하였습니다. 하지만 현장 예제들은 학생들에게 너무 어려운 과제였고, 그 차이를 극복하는 것 또한 쉽지 않았습니다. 이 책은 이러한 저의 고민을 좀 더 구체적으로 해결하고자 노력한 결과물입니다.

사회초년생이 현장에서 툴을 자유자재로 사용할 수만 있다면 회사 적응은 물론, 자신의 꿈에 한발 가까워 질 수 있을 것입니다. 스케치업은 다른 프로그램에 비해 진입장벽이 높지 않아 배우기 쉽다는 장점이 있습니다. 자신의 목표를 가지고 한 장, 한 장 공부하다보면 어느 순간 여러분이 원하는 위치에 올라와 있는 자신을 발견할 수 있을 것입니다.

많은 자료를 제공해 준 JIADESIGN 전혜미 대표님, CITTA 정상필 대표님, 공회정 대표님께 감사의 말씀을 드립니다. 작은 것까지 세심하게 챙겨준 김해림씨 감사합니다. 항상 든든하게 힘이 되어 주시는 김진욱교수님께 감사드립니다. 그리고 가족들에게 항상 사랑한다는 말을 전합니다.

2017년 6월 저자 유승우

업무 활용도도 높아, 강력한 기능을 탑재한
스케치업 2016+2017을 경험하자!

십수 년 동안 컴퓨터 관련 교육을 진행하며 컴퓨터를 잘 하는 팁에 대한 질문을 받으면, 시간 투자에 대한 이야기를 하곤 했습니다. 원하는 프로그램과 많은 시간을 함께 보내다 보면 어느새 실력이 높아진 나 자신을 발견하게 된다고 말씀 드려왔습니다. 저 역시 직접 체득했던 방법입니다. '책을 읽었는데 이해되지 않으면 100번을 읽어라. 그러면 이해할 수 있을 것이다'라는 어떤 유명한 인사의 말씀에 백분 공감하며 저도 같은 방법으로 공부하고 전달하고 있습니다.

다행히 스케치업은 배우기 쉽고, 활용 분야도 넓은 매우 유용한 프로그램이어서 다른 프로그램과 비교하여 빠른 시간 안에 습득할 수 있을 것입니다. 과거에는 고사양의 컴퓨터에서 실행시킬 수 있는 무거운 3D 그래픽 프로그램들이 많았으나, 3D와 나아가 가상현실이 산업기술의 핵심으로 대두되고 있는 요즘에는 스케치업과 같은 가벼우면서도 강력한 기능들을 탑재한 프로그램들이 주목을 받고 있습니다. 특히, 스케치업은 my.SketchUp을 이용하여 웹브라우저에서도 실행할 수 있어 작업환경에 자유로우며 모바일 기기에서도 쉽게 프레젠테이션할 수 있어 업무 활용도가 높습니다. 더 나아가 홀로렌즈를 이용한 뷰어까지 제공하는 등 지속적인 기술 혁신과 사용자 중심의 업데이트가 진행되고 있으니 매우 유용한 3D 프로그램의 대표 주자라고 할 수 있습니다.

어떤 분야에서도 시간을 투자하는 만큼 그리고 아는 것이 많아지는 만큼 그것에서 자유롭게 즐길 수 있습니다. 이 책이 조금은 더욱 수월하고 빠르게 그 자유의 경지에 이를 수 있도록 도움이 되었으면 좋겠습니다.

부족함이 많은 저에게 집필할 수 있는 기회를 주시고 많은 힘이 되어 주신 길벗 관계자분들께 감사의 말씀을 드립니다. 그리고 항상 응원을 아끼지 않고 마음을 나누어 준 모든 분들께 감사의 마음을 전합니다. 제 삶의 중심인 사랑하는 가족과 하나님께 전심으로 감사를 드립니다.

2017년 6월 저자 조세연

국가직무능력표준 이란?

국가직무능력표준(National Competency Standards : 이하 NCS로 표기)이란 여러 분야의 산업현장에서 직무를 수행하기 위해 요구되는 지식·기술·소양 등의 내용을 국가가 산업부문별, 수준별로 체계화한 것입니다. 즉, 산업현장의 직무를 성공적으로 수행하기 위해 필요한 능력(지식, 기술, 태도)을 국가적 차원에서 표준화한 것입니다.

NCS의 활용방안으로 '현장 중심의 교육과정 개발 및 보급', '훈련기준 및 자격시험 출제기준 개편', '과정 평가형 자격제도 도입' 등 일, 교육, 훈련, 자격연계 등 장기적으로 국가역량체계 구축을 목표로 하고 있습니다.

국가직무능력표준 (NCS)이 왜 필요한가요?

능력 있는 인재를 개발해 핵심인프라를 구축하고
나아가 국가경쟁력을 향상시키기 위해서 국가직무능력표준이 필요합니다.

- 기업은 직무분석자료, 인적자원관리 도구, 인적자원개발 프로그램,
  특화자격 신설, 일자리정보 제공 등을 원합니다.
- 기업교육훈련기관은 사업현장의 요구에 맞는 맞춤형 교육훈련과정을 개설하여 운영하기를 원합니다.

출처 : http://www.ncs.go.kr/ncs/page.do?sk=P1A1_PG01_001

NCS는 현재 직무(건축설계, 실내건축설계)에서 꼭 필요로 하는 업무를 분류하고 업무 수행에 있어 필요로 하는 수행들을 정리한 것입니다. 이러한 수행을 진행하기 위한 지식, 기술, 태도를 정리하여 취업을 준비하는 학생들이 미리 담당업무를 하기 위한 준비를 할 수 있게 합니다. 이는 청년들이 직무에 필요 없는 스펙 쌓기에 열중하기보다, 실제 직무에 필요로 하는 지식과 기술, 태도를 익히게 하기 위함입니다. 이러한 NCS는 최근 공공기관 공채 시험문제로 출제되고 있으며 국내 많은 대기업에서 NCS를 활용하여 직원을 채용하고 있습니다.

이 책은 건축설계, 실내건축설계의 NCS의 건축프레젠테이션, 실내건축설계 시각화 작업 등의 수행에 필요한 지식과 기술을 다양한 사례를 통하여 기술한 책입니다. 특히 실내건축설계 시각화 작업은 실내건축설계 NCS에 가장 낮은 수준으로 실내건축설계 업무에서 가장 기초적인 직업 능력입니다. 이는 실내건축설계 직업을 준비하는 학생들이 가장 먼저 습득하여야 할 업무이며 취업 후 가장 먼저 접하게 될 업무라 할 수 있습니다.

여러분도 이러한 NCS의 취지를 잘 이해하고 이 책을 본다면 더욱 효과적인 학습이 이루어 질 것입니다.

지금은,

* 직업교육 훈련 및 자격제도가 산업현장과 불일치
* 인적자원의 비효율적 관리 운용

국가직무 능력표준

바뀝니다.

* 각각 따로 운영됐던 교육훈련, 국가직무능력표준 중심 시스템으로 전환
* 산업현장 직무 중심의 인적자원 개발
* 능력중심사회 구현을 위한 핵심 인프라 구축
* 고용과 평생 직업능력개발 연계를 통한 국가 경쟁력 향상

출처 : http://www.ncs.go.kr/ncs/page.do?sk=P1A1_PG01_001

기본편_PART 01

스케치업의 메뉴와 각종 툴바의 다양한 기능을 간단한 설명과 예제를 통해 학습합니다. 초보자도 쉽게 이해할 수 있도록 Section별로 나누어 구성합니다.

활용편_PART 02, PART 03

실무에서 가장 많이 사용되는 기본적인 예제부터 고급 예제까지 모델링을 한 후 재질을 입히고 V-Ray를 적용해 좀더 고급스럽게 완성해봅니다.

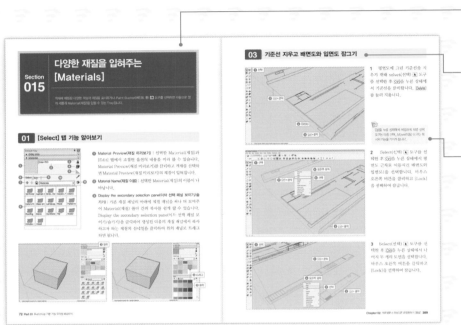

Section

스케치업 2017+2016의 다양한 기능을 Section으로 구성합니다.

본격적인 학습 코너로써 따라하기 형식으로 구성하여 스케치업의 기능을 쉽게 익힐 수 있도록 유도합니다.

Tip

본문의 따라하기 과정에서 참고해야 할 사항을 알려줍니다.

현장 실무 표준 NCS 활용 예제

본문의 학습 내용과는 별도로 실무 활용 팁이나 실전 사용 노하우를 소개합니다.

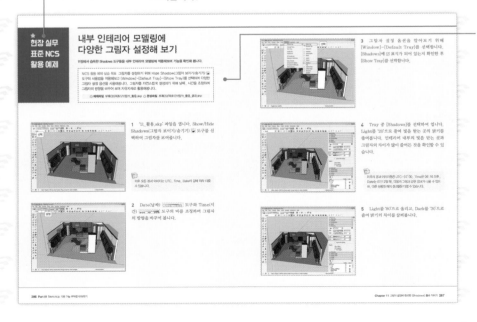

NCS 활용 예제 실습 목표

실제 작업을 할 때 필요한 내용을 실무 활용 표준에 맞추어 설명합니다.

부록 CD 사용하기

부록 CD에는 실습을 따라할 수 있는 예제 파일과 실습 결과를 확인할 수 있는 완성 파일이 수록되어 있습니다. 각 폴더는 '장'별로 구분되어 있고, 예제 파일이나 완성 파일이 필요한 '장' 단위로 구분되어 있습니다. 수록된 예제 파일은 스케치업 2016 버전으로 제공되어 하위 버전에서는 열리지 않습니다.

SOS 독자 지원 서비스

독자지원센터와 함께 공부해요!

혼자 공부하다 막히는 부분이 생기면 지은이와 독자지원센터에 물어보세요.

01 길벗 출판사 홈페이지(www.gilbut.co.kr)를 방문합니다.

02 길벗 홈페이지 회원이 아닌 경우에는 먼저 '회원가입'을 클릭해 회원으로 가입 후 이용하면 됩니다.

03 '독자지원/자료실'의 '자료/문의/요청' 메뉴를 클릭해 게시판을 엽니다.

04 도서 검색에서 '스케치업 & V-Ray 실무 무작정 따라하기'를 입력한 후 〈검색〉을 클릭합니다. '글쓰기'를 선택해 질문을 게시판에 올리면 지은이 또는 길벗 독자지원센터에서 답변을 달아줍니다.

05 부록으로 제공되는 자료도 받아볼 수 있습니다.

Contents

Part 02 SketchUp으로 실제 모델링 무작정 따라하기

Part 03

V-Ray & 애니메이션 무작정 따라하기

Part 01

SketchUp

기본 기능

무작정 따라하기

SketchUp을 처음 익힐 때 필요한 내용을 이론과 따라하기 형태로 자세히 설명합니다.
SketchUp 2016의 메뉴와 각종 툴바의 다양한 기능을 익혀 실무에서 필요한 프로젝트
를 만들 때 쉽게 따라할 수 있도록 구성하였습니다.

Chapter 01

SketchUp 시작하기

스케치업의 장점과 2017의 새로운 기능을 살펴봅니다. SketchUP Pro와 Make의 차이점과 특징을 살펴본 후 설치와 실행 방법을 알아봅니다.

SketchUp의 장점

스케치업은 우리가 상상하고 생각하는 것들을 구체화시킬 수 있는 매우 쉬운 3D 프로그램입니다. 초등학생부터 일반인까지 쉽게 사용할 수 있을 만큼 간단한 작업부터 건축가, 엔지니어, 인테리어 전문가 등 다양한 전문 분야의 사람들이 정교한 작업을 빠르고 쉽게 원하는 모델링을 할 수 있습니다.

01 스케치업의 장점

배우기도 쉽고, 작업하기도 쉽다

3ds MAX와 같은 여러 3D 프로그램들과 비교하여 스케치업은 초등학생부터 일반인까지도 사용할 수 있을 만큼 매우 쉬운 3D 프로그램입니다. 대부분의 아이콘들만 보아도 어떤 작업을 할 수 있는지 알 수 있기 때문에 배우기도, 작업하기도 쉽습니다. 전문 작업뿐만 아니라 간단히 생각 속에 있는 것들을 연필과 노트 없이 컴퓨터에서 바로 3D 모델로 구현할 수 있습니다.

작업이 빠르다

스케치업은 선과 모양만 그리면 Push/Pull 기능 등 다양한 기능들을 통해 빠르게 3D 모델을 만들 수 있으며, 만들어 놓은 오브젝트를 재사용할 수도 있기 때문에 작업을 빠르게 진행할 수 있습니다.

커뮤니케이션이 편해진다

CAD로 작성된 건축도면을 임포트(import)하여 3D로 구현하기에 최적의 환경을 제공하므로 3D로 모델링된 스케치업 결과물을 보면 도면을 읽지 못하는 사람도 쉽게 이해할 수 있어 커뮤니케이션을 원활하게 해 줍니다. 특히, 실제 건축업계에서 상당히 유용하게 사용되고 있습니다.

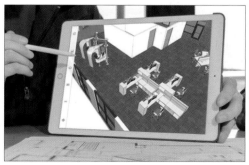

출처 : 스케치업 홈페이지(www.sketchup.com)

사실적 표현이 가능하다

V-Ray, 포토샵, 일러스트레이터, AutoCAD, 아틀란티스, 포디움, 맥스웰, 3ds MAX 등 다양한 렌더링 프로그램들을 적절히 사용하여 더욱 현실감 있고 사실적인 모델링 효과를 낼 수 있습니다.

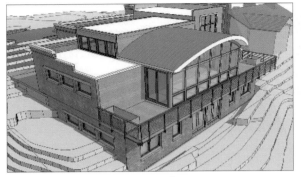 

출처 : 스케치업 홈페이지(www.sketchup.com)

무료 버전으로도 웬만한 작업이 가능하다

스케치업은 〈SketchUp Make(무료 배포)〉 버전과 〈SketchUp Pro(유료 배포)〉 버전이 있습니다. SketchUp Make 버전만으로도 대부분의 작업이 가능하므로 큰 문제없이 사용할 수 있습니다.

무료 3D 모델을 저장하고 공유할 수 있다

세계에서 가장 큰 무료 3D 모델 저장소인 〈3D Warehouse〉를 이용하여 누구나 모델을 저장하고 공유할 수 있으므로, 처음부터 모든 것을 모델링해야 하는 부담을 덜 수 있으며, 본인이 업로드한 작품을 전 세계에 쉽게 배포할 수 있습니다.

출처 : 스케치업 홈페이지(www.sketchup.com)

SketchUp 2017의 새로운 기능

2016년 11월 12일, Trimble사에서 SketchUp 2017을 발표, 배포하였습니다. SketchUp 2017의 새로운
기능들을 살펴보면 더욱 사용자 중심의 편의성과 높은 퀄리티의 프로그램으로 업그레이드되었음을 알 수 있습니
다. SketchUp 2017은 이전 버전들과 달리 윈도우의 경우 64비트 버전에서 설치할 수 있습니다. 설치 가능한
시스템 사양 및 설치 방법은 '1장 Section 004. SketchUp Make 설치하고 실행하기'에서 설명합니다.

01 개선된 그래픽스 파이프라인 2.0

3차원 컴퓨터 그래픽스에서 '그래픽스 파이프라인'이란 3차원 이미지를 2차원 래스터(raster) 이미지로 표현
하기 위한 순차적인 방법을 말합니다. 래스터란 한마디로 한 줄에서 연속된 픽셀들의 집합을 말합니다. 이미
지를 2차원 배열 형태의 픽셀로 구성하고 이 점들을 결합하여 일정한 간격의 픽셀들로 하나의 화상 정보를 표
현합니다.

모델을 빠르고, 부드럽고, 안정적으로 렌더링하는 것은 매우 중요한 부분입니다. SketchUp 2017 버전은
그래픽스 파이프라인을 크게 개선하여 스케치업 파일인 .skp가 있는 모든 곳에서 성능이 향상되었습니다.
SketchUp, 3D Warehouse, LayOut, my.SketchUp, Trimble Connect 모두 부드러운 3D 렌더링을 구현
하는 동일한 알고리즘을 사용하여 모델을 렌더링합니다.

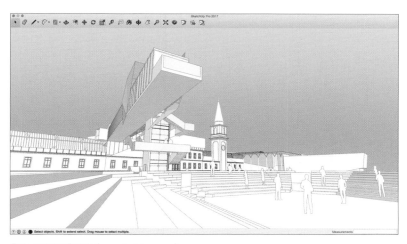

출처 : 스케치업 홈페이지(www.sketchup.com)

향상된 투명도

그래픽스 파이프라인의 개선과 함께 스케치업 모델의 투명도 또한 크게 향상되어 더 빠르고 높은 퀄리티의 렌더링이 가능합니다. 여러 개의 투명도를 표시할 때 더 뛰어난 성능을 보임으로써 여러 개의 투시 면에서도 더욱 실감나게 표현할 수 있습니다. 그리고 X-ray mode에서 투명도 레벨을 미세 조정할 수 있는 기능이 추가되었습니다.

〈Sketchup 2016〉　　　　　〈Sketchup 2017〉

출처 : 스케치업 홈페이지(www.sketchup.com)

03 높은 DPI 모델링

고해상도 모니터(예: Apple의 Retina 디스플레이)에서 스냅 기능과 추정 기능이 향상되었습니다. 가장자리 라인의 두께도 배율이 스마트하게 조정되어 객체를 원하는 대로 조정할 수 있습니다. 이제 고해상도 모니터를 사용 중이라면 화면을 가까이서 보지 않아도 됩니다.

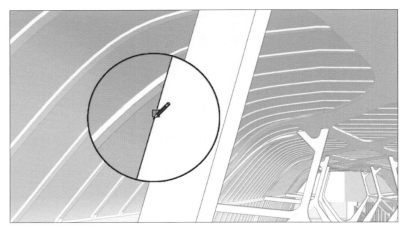

출처 : 스케치업 홈페이지(www.sketchup.com)

04 스마트 Offset 도구

새로운 Offset 도구는 오버래핑 또는 객체를 자가 침범하는 것을 방지합니다. F를 누를 때마다 오프셋을 지웁니다(LayOut에서도 가능합니다).

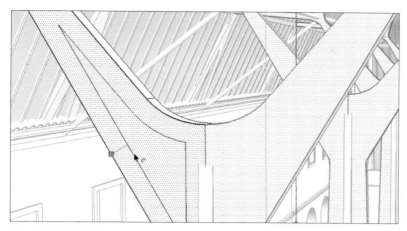

출처 : 스케치업 홈페이지(www.sketchup.com)

05 수직 평면의 추정

'평면에 대한 수직 추정' 기능이 추가되었습니다. 면 위로 마우스를 움직이면 수직을 자동으로 추정하므로 수직에 맞추어 드로잉하기 편리해졌습니다.

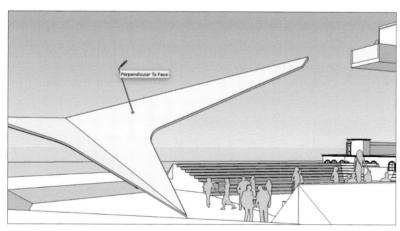

출처 : 스케치업 홈페이지(www.sketchup.com)

06 Rectangle 도구의 축 잠금 기능

Circle 도구, Polygon 도구와 마찬가지로 Rectangle 도구도 화살표 키 축 잠금 기능을 사용할 수 있습니다. 정사각형 또는 황금 분할 비율의 사각형을 찾은 다음 Shift 를 누른 상태로 드래그하면 잠금 기능을 사용하여 드로잉할 수 있습니다.

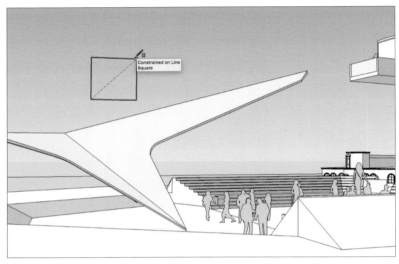

출처 : 스케치업 홈페이지(www.sketchup.com)

07 축과 추정 표시 색상의 커스터마이징 기능 도입

SketchUp의 축과 추정을 표시하는 색상들을 사용자가 원하는 색상으로 변경할 수 있는 기능이 도입되었습니다. 'Preferences 〉 Accessibility'에서 변경 설정이 가능합니다. 이 기능으로 사용자의 편의성 도모 및 색약 또는 색맹이 있는 사용자들도 컬러 팔레트로 간편하게 색채 배합을 조정할 수 있어 SketchUp과 LayOut 을 편리하게 사용할 수 있습니다.

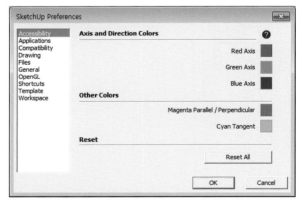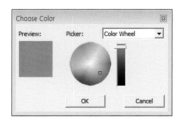

출처 : 스케치업 홈페이지(www.sketchup.com)

스케치업을 새로 설치 및 사용할 때 Materials/Components/Templates 등과 같은 파일들의 폴더 위치를 설정할 수 있도록 변경되었습니다. 'Window/Preference/Files'에서 확인 및 설정이 가능합니다.

〈Sketchup 2016〉

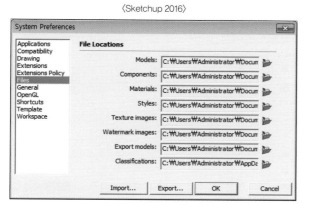

〈Sketchup 2017〉

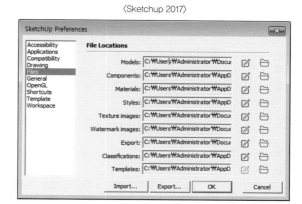

출처 : 스케치업 홈페이지(www.sketchup.com)

기존 2016에서 사용하던 루비 폴더는 다음의 경로에 복사하여 사용하면 됩니다.
C:\Users\(username)\AppData\Roaming\SketchUp\SketchUp 2017\SketchUp\Plugins

09 Trimble Connect 업데이트

Trimble Connect의 기능도 향상되어 Projects의 세부 Task의 생성과 설정, 사용자 Trimble Connect 계정에서 Task 숨기기 등이 가능합니다. 사용 중인 모델이 업데이트되었을 경우, Trimble Connect에서 사용자에게 알려줍니다.

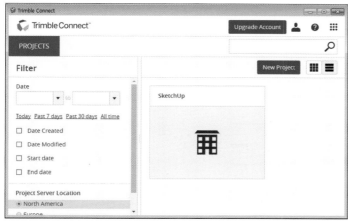

출처 : 스케치업 홈페이지(www.sketchup.com)

10 Extension Manager(확장 관리자)

새로운 유틸리티인 Extension Manager(확장 관리자)를 이용해 스케치업의 플러그인(plug-in)들을 한 눈에 보고 사용할 지의 여부와 삭제·설치·업그레이드를 쉽게 할 수 있습니다. 또한 각 플러그인들의 디지털 서명이 표시되어 있어 플러그인의 품질과 보안이 스케치업의 기준에 부합하고 있는지 파악하기 쉬워졌습니다.

 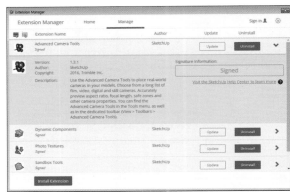

출처 : 스케치업 홈페이지(www.sketchup.com)

11 LayOut에서 Table(표) 기능 도입

LayOut에서 스프레드시트를 관리할 수 있도록 표를 도입하여 처음부터 표를 만들거나 '.CSV' 또는 엑셀 파일을 임포트(Import)할 수 있습니다. 텍스트 편집, 셀 스타일 지정, 열 및 행 수정 등의 다른 스프레드시트와 동일하게 동작하므로 사용이 매우 용이합니다. LayOut은 원래 스프레드시트를 참조하므로 문서 안의 모든 표를 업데이트하는 작업이 매우 간단합니다.

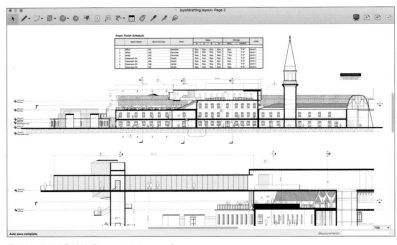

출처 : 스케치업 홈페이지(www.sketchup.com)

많은 사람이 다른 CAD 응용 프로그램에서 스케치업의 선 작업을 사용합니다. LayOut의 '.DWG/.DXF' 내보내기 기능이 개선되어 외부 프로그램에서도 쉽고 편리하게 편집할 수 있도록 기능이 향상되었습니다.

One .DWG

2016 버전까지는 10페이지의 LayOut 파일을 내보내면 10개의 분리된 '.DWG'가 생성되었으나 2017 버전에서는 각 페이지에 10개의 분리된 탭이 있는 하나의 '.DWG'를 만듭니다.

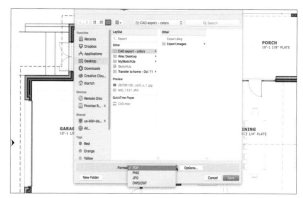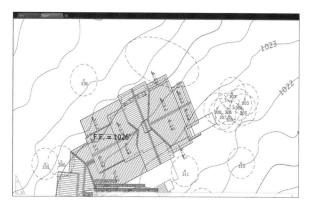

출처 : 스케치업 홈페이지(www.sketchup.com)

Native Entities

치수, 클리핑 마스크, 라벨과 같은 LayOut 요소들을 내보낼 때 원시 도형으로 분해되었던 것이 개선되어 이제는 오토캐드와 같은 외부 프로그램에서도 스마트하게 Import되어 원하는 대로 동작합니다.

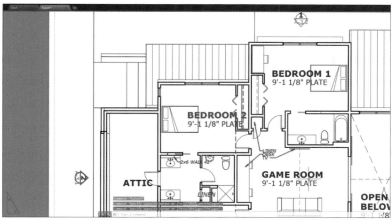

출처 : 스케치업 홈페이지(www.sketchup.com)

Smart Scaling

LayOut 내보내기 시, 용지 크기 또는 모델 공간에 맞게 스스로 배율을 조정합니다. 라벨, 다각형과 같은 드로잉 요소들은 용지 크기에 맞게 배율이 조정됩니다. 모델의 linework가 모델 공간에 맞게 배율이 조정됩니다.

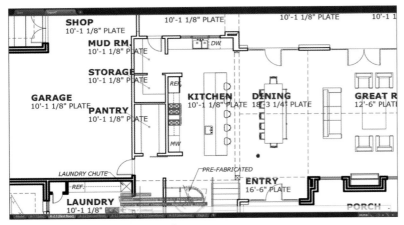

출처 : 스케치업 홈페이지(www.sketchup.com)

레이어별 색상

특정 레이어의 모든 요소를 한 가지 색상으로 내보낼 수 있도록 CAD 내보내기에 '레이어별 색상' 옵션이 추가되었습니다. 기본적으로 검은색 선 작업을 내보낼 때 흰색 배경에서는 검은색으로, 검은색 배경에서는 흰색으로 렌더링됩니다.

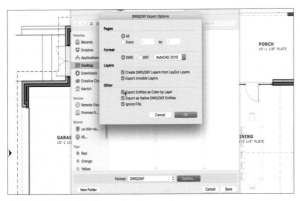
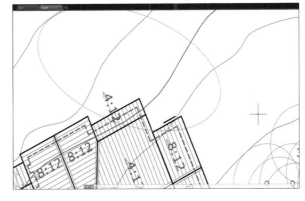

출처 : 스케치업 홈페이지(www.sketchup.com)

13 Persistent IDs 플랫폼

지속적 ID(Persistent ID)라고 불리는 스케치업 플랫폼의 새로운 기능으로 인해, 이제 스케치업 모델을 변경하면 그 모델과 연결된 모든 LayOut 치수가 변경 사항을 반영하도록 업데이트되었습니다. 스케치업 및 확장이 특정 가장자리, 면과 같은 각 요소들을 다룰 수 있게 도와줍니다.

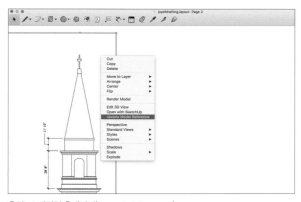

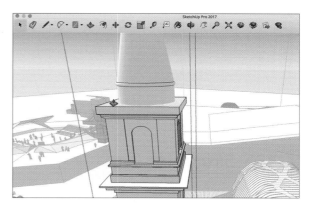

출처 : 스케치업 홈페이지(www.sketchup.com)

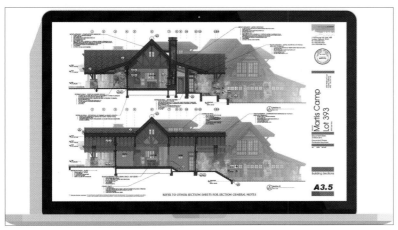

출처 : 스케치업 홈페이지(www.sketchup.com)

2017 버전의 새로운 기능에 대한 자세한 내용은 http://blog.sketchup.com/article/introducing-sketchup-2017에서 확인할 수 있습니다.

SketchUp Pro와 Make의 차이점과 특징

완전 무료이지만 일부 기능이 제한되는 SketchUp Make와 모든 기능을 사용할 수 있지만, 시험판 사용 후 정품을 구입해야 하는 SketchUp Pro의 기능별 차이점을 자세히 살펴본 후, 설치하는 방법도 알아봅니다.

01 SketchUp Pro와 Make의 차이점

SketchUp Make는 완전 무료이나 평면을 그린 캐드 파일을 import하여 벽체를 올리는 것이 불가능하다는 점 등 몇몇 기능의 제한이 있습니다. SketchUp Pro는 캐드와 완벽 호환이 가능하다는 점 등 모든 기능을 사용할 수 있으나 30일 동안의 Trial 사용기간이 종료된 후 유료로 구매하여 라이선스를 등록해야 합니다. 상업적인 용도 또는 전문가용으로 사용하려면 SketchUp Pro로 사용해야 하나 간단한 모델링은 SketchUp Make만으로도 가능하므로 SketchUp의 사용목적에 따라 선택하면 됩니다. SketchUp Make를 설치하면 30일간의 Pro 평가 기간이 포함되어 있으며 평가 기간이 종료된 후에는 무료 기능으로 복귀합니다.

웹페이지(http://www.sketchup.com/download/all)를 열어보면, [SketchUp의 여러 버전별 다운로드, 설치 및 권한 부여]에 대한 자세한 설명을 볼 수 있습니다. 기본 기능의 차이점을 정리하면 다음과 같습니다.

기능	설명	SketchUp Pro	SketchUp Make
모델링	기본 모델링이 가능함	○	○
2D 변환	jpg, png 등 다양한 2D 확장자로 변환	○	○
3D 변환	3ds, obj 등 다양한 3D 확장자로 변환	○	X
플러그인 사용	루비 스크립트를 통한 기능 확장	○	○
Dynamic component 제작	Dynamic component 제작 및 배포	○	X
Solid Tool	오브젝트들 간의 빼기/합치기	○	X
Layout	도면, 프레젠테이션 이미지를 만들 수 있는 별도 프로그램	○	X

02 SketchUp Pro와 Make 설치

스케치업 홈페이지(http://www.sketchup.com) 상단의 [Products]−[SketchUp Pro]를 클릭하면 다음과 같은 화면을 볼 수 있습니다. 30일 무료 버전인 [Trial] 또는 정식 버전을 바로 구입하여 설치할 수 있습니다.

출처 : 스케치업 홈페이지(www.sketchup.com)

스케치업 홈페이지(http://www.sketchup.com) 상단의 [Products]의 [SketchUp Make]를 클릭하면 다음과 같은 화면을 볼 수 있습니다. SketchUp Make의 자세한 설치 방법은 30쪽 'SketchUp Make 설치하고 실행하기'에 상세히 설명되어 있습니다.

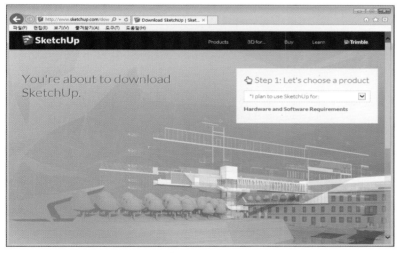

출처 : 스케치업 홈페이지(www.sketchup.com)

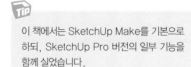

이 책에서는 SketchUp Make를 기본으로 하되, SketchUp Pro 버전의 일부 기능을 함께 실었습니다.

SketchUp Make 설치하고 실행하기

Section 004

SketchUp Make를 설치하는데 필요한 시스템 요구사항에 대해 소프트웨어, 하드웨어 측면에서 자세히 살펴본 후, SketchUp Make를 다운 받고 설치하는 방법에 대해 알아봅니다.

01 SketchUp Make를 설치하기 위한 시스템 요구사항

Windows 10, Windows 8+ and Windows 7+의 요구사항은 다음과 같습니다.

▌**소프트웨어**
- Microsoft® Internet Explorer 9.0 또는 그 이상(SketchUp Pro는 .NET Framework version 4.5.2가 필요합니다.)
- SketchUp Make 2017 버전은 Windows 64bit 버전에서 설치됩니다.
- Boot Camp, VMWare, Parallels는 지원하지 않습니다.

▌**권장 하드웨어**
- 2+GHz processor
- 8+GB RAM
- 700MB의 하드디스크 여유공간
- 1GB 또는 그 이상의 3D Class Video Card(Video Card driver가 OpenGL version 3.0 또는 그 이상을 지원하는지 확인합니다.)
- 3 button, scroll-wheel이 가능한 마우스
- 몇몇 SketchUp 기능은 인터넷 연결을 필요로 할 수 있습니다.

▌**최소 하드웨어 요구사항**
- 1GHz processor
- 4GB RAM
- 총 16GB의 하드디스크 공간
- 500MB의 하드디스크 여유공간
- 512MB 또는 그 이상의 3D Class Video Card(Video Card driver가 OpenGL version 3.0 또는 그 이상을 지원하는지 확인합니다.)

Mac OS X 10.11+(El Capitan), 10.10+(Yosemite) and 10.9+(Mavericks)의 요구사항은 다음과 같습니다.

▌**소프트웨어**
- QuickTime 5.0 and web browser
- Safari
- Boot Camp, VMWare, Parallels는 지원하지 않습니다.

▶ 권장 하드웨어

- 2.1+GHz Intel™ processor
- 8GB RAM
- 700MB의 하드디스크 여유공간
- 1GB 또는 그 이상의 3D Class Video Card
  (Video Card driver가 OpenGL version 3.0 또는 그 이상을 지원하는지 확인합니다.)
- 3 button, scroll-wheel이 가능한 마우스
- 몇몇 SketchUp 기능은 인터넷 연결을 필요로 할 수 있습니다.

▶ 최소 하드웨어 요구사항

- 2.1+GHz Intel™ processor
- 4GB RAM
- 500MB의 하드디스크 여유공간
- 512MB 또는 그 이상의 3D Class Video Card
  (Video Card driver가 OpenGL version 3.0 또는 그 이상을 지원하는지 확인합니다.)
- 3button, scroll-wheel이 가능한 마우스

시스템 권장사양에 대한 문제는 http://help.sketchup.com/en/article/36208에서 도움을 받을 수 있습니다.

---

02 SketchUp Make 다운로드하기

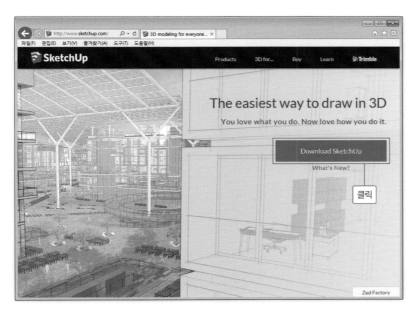

1 웹 브라우저에서 스케치업 사이트(http://www.sketchup.com/)에 접속합니다. 우측 [Download SketchUP]을 클릭합니다.

2 우측 상단의 [Step 1]에서 화살표를 클릭합니다. [Personal Projects]를 선택합니다.

Professional Works : 전문가용
Personal Projects : 개인 프로젝트용
Educational Use : 교육용

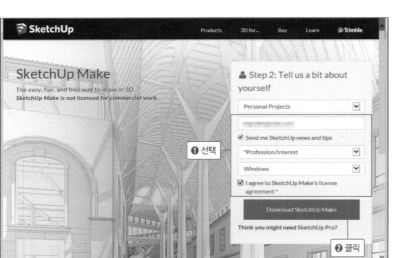

3 [E-mail 주소]를 입력하고 [Profession/Interest]를 클릭하여 원하는 분야를 선택합니다. 설치할 컴퓨터의 OS를 선택한 후 [I agree to SketchUp Make's license agreement*]의 ☑ 표시를 하고, [Download SketchUP Make]를 클릭합니다.

4 그림 맨 아래 [저장] 우측의 [▼]을 클릭하여 [다른 이름으로 저장]을 선택한 후, 원하는 폴더에 설치파일을 다운로드합니다.

5 그림과 같이 다운로드가 완료되었음을 확인합니다.

---

03 SketchUp Make 설치하기

1 다운로드 받은 설치파일을 더블클릭하여 SketchUp Make 설치를 시작합니다. [Next] 버튼을 클릭합니다.

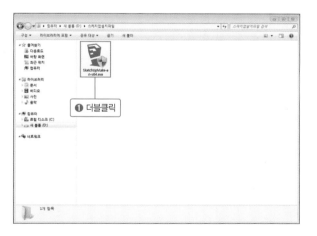

컴퓨터 시스템 사양에 따라 아래의 창이 나오는 경우, [Install] 버튼을 클릭하여 설치합니다.

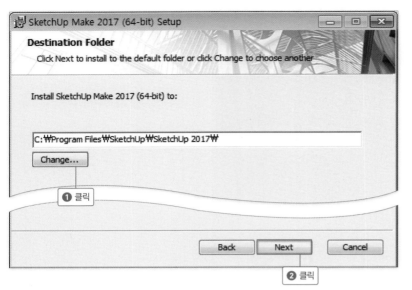

2 설치할 기본 경로가 나옵니다. 경로를 변경하려면 [Change]를 클릭하여 변경한 후 [Next]를 클릭합니다.

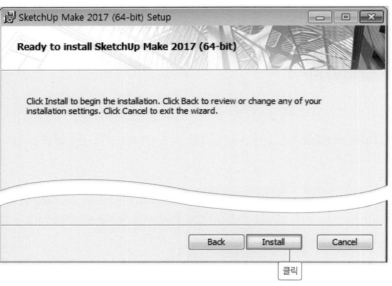

3 설치하기 위해 [Install] 버튼을 클릭합니다.

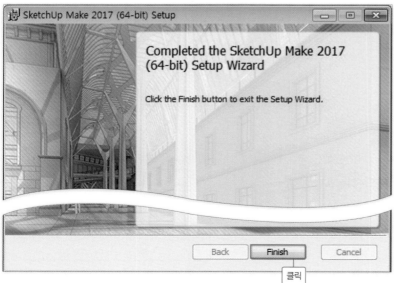

4 [Finish]를 클릭하여 설치를 종료합니다.

04 SketchUp Make 실행하기

1 바탕화면의 [Sketch Up 2017] 🏠 아이콘을 클릭하여 실행합니다. 라이선스 동의를 위한 창이 나오면 'I agree to the SketchUp License Agreement'에 ☑ 표시한 후, [Continue]를 클릭합니다. 웰컴 (Welcome) 창이 나오면 좌측 하단의 [Template]을 클릭합니다.

2 우선 [Simple Template – Feet and Inches]가 클릭되어 있는 상태에서 우측 하단의 [Start using SketchUp]을 클릭하여 실행합니다. 다음과 같은 창이 나오면 정상적으로 SketchUp Make가 실행된 것입니다.

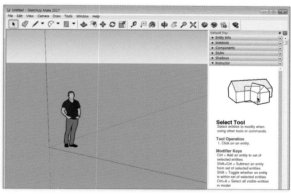

> **Tip**
>
> 다음의 창이 나오는 경우 [Select a template]을 클릭합니다.
>
> **Please choose a default template.**
>
> SketchUp requires a template. Templates set units of measurement and the model view.
>
> Select a template

Chapter 02

SketchUp
메뉴 익히기

이번 장에서는 스케치업의 기본 화면의 구성과 Menus(메뉴)에 대해 살펴보겠습니다. 메뉴를 잘 숙지하면 작업 시 효율이 높아져 불필요한 시간낭비를 최소화시킬 수 있습니다. 상세한 사용 방법은 다음 장들에서 모델링을 하며 익힐 수 있습니다. 이번 장에서는 대략적인 기능들에 대해 알아보겠습니다.

기본 작업 화면 둘러보기

스케치업을 작업하기 위해 가장 먼저 알아야 하는 작업 화면에 대해 알아봅니다. 제목과 메뉴, 도구 모음, 그리기 영역, 상태, 치수 표시줄에 대해 간략하게 알아보겠습니다.

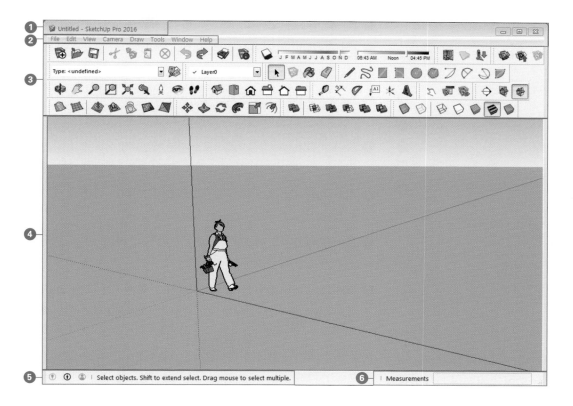

❶ **Title(제목)** : 현재 작업 중인 파일의 이름이 표시됩니다. 스케치업을 처음 실행하거나 [File]–[New]를 실행하여 새 파일을 생성한 후 Save(저장)를 하기 전까지는 'Untitled'라고 표시되어 있습니다.

❷ **Menus(메뉴)** : 스케치업을 이용하면서 필요한 모든 메뉴들을 실행할 수 있습니다.

❸ **Toolbars(도구 모음)** : 모델링 작업 시 유용하게 사용하는 도구들이 아이콘으로 표시되어 있습니다.

❹ **Drawing Area(그리기 영역)** : 모델링 작업이 그려지는 작업 영역입니다.

❺ **Status Bar(상태 표시줄)** : 모델의 상태와 Tool(도구)의 간단한 사용 방법이 표시됩니다.

❻ **Measurements(치수 표시줄)** : 모델의 각종 치수들이 표시됩니다.

작업 파일을 관리하는 [File] 메뉴

작업 파일을 관리하는데 필요한 File 메뉴에 대해 자세히 알아봅니다. 작업할 파일을 만들고 열고 저장하는 여러 가지 방법에 대해 살펴보고, 스케치업 모델 공유 사이트인 3D Warehouse와 무료로 프로젝트를 저장, 동기화, 협업할 수 있는 Trimble Connect에 대해 알아봅니다.

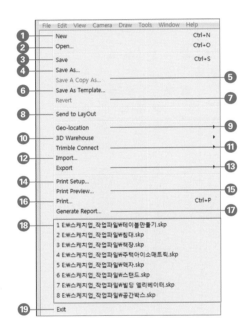

❶ **New(새 파일 만들기)** : 스케치업의 새 파일을 만듭니다.

❷ **Open(열기)** : 스케치업 파일을 불러옵니다.

❸ **Save(저장하기)** : 현재 작업 중인 파일을 저장합니다.

❹ **Save As(다른 이름으로 저장하기)** : 현재 작업 중인 파일을 다른 이름 또는 다른 버전의 스케치업 파일로 저장합니다.

❺ **Save A Copy As(다른 이름으로 복사본 저장하기)** : 현재 작업 중인 파일은 그대로 두고, 동일한 파일을 만듭니다.

❻ **Save As Template(새로운 템플릿으로 저장하기)** : 현재 작업 중인 파일을 새로운 템플릿으로 저장합니다.

❼ **Revert(되돌리기)** : 현재 작업 중인 파일을 마지막으로 저장된 시점으로 되돌립니다.

❽ **Send to LayOut(레이아웃으로 보내기)** : 현재 작업 중인 파일을 LayOut으로 내보냅니다. 이 기능은 Pro 버전에서만 지원됩니다.

❾ **Geo-location(지리적 위치 설정하기)** : 현재 작업 중인 파일에 지리적 위치를 설정합니다. 이 기능은 네트워크에 접속되어 있어야 사용이 가능합니다.

❿ **3D Warehouse(3D 웨어하우스)** : 3D Warehouse는 스케치업 모델 공유 사이트입니다. 3D Warehouse에서 원하는 모델을 다운로드할 수 있고, 자신이 작업한 모델을 업로드할 수도 있습니다. 이 기능은 네트워크에 접속되어 있어야 사용이 가능합니다.

Get Models...
Share Model...

3D Warehouse의 하위 메뉴

▶ **Get Models(모델 가져오기)** : 3D Warehouse에서 원하는 스케치업 모델을 다운로드합니다.

▶ **Share Models(모델 공유하기)** : 3D Warehouse에 자신이 작업한 모델을 업로드하여 공유합니다.

⑪ **Trimble Connect(트림블 사 연결) :** Trimble Connect는 SketchUp 2016에서 메인으로 자랑하는 기능으로 트림블 사에 무료 온라인 계정을 등록하여 .skp, .pdf, .dxf, .ifc 등의 디자인/건설 등의 프로젝트를 저장, 동기화, 참고, 공유 및 협업할 수 있는 방법입니다.

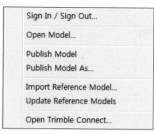

Trimble Connect의 하위 메뉴

▶ **Sign In / Sign Out(로그인/로그아웃하기) :** Trimble Connect에 로그인하거나 로그아웃합니다(구글 계정으로도 가능합니다).

▶ **Open Model(모델 열기) :** Trimble Connect Project에서 모델을 불러옵니다.

▶ **Publish Model(모델 공유하기) :** 작업한 모델을 Trimble Connect Project에 업로드하여 공유합니다.

▶ **Publish Model As(다른 이름으로 공유하기) :** 작업한 모델을 Trimble Connect에 다른 이름으로 업로드하여 공유합니다.

▶ **Import Reference Model(참조 모델 가져오기) :** Trimble Connect에서 참조 모델을 가져옵니다.

▶ **Update Reference Models(참조 모델 업데이트하기) :** Trimble Connect에서 가져온 참조 모델을 최신의 파일로 업데이트합니다.

▶ **Open Trimble Connect(트림블 커넥트 열기) :** 웹브라우저를 통해 Trimble Connect의 웹사이트를 연결합니다.

⑫ **Import(파일 가져오기) :** 2D 또는 3D 파일을 가져올 때 실행합니다. 실행 시 가져올 파일을 선택할 수 있는 창이 열리며 파일 이름 옆의 [▼]를 클릭하면 가져올 수 있는 파일의 형식들을 선택할 수 있습니다.

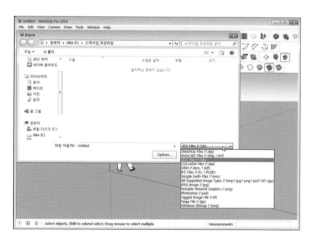

스케치업으로 Import 가능한 파일 목록

3D Model 파일인 SketchUp Files(*.skp), AutoCAD Files(*.dwg, *.dxf), 3DS Files(*.3ds), COLLADA Files(*.dae), DEM(*.dem, *.ddf), IFC Files(*.ifc), Google Earth Files(*.kmz) 또는 2D Graphic 파일인 All Supported Image Types(*.bmp, *.jpg, *.png, *.psd, *.tif, *.tga), JPEG Image(*.jpg), Portable Network Graphics(*.png), Photoshop(*.psd), Tagged Image File(*.tif), Targa File(*.tga), Windows Bitmap File(*.bmp)을 가져올 수 있습니다.

⑬ **Export(파일 내보내기) :** 작업한 모델을 원하는 형식의 파일로 내보낼 수 있습니다. 실행 시 내보낼 파일을 선택할 수 있는 창이 열리며 파일 형식의 [▼]를 클릭하면 내보낼 수 있는 파일의 형식들을 선택할 수 있습니다. [Option]이 활성화되는 파일 형식의 경우 [Option]을 클릭하면 세부 옵션을 선택하여 가져올 수 있습니다.

▶ **3D Model(3D 모델) :** 여러 3D Model 파일인 3DS File(*.3ds), AutoCAD DWG(*.dwg), AutoCAD DXF File(*.dxf), COLLADA File(*.dae), FBX File(*.fbx), IFC File(*.ifc), Google Earth File(*.kmz), OBJ File(*.obj), VRML File(*.wrl), XSI File(*.xsi)로 내보낼 수 있습니다.

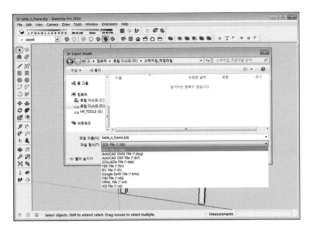 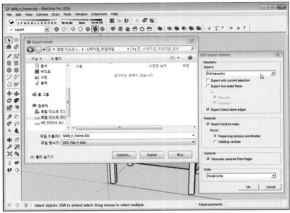

Tip

SketchUp Make의 무료 기능으로 복귀된 경우, 일부 3D Model 파일로 내보내기가 제한됩니다.

▶ **2D Graphic(2D 그래픽) :** 여러 2D Graphic 파일인 PDF File(*.pdf), EPS File(*.eps), Windows Bitmap File(*.bmp), JPEG Image(*.jpg), Tagged Image File(*.tif), Portable Network Graphics(*.png), AutoCAD DWG File(*.dwg), AutoCAD DXF File(*.dxf)로 내보낼 수 있습니다.

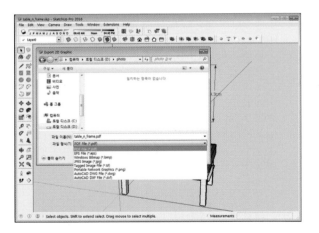 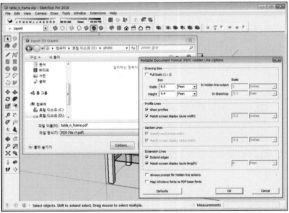

Tip

SketchUp Make의 무료 기능으로 복귀된 경우, 일부 2D Graphic 파일로 내보내기가 제한됩니다.

▌ **Section Slice(단면 분할)** : Section Plane(단면) ⊕ 도구가 사용되었을 때 활성화되며 단면을 AutoCAD 파일인 AutoCAD DWG(*.dwg), AutoCAD DXF File(*.dxf)로 내보낼 수 있습니다.

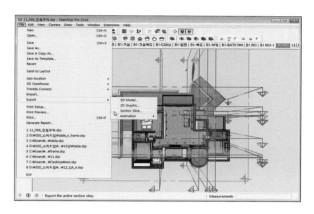 

▌ **Animation(애니메이션)** : Scenes(장면)가 설정되어 있을 때 활성화되며, Video 파일과 Image Set 파일로 내보낼 수 있습니다.

Animation의 하위 메뉴

⑭ **Print Setup(인쇄 설정하기)** : 작업한 파일을 인쇄하기 위해 프린터 선택 및 용지, 가로/세로 등의 상세 설정을 할 수 있습니다.

⑮ **Print Preview(인쇄 미리보기)** : 인쇄될 화면을 미리 볼 수 있습니다.

⑯ **Print(인쇄하기)** : 작업한 파일을 인쇄합니다.

⑰ **Generate Report(보고서 생성)** : 작업한 파일의 속성을 Html과 CSV 파일로 저장할 수 있습니다. 이 기능은 Pro 버전에서만 지원합니다.

⑱ **Recent Files(최근 작업한 파일)** : 최근 작업한 파일의 경로와 파일명이 나타나며, 클릭 시 바로 실행할 수 있습니다.

⑲ **Exit(종료)** : 프로그램을 종료합니다.

작업 효율을 높이는 [Edit] 메뉴

작업 시 자주 사용하는 편집 기능에 대해 알아봅니다. 객체를 자르고 복사하고 붙여놓고, 삭제하고, 숨기고 선택, 해제하는 기능 등에 대해 자세히 알아봅니다. 선택한 객체 잠그기, 해제하기, 컴포넌트 만들기 그리고 면을 교체하는 여러 방법들에 대해 실제 작업화면을 보면서 이해해봅니다.

❶ **Undo(되돌리기) + 최근 사용한 명령어** : 최근 사용한 명령을 되돌릴 수 있습니다.

❷ **Redo(다시 실행하기)** : Undo로 되돌린 명령을 다시 실행할 수 있습니다.

❸ **Cut(자르기)** : 선택한 객체를 잘라내어 삭제한 것처럼 보이지만, 클립보드에 저장되어 있습니다.

❹ **Copy(복사하기)** : 선택한 객체를 클립보드에 복사합니다.

❺ **Paste(붙여넣기)** : Cut 명령어로 잘라내거나 Copy 명령어로 복사한 객체를 붙여 넣습니다.

❻ **Paste In Place(같은 위치에 붙여넣기)** : Cut 명령어로 잘라내거나 Copy 명령어로 복사한 객체를 같은 위치에 붙여 넣습니다.

❼ **Delete(삭제하기)** : 선택한 객체를 삭제합니다.

❽ **Delete Guides(안내선 삭제하기)** : 모든 안내선을 삭제합니다.

❾ **Select All(모든 객체 선택하기)** : Hide(숨겨진) 객체를 제외한 모든 객체를 선택합니다.

❿ **Select None(선택 해제하기)** : 선택한 객체를 선택 해제합니다.

⓫ **Hide(숨기기)** : 선택한 객체를 보이지 않도록 숨깁니다.

⓬ **Unhide(숨기기 취소하기)** : Hide 명령어로 숨긴 객체를 다시 보여줍니다.

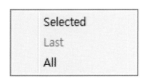

Unhide의 하위 메뉴

▶ **Selected(선택한 객체 보이기) :** Hide 명령어로 숨긴 객체 중 선택한 객체를 다시 보여줍니다. 단, [View]-[Hidden Geometry]에 ☑ 표시가 되어 있어야 가능하고, 객체가 선택되어 있을 때 활성화되어 클릭할 수 있습니다.

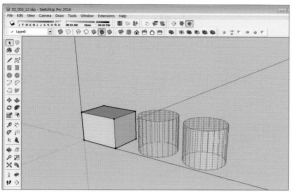

Hide(숨기기)로 원기둥 2개를 숨긴 후 [View]-[Hidden Geometry]에 ☑ 표시함

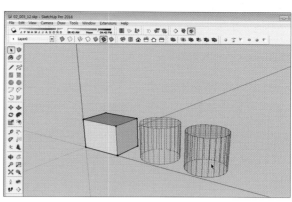

Unhide(숨기기 취소하기)할 객체를 선택

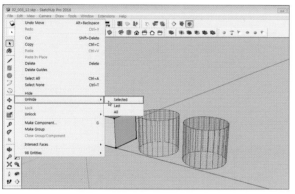

Unhide(숨기기 취소하기)-Selected(선택한 객체 보이기)를 클릭

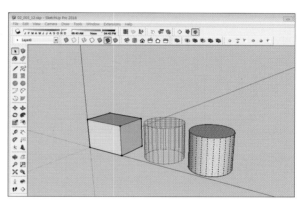

Unhide(숨기기 취소하기)-Selected(선택한 객체 보이기)를 클릭한 결과

▶ **Last(최근 객체 보이기) :** Hide 명령어로 숨긴 객체 중 가장 최근에 숨긴 객체를 다시 보여줍니다.

▶ **All(모든 객체 보이기) :** Hide 명령어로 숨긴 모든 객체를 다시 보여줍니다.

⓭ **Lock(잠그기) :** 선택한 그룹 또는 컴포넌트가 편집되지 않도록 잠급니다. 잠겨진 객체를 선택하면 Red Line으로 표시되어 확인할 수 있습니다.

⓮ **Unlock(잠금 해제하기) :** Lock(잠그기) 명령어로 잠긴 객체의 잠금을 해제합니다.

Unlock의 하위 메뉴

▶ **Selected(선택된 객체의 잠금 해제하기) :** 선택한 객체의 잠금을 해제합니다.

▶ **All(모든 객체의 잠금 해제하기) :** 잠금이 된 모든 객체의 잠금을 해제합니다.

⓯ **Make Component(컴포넌트 만들기) :** 선택한 객체 또는 그룹을 Component(컴포넌트)로 만들 수 있습니다.

⓰ **Make Group(그룹 만들기) :** 선택한 여러 객체를 Group(그룹)으로 만들 수 있습니다.

⓱ **Close Group/Component(그룹/컴포넌트 닫기) :** 그룹 또는 컴포넌트 객체에서 마우스 오른쪽 버튼을 클릭한 후 'Edit Group' 또는 'Edit Component'를 클릭하면 편집중일 때 활성화됩니다. 이 명령을 실행하면 그룹 또는 컴포넌트의 편집 상태를 종료합니다.

⑱ Intersect Faces(면 교차하기) : 교차되는 객체의 면을 분할할 수 있습니다.

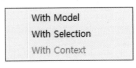

Intersect Faces의 하위 메뉴

▎**With Model(모델과 교차하기) :** 두 모델이 교차되는 부분에 경계선이 생기며 선택하지 않은 부분의 면이 분할됩니다. 선택하지 않은 부분은 그룹 또는 컴포넌트가 아니어야 합니다.

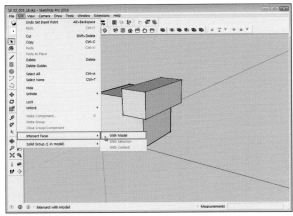

교차할 객체를 선택한 후 [Edit]−[Intersect Faces]−[With Model]을 클릭

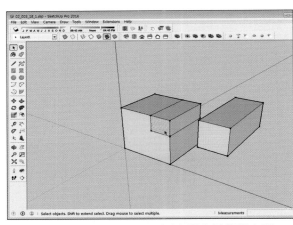

객체를 이동하여 확인해 보면 교차되는 부분의 면이 분할된 것을 확인할 수 있음

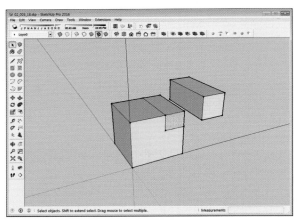

노란 육면체에는 분할 면이 없는 것을 확인할 수 있음

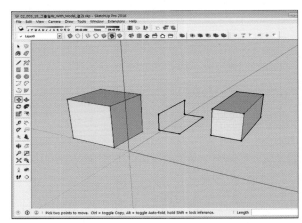

선택하지 않은 부분이 그룹 또는 컴포넌트일 때는 면 분할 경계선만 만들어짐

▶ **With Selection(선택한 객체와 교차하기) :** 2개 이상의 모델일 때 선택한 객체에서만 교차되는 부분의 면을 분할할 수 있습니다. 면이 분할되는 부분은 그룹 또는 컴포넌트가 아니어야 합니다. 아래의 With Model 명령어를 사용한 경우와 With Selection 명령어를 사용한 경우를 비교하여 보면 쉽게 이해할 수 있습니다.

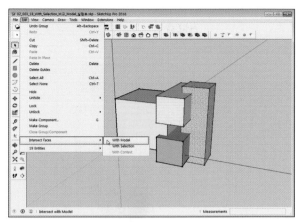 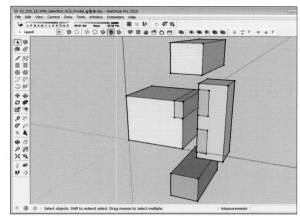

교차할 객체를 선택한 후 [Edit]–[Intersect Faces]–[With Model]을 클릭했을 때의 면 분할

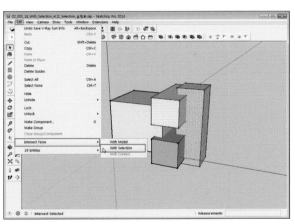 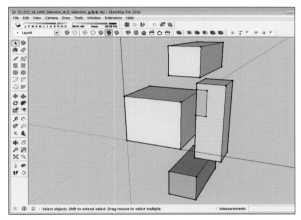

교차할 객체를 선택한 후 [Edit]–[Intersect Faces]–[With Selection]을 클릭했을 때의 면 분할

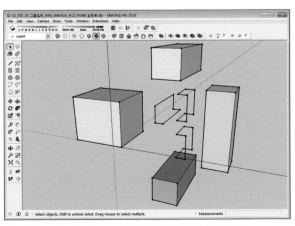 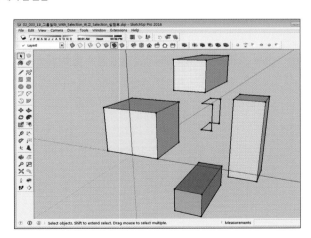

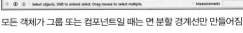
모든 객체가 그룹 또는 컴포넌트일 때는 면 분할 경계선만 만들어짐

▶ **With Context(그룹 또는 컴포넌트 내 교차하기)** : 2개 이상의 모델이 그룹 또는 컴포넌트 객체일 때 편집 모드에서 사용할 수 있습니다. With Model 명령어와 동일하게 사용할 수 있습니다. 선택한 객체와 교차되는 부분의 면을 분할할 수 있으며 면이 분할되는 부분은 그룹 또는 컴포넌트가 아니어야 합니다. 모든 객체가 그룹 또는 컴포넌트일 때는 면 분할 경계선만 만들어집니다.

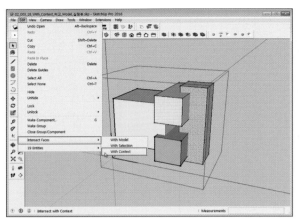
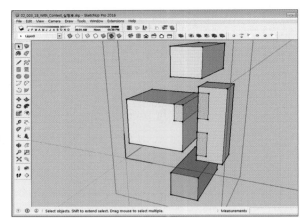

교차할 객체를 선택한 후 [Edit]-[Intersect Faces]-[With Context]를 클릭했을 때의 면 분할

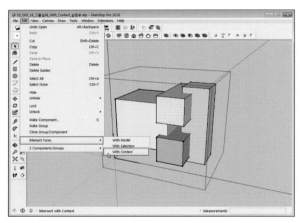

모든 객체가 그룹 또는 컴포넌트일 때 교차할 객체를 선택한 후 [Edit]-[Intersect Faces]-[With Context]를 클릭했을 때는 면 분할 경계선만 만들어짐

⑲ **Entity Commands Submenu(객체 정보 및 하위 메뉴)** : 선택한 객체의 정보와 사용할 수 있는 메뉴들이 모여 있어 바로 실행하기 편합니다. 객체에서 마우스 오른쪽 버튼을 클릭하면 동일한 메뉴와 추가 메뉴들을 볼 수 있습니다.

선택한 객체의 정보에 따라 명령어의 명칭이 바뀝니다.

사용자에 맞게 작업화면 설정하는 [View] 메뉴

Section 008

편리한 작업을 위해 오브젝트의 보이는 부분을 조정할 수 있는 기능에 대해 알아봅니다. 도구 모음, 장면 탭 보이기, 숨겨진 형상, 단면, 단면 컷, 축, 안내선, 그림자, 안개 그리고 가장자리 선의 스타일을 선택하는 메뉴도 살펴봅니다.

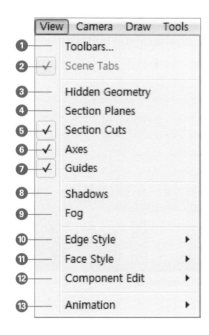

❶ Toolbars(도구 모음) : 모든 Toolbars(도구 모음)가 표시됩니다. 사용자의 편의에 따라 필요한 도구에 ☑ 표시하여 도구 모음을 나타내거나 숨길 수 있습니다.

❷ Scene Tabs(장면 탭 보이기) : Scene(장면)이 설정되어 있을 경우에만 활성화되며 Scene Tabs(장면 탭)을 나타내거나 숨길 수 있습니다. Scene Tabs(장면 탭)을 숨길 때는 현재 열려있는 장면만 보여집니다.

Scene Tabs(장면 탭)에 ✓ 표시되어 있을 때

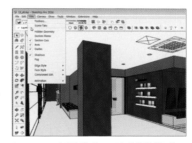

Scene Tabs(장면 탭)에 ✓ 표시 해제하였을 때

❸ Hidden Geometry(숨겨진 형상) : 모델의 숨겨진 선 또는 객체를 나타내거나 숨길 수 있습니다.

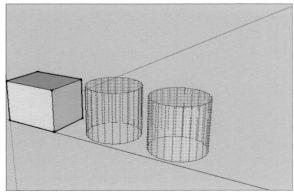

Hidden Geometry(숨겨진 형상)에 ✓ 표시하였을 때

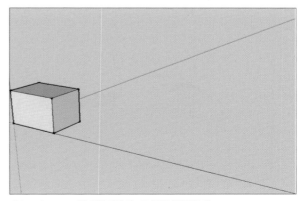

Hidden Geometry(숨겨진 형상)에 ✓ 표시 해제하였을 때

❹ Section Planes(단면) : Section Planes(단면)이 설정된 경우 Section Planes(단면)을 나타내거나 숨길 수 있습니다.

Section Planes(단면)에 √ 표시되었을 때

Section Planes(단면)에 √ 표시 해제하였을 때

❺ Section Cuts(단면 컷) : Section Plane(단면 도구)을 이용하여 단면을 절단한 모습을 나타내거나 숨길 수 있습니다. Active Cut이 설정된 상태에서 가능합니다.

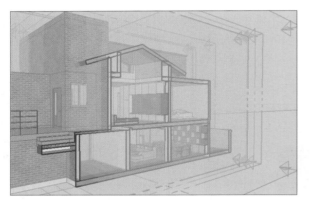
Section Cuts(단면 컷)에 √ 표시되었을 때

Section Cuts(단면 컷)에 √ 표시 해제하였을 때

❻ Axes(축) : Axes(축)을 나타내거나 숨길 수 있습니다.

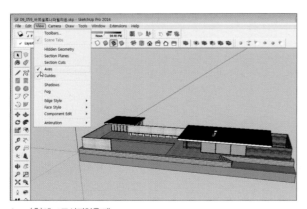
Axes(축)에 √ 표시되었을 때

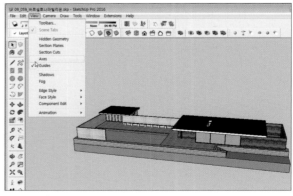
Axes(축)에 √ 표시 해제하였을 때

❼ Guides(안내선) : Guides(안내선)을 나타내거나 숨길 수 있습니다. Guides(안내선)이 설정되었을 때 가능합니다.

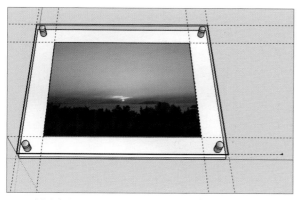
Guides(안내선)에 ✓ 표시되었을 때

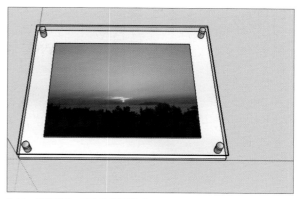
Guides(안내선)에 ✓ 표시 해제하였을 때

❽ Shadows(그림자) : Shadows(그림자)를 나타내거나 숨길 수 있습니다.

Shadows(그림자)에 ✓ 표시되었을 때

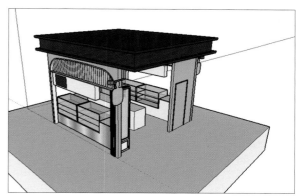
Shadows(그림자)에 ✓ 표시 해제하였을 때

❾ Fog(안개) : Fog(안개)를 나타내거나 숨길 수 있습니다.

Fog(안개)에 ✓ 표시되었을 때

Fog(안개)에 ✓ 표시 해제하였을 때

❿ Edge Style(가장자리 선 스타일 선택하기) : 객체의 Edge(가장자리 선)의 스타일을 설정합니다. 각 메뉴의 값은 [Styles]−[Edit] 탭에서 설정할 수 있습니다.

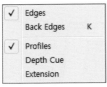

Edge Style의 하위 메뉴

⓫ Face Style(면 스타일) : Face(면)의 스타일을 설정합니다. 310쪽 '여러 스타일을 클릭 한 번에 표현하기 편리한 [Styles] 툴바 익히기'에서 자세한 기능을 확인할 수 있습니다.

Face Style의 하위 메뉴

⓬ Component Edit(컴포넌트 편집하기) : 컴포넌트와 객체를 편집할 때 주변의 객체를 숨기거나 나타낼 수 있습니다. 각 메뉴의 값은 [Window]−[Model Info]의 [Components]에서 설정할 수 있습니다.

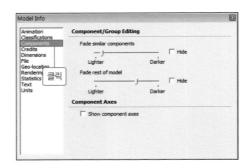

Component Edit의 하위 메뉴

▌ **Hide Rest Of Model(모델의 나머지 숨기기)** : 객체를 편집할 때 주변의 나머지 객체를 숨기거나 나타냅니다.

▌ **Hide Similar Components(비슷한 컴포넌트 숨기기)** : 컴포넌트를 편집할 때 유사한 컴포넌트를 숨기거나 나타냅니다.

⑬ **Animation(애니메이션) :** 장면 및 애니메이션을 편집하거나 설정합니다. Animation은 [Scenes] 창에서도 설정
할 수 있습니다.

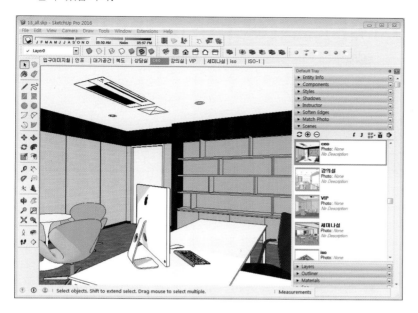

Animation의 하위 메뉴

▌ **Add Scene(장면 추가하기) :** 장면을 추가합니다.

▌ **Update Scene(장면 업데이트하기) :** 선택한 장면을 업데이트합니다.

▌ **Delete Scene(장면 삭제하기) :** 선택한 장면을 삭제합니다.

▌ **Previous Scene(이전 장면 선택하기) :** 이전 장면을 선택합니다.

▌ **Next Scene(다음 장면 선택하기) :** 다음 장면을 선택합니다.

▌ **Play(재생하기) :** 설정된 장면들을 재생합니다.

▌ **Settings(설정하기) :** 애니메이션에 관련된 기능들을 [Window]-[Model Info]의
[Animation]에서 설정합니다.

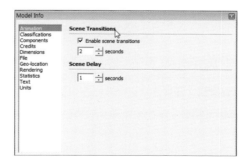

시점을 제어하는 [Camera] 메뉴

오브젝트의 시점을 다양하게 제어할 수 있는 기능에 대해 알아봅니다. 이전 시점, 다음 시점, 기본 시점으로 보는 메뉴와 평행 투영하기, 원근 투영하기, 2소점으로 투영하기 등을 알아본 후 새로운 포토 매치, 편집, 궤도, 상하/좌우 이동, 창과 범위 확대하기, 카메라 배치하기 등에 대해 알아봅니다.

① **Previous(이전 시점으로 되돌리기) :** 화면을 이전 시점으로 되돌릴 수 있습니다.

② **Next(다음 시점으로 가기) :** 화면을 다음 시점으로 이동할 수 있습니다.

③ **Standard Views(기본 시점으로 보기) :** 위아래, 좌우, 정면 등의 기본 시점으로 볼 수 있습니다.

| Top |
| Bottom |
| Front |
| Back |
| Left |
| Right |
| Iso |

Standard Views의 하위 메뉴

▷ **Top(윗면) :** 위에서 내려다보는 시점입니다.

▷ **Bottom(밑면) :** 밑면에서 올려다보는 시점입니다. [Views] 툴바에는 없는 기능입니다.

▷ **Front(정면) :** 정면에서 바라보는 시점입니다.

▷ **Back(뒷면) :** 뒤에서 바라보는 시점입니다.

▷ **Left(좌측면) :** 좌측에서 바라보는 시점입니다.

▷ **Right(우측면) :** 우측에서 바라보는 시점입니다.

▷ **Iso(아이소) :** (45도 각도의) 3D 이미지로 보여주는 시점입니다.

❹ Parallel Projection(평행 투영하기) : 면을 평행으로 투영하여 보여줍니다. [Field Of View]는 자동으로 비활 성화됩니다.

❺ Perspective(원근 투영하기) : 면을 원근감이 느껴지도록 보여줍니다. [Field Of View]를 이용하여 여러 형태 의 원근감을 표현할 수 있습니다.

❻ Two-Point Perspective(2소점으로 투영하기) : 직면의 선을 직선으로 표현하는 2소점으로 투영하여 보여줍니 다. 수직면의 선이 사선처럼 보이는 장면일 때 Two-Point Perspective(2소점으로 투영하기)에 ☑ 표시 함으로써 안정적인 장면으로 표현할 수 있습니다.

 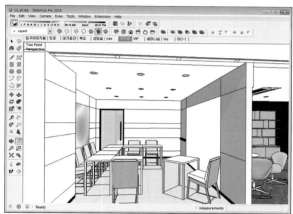

❼ Match New Photo(새로운 포토 매치하기) : 새로운 포토 매치를 합니다. 포토 이름의 Scene이 자동으로 생성 되며, Match Photo 창과 화면상에서 옵션을 조정할 수 있습니다. Match New Photo(새로운 포토 매치 하기)를 클릭할 때마다 새로운 포토 이름의 Scene이 자동으로 생성됩니다.

❽ Edit Matched Photo(매치된 포토 편집하기) : [Match New Photo]를 실행한 후 활성화되며 매치된 포토의 이 름들이 하위 메뉴로 생성되어 원하는 포토를 선택하여 편집할 수 있습니다.

❾ Orbit(궤도) : 화면을 회전시키며 화면의 각도를 컨트롤할 수 있습니다. 모델링 시 매우 자주 사용하는 도구 입니다. 마우스를 클릭한 상태로 드래그하며 화면을 회전합니다. 마우스의 휠을 누른 상태에서 드래그해 도 같은 효과를 나타내므로 굳이 Orbit(궤도) ✚ 도구를 클릭하지 않고 다른 도구 사용 중에도 쉽게 도구 를 이용할 수 있습니다.

· Shift +드래그하면 상하/좌우로 이동하여 볼 수 있습니다. Pan(상하/좌우 이동) ✍ 도구와 동일한 효과를 나타 냅니다).

· Ctrl +드래그하면 축의 중심을 기준으로 회전합니다.

❿ Pan(상하/좌우 이동) : 화면을 상하/좌우로 이동하여 볼 수 있으며, Orbit(궤도) ✚ 도구와 함께 자주 이용합 니다.

· Orbit(궤도) ✚ 도구 사용(마우스의 휠을 누른 상태로 드래그) 중 Shift +드래그해도 같은 효과를 나타낼 수 있습 니다.

⓫ Zoom(확대/축소하여 보기) : 화면을 확대하거나 축소하여 볼 수 있습니다. 마우스를 위로 드래그하면 줌인이 되고, 마우스를 아래로 드래그하면 줌아웃이 됩니다. 마우스의 휠을 위/아래로 돌려도 같은 효과가 나타 납니다.

⓬ Field Of View(화각 설정) : 마우스를 드래그하여 화각을 설정할 수도 있고, 키보드로 화각의 값을 숫자로 입력한 후 Enter↵를 누르면 수치값대로 화각이 설정되며 그 값은 우측 하단에서 확인할 수 있습니다. 화각의 값이 커지면 광각렌즈로 보는 것과 같이 표현됩니다. Parallel Projection(평행 투영하기)을 체크하였을 때는 비활성화됩니다.

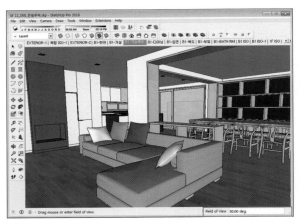

〈수치값 '50' 입력〉

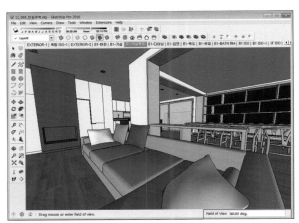

〈수치값 '80' 입력〉

⓭ Zoom Window(창 확대하기) : 마우스로 드래그하여 선택한 부분을 확대하여 볼 수 있습니다.

⓮ Zoom Extents(범위 확대하기) : 현재 작업 중인 모든 객체들을 화면 안에 가득 차게 보여줍니다.

⓯ Zoom to Photo(사진 확대/축소하기) : 포토 매칭 작업 중, 확대 또는 축소된 사진을 원상태로 되돌려줍니다.

⓰ Position Camera(카메라 배치하기) : 직접 눈으로 보는 것처럼 자연스럽게 카메라의 위치를 배치합니다. 카메라를 배치하고자 하는 포인트에 클릭하면 자동으로 [Look Around] 도구로 전환됩니다.

⓱ Walk(걷기) : 화면에서 특정한 눈높이로 걸어 다닐 수 있는 느낌을 표현합니다.

· Ctrl+드래그하면 달리는 효과를 표현합니다.

· Shift+드래그하면 상/하 또는 좌/우로 움직이는 효과를 표현합니다.

· Alt+드래그하면 충돌 보호 모드를 사용할 수 없으므로 객체 내부로 들어갈 수 있습니다.

· 마우스의 휠을 누르면 일시적으로 Look Around(둘러보기) 👁 도구 상태가 되어 휠을 누른 상태로 마우스를 상/하/좌/우로 드래그하면 둘러보는 효과를 표현할 수 있습니다.

⓲ Look Around(둘러보기) : 특정한 눈높이에서 직접 주위를 둘러보는 것과 같은 효과를 나타냅니다.

⓳ Image Igloo(이글루 이미지) : 포토 매치와 함께 사용하며 여러 각도의 사진을 합쳐 모델에 매핑합니다.

Section
010

오브젝트를 만드는 [Draw] 메뉴

[Draw] 메뉴로 다양한 선과 도형 등을 그리고, Sandbox를 이용한 지형 편집을 할 수 있습니다. 선, 자유그림, 호 그리기와 사각형, 회전 사각형, 원, 다각형 그리기에 대해 알아보고 Sandbox로 곡면 형태의 객체를 만드는 기능도 알아봅니다.

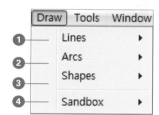

❶ **Lines(선그리기)** : 선과 자유 그림을 그립니다.

Lines의 하위 메뉴

▷ **Line(선그리기)** : 직선을 그리거나 직선을 연결하여 새로운 면을 만들 수 있습니다. 이미 만들어진 면을 나누는 기능으로도 활용할 수 있어 자주 사용되는 도구입니다. Esc를 누르면 선 그리기를 종료합니다.

▷ **Freehand(자유그림 그리기)** : 마치 펜으로 그림을 그리는 것과 같이 자유롭게 곡선을 그리거나 곡선을 연결하여 면을 만들 수 있는 도구입니다. 마우스를 클릭하고 드래그하면서 사용합니다. 마우스를 떼면 한 획으로 그리기가 종료됩니다. 타블렛 등을 이용하면 더욱 자연스러운 그림을 그릴 수 있습니다.

❷ **Arcs(호 그리기)** : 호(반원)를 편리하게 그릴 수 있습니다. 다양한 각도의 반원을 그릴 수 있고, Lines(선그리기) ✏ 도구 또는 Freehand(자유그림 그리기) ⬙ 도구를 함께 사용하여 다양한 도형을 만들 수 있습니다. 뾰족하거나 날카로운 모서리를 부드러운 둥근 모양으로 만들 때에도 유용하게 사용하곤 합니다.

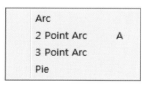

Arcs의 하위 메뉴

▷ **Arc(호 그리기)** : 마우스로 두 꼭짓점을 클릭한 후 드래그하여 호(반원)의 크기를 정하고 클릭하여 호를 그립니다.

▷ **2 Point Arc(2점 호 그리기)** : 2개의 점을 기준으로 하여 호(반원)를 그립니다.

▷ **3 Point Arc(3점 호 그리기)** : 3개의 점을 기준으로 하여 호(반원)를 그립니다.

▷ **Pie(파이형 호 그리기)** : 각도계가 나타나며 마우스로 반지름의 중심이 되는 시작점과 반지름 길이만큼의 종료점을 클릭한 후 마우스를 이동하여 호를 만들어 클릭하면 닫힌 호가 그려집니다. Esc를 누르면 새로운 각도계가 나타나며, 새로운 파이 형태의 호를 그릴 수 있습니다.
Arcs(호 그리기) ▨ 도구와 사용법은 비슷합니다. Arcs(호 그리기) ▨ 도구는 열린 호를 그리고 Pie(파이형 호 그리기) ▨ 도구로는 닫힌 호를 그릴 수 있다는 차이점이 있습니다.

❸ Shapes(도형 그리기) : 사각형, 회전 사각형, 원, 다각형 등의 도형을 그립니다.

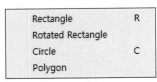

Rectangle	R
Rotated Rectangle	
Circle	C
Polygon	

Shapes의 하위 메뉴

▶ **Rectangle(사각형 그리기) :** 사각형을 그립니다. 정확한 수치의 사각형을 그리려면 사각형을 그린 후 바로 '가로, 세로' 수치를 숫자로 입력하고 `Enter↵`를 누릅니다. 수치를 수정하려면 다시 동일하게 반복합니다.

▶ **Rotated Rectangle(회전 사각형 그리기) :** 각도계가 나타나며 원하는 각도의 회전된 사각형을 바로 그릴 수 있습니다. 정확한 수치의 사각형을 그리려면 사각형을 그린 후 바로 '가로, 세로' 수치를 숫자로 입력하고 `Enter↵`를 누릅니다. 수치를 수정하려면 다시 동일하게 반복합니다.

▶ **Circle(원 그리기) :** 원의 중점이 될 곳을 클릭한 후 마우스를 이동하여 그려질 원의 반지름을 확인한 후 클릭하여 원을 그립니다. 정확한 수치의 원을 그리려면 원을 그린 후 바로 반지름의 수치를 숫자로 입력하고 `Enter↵`를 누릅니다. 수치를 수정하려면 다시 동일하게 반복합니다.

▶ **Polygon(다각형 그리기) :** 다각형의 중점이 될 곳을 클릭한 후 마우스를 이동한 상태에서 `Ctrl`과 `+`를 누르면 누를 때마다 다각형의 면의 수가 1면씩 증가합니다. `Ctrl`과 `-`를 누르면 누를 때마다 다각형의 면의 수가 1면씩 감소합니다. 원하는 면의 수와 크기가 확정되면 클릭하여 다각형을 만듭니다.

❹ Sandbox(샌드박스) : 지형 또는 곡면 형태의 객체를 만듭니다.

From Contours
From Scratch

Sandbox의 하위 메뉴

▶ **From Contours(등고선) :** 등고선을 만들거나 이미 만들어진 등고선(ex. *.dwg와 같은 캐드 파일)을 불러와서 입체 지형을 만들기 편리한 도구입니다. 등고선 이외에도 곡선 등과 같은 선을 이용하여 면으로 만들고자 할 때 유용하게 사용할 수 있습니다.

▶ **From Scratch(스크래치) :** 그리드(격자형) 평면을 만듭니다.

효율적인 작업을 돕는 [Tools] 메뉴

[Tools] 메뉴는 모델링 작업 시 사용하며 대부분 도구 모음이나 단축키로 많이 사용됩니다. 객체를 선택하고 지우고 재질과 색을 입히고 이동, 회전, 크기 조정, 밀기끌기 등에 대해 알아봅니다.

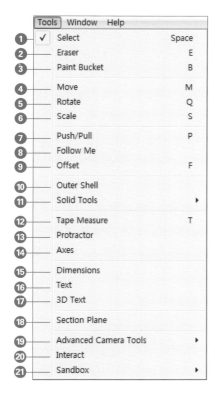

❶ Select(선택) : 선, 면, 입체 등과 같은 객체들을 선택할 때 사용하며 스케치업 사용 시 매우 많이 사용하는 도구입니다.

❷ Eraser(지우개) : 객체를 지우거나 선을 숨길 수 있으며, 도형을 부드럽게 만들 수 있습니다. 도형의 일부 선을 지워 원하는 도형을 만들 수 있습니다.

· 선을 마우스 왼쪽 버튼으로 클릭하면 선에 연결된 면도 사라집니다.
· 면을 지울 때는 면을 선택한 후 Delete를 누르면 됩니다.
· Ctrl을 누른 상태에서 선을 마우스 왼쪽 버튼으로 클릭하면 도형이 부드러워집니다.
· Shift를 누른 상태에서 선을 마우스 왼쪽 버튼으로 클릭하면 선을 숨길 수 있습니다.

❸ Paint Bucket(페인트통) : 객체에 손쉽게 Material(재질)과 색을 입힐 수 있습니다. Paint Bucket(페인트통)을 실행하면 Material(재질) Tray가 창의 우측에 나타납니다. [Select] 탭에서 원하는 재질을 클릭하여 원하는 면을 클릭한 후 [Edit] 탭에서 세부 조정을 하면 모델에 입혀진 재질과 색이 변하는 것을 바로 확인하며 작업할 수 있습니다.

❹ Move(이동) : 선, 면, 객체를 선택한 후 Move(이동)를 실행하여 이동시키거나 복사할 수 있습니다.

❺ Rotate(회전) : 선, 면, 객체를 선택한 후 Rotate(회전)를 실행하여 회전시킬 수 있습니다. 각도기가 나타나면 회전축을 설정한 후 회전시킵니다.

❻ Scale(크기 조정) : 크기를 조정하기 편한 도구로 작업 시 가장 많이 사용합니다.

❼ Push/Pull(밀기끌기) : 2D 도형을 밀고 당기며 3D 입체를 매우 쉽게 만들어 줄 수 있는 도구로써 스케치업의 꽃이라고 할 수 있습니다. 3D 객체의 모양을 변형하는 데에도 매우 유용하게 사용할 수 있습니다.

❽ Follow Me(따라가기) : 선을 따라 면을 만들어 3D 입체를 만들어 주는 도구로써 복잡한 형태의 객체를 쉽게 만들 수 있습니다.

⑨ **Offset(간격띄우기)** : 선 또는 면의 간격을 띄우며 복사하여 동일한 형태를 그릴 수 있습니다. Push/Pull(밀기끌기)◈ 도구 등과 많이 사용하여 모델을 쉽게 만들 수 있습니다.

⑩ **Outer Shell(외부 쉘)** : 선택한 객체들의 교차 부분을 삭제하여 외부 면만 남길 수 있습니다. [Union] 도구는 선택한 객체들을 합치는데 반해, [Outer Shell] 도구는 내부 요소를 삭제하고 가장 바깥쪽 면(껍질)만 남깁니다. 외부만 만드는 3D Printer에 유용하게 사용할 수 있습니다.

⑪ **Solid Tools(솔리드 도구)** : 교차된 객체를 합치거나 삭제, 분할하는 도구입니다. 객체는 컴포넌트 또는 그룹으로 되어 있을 경우 Solid Tools이 작용합니다. 이 기능은 Pro 버전에서만 지원됩니다.

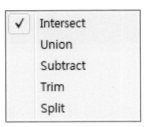

Solid Tools의 하위 메뉴

▶ **Intersect(교차)** : 선택된 객체들의 교차된 부분만 남기고 나머지는 삭제하는 기능을 갖고 있습니다. 교집합만 남긴다고 생각하면 이해하기 쉽습니다.

▶ **Union(결합)** : 두 번째 선택한 객체에서 첫 번째 선택한 객체와 교차되는 부분을 삭제하고 첫 번째 선택한 객체는 그대로 유지하고, 두 번째 선택한 객체에서는 교차되는 부분 이외의 나머지는 유지하는 기능입니다. [Outer Shell] 도구와의 차이점을 숙지하면 좋습니다.

▶ **Subtract(빼기)** : 두 번째 선택한 객체에서 첫 번째 선택한 객체와 교차되는 부분을 삭제하고, 두 번째 선택한 객체의 나머지는 유지하는 기능을 갖고 있습니다.

▶ **Trim(교차 부분 잘라내기)** : 두 번째 선택한 객체에서 첫 번째 선택한 객체와 교차되는 부분을 두 번째 객체에서 삭제하여 첫 번째 선택한 객체는 그대로 유지하고, 두 번째 선택한 객체에서는 교차되는 부분 이외의 나머지는 유지하는 기능을 갖고 있습니다.

▶ **Split(분할)** : 객체들의 교차된 부분과 첫 번째 객체에서 교차 부분을 제외한 나머지 부분, 두 번째 객체에서 교차 부분을 제외한 나머지 부분을 모두 분리시켜주는 기능을 갖고 있습니다.

⑫ **Tape Measure(줄자)** : 모델링을 할 때, 치수를 측정하거나 점선을 만들어 가이드라인 역할을 하는 보조선으로 많이 사용합니다. 객체 사이의 거리를 측정하고 평행선 기반의 가이드라인은 스냅 기능을 제공하므로 정확한 위치에 모델링하는 경우에 많이 사용합니다. 이 가이드라인은 Eraser(지우개)◢ 도구로 지울 수 있습니다. 객체의 크기를 조절할 수도 있어 매우 유용합니다.

⑬ **Protractor(각도기)** : 각도의 수치를 표시하고, 사선 가이드라인을 만들 수 있습니다.

⑭ **Axes(축)** : X, Y, Z축을 재배치할 수 있습니다.

⑮ **Dimensions(치수)** : 두 점을 클릭하여 길이를 표시해 주는 치수선을 만들 수 있습니다. 표기된 치수에 마우스를 놓고 마우스 오른쪽 버튼을 클릭하면 치수를 지우거나(Erase) 숨기기(Hide) 또는 치수의 글자를 편집(Edit Text), 텍스트의 위치 조정(Text Position) 등을 할 수 있습니다.

⑯ **Text(문자)** : 화면에 글자를 입력하거나 지시선 문자를 입력할 수 있습니다. Text(문자)▦ 도구를 선택한 후 점을 클릭하면 점의 위치가 자동으로 표시되며, 선을 선택하면 선의 길이가, 면을 선택하면 면의 넓이가 자동으로 표시되는 편리한 기능입니다. 다만 점, 선, 면의 위치나 길이, 넓이가 변화해도 수치는 변하지 않습니다.

⑰ **3D Text(3D 문자)** : 쉽게 3D Text(3D 문자)를 만들 수 있습니다. 컴퓨터에 설치된 폰트는 모두 사용이 가능합니다. 만들어진 글자는 컴포넌트 형태로 만들어집니다.

⑱ **Section Plane(단면 생성)** : 객체의 새로운 단면을 만들어 이 면을 중심으로 공간을 단절한 단면을 볼 수 있습니다. 화살표 방향이 보이는 면입니다.

⑲ **Advanced Camera Tools(고급 카메라 도구)** : 고급 카메라 도구 모음의 도구들과 동일하며, 이 기능은 Pro 버전에서만 지원됩니다.

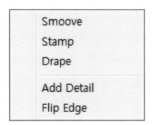

Create Camera
Look Through Camera
Lock/Unlock Current Camera
Show/Hide All Cameras
Show/Hide Camera Frustum Lines
Show/Hide Camera Frustum Volume
Reset Camera
Select Camera Type

Advanced Camera Tools(고급 카메라 도구)
의 하위 메뉴

▶ **Create Camera(카메라 생성)** : 실제와 같은 느낌의 카메라를 생성할 수 있습니다.

▶ **Look Through Camera(카메라를 통해 보기)** : Create Camera(카메라 생성)로 만든 카메라를 통하여 장면을 볼 수 있습니다.

▶ **Lock/Unlock Current Camera(카메라 잠금/잠금 해제)** : 현재의 카메라를 잠그거나 잠금 해제할 수 있습니다.

▶ **Show/Hide All Cameras(모든 카메라 보이기/숨기기)** : 모든 카메라를 보이거나 숨길 수 있습니다.

▶ **Show/Hide Camera Frustum Lines(카메라 플러스텀 라인 보이기/숨기기)** : 모든 카메라 Frustum Lines를 보이거나 숨길 수 있습니다.

▶ **Show/Hide All Camera Frustum Volume(카메라 플러스텀 볼륨 보이기/숨기기)** : 모든 카메라 Frustum Volumes을 보이거나 숨길 수 있습니다.

▶ **Reset Camera** : 종횡비 바(Aspect Ratio Bar)를 지우고, 디폴트 카메라 값으로 되돌아갈 수 있습니다.

▶ **Select Camera Type** : 여러 가지의 다양한 카메라 타입을 선택할 수 있습니다.

⑳ **Interact(상호작용)** : 다이내믹 컴포넌트(Dynamic Components)와 상호작용할 수 있습니다.

㉑ **Sandbox(샌드박스)** : 지형 또는 곡면 형태의 객체를 만듭니다.

Smoove
Stamp
Drape

Add Detail
Flip Edge

Sandbox의 하위 메뉴

▶ **Smoove** : 그리드 평면에 자연스러운 높낮이를 구현하여 지형을 만들 수 있는 도구입니다. 여러 가지 방법으로 지형을 편집할 수 있으므로 원하는 지형을 만들 때 유용하게 사용됩니다.

▶ **Stamp** : 지형에 마치 도장을 찍듯이 객체의 모양을 만들 수 있습니다. 지형 위에 건물을 올리고자 할 때 유용하게 사용됩니다.

▶ **Drape** : 영문 사전적 표현처럼 '옷이나 천을 걸치듯이' 객체의 모양을 다른 객체에 걸치듯 투영시킨다고 이해하면 쉽습니다. 지형에 길 등을 표현하기에 편한 도구입니다.

▶ **Add Detail** : 그리드 평면의 점, 선, 면을 삼각면으로 분할하여 더욱 디테일하게 표현할 수 있게 만들 수 있습니다. 섬세한 작업을 추가할 때 사용하면 좋습니다.

▶ **Flip Edge**: From Scratch(스크래치) ▧ 도구로 만든 그리드 지형의 선이나 Add Detail(디테일 추가) ▧ 도구로 분할된 대각선의 방향을 뒤집거나 방향을 바꾸는 기능을 갖고 있습니다. 더욱 세밀하게 지형을 만드는데 유용하게 사용됩니다.

Section 012

최적의 작업환경으로 만드는 [Windows] 메뉴

작업 시 환경을 최적화시키는 여러 가지 기능에 대해 알아봅니다. 트레이를 관리하고 만들고, 각종 모델의 정보와 시스템 환경 설정을 하는 방법, 컴포넌트 선택사항과 속성 항목을 설정하는 방법도 알아봅니다.

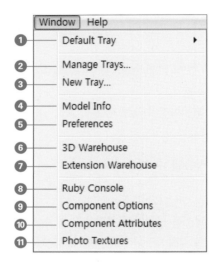

① Default Tray(기본 트레이) : Show Tray를 클릭하여 작업 창에 배치할 수 있습니다. 또는 ✓ 표시가 없는 항목을 클릭하면 그 항목을 포함한 모든 ✓ 표시된 항목의 Tray가 작업 창에 배치됩니다.

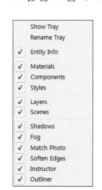

Default Tray의 하위 메뉴

▷ **Show Tray(트레이 보이기)** : 모든 트레이를 보이며 다시 숨기려면 [Hide Tray]로 바뀐 명령어를 클릭하여 ☑ 표시하면 됩니다.

▷ **Rename Tray(트레이 이름 재설정하기)** : 트레이의 이름을 편집할 수 있습니다.

▷ **Entity Info(요소 정보)** : 선택한 객체의 정보가 표시되며 객체의 속성을 변경할 수 있습니다.

▷ **Materials(재질)** : 재질에 대한 정보가 표시되며 재질을 열고 편집할 수 있습니다.

▷ **Components(컴포넌트)** : 저장된 컴포넌트를 나타내거나 편집할 수 있으며 [3D Warehouse]에서 검색하고 다운로드 하거나 공유할 수 있습니다.

▷ **Styles(스타일)** : 모델의 스타일을 설정하거나 편집할 수 있습니다.

▷ **Layers(레이어)** : 레이어를 표시하며 추가 또는 삭제할 수 있습니다. 화면에서 Layers(레이어)를 보여줄지의 여부를 선택할 수 있습니다.

▷ **Scenes(장면)** : 장면을 추가하거나 삭제하는 등 장면을 관리할 수 있습니다.

▷ **Shadows(그림자)** : 그림자를 보여줄 지의 여부를 선택할 수 있으며 여러 옵션을 설정할 수 있습니다.

▷ **Fog(안개)** : 안개를 표현할 지의 여부를 선택할 수 있으며 거리와 색상을 조절할 수 있습니다.

▷ **Match Photo(포토 매치)** : 포토 매치 작업 시 작업에 필요한 옵션을 설정하거나 편집할 수 있습니다.

▷ **Soften Edges(가장자리 부드럽게 하기)** : 모델의 가장자리 선을 표현하는 옵션을 설정할 수 있습니다.

▷ **Instructor(기능 설명)** : 선택한 도구에 대해 간단한 설명을 보여줍니다.

▷ **Outliner(아웃라이너)** : 그룹과 컴포넌트의 구조를 보여주며 편집할 수 있습니다.

64쪽 'SketchUp Default Tray의 기능 살펴보기'에서 자세한 기능을 확인할 수 있습니다.

② **Manage Trays(트레이 관리하기)** : 트레이에 놓을 Dialog들을
선택하거나 해제합니다. [New] 버튼을 클릭하여 작업마다
편리하게 사용할 수 있는 새로운 트레이에 필요한 Dialog
들을 추가하여 선택 사용할 수 있습니다.

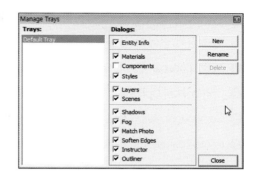

③ **New Tray(새로운 트레이 만들기)** : 필요한 Dialog들을 선택하
여 새로운 트레이를 만듭니다. Manage Trays(트레이 관
리하기) 창에서 [New]를 클릭해도 동일합니다.

④ **Model Info(모델 정보)** : 모델의 각종 정보를 표시하
며 여러 중요한 설정들을 할 수 있습니다.

⑤ **Preferences(환경설정)** : 시스템의 중요한 환경설정
들을 할 수 있습니다.

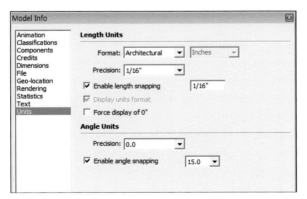

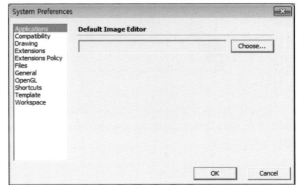

⑥ **3D Warehouse(3D 웨어하우스)** : 3D 웨어하우스는 스케치업 모델 공유 사이트에 연결되어 3D 웨어하우스에
서 원하는 모델을 다운로드할 수도 있고, 자신이 작업한 모델을 업로드할 수도 있습니다. 이 기능은 네트
워크에 접속되어 있어야 사용이 가능합니다.

❼ Extension Warehouse(확장 웨어하우스) : 각종 루비들을 검색하고 정보를 보고 설치할 수 있으며, 네트워크에 접속되어 있어야 사용이 가능합니다.

❽ Ruby Console(루비 콘솔) : 루비 스크립트를 입력할 수 있습니다.

❾ Component Options(컴포넌트 선택사항) : 다이내믹 컴포넌트의 옵션을 보여줍니다.

❿ Component Attributes(컴포넌트 속성) : 다이내믹 컴포넌트의 속성을 보여주고 속성 항목을 설정할 수 있습니다.

⓫ Photo Textures(포토 텍스처) : 구글 스트리트 뷰의 사진 텍스처를 이용하여 작업 중인 모델에 매핑할 수 있습니다.

Photo Textures 클릭 후 원하는 위치를 검색하여 [Select Region]을 클릭

원하는 영역을 파란색 핀으로 설정한 후 [Grab]을 클릭

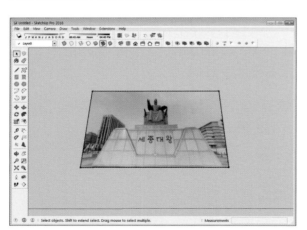

선택한 면에 포토 매치됨

궁금한 부분을 해결해 주는 [Help] 메뉴

Section
013

작업 시 궁금한 사항을 해결해 주는 여러 가지 기능에 대해 알아봅니다. 스케치업의 지식센터 웹페이지 연결과 사용자 문의 웹페이지로 연결하여 문제를 해결할 수 있는 방법 등을 살펴봅니다.

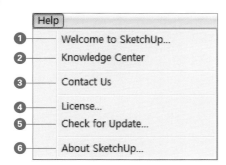

❶ **Welcome to SketchUp(스케치업 시작)** : 스케치업을 실행했을 때 나타나는 화면이 보여집니다. 라이선스를 추가하거나 템플릿을 선택할 수 있습니다. Esc 를 누르면 창을 닫을 수 있습니다.

❷ **Knowledge Center(지식센터)** : 스케치업의 지식센터 웹페이지에 접속되어 문제해결에 도움을 받을 수 있습니다. 네트워크에 연결되어야 사용이 가능합니다.

❸ **Contact Us(스케치업 홈페이지 연결)** : 사용자 문의 웹페이지에 연결하여 문제를 해결할 수 있습니다. 네트워크에 연결되어야 사용이 가능합니다.

❹ **License(라이선스)** : 스케치업 라이선스에 관련된 세부 설정을 할 수 있습니다.

❺ **Check for Update(업데이트 체크하기)** : 스케치업 프로그램의 업데이트된 사항을 확인할 수 있습니다.

❻ **About SketchUp(스케치업 정보)** : 스케치업 버전 등의 정보를 확인할 수 있습니다.

Chapter 03

SketchUp Default Tray의 기능 살펴보기

스케치업 메뉴의 [Window]–[Default Tray]를 선택하거나, 편집한 Tray를 클릭하여 표시함으로써 다양한 기능과 옵션을 조절하여 편리하게 원하는 모델링 작업을 할 수 있습니다. 이 장에서는 스케치업에서 제공하는 Tray의 세부 내용을 살펴보며 기능과 옵션을 습득할 수 있습니다.

Section 014

객체 정보를 설정하는 [Entity Info]

[Entity Info]는 선택한 경우에 따라 객체의 정보를 표시하며, 다양한 설정을 할 수 있어 모델링할 때 편리하게 사용할 수 있습니다. Edge(선)를 선택한 경우와 Circle(원), Polygon(다각형), Arcs(호)를 선택한 경우, Dimension(치수), Face(면)을 선택한 경우의 상세한 기능에 대해 알아봅니다.

01 Edge(선)를 선택한 경우

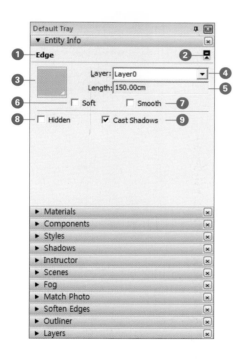

❶ **Edge(선)** : 선택한 객체가 Edge(선)임을 표시합니다.

❷ **Show/Hide Details(세부 옵션 보이기/숨기기)** : 세부 옵션을 표시하거나 숨길 수 있습니다.

❸ **Paint Thumbnail(페인트 섬네일)** : 선택한 객체의 Material(재질)을 표시합니다.

> **Tip**
>
> Material(재질)을 입히지 않은 경우 로 표시됩니다.

❹ **Layer(레이어)** : 선택한 객체의 Layer를 표시하며 Layer가 여러 개인 경우 좌측의 [▼]를 클릭하여 변경할 수 있습니다.

❺ **Length(길이)** : 선택한 Edge(선)의 길이를 표시하며 다수의 Edge(선) 선택 시 총 길이를 표시합니다.

> **Tip**
>
> 단일 선을 선택한 경우 수치를 입력할 수 있도록 활성화되므로 값을 입력하여 선의 길이를 조절할 수 있습니다. 자세한 내용은 157쪽 '점과 점 사이에 선을 그리는 [Line] 도구'를 참고하기 바랍니다.

❻ Soft(부드럽게 하기) : ☑ 표시를 하면 선이 점선으로 바뀌며 숨겨집니다. 동시에 선과 연결된 면을 부드럽게 만들어 줍니다. 연결된 면은 하나의 면으로 표시됩니다. 다시 선을 선택할 수 없고 선택하여 연결된 면만 선택됩니다. 숨긴 선을 다시 표시하기 위해서는 [View]-[Hidden Geometry]를 선택하면 됩니다. 다시 선을 선택할 수 있으므로 Soft 옵션을 변경할 수 있습니다.

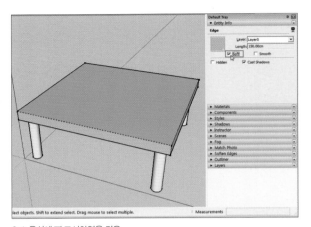

Soft 옵션에 ☑ 표시하였을 경우

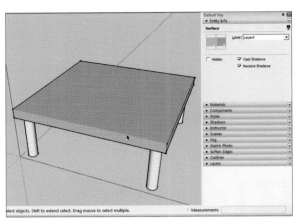

다시 선을 선택한 경우

Eraser(지우개) ✐ 도구를 선택한 후 Shift 와 Ctrl 을 동시에 누른 상태에서 선을 클릭하면 잠시 점선으로 바뀌었다가 바로 선으로 바뀌며, Soft 옵션에 ☑ 표시가 사라집니다.

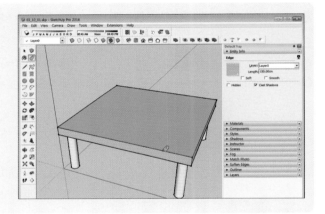

❼ Smooth(매끄럽게 만들기) : ☑ 표시를 하면 선택한 Edge(선)와 연결된 면을 매끄럽게 만들어 줍니다.

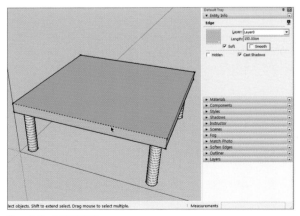

Smooth에 ☑ 표시하기 전

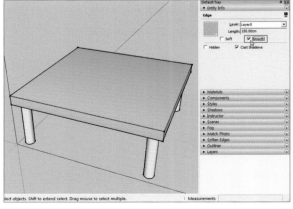

Smooth에 ☑ 표시한 후

❽ Hidden(숨기기) : ☑ 표시하면 선택한 Edge(선)를 숨길 수 있습니다. Soft 옵션과 달리 면이 연결되어 하나의 면으로 만들지 않고, 각각의 면이 그대로 보존됩니다.

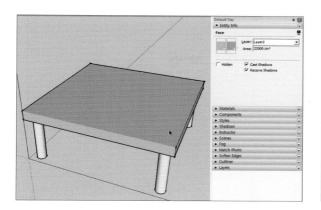
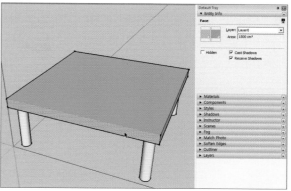

다시 선을 선택하거나 숨긴 선을 다시 표시하기 위해서는 Soft 옵션과 같이 [View]-[Hidden Geometry]를 선택하면 됩니다. 단, Soft 옵션의 Tip과 같이 Eraser(지우개) ✐ 도구를 선택한 후 Shift 와 Ctrl 을 동시에 누른 상태에서 선을 클릭하는 기능은 없습니다.

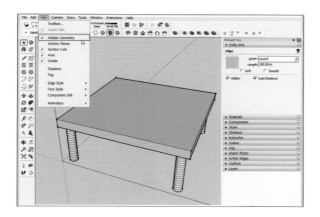

❾ Cast Shadows : ☑ 표시하면 Edge(선)의 그림자를 표시합니다. 단, Edge(선)의 그림자를 표시하기 위해서는 Show/Hide Shadows(그림자 보이기/숨기기) ◐ 도구가 선택되어 그림자 보이기 상태이어야 하며, [Shadows] Tray Display 옵션에서 From edges에 ☑ 표시가 되어야 합니다. 그림자를 숨기고자 하는 선을 선택한 후 Cast Shadows의 ☑ 표시를 해제합니다.

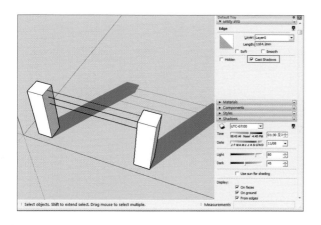
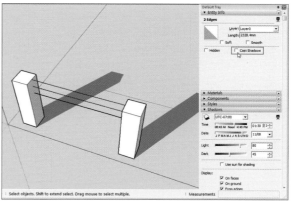

❶ **Radius(반지름) :** 선택한 Circle(원)·Polygon(다각형)·Arcs(호)의 반지름 값을 표시합니다. 수치값 입력 란이 활성화되어 있으므로 숫자키로 수정하려는 반지름의 값을 입력한 후 Enter↵를 누르면 크기가 변경됩 니다.

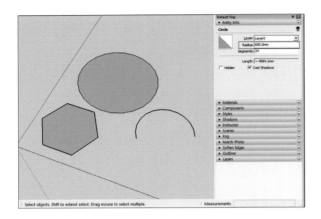

❷ **Segments(선의 조각) :** 선택한 Circle(원)·Polygon(다각형)·Arcs(호)의 선의 조각 개수를 표시합니다. 수 치값 입력란이 활성화되어 있으므로 숫자키로 수정하려는 선의 개수를 입력한 후 Enter↵를 누르면 모양이 변경됩니다. 이외의 옵션에 대한 설명은 65쪽 'Edge(선)를 선택한 경우'와 동일합니다.

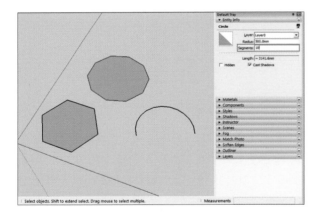

Freehand(자유그림 그리기)로 그린 선을 선택한 경우
한 번의 드래그로 연결되어 그린 선의 조각(Segments) 개수를 표 시합니다. 다중 선택 시에는 표시되지 않습니다. 이외의 옵션에 대한 설명은 65쪽 'Edge(선)를 선택한 경우'와 동일합니다.

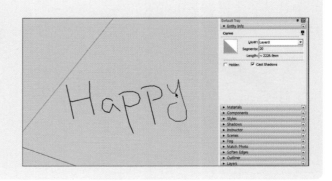

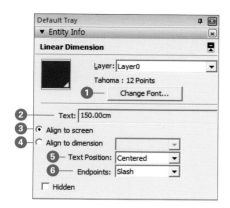

❶ **Font(글꼴)와 Font Size(글꼴 크기)** : 표시되고 있는 Dimension (치수)의 Font(글꼴)와 Font Size(글꼴 크기)가 표시됩니다. [Change Font...] 버튼을 클릭하면 원하는 Font(글꼴) Style로 변경할 수 있습니다.

❷ **Text(글자)** : Dimension(치수)의 값을 표시할 때 비활성화되어 있어 변경할 수 없습니다. Text(글자)의 내용을 변경하려면 Dimension(치수)을 더블클릭하여 수정합니다. 숫자값으로 입력하여도 객체는 변경되지 않습니다.

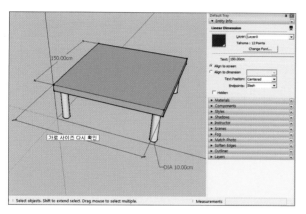

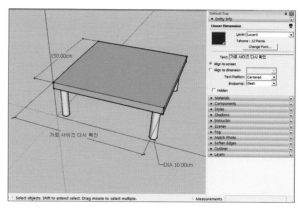

자세한 내용은 135쪽 '여러 수치값을 표시해 주는 치수[Dimension] 도구'를 참고하기 바랍니다.

❸ **Align to screen(스크린에 평행하게 정렬)** : 스크린에 평행하게 Dimension(치수)을 표시합니다.

❹ **Align to dimension(관점에 따라 정렬)** : 정렬 옵션에 따라 Dimension(치수)을 표시합니다.

❺ **Text Position(글자의 위치)** : 위치 옵션에 따라 Dimension(치수)을 표시합니다.

❻ **Endpoints(끝점)** : 치수선 끝점의 모양을 None(아무 것도 표시하지 않음), Slash(슬래시 모양), Dot(점), Closed arrow(닫힌 화살표), Open arrow(열린 화살표)의 옵션으로 변경할 수 있습니다.

04 Face(면)를 선택한 경우

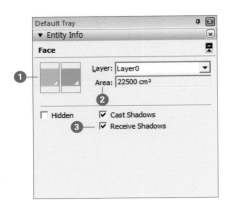

❶ **Paint Thumbnail(페인트 섬네일)** : 선택한 Face(면)의 Material(재질)을 표시합니다. 왼쪽의 섬네일은 선택한 Face(면)의 앞면 Material(재질)을, 오른쪽의 섬네일은 선택한 Face(면)의 뒷면 Material(재질)을 보여줍니다.

섬네일을 클릭하면 [Choose Paint] 창이 나타나며 변경하려는 Material(재질)을 선택합니다. [Edit]를 클릭하면 세부 조정을 할 수 있습니다. [OK] 버튼을 클릭하면 변경됩니다.

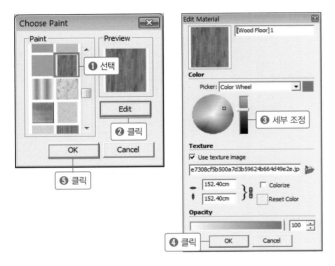

❷ **Area(면적)** : 선택한 Face(면)의 면적을 표시합니다. 다수의 Face(면)를 선택하면 총면적을 표시합니다.

❸ **Receive Shadows(그림자 반영)** : ☑ 표시를 하면 선택한 Face(면)에 다른 객체의 그림자가 표현되고 ☑ 표시를 해제하면 선택한 Face(면)에는 다른 객체의 그림자가 표현되지 않습니다.

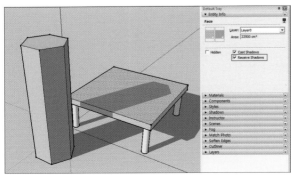

Receive Shadows(그림자 반영)에 ☑ 표시하였을 때

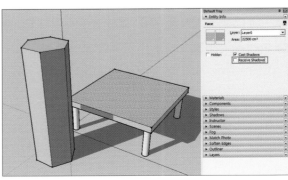

Receive Shadows(그림자 반영)에 ☑ 표시를 해제하였을 때

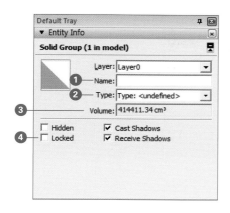

❶ **Name(이름) :** Group(그룹)의 이름을 표시하며 객체를 선택한 후 마우스 오른쪽 버튼을 클릭하여 [Make Group]을 선택해 만든 경우 빈칸으로 표시됩니다. Group(그룹)의 이름을 입력하면 다음 선택 시 이름이 표시됩니다.

❷ **Type(타입) :** IFC Type을 표시합니다. SketchUp Pro 버전에서만 지원됩니다.

❸ **Volume(부피·체적) :** 선택한 Group(그룹)의 부피·체적을 표시합니다.

❹ **Locked(잠금) :** ☑ 표시를 하면 선택한 Group(그룹)을 잠급니다. ☑ 표시를 하면 선택 선이 파란색에서 빨간색으로 변경되며 [Entity Info] 창의 옵션 중 Locked(잠금) 옵션을 제외한 모든 옵션이 비활성화됩니다. Locked(잠금) 상태에서는 모든 작업이 불가능합니다.

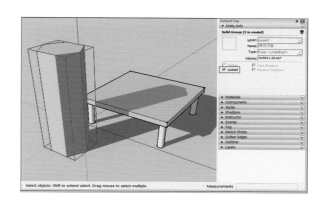

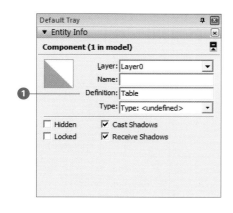

❶ **Definition(정의) :** 선택한 Component(컴포넌트)를 만들 때 적었던 이름이 표시됩니다. 내용을 변경하면 다음 선택 시 변경된 내용이 표시됩니다.

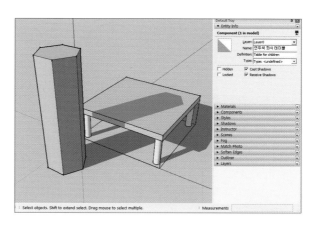

Section 015

다양한 재질을 입혀주는 [Materials]

객체에 매핑된 다양한 색상과 재질을 표시하거나 Paint Bucket(페인트통) 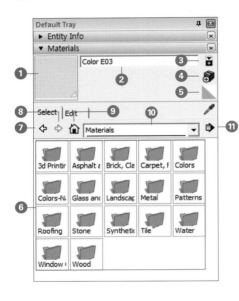 도구를 선택하면 자동으로 열려 새롭게 Material(재질)을 입힐 수 있는 Tray입니다.

01 [Select] 탭 기능 알아보기

❶ **Material Preview(재질 미리보기)** : 선택한 Material(재질)과 [Edit] 탭에서 조절한 옵션의 내용을 미리 볼 수 있습니다. Material Preview(재질 미리보기)를 클릭하고 객체를 선택하면 Material Preview(재질 미리보기)의 재질이 입혀집니다.

❷ **Material Name(재질 이름)** : 선택한 Material(재질)의 이름이 나타납니다.

❸ **Display the secondary selection pane(이차 선택 패널 보이기/숨기기)** : 기본 재질 패널의 아래에 재질 패널을 하나 더 보여주어 Material(재질) 폴더 간의 복사를 쉽게 할 수 있습니다. Display the secondary selection pane(이차 선택 패널 보이기/숨기기)을 클릭하여 생성된 다음의 재질 패널에서 복사하고자 하는 재질의 섬네일을 클릭하여 위의 패널로 드래그하면 됩니다.

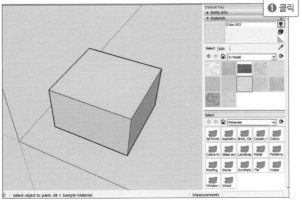

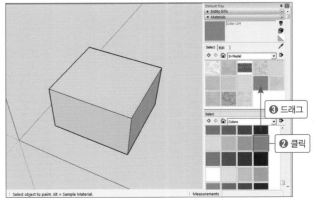

❹ Create Material...(재질 생성하기) : [Create Material...]이라는 창이 새로 생기며 사용자가 원하는 새로운 재
질을 만들어 저장할 수 있습니다. 생성된 재질은 [In Model] 폴더에 저장됩니다.

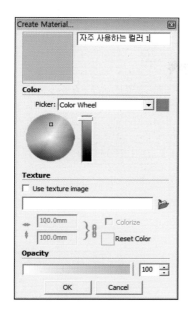 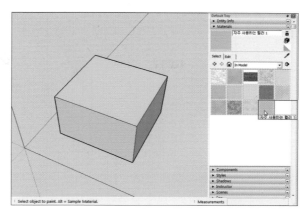

❺ Set Material to Paint with to Default(디폴트 재질로 세팅하기) : Set Material to Paint with to Default(디폴
트 재질로 세팅하기) 섬네일을 클릭하면 Material Preview(재질 미리보기)가 디폴트에 있는 재질로 변경
됩니다. 우측 상단은 앞면의 재질이며, 좌측 하단은 뒷면의 재질입니다. [Styles] Tray의 [Eidt] 탭에서
[Face Settings]를 클릭하면 Front color와 Back color가 표시됩니다.

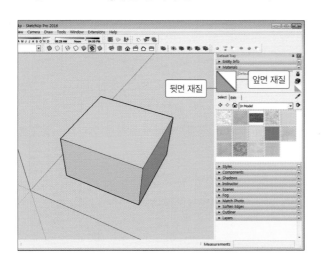 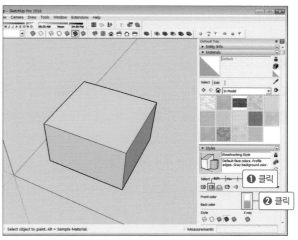

Font Color, Back Color 각각의 옆에 컬러 섬네일을 클릭하면 컬러를 선택할 수 있는 창이 새로 생성됩니다.
원하는 컬러를 선택하고 [OK] 버튼을 클릭하면 디폴트 재질의 색이 변경됩니다.

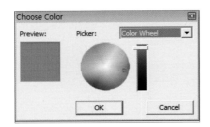
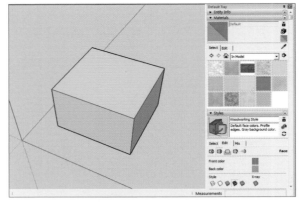

⑥ Sample Paint(샘플 페인트) : Sample Paint(샘플 페인트) 아이콘을 클릭한 후 모델에서 이미 입혀진 재질을 클릭하면 Material Preview(재질 미리보기)가 클릭한 재질로 변경됩니다. 마우스 포인터는 페인트통 모양으로 자동 변경되므로 바로 원하는 면을 클릭하면 샘플링한 재질로 변경됩니다.

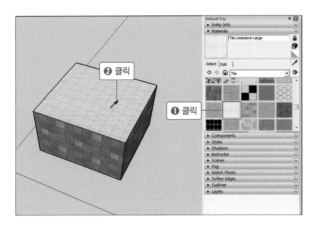
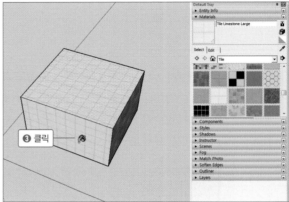

⑦ Back(뒤로) : 이전에 열었던 Material(재질) 라이브러리를 다시 엽니다.

⑧ Forward(앞으로) : 이후에 열었던 Material(재질) 라이브러리로 다시 되돌아 갑니다.

⑨ In Model(In Model 라이브러리) : 현재의 모델에 적용되어 있는 Material(재질) 라이브러리를 엽니다. 우측의 [▼]를 클릭하였을 때, 첫 번째 라이브러리를 클릭했을 때와 동일합니다.

⑩ Library List(라이브러리 목록) : 저장되어 있는 Material(재질) 폴더를 선택할 수 있습니다.

⑪ Details(세부 메뉴) : Material(재질) 라이브러리에 대한 세부 메뉴를 선택하여 실행할 수 있습니다.

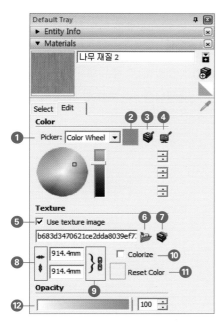

❶ **Picker(피커)** : 선택한 Material(재질)의 색상을 수정할 때 [▼]를 클릭하여 사용할 채널을 선택할 수 있습니다.

❷ **Undo Color Changes(색상 되돌리기)** : 클릭하면 수정하기 전의 색상으로 되돌려 줍니다.

❸ **Match Color of object in model(객체의 색상과 일치)** : 클릭하면 현재 선택한 Material(재질)의 색상이 컬러 피커 모양의 마우스 포인터로 바뀌며 객체를 클릭하면 동일한 색상으로 변경됩니다. 단, 컬러만 일치시키고 텍스처는 그대로 보존됩니다.

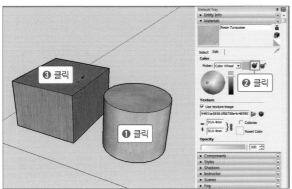

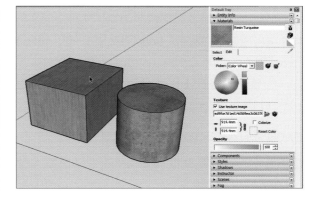

❹ **Match Color on screen(화면의 색상과 일치)** : 클릭하면 현재 선택한 Material(재질)의 색상이 컬러 피커 모양의 마우스 포인터로 바뀌며 화면에 보이는 모든 부분(다른 객체를 포함)을 클릭하면 동일한 색상으로 변경됩니다. 단, 컬러만 일치시키고 텍스처는 그대로 보존됩니다.

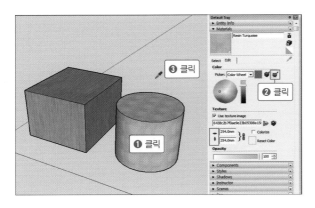

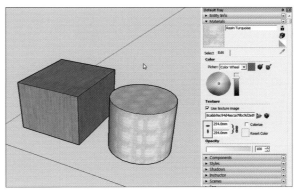

⑤ Use texture image(텍스처 이미지 사용) : ☑ 표시를 해제하면 텍스처 이미지는 사라지고 색상만 남습니다. ☑ 표시를 해제한 후 다시 텍스처를 입히려면 다시 텍스처의 위치를 지정하여 원하는 텍스처로 설정해 주거나 [Select] 탭을 클릭하여 Material(재질)을 선택합니다.

⑥ Browse for Material Image File(재질 이미지 파일 찾기) : 새로운 Material Image File(재질 이미지 파일)을 찾는 창이 생성되며, 경로를 찾아 파일을 선택하여 재질 이미지를 변경합니다.

⑦ Edit texture image in external editor(외부 편집기로 재질 이미지 편집하기) : 클릭하면 메뉴의 [Window]−[Preferences]의 [Applications]에서 지정한 이미지 편집 프로그램이 실행됩니다. 포토샵 등의 이미지 편집 프로그램에서 편집한 후 저장하면 편집한 재질 이미지로 바로 변경됩니다.

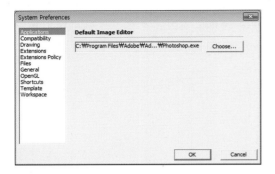

⑧ Undo width/height chages(변경한 가로/세로 길이 되돌리기) : 좌측의 width(가로)와 height(세로)의 길이를 변경한 후 다시 되돌릴 때 클릭합니다.

⑨ Lock/Unlock Aspect Ratio(가로/세로 길이 비율 잠금/잠금 해제) : 잠금 상태에서는 width(가로)의 길이와 height(세로)의 길이를 입력할 때 동일한 비율로 변경됩니다. 클릭하여 잠금이 해제되면 width(가로)의 길이와 height(세로)의 길이를 각각 입력할 수 있습니다.

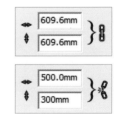

⑩ Colorize(컬러라이즈) : ☑ 표시를 하면 자동으로 색상이 보정됩니다.

⑪ Reset Color(리셋 컬러) : Picker(피커)를 통해 색상을 변경하면 원본 색상이 보여지며, 클릭하면 원본 색상으로 리셋됩니다.

⑫ Opacity(불투명도) : Material(재질)의 불투명도를 조절할 수 있습니다. 슬라이드 바를 이동하여 조절하거나 수치값을 입력하여 조절할 수 있습니다. 슬라이드 바가 왼쪽으로(수치값이 '0'으로) 갈수록 투명해지고 슬라이드 바가 오른쪽으로(수치값이 '100'으로) 갈수록 불투명해집니다.

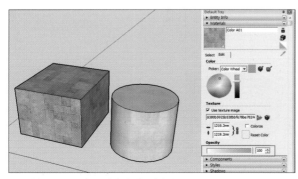

두 객체 모두 Opacity(불투명도) 값이 '100'일 때

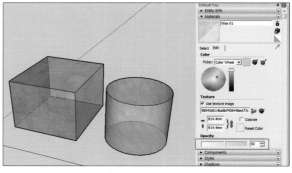

두 객체 모두 Opacity(불투명도) 값이 '50'일 때

Section 016

컴포넌트의 상태를 보여주고 수정하는 [Components]

[Components]에서는 컴포넌트에 대한 상세한 정보를 볼 수 있으며 컴포넌트의 상태도 수정할 수 있습니다. 3D Warehouse로 연결하는 기능이 있어 원하는 데이터를 검색하고 바로 다운할 수 있어 편리합니다. 컴포넌트의 여러 옵션 설정을 변경하는 방법을 알아봅니다.

01 [Select] 탭 기능 알아보기

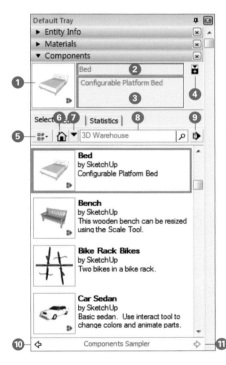

❶ Component Thumbnail(컴포넌트 섬네일) : 선택한 컴포넌트를 섬네일의 형태로 나타냅니다.

❷ Component Name(컴포넌트 이름) : 선택한 컴포넌트를 생성할 때 입력한 이름이 나타납니다.

❸ Component Description(컴포넌트 설명) : 선택한 컴포넌트를 생성할 때 입력한 설명이 나타납니다.

❹ Display the secondary selection pane(이차 선택 패널 보이기/숨기기) : 기본 컴포넌트 패널의 아래에 컴포넌트 패널을 하나 더 보여주어 컴포넌트 폴더 간의 복사를 쉽게 할 수 있습니다. Display the secondary selection pane(이차 선택 패널 보이기/숨기기)을 클릭하여 생성된 아래의 컴포넌트 패널에서 복사하고자 하는 컴포넌트의 섬네일을 클릭하여 위의 패널로 드래그하면 됩니다.

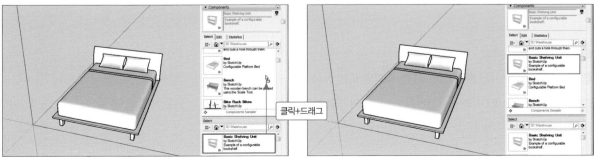

클릭+드래그

❺ View Options(보기 옵션) : 컴포넌트의 목록을 View Options(보기 옵션)에 따라 선택할 수 있습니다.

❻ In Model(In Model 라이브러리) : 현재의 모델이 있는 Component(컴포넌트) 라이브러리를 엽니다. 좌측의 [▼]를 클릭하면 첫 번째 라이브러리를 클릭했을 때와 동일합니다.

❼ Library List(라이브러리 목록) : 저장되어 있는 Component(컴포넌트) 폴더를 선택할 수 있습니다. 'Favorites:'의 폴더를 클릭하면 3D Warehouse로 접속되어 공유된 컴포넌트 목록이 생성됩니다(네트워크가 연결되어 있어야 사용할 수 있습니다).

❽ Search 3D Warehouse(3D Warehouse에서 검색) : 찾으려는 컴포넌트의 키워드를 입력하고 🔎 버튼을 클릭하면 3D Warehouse로 접속되어 키워드가 포함된 공유된 컴포넌트 목록이 생성됩니다(네트워크가 연결되어 있어야 사용이 가능합니다).

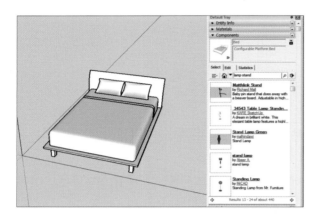

컴포넌트 이름을 클릭하면 3D Warehouse의 창이 열리며 컴포넌트의 상세 내용이 나옵니다. 이 창 안에서 컴포넌트를 다운로드할 수 있으며, 새로운 컴포넌트를 검색할 수 있습니다. 목록에서 원하는 컴포넌트의 섬네일을 클릭하면 자동으로 다운로드됩니다. 화면으로 마우스를 이동하면 해당 컴포넌트가 나타나며 원하는 위치에 클릭하여 놓습니다.

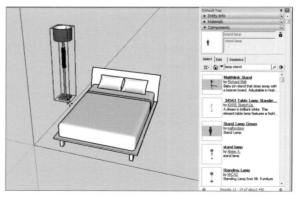

❾ Details(세부 메뉴) : 컴포넌트 라이브러리에 대한 세부 메뉴를 선택하여 실행할 수 있습니다.

❿ Back(뒤로) - [이전 컴포넌트 라이브러리명 또는 검색어] : 이전에 열었던 컴포넌트 라이브러리를 다시 엽니다.

⓫ Forward(앞으로) - [다음 컴포넌트 라이브러리명 또는 검색어] : 이후에 열었던 목록을 열거나 검색한 컴포넌트 라이브러리의 다음 목록을 엽니다.

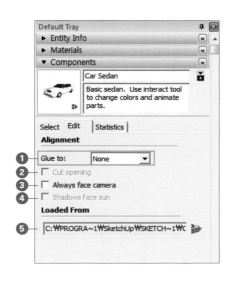

❶ **Glue to(붙임 방식)** : 선택한 컴포넌트를 다른 컴포넌트와 붙여서 놓을 때의 방식을 설정할 수 있습니다.

▌ **None** : 붙임 방식을 설정하지 않을 때 선택하며 컴포넌트 생성 시의 축을 중심으로 놓여집니다.

▌ **Any** : 수평면 또는 수직면이나 경사면에 자유롭게 놓을 수 있습니다.

▌ **Horizontal** : 수평면으로 놓여집니다.

▌ **Vertical** : 수직면으로 놓여집니다.

▌ **Sloped** : 경사면에 놓여집니다.

❷ **Cut opening(컷 오프닝)** : Glue to(붙임 방식)의 옵션이 'None'으로 선택되어 있을 경우에는 비활성화되지만, 이외의 옵션일 경우에 활성화됩니다. ☑ 표시를 하면 컴포넌트에 접한 면이 열린 상태가 됩니다.

❸ **Always face camera(항상 바라보는 시점으로 고정)** : Glue to(붙임 방식)의 옵션이 'None'으로 선택되어 있을 경우에만 활성화되며, 이외의 옵션일 경우에 비활성화됩니다. ☑ 표시를 하면 작업자가 바라보는 시점으로 컴포넌트를 놓습니다. Orbit(궤도) 🔄 도구를 이용하여 작업화면을 회전하여도 컴포넌트는 작업자의 시점으로 고정됩니다.

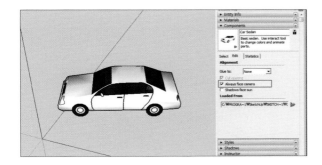

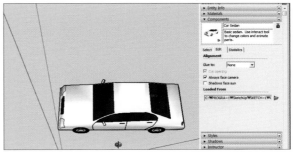

❹ **Shadows face sun(그림자 고정)** : Always face camera(항상 바라보는 시점으로 고정)에 ☑ 표시를 하여야 활성화됩니다. 또한, Show/Hide Shadows(그림자 보이기/숨기기) 🔲 도구가 선택되어 있어야 적용이 됩니다. ☑ 표시를 하면 그림자의 방향이 고정됩니다. Orbit(궤도) 🔄 도구를 이용하여 작업화면을 회전하여도 그림자의 방향이 고정됩니다.

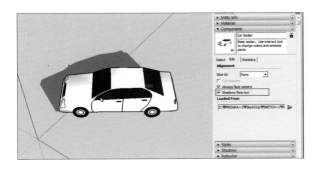

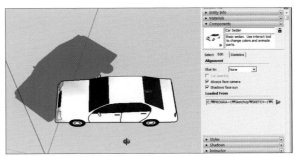

❺ **Loaded From(저장 폴더에서 로드하기)** : 선택한 컴포넌트의 저장 경로를 표시합니다. 우측의 폴더 모양 아이콘을 클릭하면 컴포넌트의 폴더 창이 생성되며, 원하는 컴포넌트를 선택하고 [열기] 버튼을 클릭하면 선택한 컴포넌트로 변경됩니다.

이외의 자세한 내용은 217쪽 '컴포넌트를 만드는 [Make Component] 도구'를 참고하기 바랍니다.

03 [Statistics] 탭 기능 알아보기

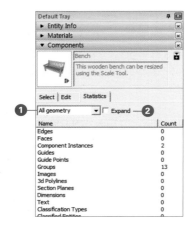

❶ **Category List(카테고리 목록)** : 우측의 [▼] 버튼을 클릭하여 목록을 선택할 수 있습니다.

▶ **All geometry(모든 구조)** : 선택한 컴포넌트의 모든 구조 정보를 보여줍니다.

▶ **Components(컴포넌트들)** : 선택한 컴포넌트의 하위 컴포넌트가 존재하는 경우, 하위 컴포넌트의 구조를 보여줍니다.

❷ **Expand(확장)** : ☑ 표시를 하면 세부 구조 정보를 확장하여 보여줍니다.

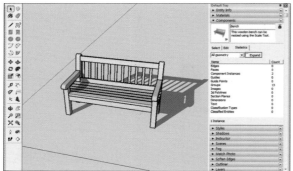

All geometry(모든 구조) 상에서 Expand(확장)에 ☑ 표시를 하지 않았을 때

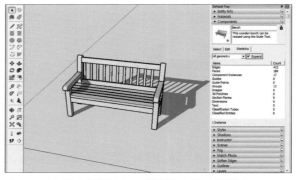

All geometry(모든 구조) 상에서 Expand(확장)에 ☑ 표시를 하였을 때

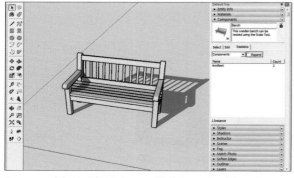

Components(컴포넌트들) 상에서 Expand(확장)에 ☑ 표시를 하지 않았을 때

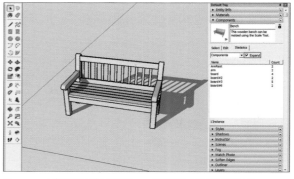

Components(컴포넌트들) 상에서 Expand(확장)에 ☑ 표시를 하였을 때

작업물의 스타일을 결정하는
[Styles]

[Styles] 도구에서 다양한 스타일 옵션을 설정하여 사용자의 목적에 맞는 모델링을 구현할 수 있습니다.
[Select] 탭, [Edit] 탭, [Mix] 탭의 기능을 알아봅니다.

01 [Select] 탭 기능 알아보기

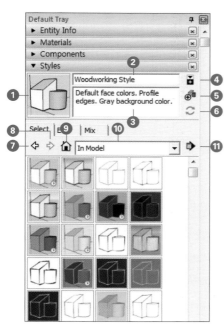

❶ **Style Preview/Update Style with changes(스타일 미리보기/변
경된 스타일 업데이트)** : 선택한 스타일을 미리 볼 수 있습니다.
[Edit] 탭에서 옵션을 변경하면 🔁와 같이 변경되며 클릭하
면 업데이트된 스타일로 바뀐 것을 볼 수 있습니다.

❷ **Style Name(스타일 이름)** : 선택한 스타일의 이름이 나타납니다.

❸ **Style Description(스타일 설명)** : 선택한 스타일의 세부 설명이
나타납니다.

❹ **Display the secondary selection pane(이차 선택 패널 보이
기/숨기기)** : 기본 스타일 패널의 아래에 스타일 패널을 하나
더 보여주어 스타일 폴더 간의 복사를 쉽게 할 수 있습니다.
Display the secondary selection pane(이차 선택 패널 보
이기/숨기기)를 클릭하여 생성된 아래의 스타일 패널에서 복
사하고자 하는 스타일의 섬네일을 클릭하여 위의 패널로 드
래그하면 됩니다.

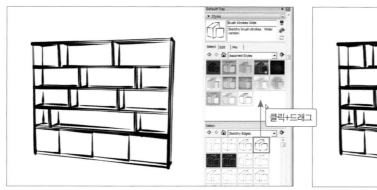

클릭+드래그

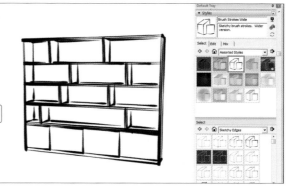

❺ **Create new Style(새로운 스타일 생성하기) :** [Edit] 탭에서 사용자가 원하는 새로운 재질로 옵션을 조정한 후, Create new Style(새로운 스타일 생성하기) 🔧 아이콘을 클릭하면 저장할 수 있습니다. Style Name(스타일 이름)과 Style Description(스타일 설명)도 변경하여 관리하면 유용합니다. 생성된 스타일은 [In Model] 폴더에 저장됩니다.

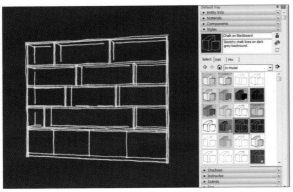

옵션 조정 전

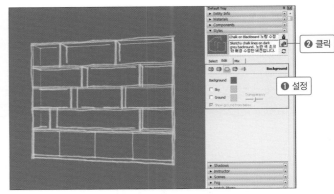

[Edit] 탭에서 옵션 조정 및 Style Name(스타일 이름)과 Style Description(스타일 설명) 변경 후, Create new Style(새로운 스타일 생성하기) 아이콘 클릭

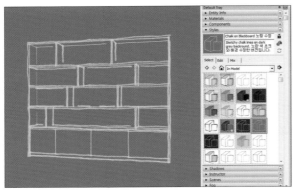

[In model] 폴더에 저장

❻ **Update Style with changes(변경된 스타일 업데이트) :** 스타일을 선택한 후 [Edit] 탭에서 옵션을 변경하면 Style Preview(스타일 미리보기)가 🔄 와 같이 변경되며 동시에 Update Style with changes(변경된 스타일 업데이트) 아이콘도 🔁 로 활성화됩니다. 둘 중 어느 하나를 클릭하여도 동일하게 업데이트된 스타일로 바뀐 것을 볼 수 있습니다.

❼ **Back(뒤로) :** 이전에 열었던 스타일 라이브러리를 다시 엽니다.

❽ **Forward(앞으로) :** 이후에 열었던 스타일 라이브러리로 다시 되돌아 갑니다.

❾ **In Model(In Model 라이브러리) :** 현재의 모델에 적용했던 스타일 라이브러리를 엽니다. 우측의 [▼]를 클릭하면 첫 번째 라이브러리를 클릭했을 때와 동일합니다.

❿ **Library List(라이브러리 목록) :** 저장되어 있는 스타일 폴더를 선택할 수 있습니다.

⓫ **Details(세부 메뉴) :** 스타일 라이브러리에 대한 세부 메뉴를 선택하여 실행할 수 있습니다.

① **Edge Settings(선 설정)** : Edge(선)에 관련된 다양한 설정이
가능합니다.

▶ **Edges(선 표시)** : 선으로 그린 부분을 보여줍니다. ☑ 표시를 해제하
면 선으로 그린 부분을 보여주지 않습니다. 단, 객체의 가장자리는
보여줍니다.

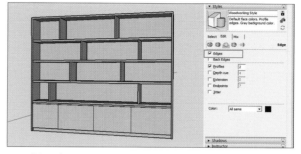

Edges(선 표시) 옵션에 ☑ 표시를 한 경우

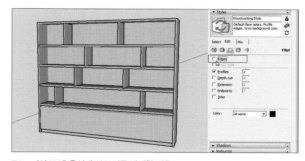

Edges(선 표시) 옵션에 ☑ 표시를 해제한 경우

▶ **Back Edges(뒷부분의 선 표시)** : 객체 뒷부분의 보이지 않는 선을 보여줍니다. Edges(선 표시) 옵션에 ☑ 표시가 되어
있을 경우에만 활성화되며 Back Edges(뒷부분의 선 표시) 🔲 도구를 선택하였을 때와 동일한 효과를 나타냅니다.
둘 중 하나를 선택하면 동기화되어 표시됩니다.

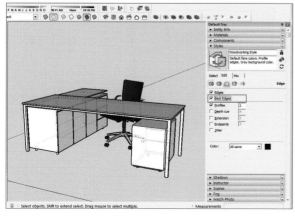

Back Edges 옵션에 ☑ 표시를 한 경우

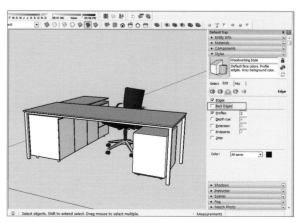

Back Edges 옵션에 ☑ 표시를 해제한 경우

▶ **Profiles(가장자리 선의 굵기 표시)** : 객체의 가장자리 선의 굵기를 설정하여 보여줍니다. Profiles 옵션에 ☑ 표시를 하고 선의 굵기를 우측 란에 숫자키로 입력하여 굵기를 조절할 수 있습니다. ☑ 표시를 해제해도 선은 보여줍니다.

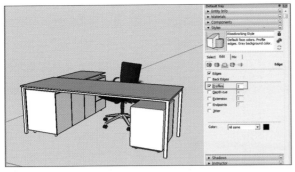

Profiles 옵션에 ☑ 표시를 하고 값을 '2'로 설정한 경우

Profiles 옵션에 ☑ 표시를 하고 값을 '7'로 설정한 경우

Profiles 옵션에 ☑ 표시를 해제한 후, Edges(선 표시) 옵션에 ☑ 표시를 해제하면 모든 선을 볼 수 없습니다.

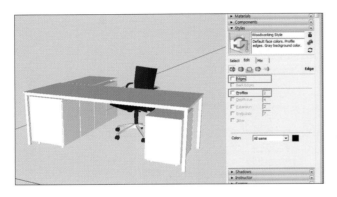

▶ **Depth cue(앞부분의 선 굵기 표시)** : 객체의 앞부분의 선 굵기를 설정하여 보여줍니다. Depth cue 옵션에 ☑ 표시를 하고 선의 굵기를 우측 란에 숫자키로 입력하여 굵기를 조절할 수 있습니다. ☑ 표시를 해제하여도 선은 보여줍니다.

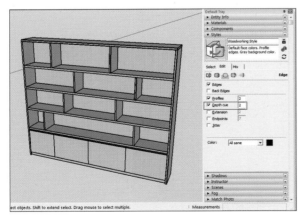

Depth cue 옵션에 ☑ 표시를 하고 값을 '2'로 설정한 경우

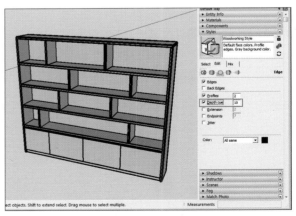

Depth cue 옵션에 ☑ 표시를 하고 값을 '10'으로 설정한 경우

▶ **Extension(연장선 표시)** : 선의 연장선을 보여줍니다. Extension 옵션에 ☑ 표시를 하고 연장선의 길이를 우측 란에 숫자키로 입력하여 조절할 수 있습니다.

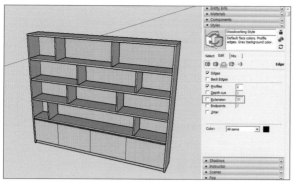
Extension 옵션에 ☑ 표시를 해제한 경우

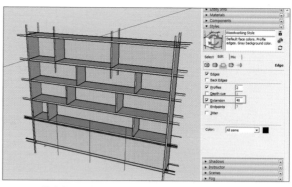
Extension 옵션에 ☑ 표시를 하고 값을 '40'으로 설정한 경우

▶ **Endpoints(선의 끝부분)** : 선의 끝부분을 굵게 보여줍니다. Endpoints 옵션에 ☑ 표시를 하고 선의 끝부분 길이를 우측 란에 숫자키로 입력하여 길이를 조절할 수 있습니다.

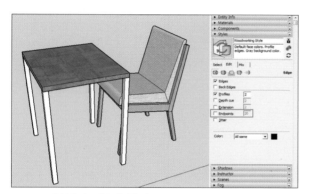
Endpoints 옵션에 ☑ 표시를 해제한 경우

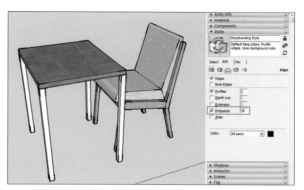
Endpoints 옵션에 ☑ 표시를 하고 값을 '30'으로 설정한 경우

▶ **Jitter(선의 흐트러짐)** : Jitter 옵션에 ☑ 표시를 하면 선을 흐트러져 보이게 합니다.

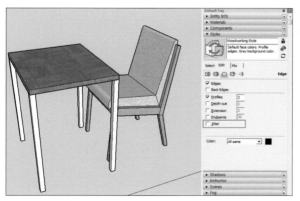
Jitter 옵션에 ☑ 표시를 해제한 경우

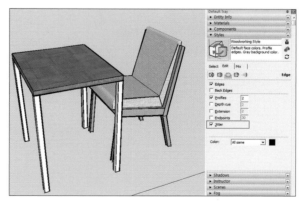
Jitter 옵션에 ☑ 표시를 한 경우

▶ **Color(선의 색상)** : 선의 색상을 설정한 대로 보여줄 수 있습니다.

· **All same** : 모든 색상을 같게 보여줍니다. 우측의 색상 아이콘을 클릭하면 컬러를 선택할 수 있는 창이 나옵니다. 원하는 색상을 선택한 후 [OK] 버튼을 클릭하면 선의 색상이 변경됩니다.

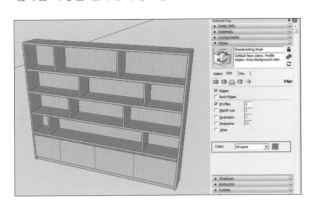

· **By material** : Material(재질)의 색상으로 선을 보여줍니다.

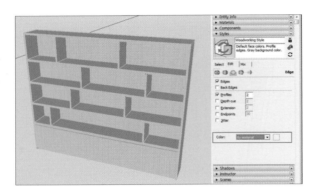

· **By axis** : Axis(축)의 색상으로 선을 보여줍니다.

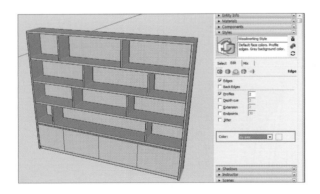

❷ **Face Settings(면 설정) :** Face(면)에 관련된 다양한 설정이 가능합니다.

▌ **Front color(앞면 색상) :** 매핑하기 전 객체의 앞면 색상을 설정합니다. 색상 아이콘을 클릭하면 색상을 선택할 수 있는 창이 나옵니다.

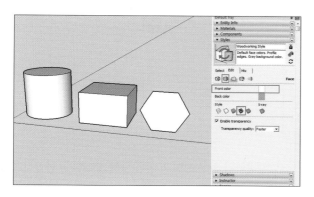 

원하는 색상을 선택한 후 [OK] 버튼을 클릭하면 설정한 색상으로 변경됩니다.

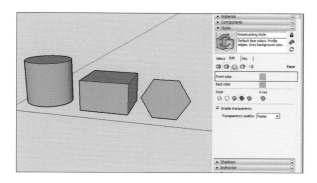

▌ **Back color(뒷면 색상) :** 객체의 뒷면 색상을 설정합니다. 모델링을 할 때 대부분의 경우 따로 설정하지 않음으로써 사용자들 간에 뒷면임을 알 수 있도록 하는 경우가 많습니다. 육각면과 같이 2차원적인 도형의 경우는 아래와 같이 표현되며, 3차원적인 정육면체나 원기둥의 경우에는 내부로 들어가면 육각면과 같이 뒷면 색상을 볼 수 있습니다.

▌ **Style(스타일) :** 선택한 스타일에 따라 객체를 보여줍니다. [Styles] 툴바(Back Edges(뒷부분의 선 표시) 🔘 도구 제외)와 동일한 기능을 표현하므로 310쪽 '여러 스타일을 클릭 한 번에 표현할 수 있는 [Styles] 툴바 익히기'에서 자세한 기능을 확인할 수 있습니다.

· **Display in wireframe mode :** 마치 철사로 물체를 만드는 공예품을 보는 것과 같이 모델의 모든 모습, 즉 보이는 선과 가려진 선까지도 모두 선으로만 표현합니다.

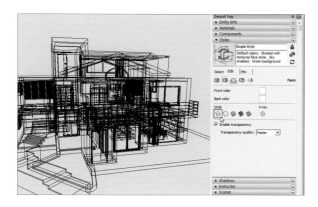

· **Display in hidden line mode** : 모델의 텍스처와 컬러가 숨겨진 입체 상태로 외부 선을 표현합니다.

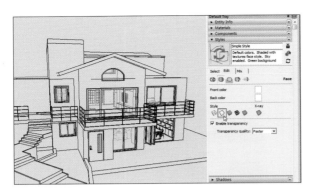

· **Display in shaded mode** : 모델의 텍스처는 표현되지 않고 컬러와 외부 선이 표현된 입체 상태를 표현합니다.

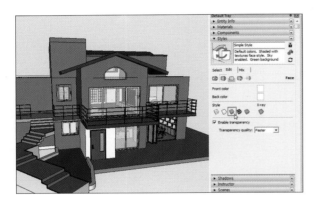

· **Display shaded using textures** : 모델의 텍스처와 컬러가 입혀진 상태로 외부 선이 표현된 입체 상태를 표현합니다. 작업 중이나 새로 파일을 생성하였을 때 기본적으로 설정되는 Style입니다.

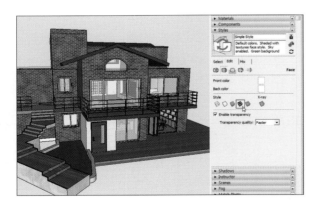

· **Display shaded using all same** : 모델의 텍스처와 컬러는 표현되지 않고 흑백 모드의 상태와 외부 선이 표현된
입체 상태를 표현합니다.

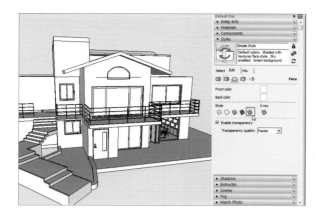

· **Display in X-ray mode** : 마치 우리가 병원에서 X선 촬영을 하였을 때와 같이 모델의 투시된 모습과 선들을 보
며 확인할 수 있습니다. 단독으로 사용할 수 없으며 'Display in wireframe mode'를 제외한 모든 mode와 중복으
로 사용할 수 있습니다.

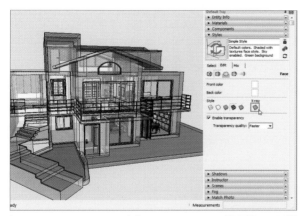

'Display shaded using textures'와 'Display in X-ray mode'를 중복으로 클릭한 경우

▶ **Enable transparency(투명도 사용)** : ☑ 표시를 하면 매핑한 Material(재질) 중 유리의 투명도를 사용하여 보여줍니다.

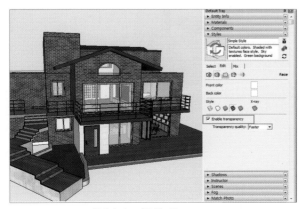

Enable transparency 옵션에 ☑ 표시를 한 경우

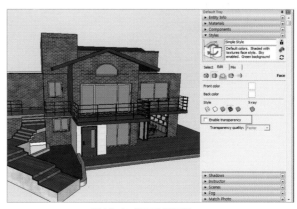

Enable transparency 옵션에 ☑ 표시를 해제한 경우

▶ **Transparency quality(투명도 품질)** : Enable transparency 옵션에 ☑ 표시가 되어 있을 때 활성화되며, 유리 재질의 투명도 품질을 설정할 수 있습니다.

- · **Faster** : 저품질이나 빠르게 보여줍니다.
- · **Medium** : 중간품질로 보여줍니다.
- · **Nicer** : 고품질이나 약간 느리게 보여줄 수 있습니다.

❸ **Background Settings(배경 설정)** : Background(배경)에 관련된 다양한 설정이 가능합니다. 배경 설정을 통해 모델링을 다양하게 표현할 수 있습니다.

▶ **Background(배경)** : 컬러 박스 아이콘에 현재의 Background(배경) 색상이 나타나며 'Background(배경)'을 클릭하여 색상을 변경할 수 있습니다. 컬러를 선택할 수 있는 창이 나타나면 원하는 색상을 선택한 후 [OK] 버튼을 클릭하면 배경 색상이 변경됩니다.

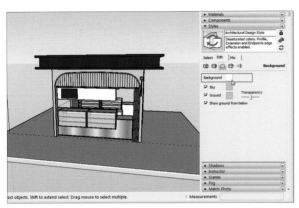
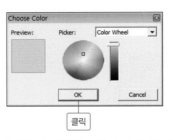

배경색 : 흰색

그러나 Sky 옵션과 Ground 옵션에 ☑ 표시가 되어 있으면 배경색이 표현되지 않습니다. ☑ 표시를 해제하면 설정된 배경색이 나타납니다.

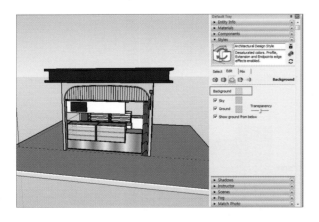
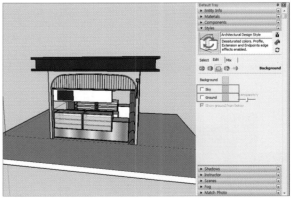

- **Sky(하늘) :** 컬러 박스 아이콘에 현재의 Sky(하늘) 색상이 나타나며 Background Settings(배경 설정) 방법과 동일하게 컬러 박스 아이콘을 클릭하여 색상을 변경할 수 있습니다. 단, ☑ 표시가 되어 있어야 표현됩니다.

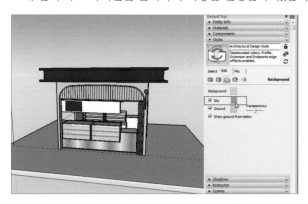

- **Ground(지면) :** 컬러 박스 아이콘에 현재의 Ground(지면) 색상이 나타나며 Background Settings(배경 설정) 방법과 동일하게 컬러 박스 아이콘을 클릭하여 색상을 변경할 수 있습니다. 단, ☑ 표시가 되어 있어야 표현됩니다.

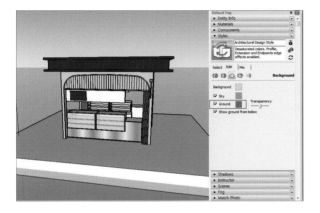

- **Transparency(투명도) :** Ground(지면)의 투명도를 조절할 수 있습니다. Z축이 '0' 이하의 모델링 부분에 적용됩니다. 슬라이드 바를 왼쪽으로 이동시킬수록 투명도 '0'에 가까워지고, 오른쪽으로 이동시킬수록 투명도 '100'에 가까워집니다.

- **Show ground from below(아래의 시점에서 지면색 보이기) :** Ground(지면)에 ☑ 표시가 되어 있을 때 활성화되며 ☑ 표시를 하면 Z축이 '0' 이하에 있을 때에도 지면 색상을 보여줍니다.

❹ **Watermark Settings(배경 설정) :** Watermark Settings(워터마크 설정)에 관련된 다양한 유형의 설정이 가능합니다.

- **Display watermarks(워터마크 보이기) :** ☑ 표시를 하면 설정되어 있는 워터마크를 보여줍니다.

- **Add Watermark(워터마크 추가하기) :** Add Watermark ⊕ 아이콘을 클릭하여 워터마크를 추가할 수 있습니다.

- **Delete Watermark(워터마크 삭제하기) :** 워터마크 리스트에서 삭제할 워터마크를 선택한 후 Delete Watermark ⊖ 아이콘을 클릭하여 워터마크를 삭제할 수 있습니다.

- **Edit Watermark Settings(워터마크 설정 수정하기) :** 워터마크 리스트에서 수정할 워터마크를 선택한 후 Edit Watermark Settings ✿ 아이콘을 클릭하여 워터마크 설정을 수정할 수 있습니다.

▌ **Move watermarks down/up(워터마크 레이어 순서 이동하기)** : 워터마크 리스트에서 레이어 순서를 이동할 워터마크를 선택한 후 Move watermarks down/up ⌜ ⌟ 아이콘을 클릭하여 워터마크 레이어의 순서를 이동시킬 수 있습니다.

▌ **Thumb(섬네일)** : 워터마크의 섬네일을 보여줍니다.

▌ **Name(이름)** : 워터마크의 이름을 보여줍니다.

워터마크를 추가할 때 실사 이미지를 'Background'로 설정하여 배경으로 활용하면 좋습니다.

❺ **Modeling Settings(모델링 설정)** : 모델링에 필요한 다양한 색상 옵션과 보이기 옵션을 설정할 수 있습니다.

▌ **Selected(선택된 부분의 색상)** : Select(선택) ▶ 도구로 선택한 선, 면, 그룹, 컴포넌트를 선택했을 때의 색상을 설정합니다. 컬러 박스 아이콘을 클릭하여 원하는 색상을 선택할 수 있습니다.

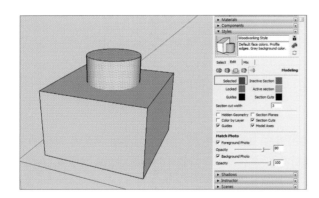

▌ **Locked(잠금 부분의 색상)** : Lock(잠금) 명령어가 적용된 객체를 선택했을 때의 색상을 설정합니다. 컬러 박스 아이콘을 클릭하여 원하는 색상을 선택할 수 있습니다. 전체 선택을 했을 때 정육면체만 잠금 상태이기 때문에 현재 설정되어 있는 빨간색으로 나타납니다.

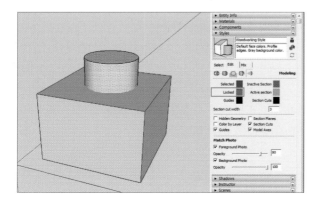

▶ **Guides(가이드라인의 색상)** : Tape Measure(줄자) 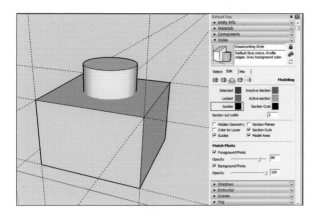 도구를 이용하여 만든 가이드라인의 색상을 설정합니다. 컬러 박스 아이콘을 클릭하여 원하는 색상을 선택할 수 있습니다.

▶ **Inactive Section(비활성화된 섹션의 색상)** : Section Plane(단면)이 비활성화되었을 때의 색상을 설정합니다. 컬러 박스 아이콘을 클릭하여 원하는 색상을 선택할 수 있습니다.

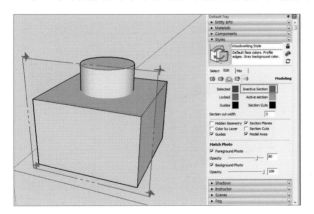

▶ **Active section(활성화된 섹션의 색상)** : Section Plane(단면)이 활성화되었을 때의 색상을 설정합니다. 컬러 박스 아이콘을 클릭하여 원하는 색상을 선택할 수 있습니다.

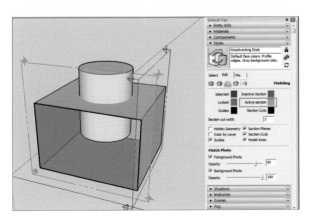

▌ **Section Cuts(섹션 부분의 색상) :** Section Plane(단면)의 색상을 설정합니다. 컬러 박스 아이콘을 클릭하여 원하는 색상을 선택할 수 있습니다. 현재 검정색으로 설정되어 있으므로 단면의 색상이 검정색으로 보여집니다.

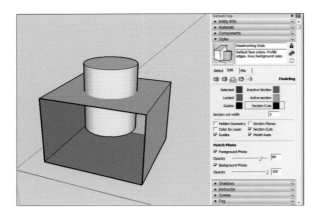

▌ **Section cut width(섹션 부분의 선 굵기) :** Section Plane(단면)의 선 굵기를 설정합니다.

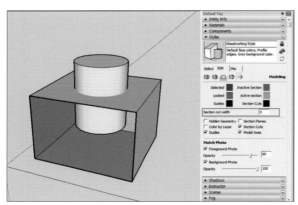

Section cut width(섹션 부분의 선 굵기)를 '3'으로 설정한 경우

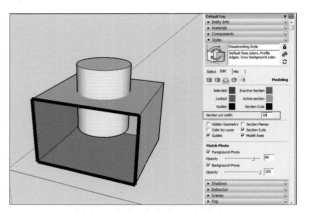

Section cut width(섹션 부분의 선 굵기)를 '10'으로 설정한 경우

▌ **Hidden Geometry(숨겨진 선) :** ☑ 표시를 하면 Hidden Geometry(숨겨진 선)가 보여집니다.

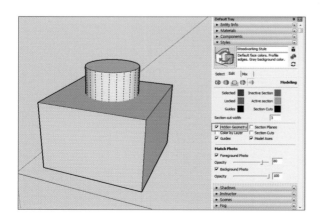

▶ **Section Planes(단절선) :** ☑ 표시를 하면 Section Planes(단절선)이 보여집니다. Display Section Planes(단절선 보이기) 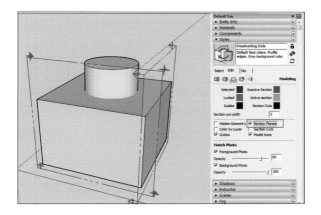 도구와 연동되어 선택됩니다.

▶ **Color by Layer(레이어 색상으로 표시) :** ☑ 표시를 하면 객체들이 각각의 레이어에서 설정한 색상으로 보여집니다.

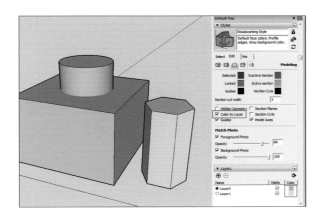

▶ **Section Cuts(단면의 표시) :** ☑ 표시를 하면 Section Planes(단면)이 보여집니다. Display Section Cuts(단면 보이기) 도구와 연동되어 선택됩니다.

▶ **Guides(가이드라인) :** ☑ 표시를 하면 Guides(가이드라인)이 보여집니다.

▶ **Model Axes(모델 축) :** ☑ 표시를 하면 축을 보여줍니다.

▶ **Foreground Photo(전경 사진이미지 표시) :** ☑ 표시를 하면 Match Photo(포토 매치)를 사용할 때 객체에 매치한 전경 사진이미지를 보여줍니다.

▶ **Foreground Photo-Opacity(전경 사진이미지 불투명도) :** Foreground Photo(전경 사진이미지 표시)에 ☑ 표시가 되어 있을 때 활성화되며 슬라이드 바를 왼쪽('0')으로 이동시킬수록 투명해지고, 오른쪽('100')으로 이동시킬수록 불투명하게 적용됩니다.

▶ **Background Photo(배경 사진이미지 표시) :** ☑ 표시를 하면 Match Photo(포토 매치)를 사용할 때 배경에 매치한 사진이미지를 보여줍니다.

▶ **Background Photo-Opacity(배경 사진이미지 불투명도) :** Background Photo(배경 사진이미지 표시)에 ☑ 표시가 되어 있을 때 활성화되며, 슬라이드 바를 왼쪽('0')으로 이동시킬수록 투명해지고, 오른쪽('100')으로 이동시킬수록 불투명하게 적용됩니다.

[Mix] 탭을 클릭하면 Display the secondary selection pane(이차 선택 패널 보이기/숨기기)을 클릭했을 때와 같이 자동으로 [Mix] 탭의 아래에 secondary selection pane이 나타납니다. 마우스 포인터를 놓으면 스포이드 모양으로 변하며(컴퓨터의 상황에 따라 반짝이며 보일 수 있음) 원하는 스타일을 클릭하고 [Mix] 탭의 Edge Settings(선 설정), Face Settings(면 설정), Background Settings(배경 설정), Watermark Settings(워터마크 설정), Modeling Settings(모델링 설정) 위로 마우스 포인터를 올리면 모양으로 변경됩니다. 원하는 설정에 클릭하여 해당 설정만 적용할 수 있습니다. 설정되어 있는 여러 스타일을 클릭만으로 손쉽게 혼합하여 사용할 수 있는 장점이 있습니다.

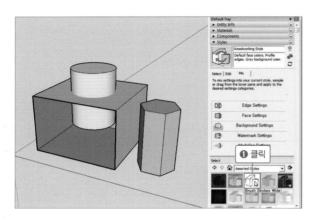

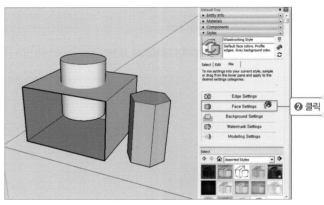

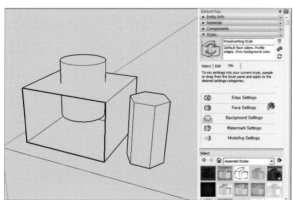

포토샵 등의 여러 디자인 프로그램에서도 사용하는 레이어와 같은 개념으로 여러 객체들과 그룹, 컴포넌트들을 관리하기 편한 카테고리로 엮는다고 생각하면 쉽습니다. 모델링이 복잡해질수록 레이어를 구분하여 관리하면 작업이 훨씬 효율적이고 수월해집니다.

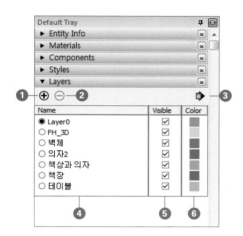

❶ **Add Layer(레이어 추가)** : ⊕를 클릭하여 레이어를 추가할 수 있습니다. 'Layer1, 2, 3, …'과 같이 순차적으로 자동 레이어명이 생성되며 레이어명을 변경할 수 있습니다.

레이어명 앞의 라디오 버튼(●)을 선택한 후, 객체를 만들어야 해당 레이어에 포함됩니다.

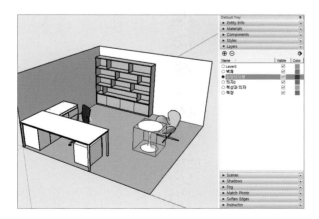

❷ **Delete Layer(레이어 삭제)** : 레이어를 선택한 후 ⊖를 클릭하면 레이어가 삭제됩니다.

❸ **Details(세부 메뉴)** : 레이어에 대한 세부 메뉴를 선택하여 실행할 수 있습니다.

❹ **Name(이름)** : 레이어의 이름을 보여줍니다. 레이어명 앞의 라디오 버튼(●)을 클릭하여야 현재의 레이어로 선택됩니다. Layers 툴바와 연동되어 보여집니다.

⑤ Visible(보이기) : 기본적으로 ☑ 표시가 되어 있으며 ☑ 표시가 되어 있어야 해당 레이어에 속한 객체가 보여집니다. ☑ 표시를 해제하면 해당 레이어에 속한 객체를 숨겨주며 레이어가 삭제된 것은 아닙니다. 레이어명 앞의 라디오 버튼(●)이 선택된 현재의 레이어는 ☑ 표시가 비활성화됩니다.

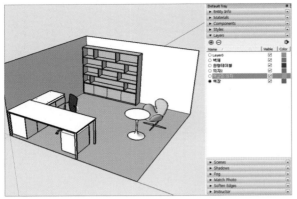
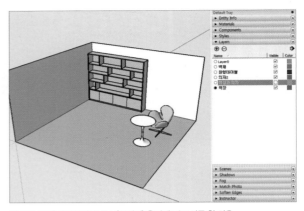

'책상과 의자' 레이어의 Visible(보이기) 옵션에 ☑ 표시를 한 경우   '책상과 의자' 레이어의 Visible(보이기) 옵션에 ☑ 표시를 한 경우

⑥ Color(색상) : 레이어의 색상을 보여주며 컬러 박스 아이콘을 클릭하면 [Edit Material] 창이 나타나 Material을 변경할 수 있습니다. 단순히 색상만 변경하는 것이 아니라 [Edit Material] 창이 나타나므로 여러 가지 설정을 할 수 있습니다. 이렇게 하는 이유는 [Details(세부 메뉴)]에서 [Color by layer]를 클릭하여 ☑ 표시를 하면, 모든 레이어를 각각의 색상에 따라 표현하므로 레이어를 쉽게 구분하거나 모델링할 수 있기 때문입니다.

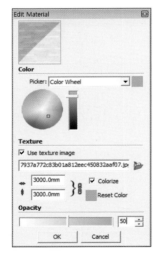

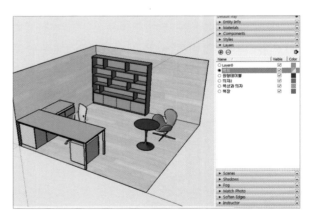

여러 장면을 애니메이션으로 볼 수 있는 [Scenes]

[Scenes] 창을 이용하면 모델링을 다양한 시점에서 볼 수 있는 장면들을 쉽게 만들고 컨트롤할 수 있습니다. 복잡한 모델링일수록 미리 세부 장면을 부각시켜주는 장면을 만들어 줌으로써 세부적으로 보기 위해 행해야 하는 번거로움을 줄여줄 수 있으며, 제작자의 의도를 잘 표현해 줄 수도 있습니다. 장면을 만들면 자동으로 애니메이션이 되기 때문에 손쉽게 멋진 장면들을 연출할 수 있습니다.

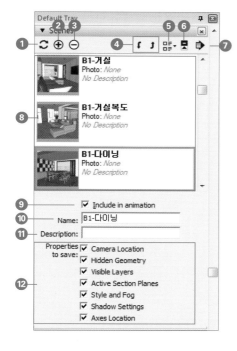

❶ Update Scene(s)(장면(들) 업데이트하기) : 장면(들)을 수정한 후 Update Scene(s) 🔁 아이콘을 클릭하면 일괄 업데이트 됩니다.

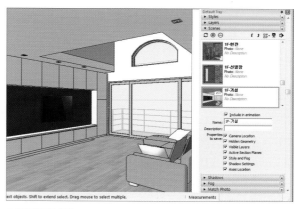

수정할 장면을 선택

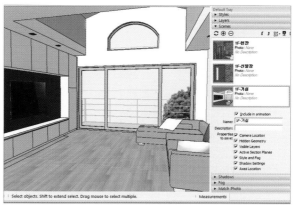

장면을 수정

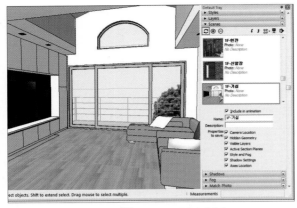

장면 수정 후, Update Scene(s) ⟳ 아이콘을 클릭하여 업데이트

❷ **Add Scene(장면 추가하기) :** 원하는 장면을 만든 후 Add Scene(장면 추가하기) ⊕ 아이콘을 클릭하여 장면을 추가합니다. 장면의 이름이 자동으로 'Scene 1,2,3,…'과 같이 순차적으로 생성되며 이름은 변경할 수 있습니다.

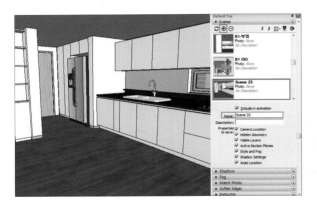

❸ **Remove Scene(s)(장면(들) 삭제하기) :** 삭제할 장면(들)을 선택(다중 선택 가능)한 후 Remove Scene(s)(장면(들) 삭제하기) ⊖ 아이콘을 클릭합니다.

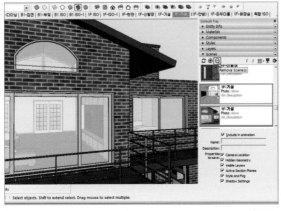

삭제할 장면(들)을 선택([Shift] 또는 [Ctrl]과 함께 클릭하여 다중 선택 가능)한 후, Remove Scene(s)(장면(들) 삭제하기) ⊖ 을 클릭하여 장면을 삭제

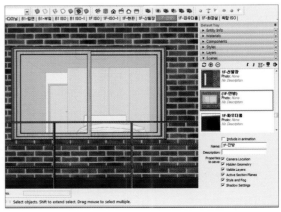

Remove Scene(s)(장면(들) 삭제하기) ⊖ 을 클릭하여 장면을 삭제하면 다음 장면으로 선택됨

❹ Move scene down/up(장면 순서 이동하기) : 순서를 이동시킬 장면을 선택한 후 Move scene down/up(장면 순서 이동하기) ⌊↕⌋ 아이콘을 클릭합니다. 장면 탭 위치도 연동되어 이동됩니다.

❺ View Options(보기 옵션) : 장면 리스트의 미리 보기 방식을 View Options(보기 옵션)에 따라 선택할 수 있습니다.

❻ Show/Hide Details(세부 옵션 보이기/숨기기) : 세부 옵션을 표시하거나 숨길 수 있습니다.

❼ Menu(메뉴) : 장면에 대한 세부 메뉴를 선택하여 실행할 수 있습니다.

❽ Scene List(장면 목록) : 생성된 장면의 목록을 보여줍니다.

❾ Include in animation(애니메이션 포함) : ☑ 표시를 하면 [View]-[Animation]-[Play]로 재생하거나 [File]-[Export]-[Animation]으로 애니메이션 파일을 만들 때 선택한 장면을 포함합니다. ☑ 표시를 해제하면 장면 이름이 양괄호( )가 씌워진 상태로 변경되어 표시되고, 재생하거나 애니메이션 파일을 만들 때 해당 장면을 포함하지 않습니다.

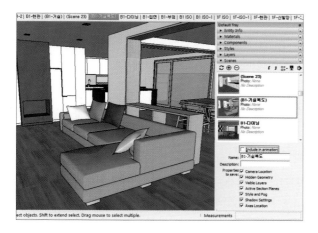

❿ Name(이름) : 장면의 이름을 표시하며 수정 가능합니다.

⓫ Description(설명) : 장면에 대한 설명을 표시하며 수정 가능합니다.

⓬ Properties to save(세부 옵션 설정 저장하기)

▌ Camera Location : ☑ 표시를 하면 카메라의 위치가 저장됩니다.

▌ Hidden Geometry : ☑ 표시를 하면 숨겨진 객체의 표현이 저장됩니다.

▌ Visible Layers : ☑ 표시를 하면 레이어의 표현이 저장됩니다.

▌ Active Section Planes : ☑ 표시를 하면 단면의 활성화 상태가 저장됩니다.

▌ Style and Fog : ☑ 표시를 하면 스타일과 안개 효과가 저장됩니다.

▌ Shadow Settings : ☑ 표시를 하면 그림자 설정이 저장됩니다.

▌ Axes Location : ☑ 표시를 하면 축의 위치가 저장됩니다.

그림자를 설정하는 [Shadows]

그림자에 대한 다양한 옵션을 설정하여 더욱 사실감 있는 모델링을 표현할 수 있습니다. '11장 그림자 설정에 편리한 [Shadows] 툴바 익히기'에서 자세한 기능을 확인할 수 있습니다.

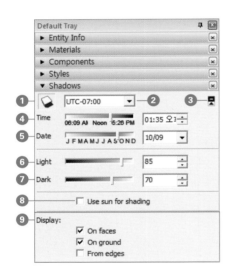

❶ **Show/Hide Shadows(그림자 보이기/숨기기)** : 그림자를 나타내거나 숨겨주는 스위치와 같은 역할을 합니다.

❷ **UTC-XX:XX(협정세계시 설정)** : [▼]를 클릭하여 해당하는 시간을 선택할 수 있으며 시간에 따라 그림자의 방향과 길이가 달라집니다.

❸ **Show/Hide Details(세부 메뉴 보이기/숨기기)** : 세부 옵션 메뉴를 나타내거나 숨겨줍니다.

❹ **Time(시간)** : 그림자가 생기는 시간을 설정할 수 있으며 슬라이드 바를 이동시키거나 값을 입력하여 조절합니다. Noon(정오)를 기준으로 하여 UTC 시간값에 따라 오전 일출시부터 오후 일몰시는 계속 변화하여 달라집니다.

❺ **Date(날짜)** : 그림자가 생기는 날짜를 설정할 수 있으며, 슬라이드 바를 이동시키거나 값을 입력하여 조절합니다. 슬라이드 바의 영문자는 각 '월'의 영문자의 첫 글자를 표현하여 1월부터 12월까지 나타내며, 영문자와 영문자 사이는 '일'을 표현할 수 있습니다.

⑥ Light(빛을 받는 객체의 밝기) : 빛을 받는 객체의 밝기를 설정할 수 있으며 슬라이드 바를 이동시키거나 값을 입력하여 조절합니다.

Light값을 '10'으로 설정했을 때 · Light값을 '90'으로 설정했을 때

⑦ Dark(그림자와 모델링 전체의 밝기) : 그림자와 모델링 전체의 밝기를 설정할 수 있으며 슬라이드 바를 이동시키거나 값을 입력하여 조절합니다.

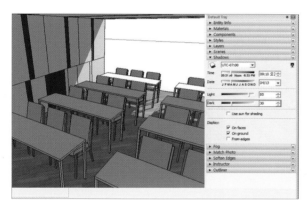 

Dark 값을 '30'으로 설정했을 때 · Dark 값을 '90'으로 설정했을 때

⑧ Use sun for shading(그림자 켜지 않고 밝게 표현하기) : ☑ 표시를 하면 그림자를 숨긴 상태에서도 빛을 받는 부분은 밝게, 빛을 받지 않는 부분은 어둡게 표현할 수 있습니다.

 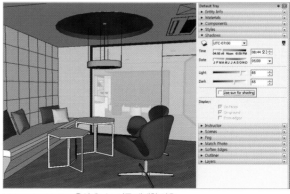

Use sun for shading 옵션에 ☑ 표시를 한 경우 · · · · · · · · · · · · · Use sun for shading 옵션에 ☑ 표시를 해제한 경우

▶ **On faces :** ☑ 표시를 하면 모델링 면에 그림자를 표현할 수 있고 ☑ 표시를 해제하면 면에는 그림자가 생기지 않습니다.

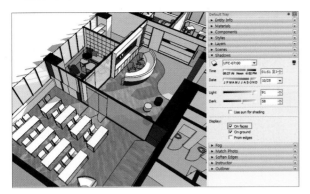
On faces 옵션에 ☑ 표시를 한 경우

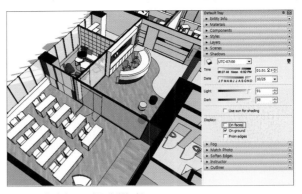
On faces 옵션에 ☑ 표시를 해제한 경우

▶ **On ground :** ☑ 표시를 하면 대지 면에 그림자를 표현할 수 있고 ☑ 표시를 해제하면 대지에 그림자가 생기지 않습니다.

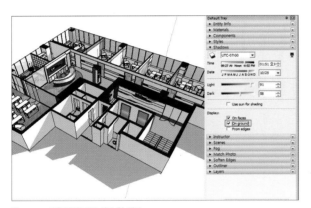
On ground 옵션에 ☑ 표시를 한 경우

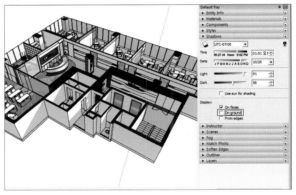
On ground 옵션에 ☑ 표시를 해제한 경우

▶ **From Edges :** ☑ 표시를 하면 선의 그림자를 표현할 수 있고, ☑ 표시를 해제하면 선의 그림자가 생기지 않습니다.

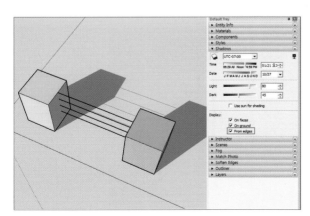
From Edges 옵션에 ☑ 표시를 한 경우

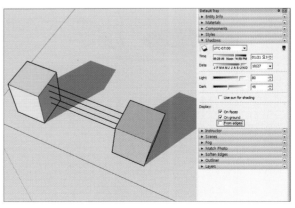
From Edges 옵션에 ☑ 표시를 해제한 경우

안개를 표현할 수 있는 [Fog]

[Fog] 창은 건축물 또는 조경 등과 같이 안개 효과가 필요한 모델링의 경우, 유용하고 쉽게 사용할 수 있는 설정이 가능합니다. 안개를 표현하는 효과와 슬라이브 바를 이용하여 안개 효과의 농도를 표시하고 색상 창을 통해 배경 색상 등을 선택하는 방법을 알아봅니다.

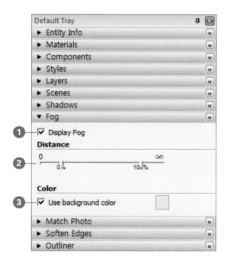

❶ **Display Fog(안개 보이기)** : ☑ 표시를 하면, 안개를 표현합니다.

Display Fog 옵션에 ☑ 표시를 한 경우

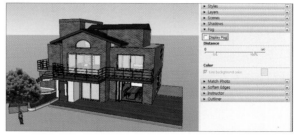

Display Fog 옵션에 ☑ 표시를 해제한 경우

❷ **Distance(거리)** : '0%' 포인트 슬라이드 바와 '100%' 포인트 슬라이드 바를 이동시키면 거리에 따라 안개 효과의 농도를 조절됩니다. Display Fog(안개 보이기) 옵션에 ☑ 표시가 되어 있어야 활성화됩니다.

③ Color(색상)

▌ **Use background color(배경 색상 사용) :** ☑ 표시를 하면 배경 색상으로 안개를 보여줍니다.

▌ **Color Box Icon(색상 박스 아이콘) :** Color Box Icon(색상 박스 아이콘)을 클릭하면 색상을 선택할 수 있는 창이 나타납니다.

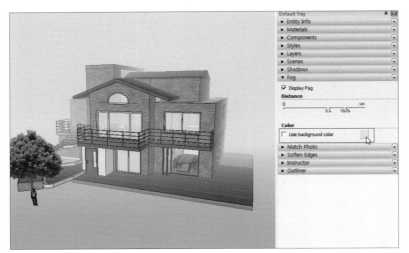

원하는 색상을 선택한 후 [OK] 버튼을 클릭하면 선택한 색상으로 안개가 표현됩니다. Use background color(배경 색상 사용) 옵션에 ☑ 표시를 해제하여야 활성화됩니다.

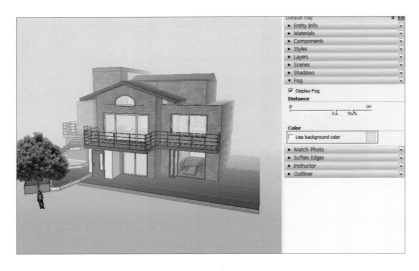

사진 매칭에 유용한
[Match Photo]

[Match Photo] 창에서 사진에 매칭하여 모델링을 쉽게 그릴 수 있고, 설정한 부분을 텍스처로 매핑할 수 있습니다. 새로운 사진을 매치하고 편집하는 다양한 도구와 텍스처를 적용하는 방법을 알아봅니다.

❶ New Matched Photo...(새로운 사진 매치하기) : 사진을 가져오기 전에는 New Matched Photo...(새로운 사진 매치하기) ⊕ 아이콘만 활성화됩니다. ⊕ 아이콘을 클릭하여 가져올 사진을 선택하면 사진 파일명으로 장면 탭이 생성되며 사진이 놓여집니다.

❷ Edit Matched Photo(포토 매치 편집하기) : 포토 매치를 편집할 수 있는 상태가 됩니다. 'New Matched Photo...(새로운 사진 매치하기)' 후 [Done]을 클릭해야 활성화됩니다.

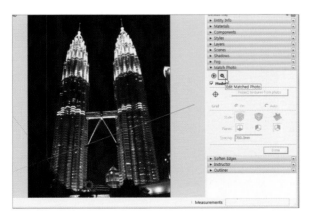

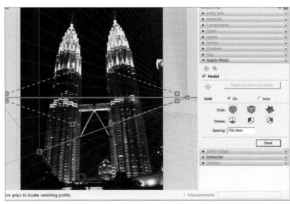

❸ Model(모델) : ☑ 표시를 하면 모델링한 객체를 보여줍니다.

모델링 선택 후 Model(모델) 옵션에 v 표시를 한 경우

모델링 선택 후 Model(모델) 옵션에 v 표시를 해제한 경우

❹ Photo Point Tool(포토 포인트 도구) : 매치 포토의 점을 통해 가이드를 추가합니다. 같은 지점을 보여주는 또 다른 장면을 클릭하여 보여줍니다. 대부분 포인트를 클릭할 부분이 확대된 장면을 만듭니다.

Photo Point Tool(포토 포인트 도구) ⊕ 를 클릭합니다.

가이드가 될 점을 클릭합니다.

객체를 그릴 장면을 클릭합니다.

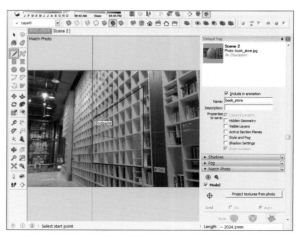
선 도구를 사용하여 가이드에서 라인을 생성합니다.

⑤ Project textures from photo(포토 이미지로 텍스처 적용하기) : 클릭하면 객체 영역에 포토 이미지가 텍스처로 입혀집니다.

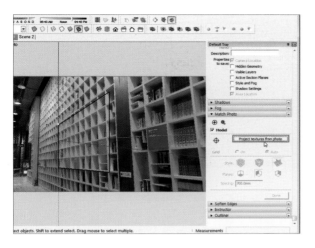 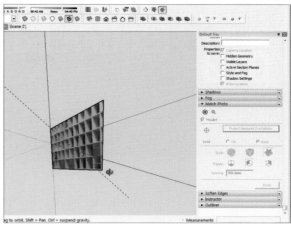

⑥ Grid(그리드) : 그리드 표시에 대한 옵션을 선택합니다.

▶ On : 그리드와 축이 함께 표시됩니다. ▶ Auto : 그리드는 표시되지 않고 축만 표시됩니다.

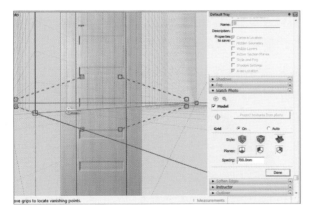 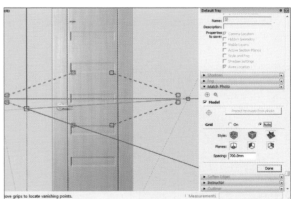

▶ **Style :** Inside 🛡, Above 🛡, Outside 🛡 중 원하는 그리드의 스타일을 클릭하여 선택합니다. 'On' 상태일 때만 적용됩니다.

▶ **Plane :** Red/Green 🛡, Red/Blue 🛡, Green/Blue 🛡 중 원하는 축의 스타일을 클릭하여 선택합니다. 'On' 상태일 때만 적용됩니다.

⑦ Spacing(간격) : 그리드의 간격을 입력하여 설정할 수 있습니다.

⑧ Done(완료) : 포토 매치 편집을 완료합니다.

객체를 부드럽게 표현하는
[Soften Edges]

선을 숨기거나 부드럽게 만들어 객체를 부드럽게 표현할 수 있습니다. '지형과 길표현에 유용한 [Sandbox] 툴바 익히기'에서도 적용 예를 확인할 수 있습니다. [Soften Edges] Tray는 선을 선택하여야 활성화됩니다.

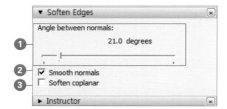

❶ Angle between normals(모서리 간의 각도) : 슬라이드 바를 이동시키며 모서리 간의 각도를 조절합니다. 모서리 간의 각도가 90도인 경우, 90도 이상으로 슬라이드 바를 이동시키면 선이 숨겨집니다. 점선으로 표시되며, 선 선택을 해제하고 다시 선이 있던 부분을 클릭하면 선 양쪽의 면이 하나의 면으로 연결되어 선택되는 것을 확인할 수 있습니다.

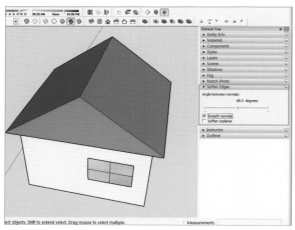

선을 선택하고 슬라이드 바를 '89.5'로 설정한 경우

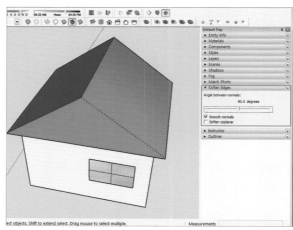

선을 선택하고 슬라이드 바를 '90.5'로 설정한 경우

❷ **Smooth normals(부드럽게 만들기)** : ☑ 표시를 하면 선과 접한 면들이 부드럽게 이어지도록 만들어줍니다. Angle between normals(모서리 간의 각도)의 슬라이드 바를 높은 각도로 설정할수록 더욱 부드럽게 표현합니다.

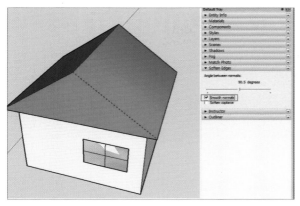 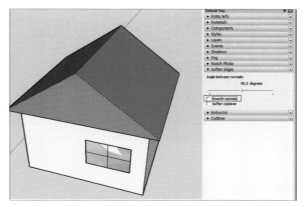

Smooth normals(부드럽게 만들기) 옵션에 ☑ 표시를 한 경우   Smooth normals(부드럽게 만들기) 옵션에 ☑ 표시를 해제한 경우

❸ **Soften coplanar(공유 면의 선 숨기기)** : ☑ 표시를 하면 공유 면의 선들을 숨겨줍니다. 숨겨진 선들이 점선으로 표현된 것을 확인할 수 있습니다.

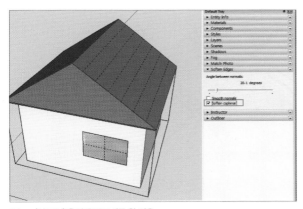 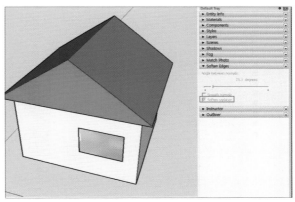

Edges(선 표시) 옵션에 ☑ 표시를 한 경우   Edges(선 표시) 옵션에 ☑ 표시를 한 후, 선택 도구를 해제한 경우

Tip

숨겨진 선을 다시 점선으로 표시하려면 [View]-[Hidden Geometry]를 클릭하여 ☑ 표시로 만듭니다. 또는 Eraser(지우개) 🖉 도구를 선택한 후 Shift 와 Ctrl을 동시에 누른 상태에서 숨겨진 선 위를 왼쪽 클릭한 상태로 드래그하면 선이 나타납니다.

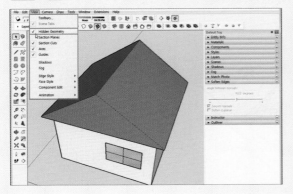 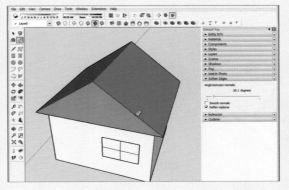

Group과 Component를 다양하게 컨트롤하는 [Outliner]

Section 024

Group과 Component들을 다양하고 손쉽게 조정할 수 있어 유용하게 사용됩니다. '12장 오브젝트의 결합을 표현하는 [Solid Tools] 툴바 익히기'에서도 적용 예를 확인할 수 있습니다.

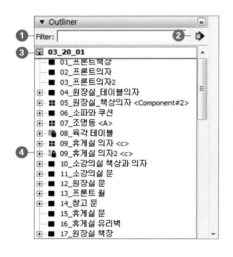

❶ **Filter(필터)** : 그룹명 또는 컴포넌트명의 이름을 빈칸에 입력하면 검색어에 해당하는 그룹 또는 컴포넌트가 필터링되어 보여집니다.

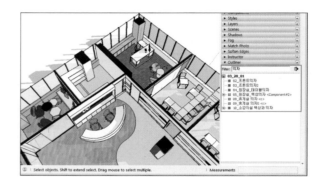

❷ **Details(세부 메뉴)** : 그룹과 컴포넌트에 대한 세부 메뉴를 선택하여 실행할 수 있습니다.

❸ **File Name(파일 이름)** : 현재의 파일 이름을 보여줍니다.

❹ **Contents(콘텐츠)** : 그룹과 컴포넌트의 계층 및 구조를 보여줍니다. 콘텐츠를 클릭하면 화면에 해당 그룹과 컴포넌트가 선택되어 파란색 투명 박스 선으로 표시됩니다. Ctrl을 누른 상태에서 클릭하면 다중 선택 및 해제가 가능합니다. Shift를 누른 상태에서 시작 콘텐츠를 클릭한 후 마지막 콘텐츠를 클릭하면 연속된 다중 선택이 가능합니다.

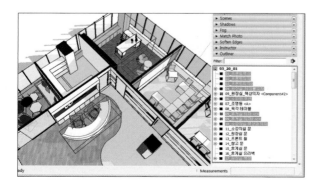

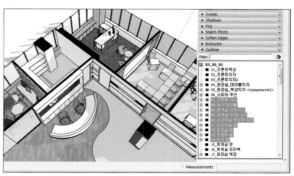

콘텐츠를 더블클릭하면 편집 모드로 전환됩니다.

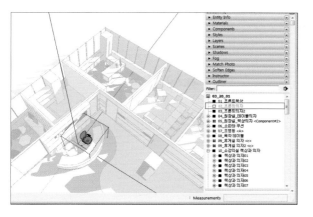 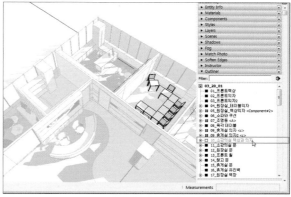

■ (Lock 명령어로 잠긴 그룹 아이콘) 또는 ■ (Lock 명령어로 잠긴 컴포넌트 아이콘)으로 표시된 콘텐츠를 더블클릭하면 빨간 네모로 표시되며 편집은 불가능합니다.

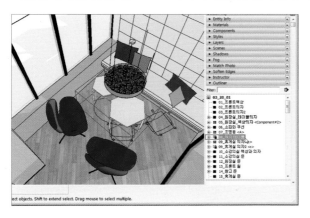 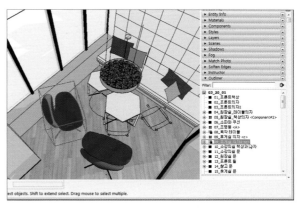

마우스 오른쪽 버튼을 클릭하여 'Unlock'을 클릭하면 ■ (그룹 아이콘) 또는 ■ (컴포넌트 아이콘)으로 변경되고 파란 네모로 표시되며 편집이 가능해집니다.

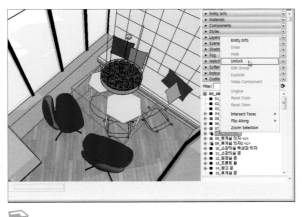 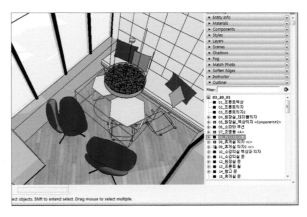

■ : 그룹 아이콘	■ : 컴포넌트 아이콘	⊞ : 계층 펼침 아이콘
⊟ : 계층 펼쳐진 아이콘	■ : Lock 명령어로 잠긴 그룹 아이콘	■ : Lock 명령어로 잠긴 컴포넌트 아이콘

Chapter 04

화면을 다양하게 컨트롤할 수 있는 [Camera] 툴바 익히기

스케치업에서 모델링을 하다 보면 화면의 전환을 자주 이용해야 합니다.
[Camera] 툴바의 도구들을 숙지하면 화면을 쉽게 컨트롤할 수 있어
작업에 매우 유용하게 사용할 수 있습니다.

화면의 각도를 컨트롤하는 [Orbit] 도구

Section 025

Orbit(궤도) ⊕ 도구는 화면을 회전시키며 화면의 각도를 컨트롤할 수 있습니다. 모델링 시 매우 자주 사용하는 도구이며, 마우스를 클릭한 상태로 드래그하여 화면을 회전합니다.

◉ **예제파일** 부록CD/파트1/04장/04_21.skp

1 [File]-[Open]을 선택한 후 '04_21.skp' 파일을 엽니다. Orbit(궤도) ⊕ 도구를 선택합니다. 마우스를 클릭한 상태에서 왼쪽으로 180° 드래그하여 화면을 회전시킵니다.

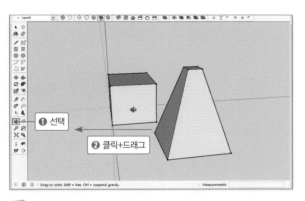

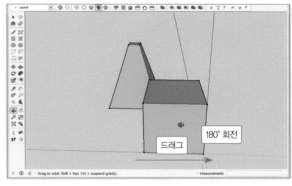

각도별 화면이 잘 구별될 수 있도록 객체의 6면을 최대한 다른 색으로 구성하였습니다.

❶ Shift +드래그하면 상하/좌우로 이동하여 볼 수 있습니다(Pan (상하/좌우 이동) 도구와 동일한 효과를 나타냅니다). ❷ Ctrl +드래그 하면 축의 중심을 기준으로 회전합니다.

2 마우스 왼쪽 버튼을 클릭한 상태에서 위/아래로 드래그하여 다양한 각도의 화면을 확인합니다.

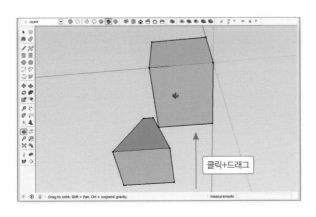

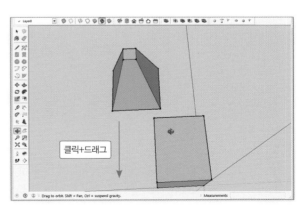

Section 026

상하/좌우로 화면을 이동하는 [Pan] 도구

Pan(상하/좌우 이동) 🖑 도구는 화면을 상하/좌우로 이동하여 볼 수 있으며 Orbit(궤도) 🔄 도구와 함께 자주 이용합니다. Orbit(궤도) 🔄 도구 사용(마우스의 휠을 누른 상태로 드래그) 중 Shift +드래그하여도 동일한 효과를 나타낼 수 있습니다.

● **예제파일** 부록CD/파트1/04장/04_22.skp

1 '04_22.skp' 파일을 엽니다. Pan(상하/좌우 이동) 🖑 도구를 선택합니다. 마우스 왼쪽 버튼을 클릭한 상태에서 좌측 상단과 우측 하단으로 드래그하며 화면을 확인합니다.

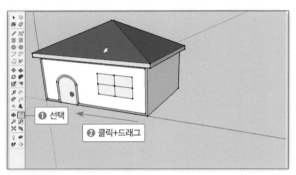

좌측 상단 이동

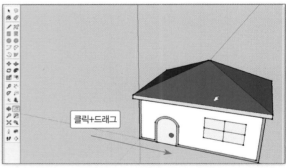

우측 하단 이동

2 마우스 왼쪽 버튼을 클릭한 상태에서 우측 상단으로 드래그하여 화면을 확인하고 다시 좌측 하단으로 드래그하여 화면을 확인합니다.

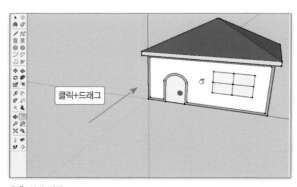

우측 상단 이동

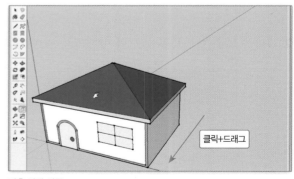

좌측 하단 이동

이동 후, 이동 전의 위치로 이동하고자 할 때에는 Undo(실행취소)를 하면 됩니다. 이동 중, 즉 마우스를 놓은 후 바로 다시 이동 전의 위치로 이동하고자 할 때에는 Esc 또는 Delete 를 누르면 됩니다.

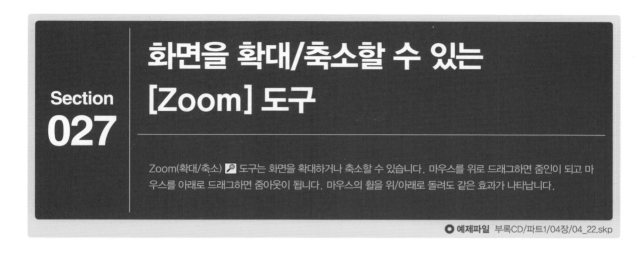

Section 027

화면을 확대/축소할 수 있는 [Zoom] 도구

Zoom(확대/축소) 🔍 도구는 화면을 확대하거나 축소할 수 있습니다. 마우스를 위로 드래그하면 줌인이 되고 마우스를 아래로 드래그하면 줌아웃이 됩니다. 마우스의 휠을 위/아래로 돌려도 같은 효과가 나타납니다.

⊙ 예제파일 부록CD/파트1/04장/04_22.skp

1 '04_22.skp' 파일을 엽니다. Zoom(확대/축소) 🔍 도구를 선택합니다. 마우스 왼쪽 버튼을 클릭한 상태에서 위로 드래그하면 화면이 확대됩니다.

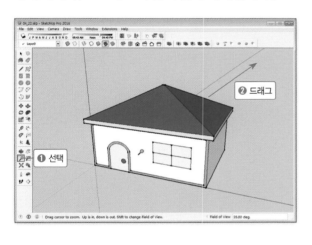
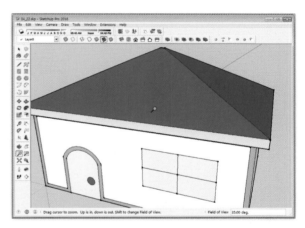

2 다른 도구 사용 중에도 마우스의 휠을 이용하여 확대/축소 효과를 낼 수 있습니다. 오브젝트를 선택한 상태에서 휠을 위/아래로 돌리며 확대/축소되는 화면을 확인합니다.

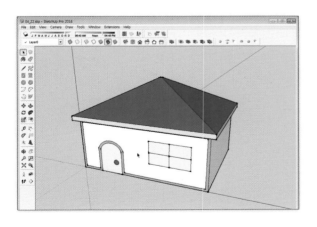
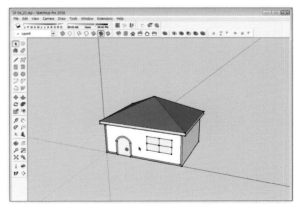

Section 028

선택한 영역을 부분 확대할 수 있는 [ZoomWindow] 도구

Zoom Window(창 확대하기) 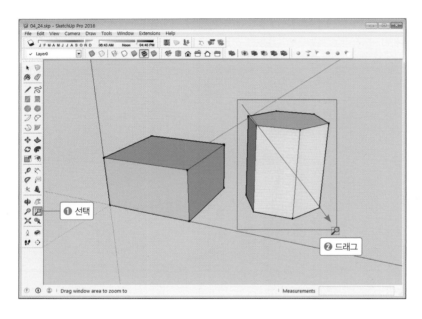 도구는 마우스로 드래그하여 선택한 부분을 확대하여 볼 수 있습니다.

● 예제파일 부록CD/파트1/04장/04_24.skp

1 '04_24.skp' 파일을 엽니다. Zoom Window(창 확대하기) 도구를 선택합니다. 마우스 왼쪽 버튼을 선택한 상태에서 확대하고 싶은 영역을 드래그합니다.

❶ 선택
❷ 드래그

TIP
확대된 후 마우스 포인터는 Select(선택) 도구로 자동 전환됩니다.

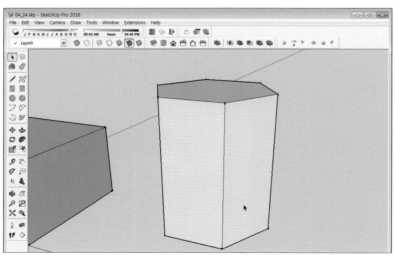

2 선택한 영역이 확대된 것을 확인합니다.

객체들을 화면에 가득 차게 보는 [ZoomExtents] 도구

Zoom Extents(범위 확대하기) 🔀 도구는 현재 작업 중인 모든 객체들을 화면 안에 가득 차게 보여주는 편리한 기능을 갖고 있습니다.

○ **예제파일** 부록CD/파트1/04장/04_25.skp

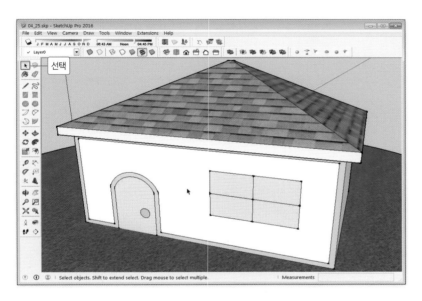

1 '04_25.skp' 파일을 엽니다. 다른 도구를 이용하고 있는 중에도 Zoom Extents(범위 확대하기) 🔀 도구를 선택하면 모든 객체들을 화면에 가득 차게 볼 수 있습니다. Select(선택) ▶ 도구를 선택합니다.

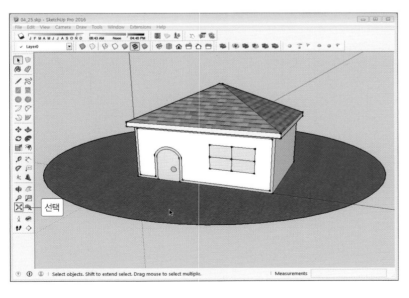

2 Zoom Extents(범위 확대하기) 🔀 도구를 선택하여 기능을 확인합니다.

Zoom Extents 🔀 도구를 클릭하여도 일회성으로 모든 객체들, 즉 잔디밭 전체까지 화면에 가득차게 보여줄 뿐 툴바에서는 Select(선택) ▶ 도구가 그대로 선택되어 있는 것을 확인할 수 있습니다.

Section 030

이전 시점을 보여주는 [Previous] 도구

Previous(이전 시점 보기) 🔍 도구는 카메라 시점을 기억하여 이전 카메라 시점으로 되돌려 보여 주는 기능입니다. 흔히 윈도우에서 사용하는 Ctrl + Z 기능을 화면 시점에 적용하였다고 생각하면 이해하기 쉽습니다.

● **예제파일** 부록CD/파트1/04장/04_26.skp

1 '04_26.skp' 파일을 엽니다. Previous(이전 시점 보기) 🔍 도구 기능을 살펴보기 위해 Orbit(궤도) ⬥ 도구를 선택한 후, 마우스 왼쪽 버튼을 클릭한 상태로 드래그하며 다른 시점을 만들어 봅니다.

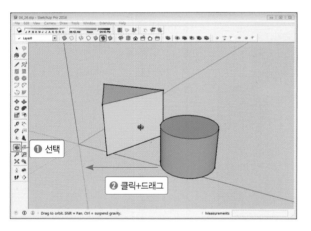

❶ 선택
❷ 클릭+드래그

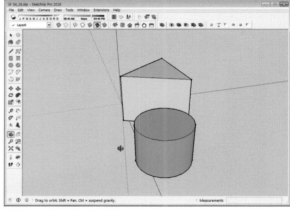

왼쪽으로 클릭+드래그한 시점

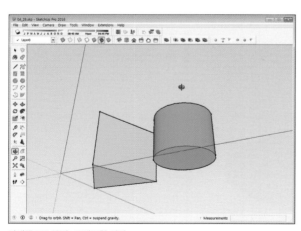

아래쪽으로 클릭+드래그한 시점

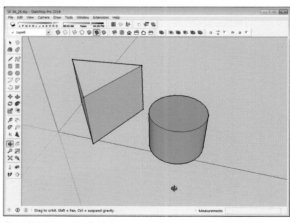

위쪽으로 클릭+드래그한 시점

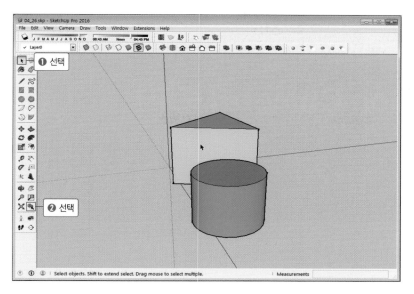

2 다른 도구를 이용하고 있는 중에도 Previous(이전 시점 보기) 🔍 도구를 선택하면 이전 카메라 시점으로 되돌아갈 수 있습니다.
Select(선택) ▶ 도구를 선택한 후, Previous(이전 시점 보기) 🔍 도구를 선택하여 기능을 확인합니다.

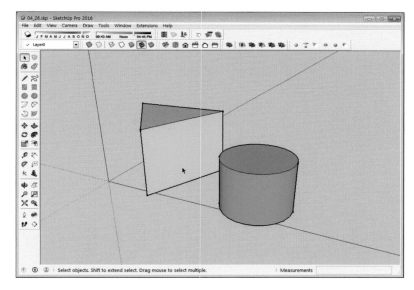

3 Previous(이전 시점 보기) 🔍 도구를 클릭할 때마다 이전 시점의 화면을 볼 수 있습니다.

> **Tip**
>
> Previous 도구를 클릭하여도 이전 카메라 시점으로 화면을 보여줄 뿐, 툴바에서는 Select(선택) ▶ 도구가 그대로 선택되어 있는 것을 확인할 수 있습니다.

Section 031

카메라를 배치하는 [Position Camera] 도구

Position Camera(카메라 배치하기) 도구는 직접 눈으로 보는 것처럼 자연스럽게 카메라의 위치를 배치할 수 있는 도구입니다.

◉ 예제파일 부록CD/파트1/04장/04_27.skp

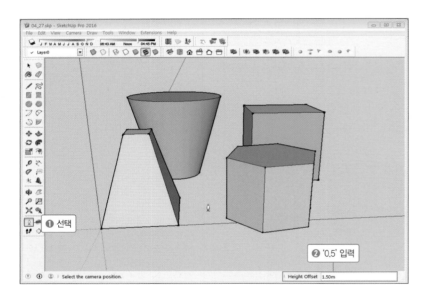

1 '04_27.skp' 파일을 엽니다. Position Camera(카메라 배치하기) 도구를 선택하면 마우스 포인터가 로 바뀝니다. '0.5'를 입력한 후, Enter┘를 누릅니다.

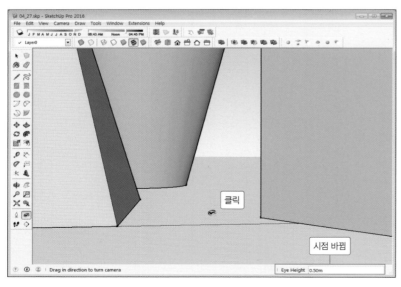

2 원하는 위치를 클릭하면 마우스 포인터와 도구가 Look Around(둘러보기) 도구로 바뀌며 그 위치로 시점이 바뀌는 것을 확인할 수 있습니다.

TIP

숫자를 입력하여 눈높이를 조절할 수 있으며, 입력한 값을 우측 하단의 VCB에서 확인할 수 있습니다.

주위를 둘러볼 수 있는 [Look Around] 도구

Look Around(둘러보기) 👁 도구는 특정한 눈높이에서 직접 주위를 둘러보는 것과 같은 효과를 나타내는 도구입니다.

◉ **예제파일** 부록CD/파트1/04장/04_27.skp

1 '04_27.skp' 파일을 엽니다. Look Around(둘러보기) 👁 도구를 선택하고 '4'를 입력한 후 Enter↵ 를 누릅니다. 우측 하단의 VCB에 눈높이가 '4.0m'로 자동 조정됩니다. 마우스 휠을 위/아래로 돌려 객체들 사이로 들어간 후 마우스 왼쪽 버튼을 클릭한 상태로 위/아래/좌/우로 이동하며 둘러보기 기능을 확인합니다.

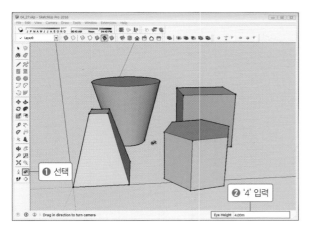

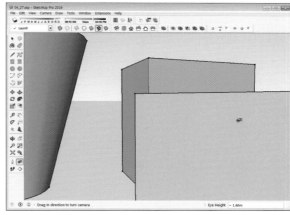

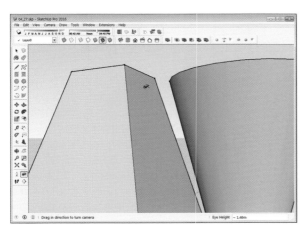

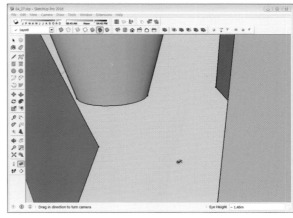

Section 033

걸으며 보는 효과를 주는 [Walk] 도구

Walk(걷기) 🚶 도구는 화면에서 특정한 눈높이로 걸어 다닐 수 있는 느낌을 표현할 수 있는 도구입니다. 수치를 입력하여 조절할 수 있으며, 우측 하단의 VCB를 확인하면서 자동 조정할 수 있습니다.

◎ **예제파일** 부록CD/파트1/04장/04_27.skp

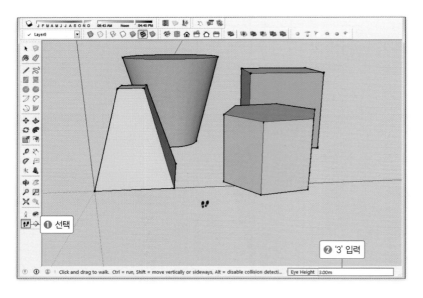

1 '04_27.skp' 파일을 엽니다. Walk(걷기) 🚶 도구를 선택하고 '3'을 입력한 후 Enter↵를 누릅니다. 우측 하단의 VCB에 눈높이가 '3.0m'로 자동 조정됩니다.

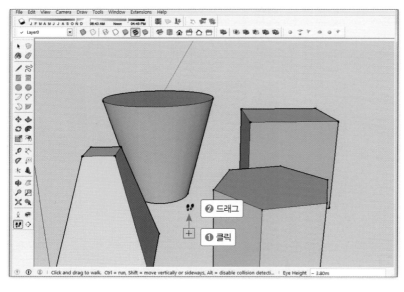

2 원하는 위치를 클릭한 상태에서 위로 드래그하면 앞으로 나아가는 효과를 확인할 수 있습니다.

Tip

❶ Ctrl+드래그하면 달리는 것과 같이 빠른 이동 효과를 표현합니다.
❷ Shift+드래그하면 상/하 또는 좌/우로 움직이는 효과를 표현합니다.
❸ Alt+드래그하면 충돌 보호 모드가 해제되어 객체 내부로 들어갈 수 있습니다.
❹ 마우스의 휠을 누르면 일시적으로 Look Around(둘러보기) 👁 도구 상태가 되어 휠을 누른 상태로 상/하/좌/우로 드래그하면 둘러보는 효과를 표현할 수 있습니다.

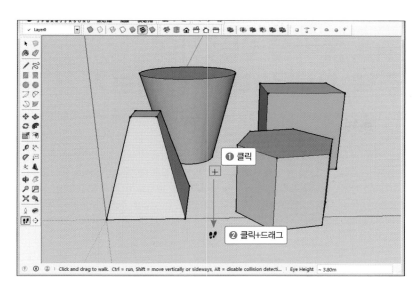

3 마우스 왼쪽 버튼을 클릭한 상태에서 아래로 드래그하여 뒤로 나오는 효과를 확인합니다.

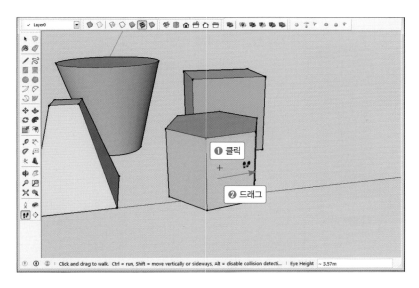

4 마우스 왼쪽 버튼을 클릭한 상태에서 오른쪽으로 드래그하여 오른쪽을 바라보는 효과를 확인합니다.

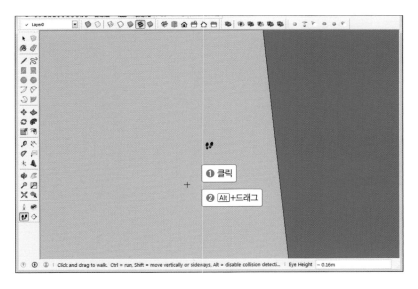

5 마우스 왼쪽 버튼을 클릭한 후 Alt +드래그하여 객체 방향으로 걸으면 충돌 보호 모드가 해제되어 객체의 내부로 들어가는 것을 확인할 수 있습니다.

위의 결과 이미지는 클릭하는 위치에 따라 다를 수 있습니다.

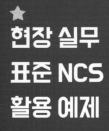
Camera 툴바를 이용하여
전원주택 모델링 내부 살펴보기

실무에서 부딪히기 쉬운 내용 중에서 현장 실무의 표준이 되는 NCS를 활용한 팁을 살펴보겠습니다.

NCS 활용 예제 실습 목표 Camera 툴바는 화면의 각도와 상하/좌우 화면을 자유자재로 움직일 수 있습니다. 여기서는 카메라를 배치하는 Position Camera(카메라 배치하기) 📷 도구와 주위를 둘러볼 수 있게 해주는 Look Around(둘러보기) 👁 도구, 걸으며 보는 효과를 주는 Walk(걷기) 👣 도구에 대해 더욱 자세히 익혀봅니다.

◎ **예제파일** 부록CD/파트1/04장/04_ex.skp

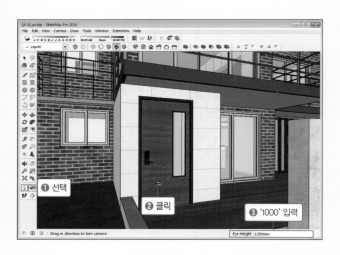

1 '04_ex.skp' 파일을 엽니다. Position Camera(카메라 배치하기) 📷 도구를 선택한 후 '1000'을 입력하고 Enter↵를 누릅니다. 현관 앞을 클릭하면 마치 현관 앞에 서 있는 것처럼 화면이 이동됩니다.

2 Walk(걷기) 👣 도구를 선택하고 '1000'을 입력한 후 Enter↵를 누릅니다.

3 마우스 왼쪽 버튼을 클릭한 상태에서 Alt +
드래그하여 주택 내부 방향으로 들어갑니다.

4 Look Around(둘러보기) 🖝 도구를 선택
한 후 마우스 왼쪽 버튼을 클릭한 상태에서 상
하/좌우로 드래그하며 거실 내부를 둘러봅니다.

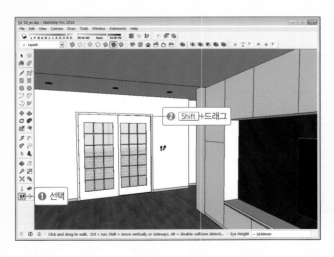

5 2층 내부를 보기 위해 Walk(걷기) 👣 도구
를 선택한 후 마우스 왼쪽 버튼을 클릭한 상태에
서 Shift +드래그하여 2층으로 이동합니다.

Chapter 05

건축 모델링에 유용한 [Construction] 툴바 익히기

Construction 툴바에서는 건축 또는 인테리어 작업 시 편리한 도구들을 제공합니다. 거리와 각도를 재거나 가이드라인을 만들 수 있으며, 치수 표시를 할 수 있습니다. 문자 라벨과 3D 문자를 만드는 데에도 매우 유용하여 다양한 작업들을 쉽게 할 수 있습니다.

Section 034

가이드라인을 만드는 [Tape Measure] 도구

Tape Measure(줄자) 도구는 모델링을 할 때 치수를 측정하거나 점선을 만들어 가이드라인으로 많이 사용합니다. 평행선 기반의 가이드라인은 객체 사이의 거리를 측정하고 스냅 기능을 제공함으로써 정확한 위치에 모델링하는 경우에 많이 사용합니다. 이 가이드라인은 Eraser(지우개) 도구로 지울 수 있으며, 객체의 크기를 조절할 수도 있어 매우 유용합니다.

◉ **예제파일** 부록CD/파트1/05장/05_30.skp　◉ **완성파일** 부록CD/파트1/05장/05_30_결과.skp

---

01 | 무한 가이드라인 만들기

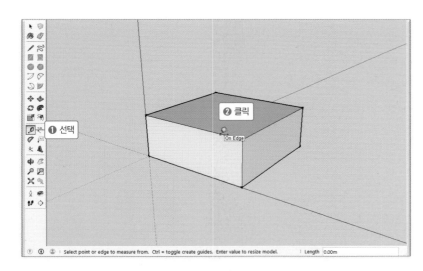

1 '05_30.skp' 파일을 엽니다. 가이드라인을 만들기 위해 Tape Measure(줄자) 도구를 선택한 후, 마우스 포인터가 모양인지 확인합니다. 모양이라면 Ctrl을 눌러 변경합니다. 가이드라인을 표시할 시작점을 클릭합니다.

> **Tip**
> • 는 치수를 표시하는 상태입니다.
> • 는 가이드라인을 그릴 수 있는 상태입니다.

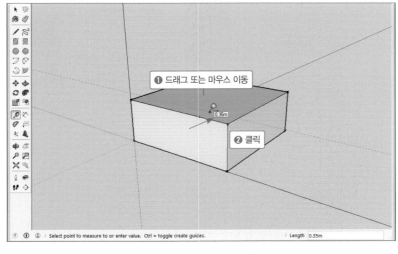

2 마우스의 위치를 조절하며 원하는 위치까지 마우스를 드래그하거나 이동시킨 후, 클릭하여 가이드라인을 만듭니다.

> **Tip**
> 가장자리 부분에 마우스를 놓으면 'On Edge'라는 말풍선이 나타나고, 면 부분에 마우스를 놓으면 'On Face'라는 말풍선이 나타나므로 원하는 지점에 정확히 점을 표시했는지 알 수 있습니다. 시작점은 빨간색 점으로 표시됩니다.

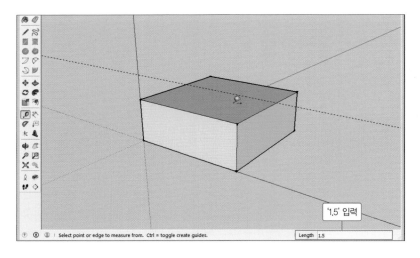

3 정확한 거리의 위치에 가이드라인을 긋고자 할 때에는 마우스 왼쪽 버튼을 뗀 상태에서 '1.5'를 입력하고 [Enter↵]를 누릅니다. 가이드라인의 위치가 '1.5m' 옮겨진 지점으로 이동됩니다.

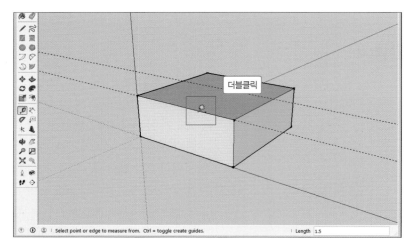

4 가장자리 부분에 가이드라인을 긋고자 할 때에는 가장자리에서 마우스를 더블클릭하면 됩니다.

02 가이드라인 지우기

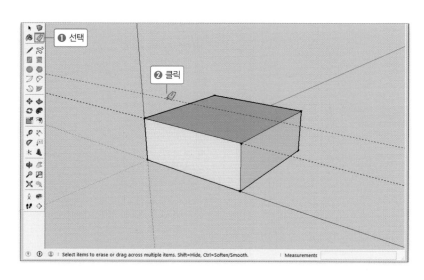

1 가이드라인을 지우고자 할 때에는 Eraser(지우개) 🖊 도구를 선택한 후 지울 가이드라인을 클릭하면 파란색 선으로 변합니다.

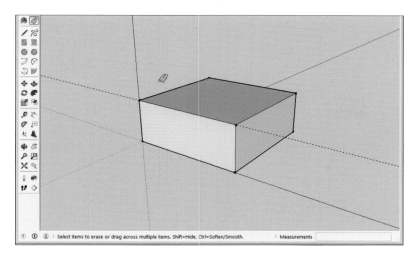

2 마우스를 떼면 가이드라인이 사라집니다.

03 유한 가이드라인 만들기

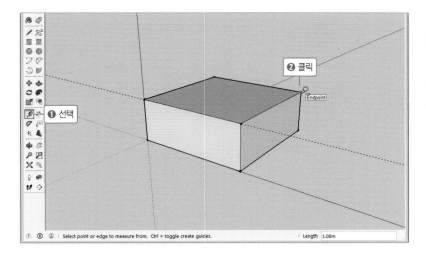

1 다시 Tape Measure(줄자) 도구를 선택한 후 객체의 모서리 부분에 마우스를 놓으면 초록색 점으로 변하며 'Endpoint'라는 말풍선이 나타납니다.

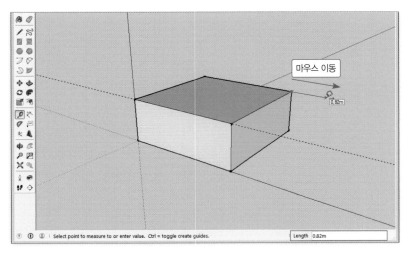

2 유한 가이드라인을 긋고자 하는 위치로 마우스를 이동시키면 빨간 화살표선이 방향을 나타내며 거리가 말풍선과 VCB에 표시됩니다.

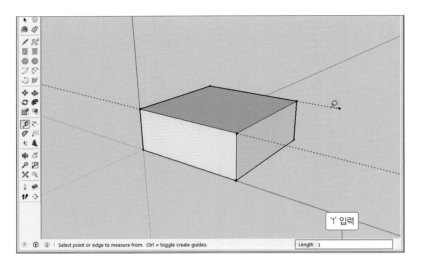

3 마우스를 놓으면 유한한 가이드라인이 생기며 정확한 수치를 입력하고자 할 때에는 마우스를 놓은 후 '1'을 입력하고 [Enter↵]를 누릅니다. 가이드라인이 자동으로 증감하여 표시됩니다.

04 가이드라인을 따라 객체 만들기

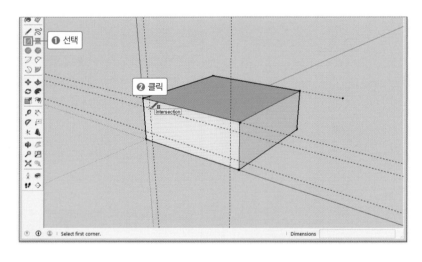

1 가이드라인을 몇 줄 더 그린 후 Rectangle(사각형) ▣ 도구를 선택하고 가이드라인이 교차된 모서리에 클릭합니다. 교차된 모서리에 마우스가 위치하게 되면 'Intersection'이라는 툴팁이 표시됩니다.

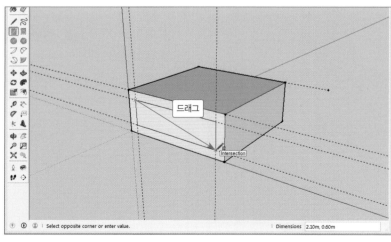

2 대각선으로 우측 하단의 모서리까지 드래그하면 가이드라인에 스냅기능(자동으로 붙는 기능)이 동작하여 정확한 위치에 직사각형을 그릴 수 있습니다. 교차된 모서리에 마우스가 위치하게 되면 'Intersection'이라는 툴팁이 표시됩니다.

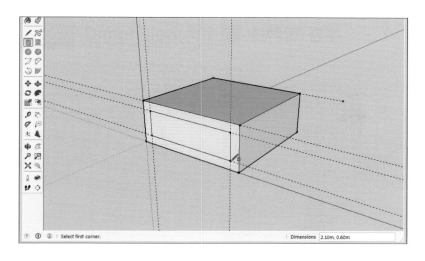

3 직사각형에 가이드라인이 표시된 것을 확인합니다.

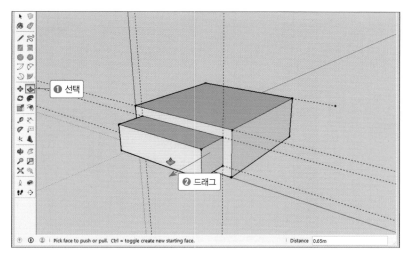

4 Push/Pull(밀기끌기) 🔷 도구를 이용하여 원하는 위치와 높이의 객체를 만들 수 있습니다.

---

05 객체의 크기 조절하기

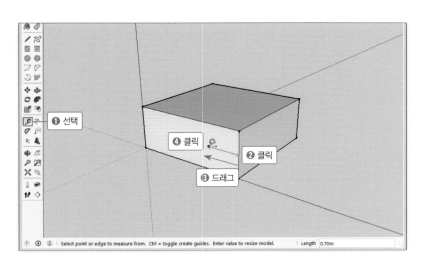

1 '05_30.skp' 파일을 엽니다. 객체의 크기를 조절하기 위해 Tape Measure(줄자) 🔎 도구를 선택한 후, 마우스 포인터가 🔎 모양인지 확인합니다. Ctrl을 눌러 변경한 후 시작점과 종료점을 클릭합니다.

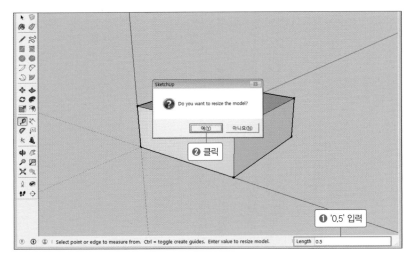

2 마우스를 놓은 후 바로 조절하고자 하는 크기 '0.5'를 입력하고 Enter↵를 누르면 모델의 크기를 조절할 것인지 묻는 창이 나타납니다. [예]를 클릭합니다.

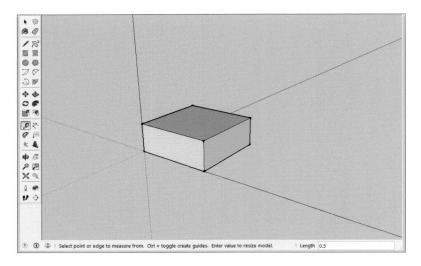

3 입력한 수치만큼 객체의 크기가 조절됩니다.

여러 수치값을 표시해 주는 [Dimension] 도구

Dimension(치수) 🖋 도구를 이용하면 두 점을 클릭하여 길이를 표시해 주는 치수선을 만들 수 있습니다. 표기된 치수에 마우스를 놓고 마우스 오른쪽 버튼을 클릭하면 치수를 지우거나(Erase), 숨기기(Hide) 또는 치수의 글자를 편집(Edit Text), 텍스트의 위치 조정(Text Position) 등을 할 수 있습니다.

○ **예제파일** 부록CD/파트1/05장/05_31.skp, 05_31_3.skp   ○ **완성파일** 부록CD/파트1/05장/05_31_결과.skp, 05_31_3_결과.skp

01 직선의 치수선 만들기

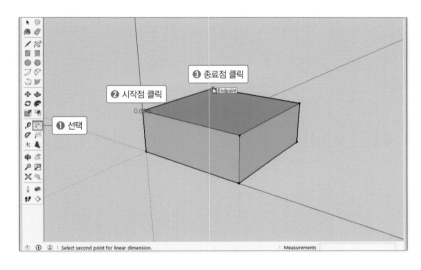

1 '05_31.skp' 파일을 엽니다. Dimension(치수) 🖋 도구를 선택하고 치수를 표시하고자 하는 시작점과 종료점을 클릭합니다.

Tip
시작점과 종료점을 다시 설정하고자 할 때에는 [Esc]를 누르면 됩니다.

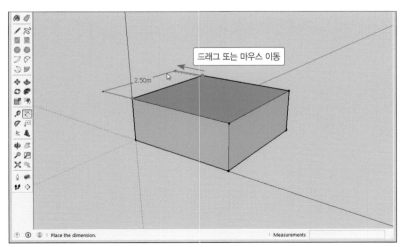

2 치수값을 표시하고 싶은 위치로 마우스를 이동합니다. 마우스로 클릭하면 치수 표시가 고정됩니다.

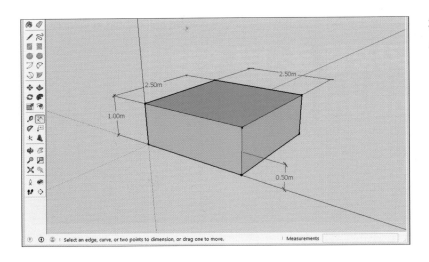

3 앞의 방법을 이용하여 몇 개의 치수를 더 만들어 봅니다.

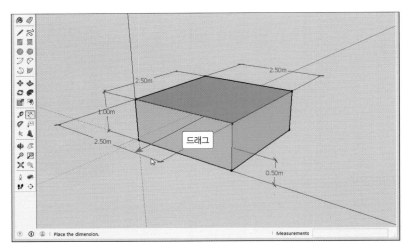

4 모서리 선의 전체 길이를 표시하고자 하면 선만 클릭하여 파란색 선으로 바뀐 후 드래그하면 됩니다.

02 치수값 수정하기

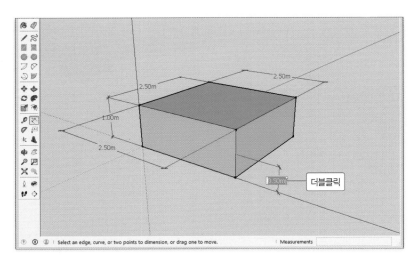

1 치수값을 더블클릭하면 입력창으로 바뀝니다.

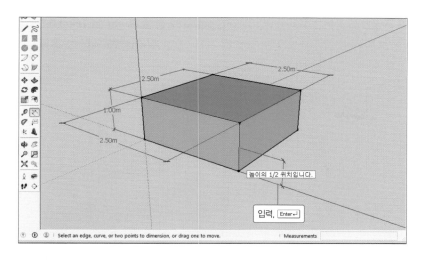

2 치수값 입력 창에 '높이의 1/2의 위치입니다.'로 입력하고 Enter↵를 누르면 수정할 수 있습니다.

---

03 원의 지름과 반지름의 치수선 만들기

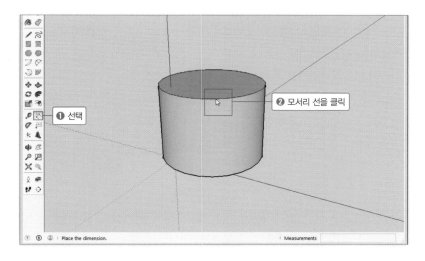

1 '05_31.skp' 파일을 엽니다. Dimension(치수) 도구를 선택하고, 원의 모서리를 클릭하면 파란색 선으로 바뀝니다.

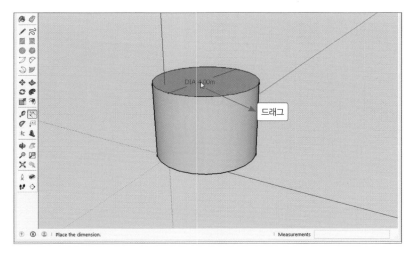

2 원둘레 선을 클릭하고, 마우스를 원하는 위치로 이동하면 지름 치수가 나타납니다.

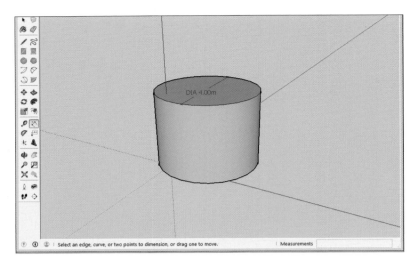

3 마우스를 클릭하면 원의 지름 치수가 표시됩니다.

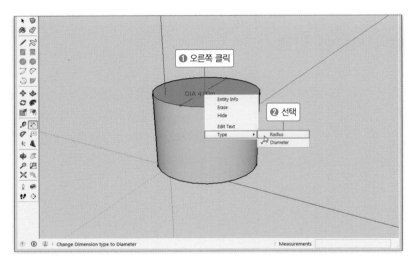

4 반지름을 표시하기 위해 수치값에서 마우스 오른쪽 버튼을 클릭하여 [Type]−[Radius]를 선택합니다.

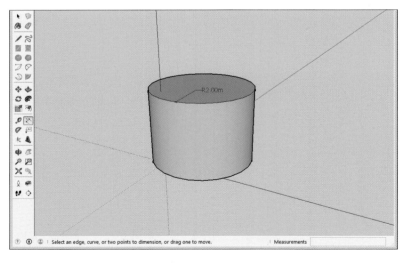

5 원의 반지름을 표시할 수 있습니다.

크기 변화에 따른 자동 수치 변경

1 Push/Pull(밀기끌기) ◈ 도구 또는 Scale(배율) 🖼 도구를 이용하여 객체의 크기를 조정하면 치수도 자동으로 수정됩니다.

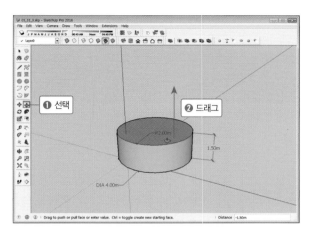

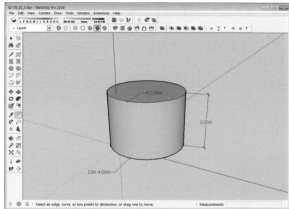

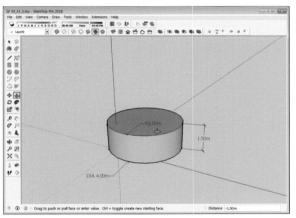

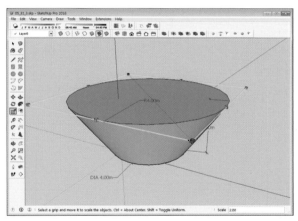

Section 036

각도를 재고 사선 가이드라인을 만드는 [Protractor] 도구

Protractor(각도기) ✏️ 도구를 이용하여 각도의 수치를 표시하고, 사선 가이드라인을 만들 수 있습니다. Tape Measure(줄자) 🔌 도구와 사용방법은 비슷하므로 간단한 사용법만 알아보겠습니다.

◉ **예제파일** 부록CD/파트1/05장/05_32.skp   ◉ **완성파일** 부록CD/파트1/05장/05_32_결과.skp

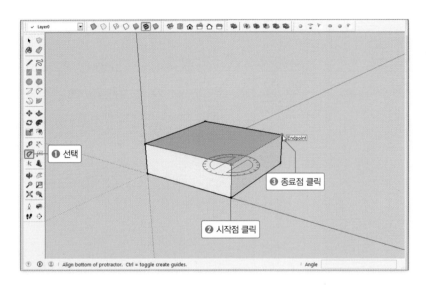

1 '05_32.skp' 파일을 엽니다. Protractor(각도기) ✏️ 도구를 선택한 후 각도를 측정하기 위한 시작점과 종료점을 클릭합니다.

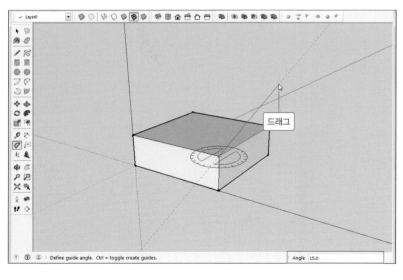

2 각도를 재고 가이드라인을 그리고자 하는 방향으로 마우스를 이동하면 VCB에 각도가 표시됩니다.

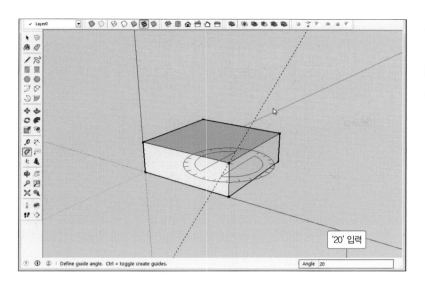

3 정확한 각도를 입력하려면 클릭한 후 '20'을 입력하고 [Enter↵]를 누르면 그 각도로 가이드라인이 자동으로 이동하여 표시됩니다.

4 각도기의 색상은 각 축의 방향에 따라 4가지 색상으로 표현되어 구별하기 수월합니다.

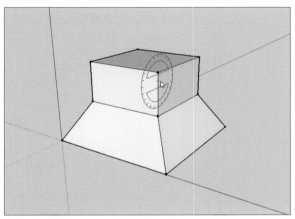

X축 각도기 : 빨강

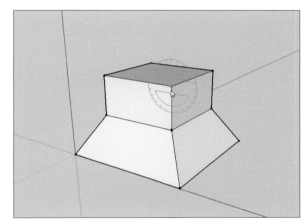

Y축 각도기 : 초록

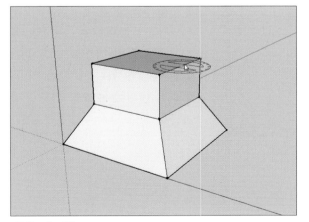

Z축 각도기 : 파랑

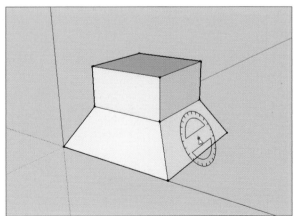

경사면 각도기 : 검정

지시선 수치값과 문자 라벨을 만드는 [Text] 도구

Text(문자) 🖼 도구는 화면에 글자를 입력하거나 지시선 문자를 입력할 수 있습니다. Text(문자) 🖼 도구를 선택한 후 점을 클릭하면 점의 위치가 자동으로 표시되며 선을 선택하면 선의 길이가, 면을 선택하면 면의 넓이가 자동으로 표시되는 편리한 기능입니다. 다만 점, 선, 면의 위치나 길이, 넓이가 변화하여도 수치는 변하지 않습니다.

◉ **예제파일** 부록CD/파트1/05장/05_33.skp ◉ **완성파일** 부록CD/파트1/05장/05_33_결과.skp

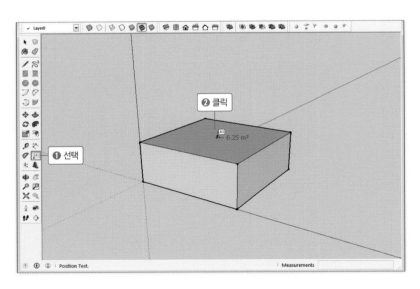

1 '05_33.skp' 파일을 엽니다. Text(문자) 🖼 도구를 선택한 후, 면적을 재고자 하는 Face(면)을 클릭하면 면적이 표시됩니다.

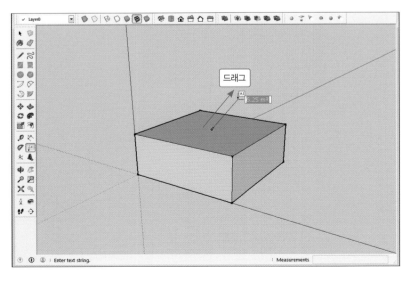

2 마우스를 드래그하면 지시선 문자가 나타나며, 원하는 위치에 클릭하면 텍스트 수정이 가능한 상태가 됩니다. 한번 더 클릭하면 면적이 표시된 문자가 나타납니다.

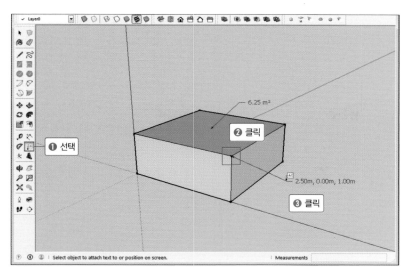

3 Text(문자) 📧 도구를 선택한 후, 좌표를 표시하고자 하는 Point(점)를 클릭하면 좌표가 표시됩니다. 마우스를 드래그하면 지시선 문자가 나타나며, 원하는 위치에 클릭하면 텍스트 수정이 가능한 상태가 되고, 한번 더 클릭하면 좌표가 표시된 문자가 나타납니다.

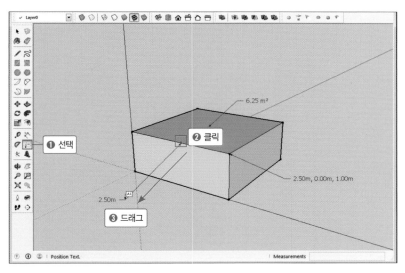

4 Text(문자) 📧 도구를 선택한 후, 길이를 표시하고자 하는 Line(선)을 클릭하면 길이가 표시됩니다. 드래그하면 지시선 문자가 나타나며 원하는 위치에 클릭하면 텍스트 수정이 가능한 상태가 되고, 한번 더 클릭하면 길이가 표시된 문자가 나타납니다.

Dimension(치수) 📐 도구와는 달리 객체의 크기나 위치가 달라져도 Text(문자) 📧 도구를 이용하면 표시한 수치는 달라지지 않습니다.

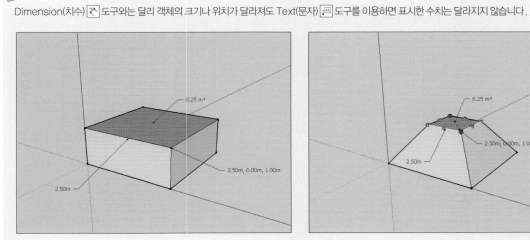
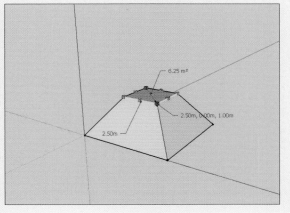

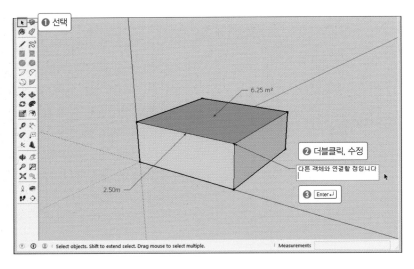

5 Select(선택) 도구를 선택한 후 수치값을 더블클릭하면 Text(문자)를 수정할 수 있습니다(다른 객체와 연결할 점입니다). 수정 중 Enter↵를 누르면 다음 줄에도 글자를 이어서 입력할 수 있으며 수정을 종료하려면 수정 입력창의 외부를 클릭하면 됩니다.

6 Text(문자) 도구를 선택한 후 객체의 Point(점), Line(선), Face(면)을 더블클릭하면 지시선이 없는 수치 또는 좌표 값이 텍스트 수정이 가능한 상태로 표시되고, 외부를 클릭하면 수치 또는 좌표 값이 표시된 문자가 표시됩니다.

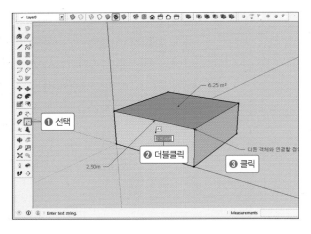

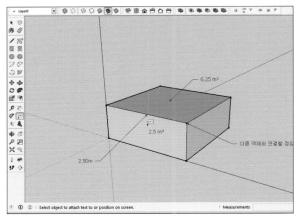

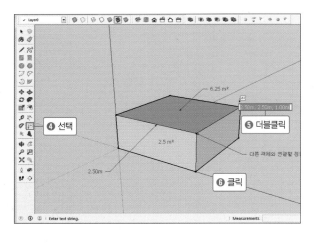

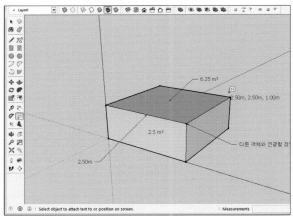

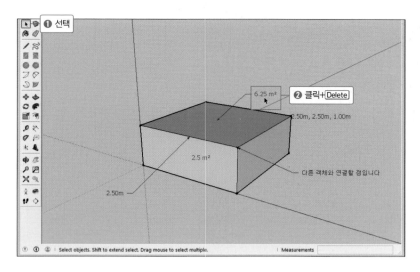

7 입력된 수치값을 삭제하고자 할 때에는 Select(선택) ▶ 도구를 선택한 후 삭제할 텍스트를 클릭하여 파란색으로 바뀌면 Delete를 누릅니다.

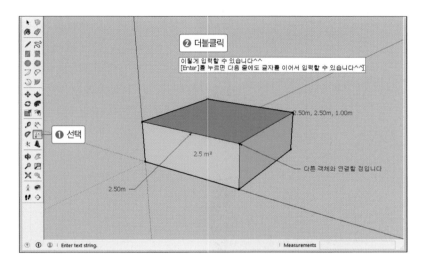

8 Text(문자) 🔤 도구를 클릭한 후 여백을 더블클릭하면 문자를 입력할 수 있습니다. 수정을 종료하려면 수정 입력창의 외부를 클릭하면 됩니다. 이 문자는 화면을 회전시켜도 고정된 위치로 표시됩니다.

축을 만들고 재배치시키는 [Axes] 도구

[Axes] 도구는 X, Y, Z축을 재배치할 때 사용합니다. 자주 사용하는 도구는 아니지만 알아두면 필요할 때 유용하게 사용할 수 있습니다.

◉ 예제파일 부록CD/파트1/05장/05_34.skp ◉ 완성파일 부록CD/파트1/05장/05_34_결과.skp

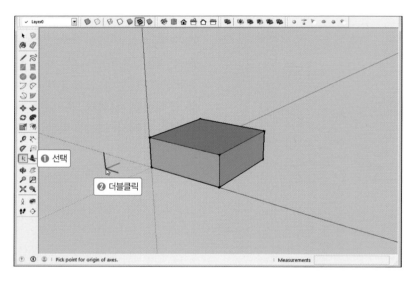

1 '05_34.skp' 파일을 엽니다. Axes(축) 🖹 도구를 선택하면 마우스 포인터에 축이 표시됩니다. 축을 수정하고자 하는 위치를 더블클릭합니다.

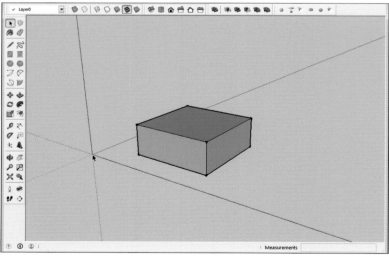

2 축이 수정되어 나타난 결과를 볼 수 있습니다.

3 X, Y, Z축의 방향을 수정하려면 Axes(축) k 도구를 클릭합니다. 시작점을 클릭하고 원하는 축의 방향을 선택하고 나머지 하나를 다른 축 방향으로 이동시켜 클릭합니다.

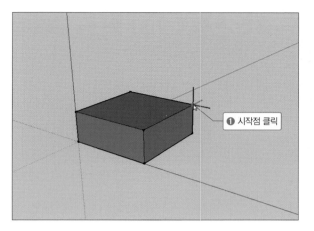
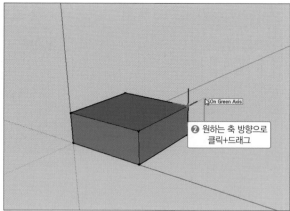
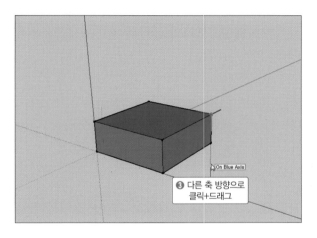
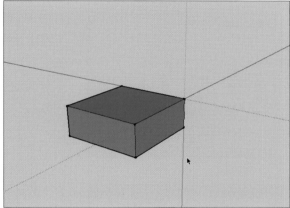

3D 문자를 만드는 [3D Text] 도구

[3D Text] 도구는 스케치업에서 쉽게 3D Text(3D 문자)를 만들 수 있습니다. 원하는 글자를 입력하고 위치를 이동하고 배율을 조정하면 객체에 어울리는 적당한 크기와 두께의 글자를 완성할 수 있습니다.

◉ **예제파일** 부록CD/파트1/05장/05_35.skp   ◉ **완성파일** 부록CD/파트1/05장/05_35_결과.skp

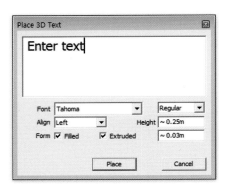

1   '05_35.skp' 파일을 엽니다. 3D text(3D 문자) 도구를 선택한 후 원하는 위치에 더블클릭하면 [Place 3D Text(3D 문자 배치)] 창이 나타납니다.

> **Tip**
>
> 3D text(3D 문자)를 만든 후 이동이 가능하니 꼭 원하는 위치를 더블클릭하지 않아도 됩니다.

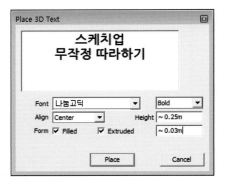

2   원하는 글자를 입력합니다. 세부 옵션을 그림과 같이 설정한 후 [Place]를 클릭합니다.

> **Tip**
>
> [Place 3D Text]의 세부 옵션 알아보기
> ① Text(문자) : 3D로 만들 문자를 입력합니다.
> ② Font(글꼴) : 글꼴을 설정합니다. [▼]를 클릭하면 컴퓨터에 설치된 글꼴들이 나타나며, 원하는 글꼴을 선택할 수 있습니다.
> ③ Font Style(글꼴 스타일) : 선택한 글꼴에서 제공하는 스타일을 선택합니다.
> ④ Align(정렬) : 문자의 정렬 방식을 선택합니다.
> ⑤ Height(높이) : 문자의 높이를 설정합니다.
> ⑥ Form(형식) : ☑ 표시를 하면 자동으로 Extruded(두께)에 ☑ 표시가 되며 입체로 표현할 수 있습니다. ☑ 표시를 해제하면 Extruded(두께)에서도 ☑ 표시가 해제되며 입체가 아닌 선으로만 표시됩니다.
> ⑦ Extruded(두께) : 3D 문자의 두께값을 입력합니다.
>
> Height(높이)나 Extruded(두께)는 3D 문자를 만든 후, Scale(배율) 도구를 이용하여 조절할 수 있습니다.

3 마우스를 움직이며 3D text(3D 문자)를 놓을 곳에서 클릭하면 고정됩니다. 3D text를 클릭한 후 마우스를 움직이면 위치를 옮길 수 있습니다.

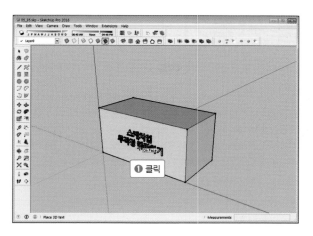
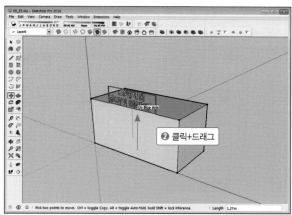

4 Scale(배율) ![icon] 도구를 선택한 후 3D text(3D 문자)를 드래그하여 크기를 조절하거나 두께를 조절할 수 있습니다.

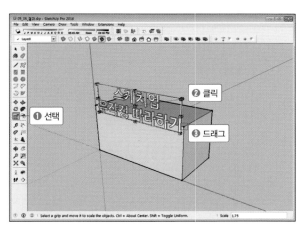
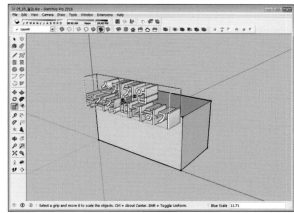

5 Move(이동) ![icon] 도구로 드래그하여 위치를 이동합니다.

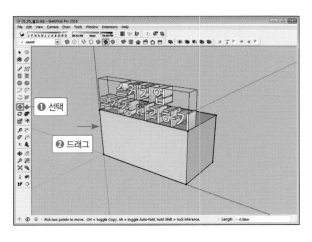
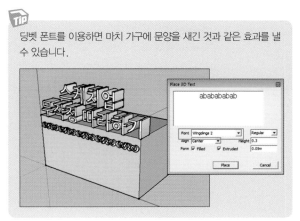

Chapter 05 건축 모델링에 유용한 [Construction] 툴바 익히기 **149**

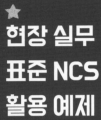
선반 위에 알파벳 몰딩 인테리어 소품 만들기

실무에서 부딪히기 쉬운 내용 중에서 현장 실무의 표준이 되는 NCS를 활용한 팁을 살펴보겠습니다.

NCS 활용 예제 실습 목표 요즘은 주택과 일반 사무실도 카페처럼 꾸미는 트렌드가 자리잡고 있습니다. 예쁜 카페에서 주로 하던 알파벳 몰딩 인테리어 소품은 인터넷 쇼핑몰이나 상점에서도 저렴하게 구매할 수 있어 자주 이용되고 있습니다. 스케치업을 이용한 인테리어 모델링을 작업할 때에도 5장에서 숙지한 3D text(3D 문자) 🖌 도구를 이용하면 쉬우면서도 예쁜 인테리어 소품을 만들 수 있습니다.

◎ **예제파일** 부록CD/파트1/05장/05_ex.skp

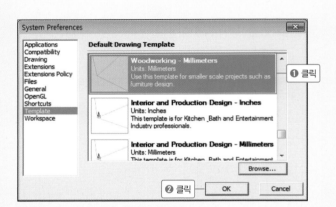

1 SketchUP 프로그램을 실행하여 [Window] −[Preferences]를 선택합니다. [System Preferences] 창에서 [Template]의 'Woodworking−Millimeters'를 선택한 후 [OK] 버튼을 클릭하여 소품을 만들기 편리한 템플릿으로 설정합니다.

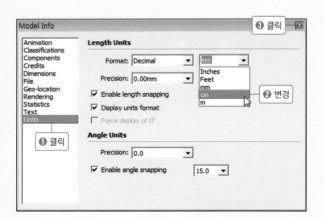

2 단위 설정을 위해 [Window]−[Model Info]를 클릭합니다. [Model Info] 창에서 [Units]를 선택하고 세부 설정 항목의 [mm] 우측의 [▼]를 클릭한 후 [cm]로 변경하고 [X] 버튼을 클릭해 창을 닫습니다.

> **TIP**
> [Modle Info]−[Units]에서 [mm] 그대로 사용해도 됩니다. [mm]로 사용하는 경우, 수치를 [mm] 단위로 재계산하여 사용하면 됩니다.

3　Rectangle(사각형) 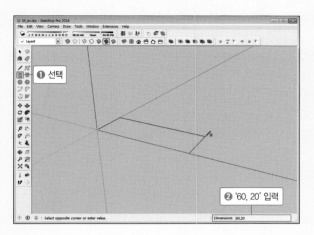 도구를 선택한 후 직사각형을 그립니다. '60,20'을 입력한 후 Enter↵를 누르면 가로 60cm×세로 20cm의 직사각형이 그려집니다.

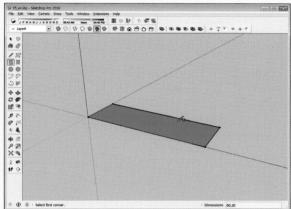

4　선반의 두께를 만들기 위해 Push/Pull(밀기끌기) 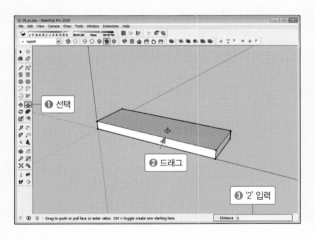 도구를 선택한 후 직사각형의 면을 클릭하여 위로 드래그합니다. '2'를 입력하고 Enter↵를 누릅니다.

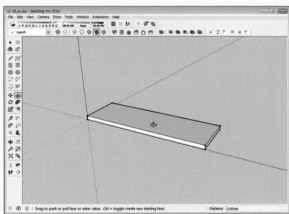

5 3D text(3D 문자) 도구를 선택하면 [Place 3D Text(3D 문자 배치] 창이 나타납니다. 원하는 글자를 입력하고 세부 옵션을 설정한 후 [Place] 버튼을 클릭합니다. 선반 위에 글자가 놓입니다.

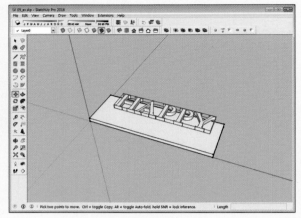

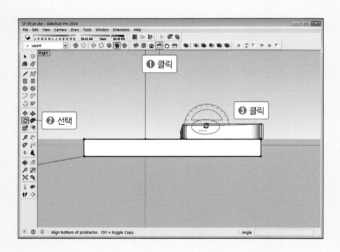

6 글자를 세우기 위해 Right(우측면) 도구를 선택하여 시점을 변경합니다. Rotate(회전) 도구를 선택한 후 마우스를 글자의 윗면에 놓았을 때 빨간 색 각도기 표시가 나오면 클릭합니다.

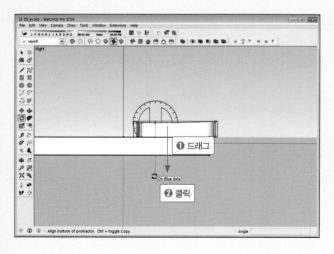

7 마우스를 아래 방향으로 이동하여 'On Blue Axis'라는 툴팁이 나올 때 클릭합니다.

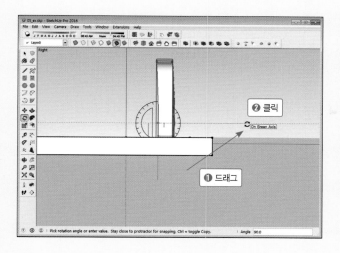

8 마우스를 우측 위 90도 방향으로 이동하여 'On Green Axis'라는 툴팁이 나올 때 클릭하면 글자가 세워집니다.

9 Front(정면) 🏠 도구를 선택하여 정면에서 바라보는 시점으로 변경합니다. Move(이동) ✛ 도구를 선택한 후 글자를 'On Blue Axis'라는 툴팁이 나오는 방향으로 이동시켜 선반 위에 맞게 올려 놓습니다.

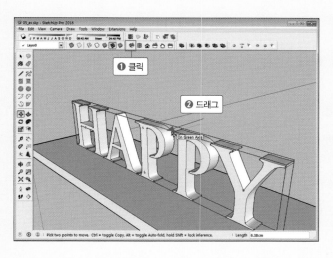

10 Iso(아이소) 🔲 도구를 선택하여 시점을 변경한 후, 'On Green Axis'라는 툴팁이 나오는 방향으로 이동시킵니다.

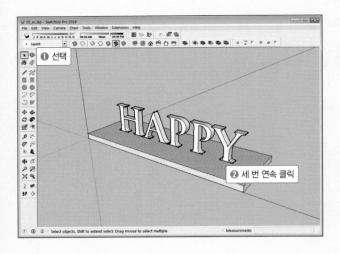

11 선반의 색을 입히기 위해 Select(선택) 🔺 도구를 선택한 후 선반을 세 번 클릭하면 선반 전체가 선택됩니다.

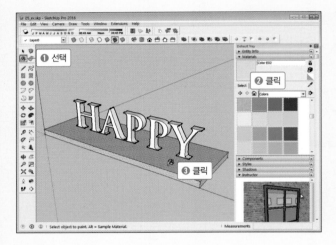

12 Paint Bucket(페인트통) 🔊 도구를 선택한 후 원하는 색을 선택하여 선반을 클릭합니다.

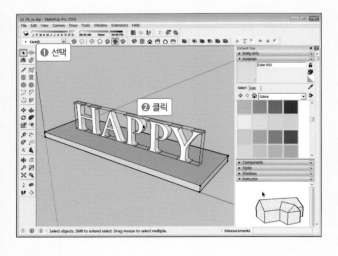

13 Select(선택) 🔺 도구로 글자(HAPPY)를 클릭합니다.

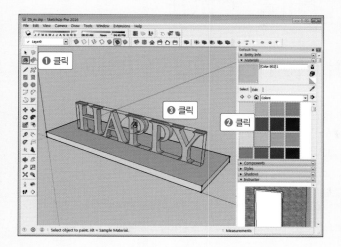

14 Paint Bucket(페인트통) ⊛ 도구를 선택한 후 원하는 글자의 색을 선택하여 글자 위에 클릭합니다.

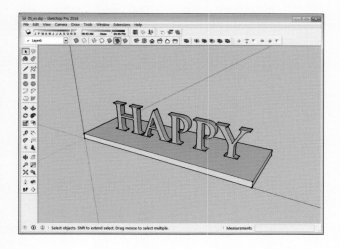

15 쉽고 간단한 작업만으로도 알파벳 몰딩 인테리어 소품이 완성되었습니다.

Chapter 06

오브젝트를 만드는
[Drawing] 툴바 익히기

모델링 작업의 기본이 되는 Drawing 툴바를 이용하여 여러 종류의 선과 사각형,
원, 다각형, 호를 그려보며 다양한 기능과 방법을 익혀봅니다.

Section 040

점과 점 사이에 선을 그리는 [Line] 도구

Line(선그리기) ✏ 도구를 이용하면 직선을 그리거나 직선을 연결하여 새로운 면을 만들 수 있습니다. 이미 만들어진 면을 나누는 기능으로도 활용할 수 있어 자주 사용되는 도구입니다. Esc를 누르면 선그리기를 종료합니다.

---

01 선 연결하여 면 만들기

○ 완성파일 부록CD/파트1/06장/06_36_1.skp

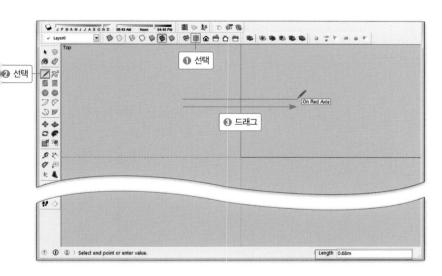

1 Top(윗면) 🔲 도구를 선택합니다. Line(선그리기) ✏ 도구를 선택한 후 화면의 원하는 위치를 클릭하고 드래그합니다.

> **Tip**
> 정확한 치수의 선을 만들기 위해서는 드래그한 상태에서 숫자를 입력하고 Enter↵를 누르면 됩니다. 입력한 숫자의 값은 우측 하단의 VCB에서 확인할 수 있습니다.

2 원하는 다른 점들을 클릭하여 연결된 선을 그립니다.

> **Tip**
> X, Y, Z축에 수평한 상태가 되면 다음의 그림과 같이 자동 스냅 기능이 활성화되며, 축의 색상과 동일한 색상의 선이 표시되고 말풍선이 나타납니다.

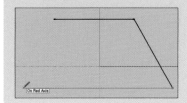

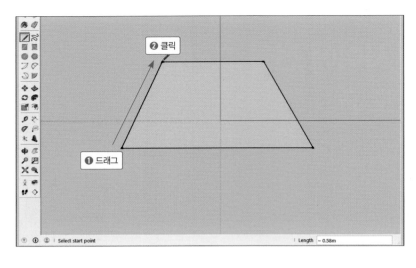

3 처음 시작점을 클릭하여 면을 만듭니다. 면이 만들어지면 자동으로 면에 색이 입혀집니다.

Tip 면으로 만들어질 점에 마우스 포인터를 놓으면 [Endpoint]라는 말풍선이 나타납니다.

---

02 좌표 값을 이용한 선 그리기

● **완성파일** 부록CD/파트1/06장/06_36_2.skp

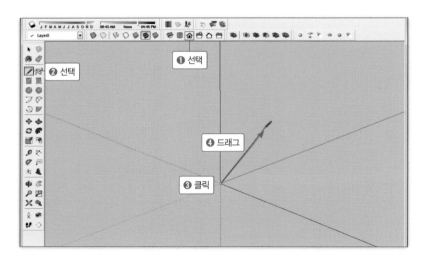

1 X, Y, Z 좌표 값을 이용한 선 그리기를 위해 Iso(아이소) 🏠 도구를 선택합니다. Line(선그리기) ✏ 도구를 선택한 후 X, Y, Z 축의 '0'점을 클릭하고 아무 곳으로든지 마우스를 옮깁니다.

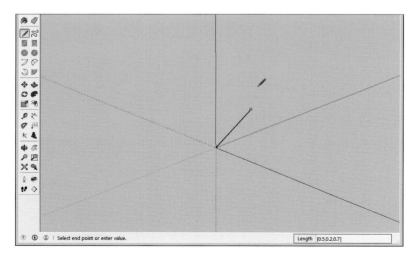

2 원점을 기준으로 하는 절대 좌표를 입력하기 위해 '[X, Y, Z]'값을 입력합니다. 예를 들어, '[0.5, 0.2, 0.7]'을 입력하고 Enter↵ 를 누르면 X축으로 0.5m, Y축으로 0.2m, Z축으로 0.7m 의 점까지의 선이 자동으로 그려지는 것을 확인할 수 있습니다.

3　선택한 시작점으로부터의 좌표 값은 상대좌표로 표시하며 '〈X, Y, Z〉' 값을 입력합니다. 예를 들어, 위에서 만든 선의 점을 클릭하고 아무 곳이나 마우스를 옮긴 후 '〈1,−0.5,−1〉'을 입력하고, Enter↵를 누르면 X축으로 1m, Y축으로 −0.5m, Z축으로 −1m의 점까지의 선이 자동으로 그려지는 것을 확인할 수 있습니다.

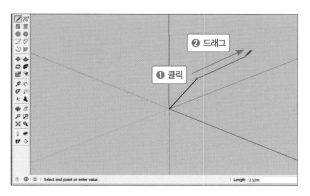
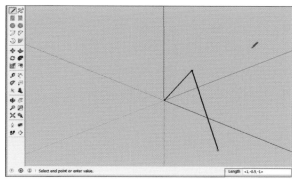

03　선을 이용하여 선 분할하기

◉ **완성파일** 부록CD/파트1/06장/06_36_3.skp

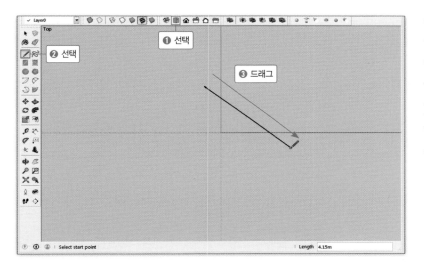

1　선을 분할하고 추가하는 방법을 쉽게 알아보기 위해 Top(윗면) 📑 도구를 선택하여 Top View 화면모드로 전환합니다. Line(선그리기) ✐ 도구를 선택한 후 원하는 위치를 클릭하고 드래그하여 선을 하나 만듭니다.

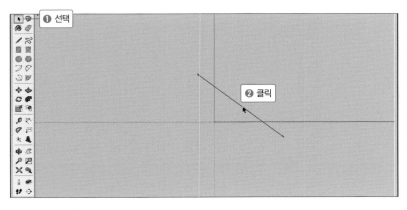

2　선을 분할하기 위해 Select(선택) ▶ 도구를 선택한 후 선을 클릭하면 선이 파란색으로 보여집니다.

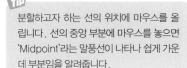

분할하고자 하는 선의 위치에 마우스를 올립니다. 선의 중앙 부분에 마우스를 놓으면 'Midpoint'라는 말풍선이 나타나 쉽게 가운데 부분임을 알려줍니다.

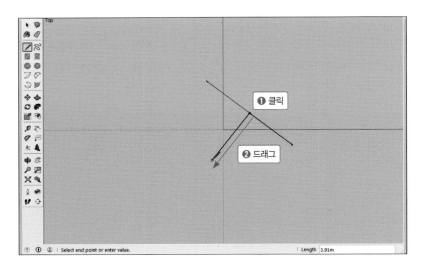

3 분할하고자 하는 선의 부분에서 원하는 부분으로 클릭하고 드래그하여 선을 하나 더 긋습니다.

4 첫 번째 그은 선이 분할되고 추가되었습니다. 우측 하단 부분의 선을 삭제하려면 Select(선택) ▶ 도구로 선택하고 [Delete]를 누르면 됩니다.

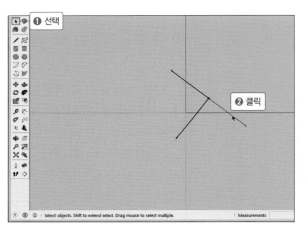

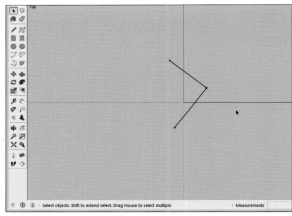

선의 길이를 조절하는 편한 방법은 Scale(배율) ▦ 도구를 이용하는 것입니다. 다음과 같이 사용할 수 있으며, Scale(배율) ▦ 도구의 자세한 설명은 7장에서 확인할 수 있습니다.

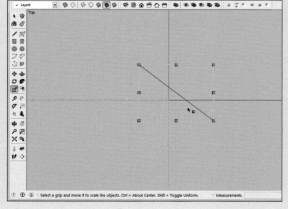

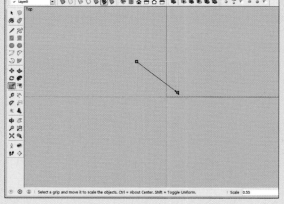

1 면을 분할하는 방법을 알아보기 위해 Rectangle(사각형) 🔲 도구를 이용하여 사각형을 만듭니다.

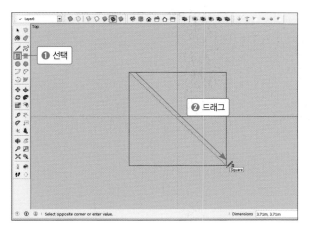
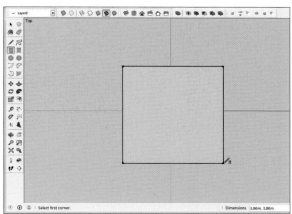

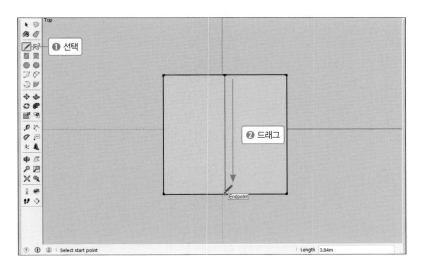

2 Line(선그리기) ✏️ 도구를 선택한 후 면 분할을 원하는 위치에 클릭하고 드래그하면 면이 분할됩니다.

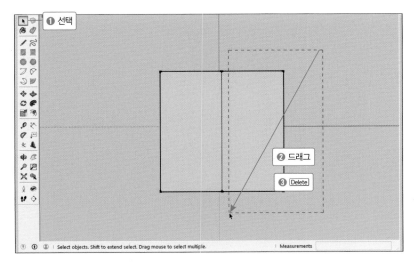

3 분할된 면을 삭제하려면, Select(선택) ▶ 도구를 선택하여 우측 상단에서 좌측 하단으로 드래그한 후 Delete를 누르면 됩니다.

좌측 상단에서 우측 하단으로 드래그하면 다음과 같이 우측 세로선만 선택됩니다. 선택 후 삭제하면 우측 세로선과 면은 삭제되지만, 윗라인과 아랫 라인은 삭제되지 않습니다.

◉ **완성파일** 부록CD/파트1/06장/06_36_4_tip.skp

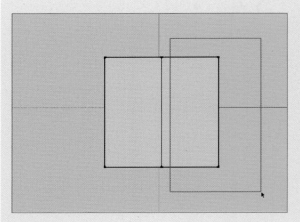
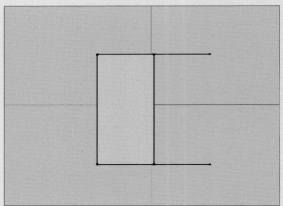

선의 길이 조정과 마찬가지로 면의 크기도 Scale(배율) 도구를 이용하면 편리합니다. 다음과 같이 사용할 수 있으며 Scale(배율) 도구의 자세한 설명은 7장에서 확인할 수 있습니다.

◉ **완성파일** 부록CD/파트1/06장/06_36_4_tip_2.skp

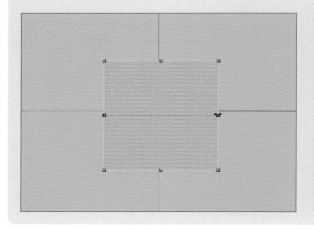
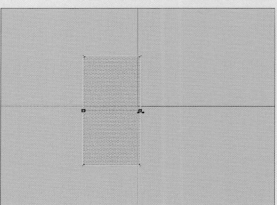

Section 041

자유롭게 선을 그리는 [Freehand] 도구

Freehand(자유그림 그리기) 〰️ 도구는 마치 펜으로 그림을 그리는 것과 같이 자유롭게 곡선을 그리거나 곡선을 연결하여 면을 만들 수 있는 도구입니다. 마우스를 클릭하고 드래그하면서 사용합니다. 마우스를 떼면 한 획으로 그리기가 종료됩니다. 타블렛 등을 이용하면 더욱 자연스러운 그림을 그릴 수 있습니다.

◯ **완성파일** 부록CD/파트1/06장/06_37.skp

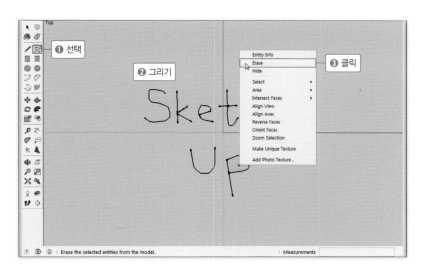

1 Freehand(자유그림 그리기) 〰️ 도구를 선택한 후 자유롭게 그림을 그립니다. 선과 선이 만나면 면으로 변경되는 것을 확인할 수 있습니다. 면으로 표현된 부분을 지우고자 할 때에는 그 면에 마우스 포인터를 놓은 후 마우스 오른쪽 버튼을 클릭하여 [Erase]를 선택합니다.

2 곡선의 일부분을 지우고자 할 때에는 원하는 곡선에 마우스 오른쪽 버튼을 클릭하여 [Explode Curve]를 클릭합니다. 다음 그림처럼 자동으로 곡선이 분해된 것을 확인합니다. Select(선택) ▮ 도구로 원하는 곡선 부분을 클릭한 후, Delete 를 누르면 삭제됩니다.

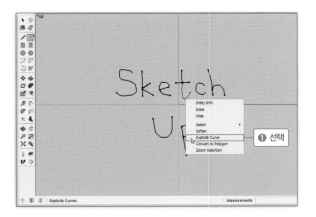

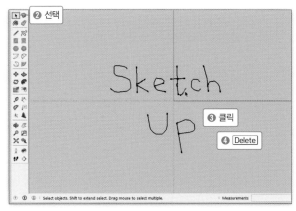

Section
042

사각형을 그리는 [Rectangle] 도구

Rectangle(사각형) 📰 도구는 쉽게 사각형을 그릴 수 있습니다. 정확한 수치의 사각형을 그리려면 사각형을 그린 후 바로 '가로, 세로' 수치를 입력하고 Enter↵를 누르면 됩니다. 수치를 수정하려면 다시 동일하게 반복합니다.

01 정사각형 그리기

◎ 완성파일 부록CD/파트1/06장/06_38_1.skp

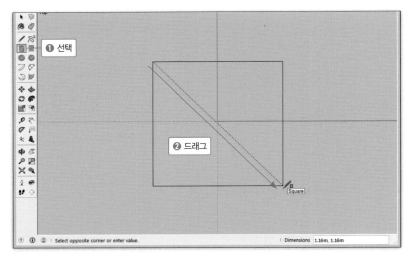

1 Rectangle(사각형) 📰 도구를 선택한 후 원하는 곳을 클릭하고 드래그합니다. 정사각형 모양이 되면 자동으로 대각선 가이드라인이 표시되며 'Square'라는 말풍선이 나타나 쉽게 정사각형을 그릴 수 있습니다.

정확한 치수의 사각형을 만들기 위해서는 드래그한 상태에서 바로 숫자를 '1,1'로 입력하고 Enter↵를 누르면 가로 1m, 세로 1m의 정사각형이 만들어집니다. 입력한 숫자의 값은 우측 하단의 VCB에서 확인할 수 있습니다.

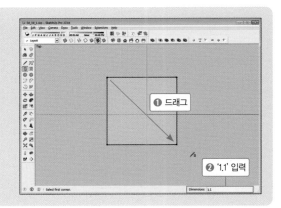

02 황금비율 사각형 그리기

◎ **완성파일** 부록CD/파트1/06장/06_38_2.skp

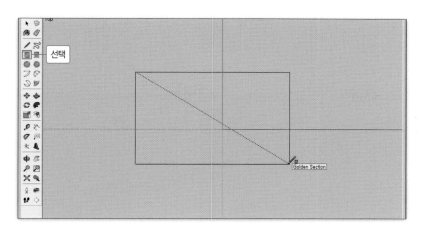

1 Rectangle(사각형) 🔲 도구를 선택하고 드래그하다 보면 자동으로 황금비율(1:1.618)의 사각형을 나타내는 'Golden Section' 말풍선이 나타납니다. 이 시점에 마우스를 클릭하면 황금비율의 사각형을 그릴 수 있습니다.

03 X축과 Z축에 사각형 그리기

◎ **완성파일** 부록CD/파트1/06장/06_38_3.skp

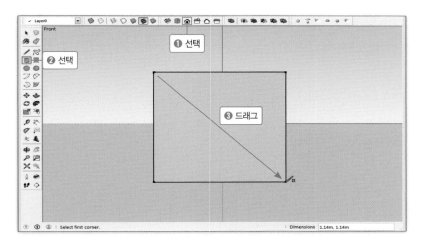

1 X축과 Y축의 사각형이 아닌 X축과 Z축에 사각형을 그리려면 Front(정면) 🏠 도구를 선택하여 화면을 변경합니다. Rectangle(사각형 그리기) 🔲 도구를 선택한 후 원하는 사각형을 그립니다.

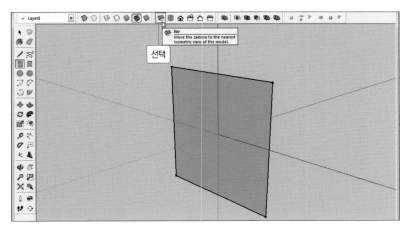

2 Iso(아이소) 🎲 도구를 선택하여 X축과 Z축에 그려진 사각형인지 확인합니다.

1   객체 위에 사각형을 그릴 수도 있습니다. 정육면체를 만든 후 정육면체의 표면에 Rectangle(사각형 그리기) ▨ 도구를 이용하여 클릭하고 드래그하면 'On Face'라는 말풍선이 나타납니다. 여러 개의 사각형을 그려봅니다.

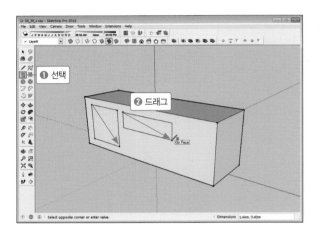
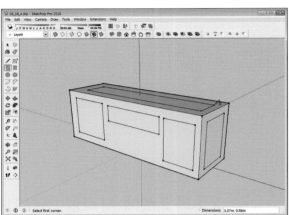

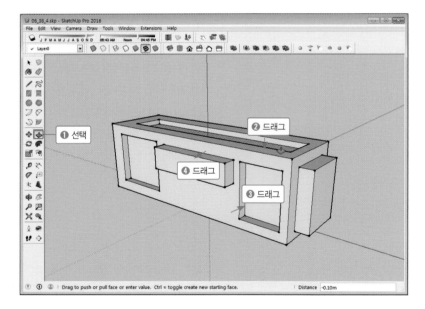

2   Push/Pull(밀기끌기) ◈ 도구로 드래그하여 그림과 같은 효과를 나타낼 수 있습니다.

회전 사각형을 그리는 [Rotated Rectangle] 도구

Rotated Rectangle(회전 사각형 그리기) ▥ 도구를 선택하면 각도계가 나타나며 원하는 각도의 회전된 사각형을 바로 그릴 수 있습니다. 정확한 수치의 사각형을 그리려면 사각형을 그린 후 바로 '가로, 세로' 수치를 입력하고 Enter↲를 누르면 됩니다. 수치를 수정하려면 다시 동일하게 반복합니다.

◉ 예제파일 부록CD/파트1/06장/06_39.skp   ◉ 완성파일 부록CD/파트1/06장/06_39_결과.skp

1 경사면이 있는 객체를 하나 만들고 Rotated Rectangle(회전 사각형 그리기) ▥ 도구를 선택한 후 회전 사각형을 그릴 첫 번째 점을 클릭합니다. 첫 번째 점에서 드래그하여 회전 사각형을 그릴 두 번째 점을 클릭합니다.

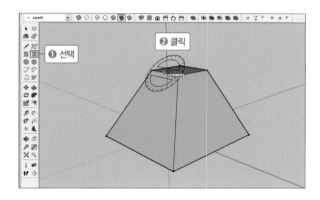 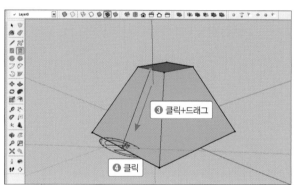

2 마우스를 이동하며 회전 사각형의 폭과 각도를 조절한 후 클릭하면 회전 사각형이 그려집니다.

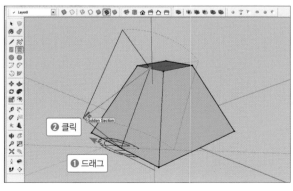 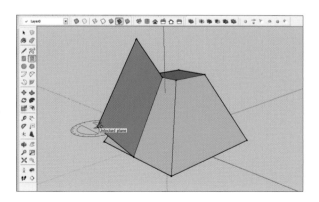

> 정확한 치수의 각도와 폭의 회전 사각형을 만들기 위해서는 드래그한 상태에서 숫자 '90, 1'을 입력하고 Enter↲를 누르면 각도 90도, 폭 1m의 회전 사각형이 만들어집니다. 입력한 숫자의 값은 우측 하단의 VCB에서 확인할 수 있습니다.

원을 그리는 [Circle] 도구

Circle(원 그리기) ◉ 도구는 원의 중점이 될 곳을 클릭한 후 마우스를 이동하여 그려질 원의 반지름을 확인하고 클릭하여 원을 그립니다. 정확한 수치의 원을 그리려면 원을 그린 후 원하는 반지름의 수치를 입력하고 Enter↵ 를 누르면 됩니다. 수치를 수정하려면 다시 동일하게 반복합니다.

○ 완성파일 부록CD/파트1/06장/06_40_결과.skp

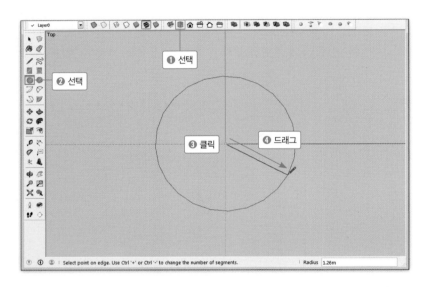

1 Top(윗면) 🔲 도구를 선택한 후, Circle(원 그리기) ◉ 도구를 선택합니다. 원의 중심이 되는 점을 클릭하고 드래그하여 원을 그립니다.

Tip

드래그하고 클릭한 상태에서 반지름 수치 '1'을 입력하고 Enter↵ 를 누르면 반지름 1m의 원이 만들어집니다.

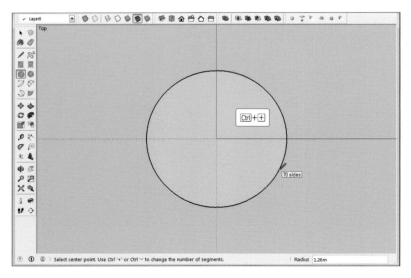

2 Ctrl 을 누른 상태에서 ⊞ 를 누르면 원의 각의 수량이 1개 단위로 올라가며 부드러운 원이 됩니다. ⊞ 를 누를 때마다 '각의 sides'라는 말풍선이 나타나므로 각의 수를 확인하며 조절할 수 있습니다.

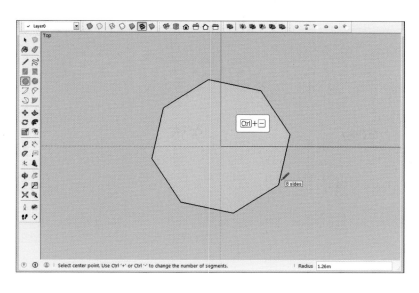

3 Ctrl 을 누른 상태에서 ─를 누르면 원의 각의 수량이 1개 단위로 내려가며 각진 다각형이 됩니다. ─를 누를 때마다 '각의 수 sides'라는 말풍선이 나타나므로, 각의 수를 확인하며 조절할 수 있습니다.

4 이미 만들어진 원을 수정하려면 원의 선 위에서 마우스 오른쪽 버튼을 클릭하여 [Entity Info]를 선택합니다. 반지름의 크기는 [Radius]에서 '1.50m', 각의 수는 [Segments]에서 '7'의 값을 수정하면 바로 원에 반영됩니다.

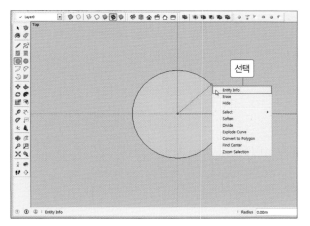

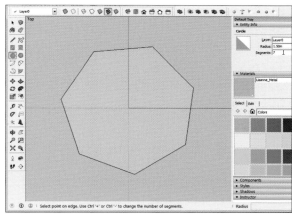

원을 만들기 전에 미리 각의 수를 입력할 수 있습니다. Circle(원 그리기) ◉ 도구를 선택하고 각의 수가 될 값을 입력하면 중심점을 클릭했을 때 말풍선과 우측 하단의 VCB 부분에서 각의 수를 확인할 수 있습니다. 마우스를 드래그하고 클릭하면 처음 입력한 값의 각의 수를 가진 원 또는 다각형을 그릴 수 있습니다.

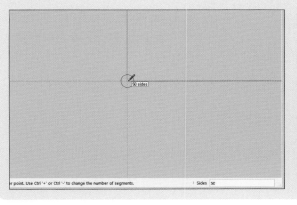

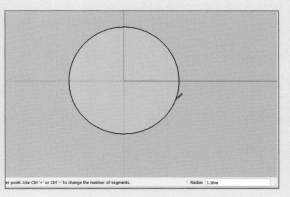

다각형을 그리는 [Polygon] 도구

Polygon(다각형 그리기) 도구는 다각형의 중점이 될 곳을 클릭한 후 마우스를 이동한 상태에서 Ctrl과 +를 누를 때마다 다각형의 면의 수가 1면씩 증가합니다. 원하는 면의 수와 크기가 확정되면 클릭하여 다각형을 만듭니다. Circle(원 그리기) 도구에서 살펴본 것과 동일하게 사용됩니다. Circle(원 그리기) 도구를 이용하여 만든 원과 Polygon(다각형 그리기) 도구를 이용하여 만든 원은 원기둥을 만들었을 때 확인한 차이점을 보입니다. 아래에서 자세히 살펴보도록 하겠습니다.

◎ 완성파일 부록CD/파트1/06장/06_41_결과.skp

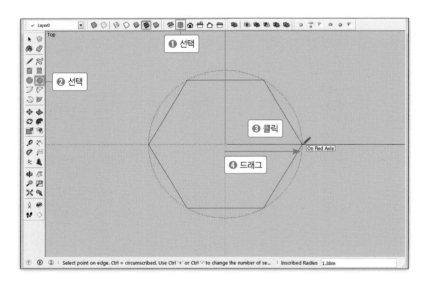

1 Top(윗면) 도구를 선택한 후 Polygon(다각형 그리기) 도구를 선택합니다. 다각형의 중심이 되는 점을 클릭한 후 마우스를 드래그하면 다각형이 그려집니다.

> **TIP**
> 정확한 수치의 반지름을 가진 다각형을 만들기 위해서는 드래그하고 클릭한 상태에서 반지름 크기 '1'을 입력하고 Enter↵를 누르면 반지름 1m의 다각형이 만들어집니다.

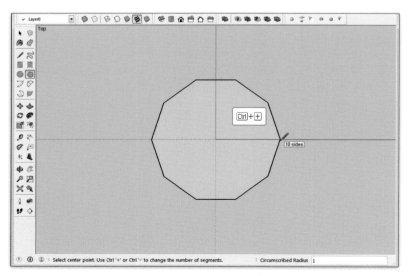

2 Ctrl을 누른 상태에서 +를 누르면 각의 수량이 1개 단위로 올라가며 원하는 다각형이 됩니다. +를 누를 때마다 '각의 수 sides'라는 말풍선이 나타나므로 각의 수를 확인하며 조절할 수 있습니다.

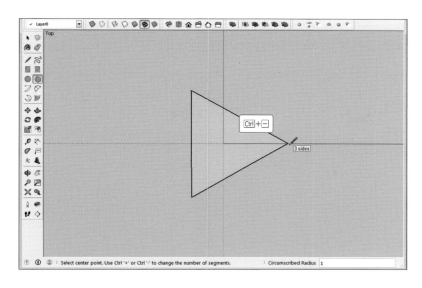

3 Ctrl을 누른 상태에서 ─를 누르면 각의 수량이 1개 단위로 내려가며 원하는 각의 다각형이 됩니다. ─를 누를 때마다 '각의 수 sides'라는 말풍선이 나타나므로 각의 수를 확인하며 조절할 수 있습니다.

4 이미 만들어진 원을 수정하려면 원의 선 위에서 마우스 오른쪽 버튼을 클릭하여 [Entity Info]를 클릭합니다. 반지름의 크기는 [Radius]에서 '1.50m', 각의 수는 [Segments]에서 값을 '8'로 수정하면 바로 다각형에 반영됩니다.

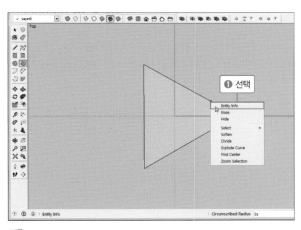

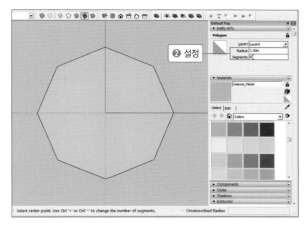

> **Tip**
>
> 다각형을 만들기 전에 미리 각의 수를 입력할 수 있습니다. Polygon(다각형 그리기) 도구를 선택하고 각의 수가 될 값을 숫자로 입력하면 중심점을 클릭했을 때 말풍선과 우측 하단의 VCB 부분에서 각의 수를 확인할 수 있습니다. 마우스를 드래그하고 클릭하면 처음 입력한 값의 각의 수를 가진 다각형을 그릴 수 있습니다. 다각형을 그린 후 원하는 각의 수를 수정하고자 할 경우에는 다각형을 그린 후 각의 수가 될 값을 '숫자s'로 입력하면 됩니다. 우측 하단의 VCB 부분에서 각의 수를 확인할 수 있습니다.

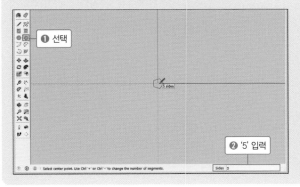

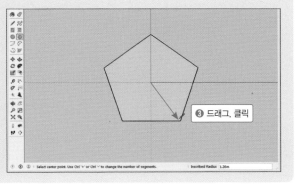

Tip

Circle(원 그리기) ◉ 도구로 만든 원과 Polygon(다각형 그리기) ◉ 도구로 만든 원의 차이점은 다음과 같습니다.

◉ **예제파일** 부록CD/파트1/06장/06_40_tip.skp ◉ **완성파일** 부록CD/파트1/06장/06_40_tip_결과.skp

평면에서는 동일하게 보이나 Push/Pull(밀기끌기) ◈ 도구를 이용하여 원기둥으로 만들었을 때 차이점이 확연하게 드러납니다.

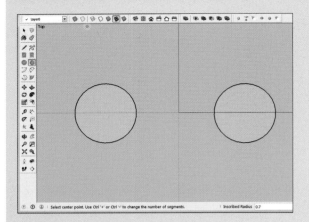

1 좌측에는 Circle(원 그리기) ◉ 도구를 이용하여 만든 원을, 우측에는 Polygon(다각형 그리기) ◉ 도구를 이용하여 만든 원을 그립니다. 각각 반지름 0.7m, 각의 수는 30으로 동일하게 만듭니다.

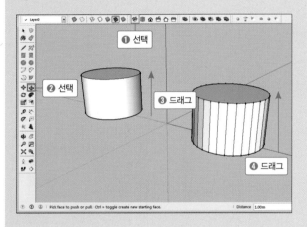

2 입체로 만들어 확인하기 위해 Iso(아이소) ◈ 도구를 선택한 후 Push/Pull(밀기끌기) ◈ 도구를 이용하여 각각 기둥으로 만듭니다. 그림과 같이 좌측에 Circle(원 그리기) ◉ 도구를 이용하여 만든 원은 원기둥이 하나의 면으로 매끄럽게 표현되고 우측에 Polygon(다각형 그리기) ◉ 도구를 이용하여 만든 원은 각진 기둥이 만들어져 차이점이 확연히 드러나는 것을 확인할 수 있습니다.

3 좌측의 Circle(원 그리기) ◉ 도구로 만든 원기둥은 Push/Pull(밀기끌기) ◈ 도구를 클릭하여 클릭하고 드래그하면 불가능하다는 메시지가 나옵니다. 우측에 Polygon(다각형 그리기) ◉ 도구를 이용하여 만든 원기둥은 측면이 분할되어 Push/Pull(밀기끌기) ◈ 도구를 이용하여 다양한 표현을 할 수 있습니다.

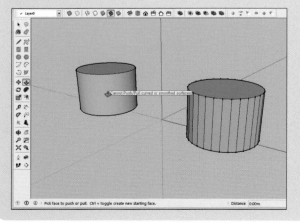
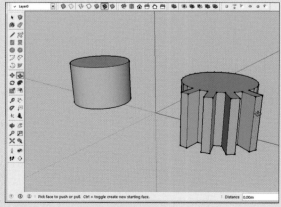

호를 그리는 [Arc] 도구

Arcs(호 그리기) ✏ 도구를 이용하면 호(반원)를 편리하게 그릴 수 있습니다. 다양한 각도의 반원을 그릴 수 있고, Line(선그리기) ✏ 도구 또는 Freehand(자유그림 그리기) ✎ 도구를 함께 사용하여 다양한 도형을 만들 수 있습니다. 뾰족하거나 날카로운 모서리를 부드러운 둥근 모양으로 만들 때에도 유용하게 사용하곤 합니다. 마우스로 두 꼭짓점을 클릭한 후 드래그하여 호의 크기를 정하고 클릭하여 호를 그립니다.

◐ **완성파일** 부록CD/파트1/06장/06_42_결과.skp

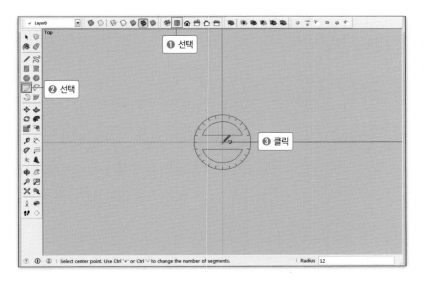

1 Top(윗면) 📧 도구를 선택합니다. Arc(호 그리기) ✏ 도구를 선택한 후, 호의 중심이 되는 점을 클릭합니다.

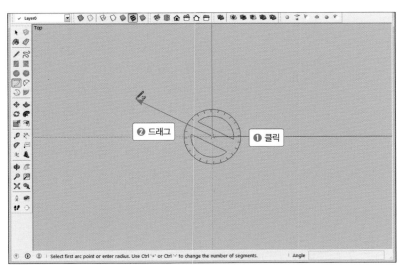

2 원하는 반지름의 길이만큼 마우스를 이동한 후 클릭하여 시작점을 만듭니다.

3 마우스를 회전시키며 호를 종료할 위치로 이동한 후 클릭하여 종료점을 만들면 호가 만들어집니다.

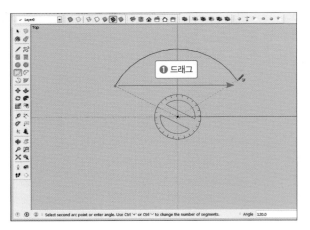 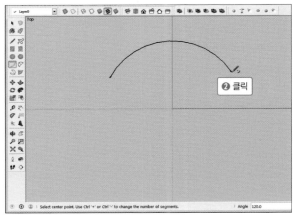

Tip
정확한 수치의 각도를 가진 호를 만들기 위해 드래그한 상태에서 '120'을 입력하고 Enter↵를 누르면 120도 각의 종료점이 만들어지며 호가 그려집니다. 입력한 숫자의 값은 우측 하단의 VCB에서 확인할 수 있습니다.

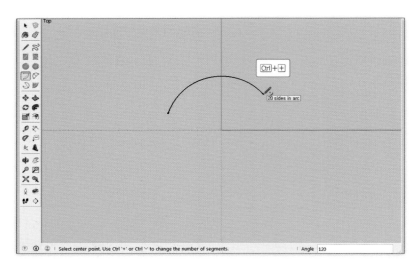

4 Ctrl을 누른 상태에서 +를 누르면 각의 수량이 1개 단위로 올라가며 원하는 호의 모양이 됩니다. +를 누를 때마다 '각의 수 sides'라는 말풍선이 나타나므로 각의 수를 확인하며 조절할 수 있습니다.

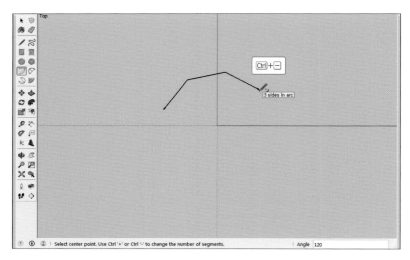

5 Ctrl을 누른 상태에서 −를 누르면, 각의 수량이 1개 단위로 내려가며 원하는 각의 호가 됩니다. −를 누를 때마다 '각의 수 Sides'라는 말풍선이 나타나므로, 각의 수를 확인하며 조절할 수 있습니다.

6 이미 만들어진 호를 수정하려면 호에서 마우스 오른쪽 버튼을 클릭하여 [Entity Info]를 선택합니다. 반지름의 크기는 [Radius]에서 '0.70m'로, 각의 수는 [Segments]의 값을 '3'으로 수정하면 바로 호에 반영됩니다.

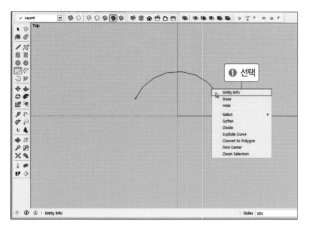
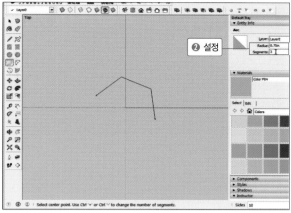

Tip 호를 만들기 전에 미리 각의 수를 입력할 수 있습니다. Arcs(호 그리기) ⟋ 도구를 선택하고 각의 수가 될 값을 '5'로 입력합니다. 중심점을 클릭하고 시작점과 종료점을 클릭하면 처음 입력한 값의 각의 수를 가진 호를 그릴 수 있습니다.

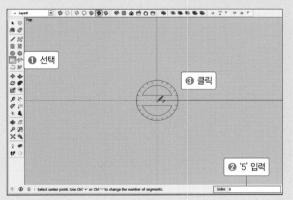
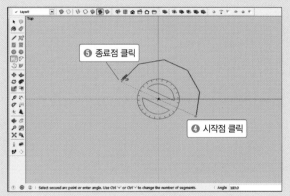

호를 그린 후 원하는 각의 수를 수정하고자 할 경우에는 각의 수가 될 값을 '숫자s'로 입력하면 됩니다. 우측 하단의 VCB 부분에서 각의 수를 확인할 수 있습니다.

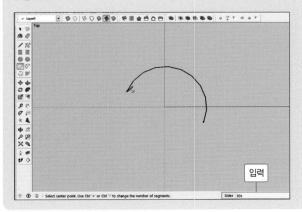

Section 047

2점 호를 그리는 [2 Point Arc] 도구

2 Point Arc(2점 호 그리기) ⊘ 도구는 2개의 점을 기준으로 하여 호(반원)를 그릴 수 있습니다. 지름이 되는 시작점과 종료점을 클릭하여 간단히 만들고 드래그하여 호를 완성할 수 있습니다.

○ **완성파일** 부록CD/파트1/06장/06_43_결과.skp

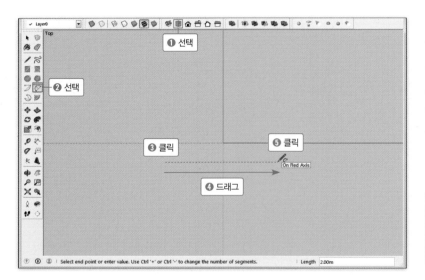

1 Top(윗면) 🗔 도구를 선택합니다. 2 Point Arc(2점 호 그리기) ⊘ 도구를 선택한 후 호의 지름이 되는 시작점을 클릭하고 마우스를 이동하여 종료점을 클릭합니다.

> **Tip**
>
> 반지름의 크기와 각의 수 조절은 Arcs(호 그리기) ⊿ 도구에서 사용하는 방법과 동일합니다.

2 마우스를 위 또는 아래로 올리면 호가 그려집니다. 반원이 되는 지점에서는 'Half Circle'이라는 말풍선이 나타나 쉽게 반원의 호를 그릴 수 있습니다. 원하는 위치에서 클릭하면 호가 그려집니다.

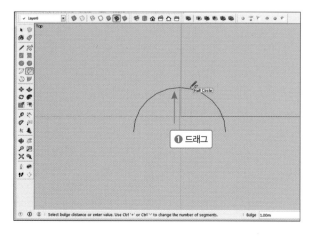

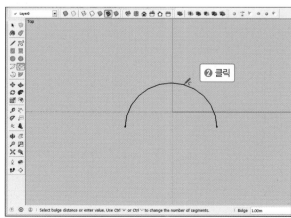

3점 호를 그리는
[3 Point Arc] 도구

3 Point Arc(3점 호 그리기) 도구를 이용하면 3개의 점을 기준으로 하여 호(반원)를 그릴 수 있습니다. 예제를 열어서 위쪽으로 내려다보는 화면으로 만든 후, 3 Point Arc(3점 호 그리기) 도구를 선택하여 호의 지름이 되는 시작점과 종료점을 클릭하여 마우스를 위아래로 올려 호를 그릴 수 있습니다.

○ **완성파일** 부록CD/파트1/06장/06_44_결과.skp

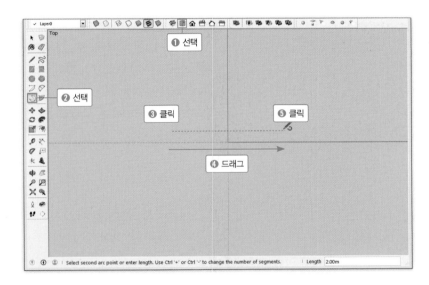

1 Top(윗면) 도구를 선택합니다. 3 Point Arc(3점 호 그리기) 도구를 선택한 후 호의 지름이 되는 시작점을 선택하고 마우스를 이동하여 종료점을 클릭합니다.

> **TIP**
> 반지름의 크기와 각의 수 조절은 Arcs(호 그리기) 도구에서 사용하는 방법과 동일합니다.

2 마우스를 위 또는 아래로 올리면 호가 그려집니다. 원의 3/4이 되는 지점에서는 'Three Quater Circle'이라는 말풍선이 나타나 쉽게 원의 3/4 길이의 호를 그릴 수 있습니다. 원하는 위치에서 클릭하면 호가 그려집니다.

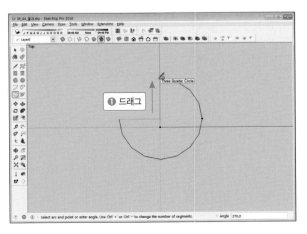

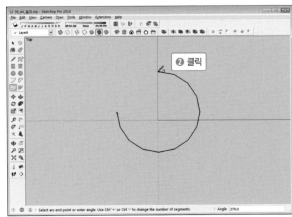

파이 모양을 만드는 [Pie] 도구

Pie(파이형 호 그리기) 도구를 이용하면 각도계가 나타납니다. 마우스로 반지름의 중심이 되는 시작점과 반지름 길이만큼의 종료점을 클릭한 후 마우스를 이동하여 호를 만들어 클릭하면 닫힌 호가 그려집니다. Esc를 누르면 새로운 각도계가 나타나며 새로운 파이 형태의 호를 그릴 수 있습니다.

◐ 완성파일 부록CD/파트1/06장/06_45_결과.skp

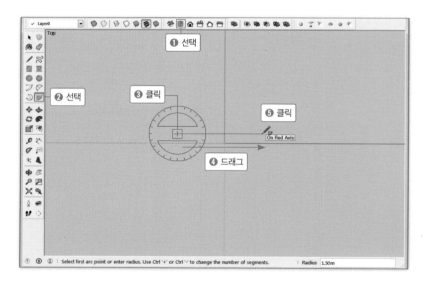

1 Top(윗면) 도구를 선택합니다. Pie(파이형 호 그리기) 도구를 선택한 후, 호의 반지름이 되는 시작점을 클릭하고 마우스를 이동하여 종료점을 클릭합니다.

Tip
반지름의 크기와 각의 수 조절은 Arc(호 그리기) 도구에서 사용하는 방법과 동일합니다.

2 마우스를 위 또는 아래로 올리면 호가 그려집니다. 원의 1/4이 되는 지점에서는 'Quater Circle'이라는 말풍선이 나타나 쉽게 원의 1/4 넓이의 닫힌 호를 그릴 수 있습니다. 원하는 위치에서 클릭하면 닫힌 호가 그려집니다.

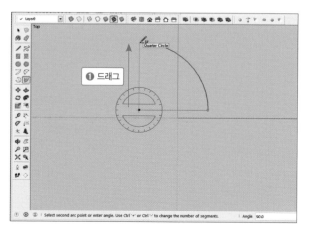

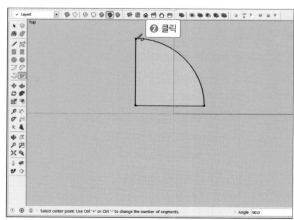

다각형의 중심점을 먼저 클릭한 후, 원하는 각의 수를 입력하고자 할 경우에는, Polygon(다각형 그리기) 도구를 선택하고 다각형의 중심점을 클릭한 후 각의 수가 될 값을 '숫자s'로 입력하면 중심점의 말풍선과 우측 하단의 VCB 부분에서 각의 수를 확인할 수 있습니다. 마우스를 드래그하고 클릭하면 입력한 값의 각의 수를 가진 다각형을 그릴 수 있습니다.

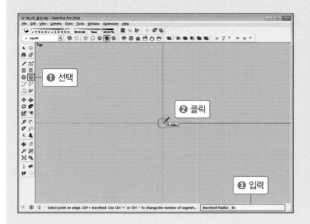

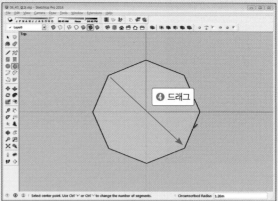

다각형을 그린 후 원하는 각의 수를 수정하고자 할 경우에는 다각형을 그린 후 각의 수가 될 값을 '숫자s'로 입력합니다. 우측 하단의 VCB 부분에서 각의 수를 확인할 수 있습니다.

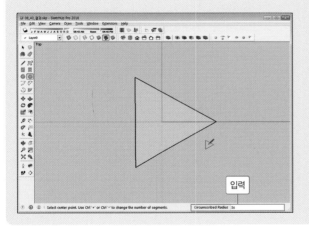

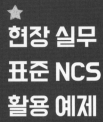
아치형 기둥 만들기

건축물 디자인을 하다 보면 아치형 기둥을 만들게 되는 경우가 있습니다. 6장에서 익힌 기능을 이용하면 매우 쉽게 만들 수 있고, 이외에도 다양하게 활용할 수 있습니다.

NCS 활용 예제 실습 목표 Rectangle(사각형 그리기) ▦ 도구 및 2 Point Arc(2점 호 그리기) ◈ 도구를 이용하여 간단히 오브젝트를 만드는 방법을 익혀봅시다.

◉ **완성파일** 부록CD/파트1/06장/06_ex.skp

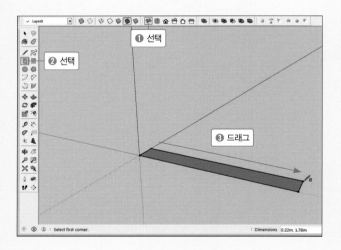

1 ISO(아이소) ◈ 도구를 선택합니다. Rectangle(사각형 그리기) ▦ 도구를 선택한 후 드래그하여 사각형을 그립니다.

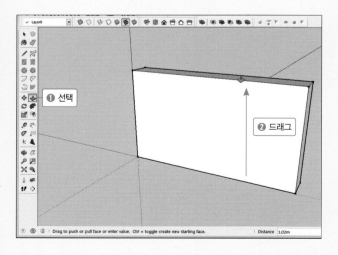

2 Push/Pull(밀기끌기) ◈ 도구를 선택한 후 마우스를 위로 드래그합니다.

3 Rectangle(사각형)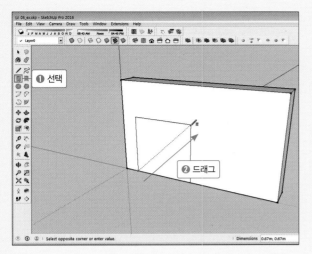 도구를 선택한 후, 면 위에 사각형을 그립니다.

4 2 Point Arc(2점 호 그리기) 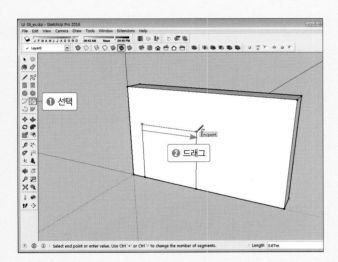 도구를 선택한 후 사각형의 윗 선의 양끝을 클릭합니다.

5   마우스를 위로 드래그하여 호를 그립니다.

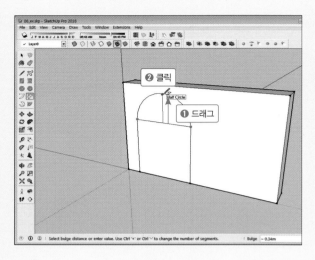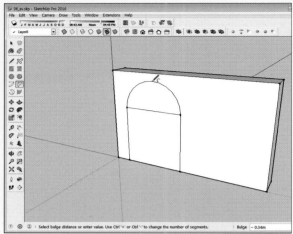

6   Eraser(지우개) 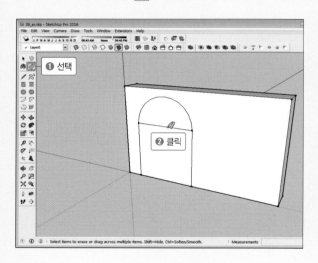 도구를 선택한 후 사각형의 윗 선을 클릭하여 지웁니다.

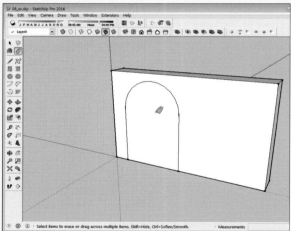

7 Select(선택) 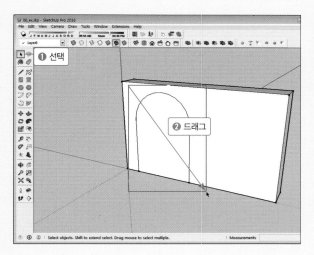 도구를 선택한 후 아치형 도형을 드래그하여 선택합니다.

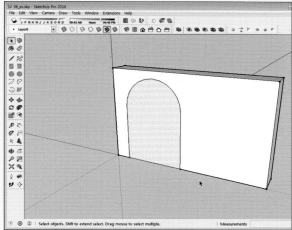

8 동일한 크기와 모양을 복사하기 위해 Move(이동) 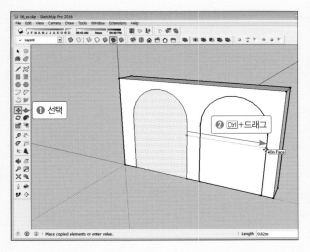 도구를 선택한 후 Ctrl을 누른 상태에서 우측 방향으로 드래그합니다.

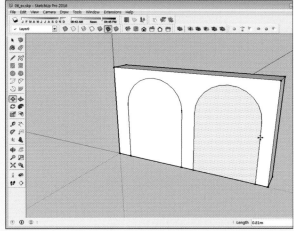

9 Push/Pull(밀기끌기) 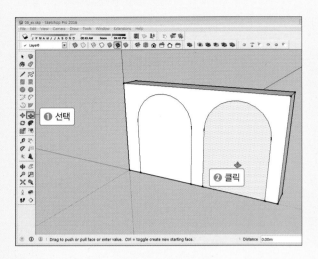 도구를 선택한 후 복사한 우측 아치형 도형에서 클릭하고 안쪽 방향으로 끝까지 드래그하여 홀을 만듭니다.

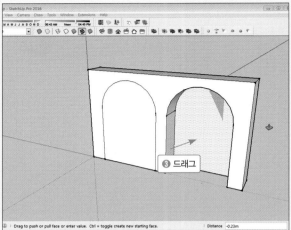

10 좌측 아치형 도형에서 더블클릭하면 동일한 효과가 나타납니다.

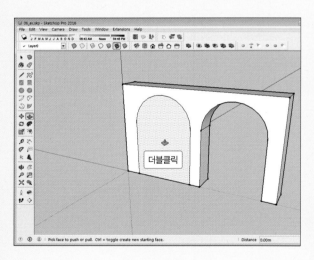

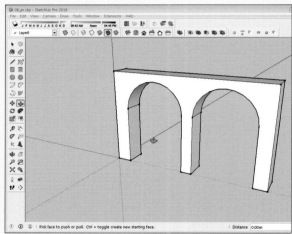

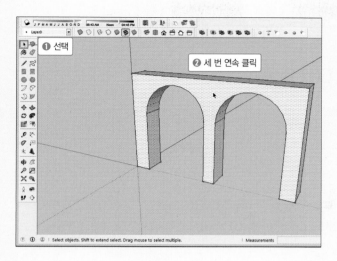

11 Select(선택) ▶ 도구를 선택한 후, 도형을 세 번 연속 클릭하여 전체 선택합니다.

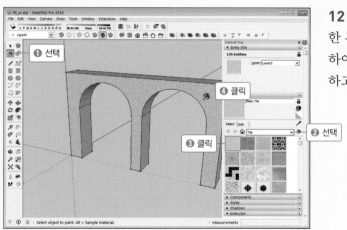

12 Paint Bucket(페인트통) 🖌 도구를 선택한 후 [Materials]–[Select]에서 화살표를 클릭하여 [Tile]을 선택합니다. [Basic Tile]을 클릭하고 도형을 클릭합니다.

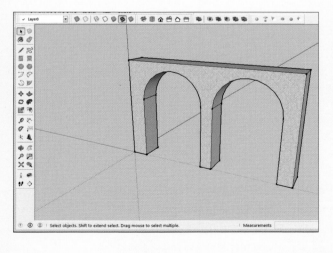

13 이와 같이 몇 가지 기능만으로 쉽게 아치형 기둥을 만들 수 있습니다.

Chapter 07

오브젝트를 편집하는 [Edit] 툴바 익히기

스케치업의 꽃이라 불리우는 강력하고 편리한 도구인 Push/Pull 도구와 Follow Me 도구, Offset 도구를 사용함으로써 작업 시간을 획기적으로 줄일 수 있습니다. 7장에서는 모델링 작업 시 자주 사용하며 효과적인 Edit 도구들에 대해 살펴봅니다.

선택된 객체를 이동시키는 [Move] 도구

선, 면, 객체를 선택한 후 Move(이동) ✥ 도구를 클릭하여 객체를 이동시키거나 크기를 조절, 복사를 할 수 있습니다. 사각형의 선을 클릭하여 드래그하면 사각형의 크기와 모양을 조절할 수 있으며 선 또는 다각형의 선을 클릭하여 드래그하면 선 또는 다각형의 크기나 각도를 조절할 수 있습니다.

01 선 이동하기

◉ **예제파일** 부록CD/파트1/07장/07_46_1.skp
◉ **완성파일** 부록CD/파트1/07장/07_46_1_결과.skp

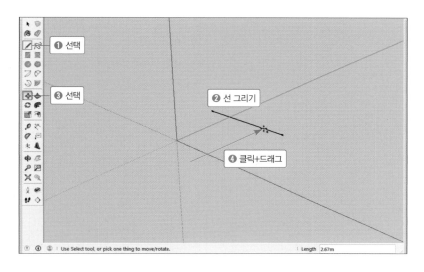

❶ 선택
❷ 선 그리기
❸ 선택
❹ 클릭+드래그

1 Line(선그리기) ✐ 도구로 선을 그립니다. Move(이동) ✥ 도구를 선택한 후 선 위에 마우스를 놓으면 'On Edge'라는 툴팁이 나옵니다. 선을 마우스 왼쪽 버튼으로 클릭한 상태에서 드래그하여 원하는 위치로 이동합니다.

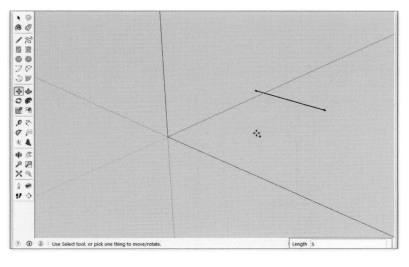

2 마우스 왼쪽 버튼을 놓으면 선이 이동한 것을 확인할 수 있습니다. 우측 하단의 VCB에서 이동한 거리를 확인할 수 있습니다.

선을 정확한 수치의 거리로 이동하고자 할 때에는 숫자 키에서 거리를 입력한 후 Enter↵를 누르면 자동으로 이동됩니다.

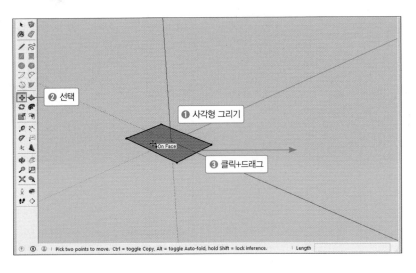

1 사각형을 그립니다. Move (이동) ✥ 도구를 선택한 후 사각형 위에 마우스를 놓으면 'On Face'라는 툴팁이 나옵니다. 사각형의 면을 클릭한 상태에서 원하는 위치로 이동합니다.

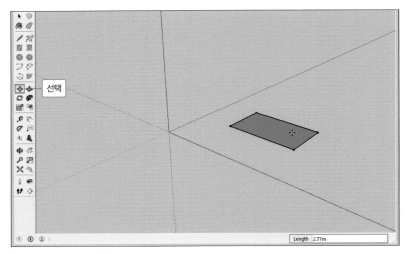

2 마우스의 왼쪽 버튼을 놓으면 면이 이동한 것을 확인할 수 있습니다. 우측 하단의 VCB에서 이동한 거리를 확인할 수 있습니다.

Move(이동) ✥ 도구는 다음과 같은 기능을 합니다.

● 사각형의 선을 클릭하여 드래그하면 사각형의 크기와 모양을 조절할 수 있습니다.
● 선 또는 다각형의 선을 클릭하여 드래그하면 선 또는 다각형의 크기나 각도를 조절할 수 있습니다.
● Ctrl을 누른 상태에서 드래그하면 선 또는 도형이 복사됩니다.
● 선, 면 또는 객체를 Ctrl을 누른 상태에서 드래그한 후 '*숫자'를 누르고 Enter↲를 누르면 동일한 좌표 간격으로 숫자만큼의 선, 면, 객체가 복사됩니다.

◎ **예제파일** 부록CD/파트1/07장/07_46_3.skp
◎ **완성파일** 부록CD/파트1/07장/07_46_3_결과.skp

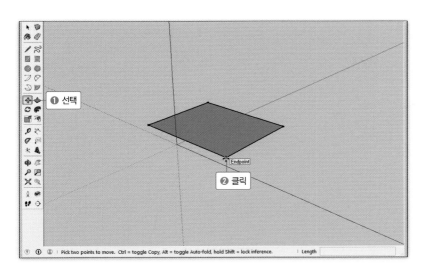

1 사각형을 그리고 Move(이동) 도구를 선택한 후 크기를 조절하고자 하는 위치의 모서리 점(End point)을 클릭합니다.

① 선택

② 클릭

Endpoint

> **Tip**
>
> 점을 정확한 수치의 거리로 이동하고자 할 때에는 숫자 키에서 거리를 입력한 후 [Enter↵]를 누르면 자동으로 이동됩니다.

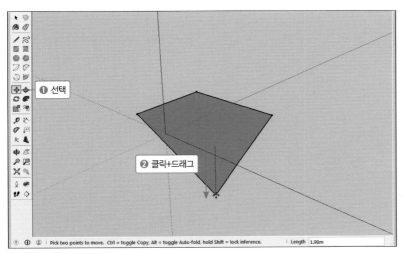

2 마우스를 원하는 위치로 이동하여 모양과 크기를 변경합니다.

① 선택

② 클릭+드래그

> **Tip**
>
> 선을 그리고 선의 끝점을 이동하면 선의 길이를 조절할 수 있습니다. 다각형의 경우, 끝점을 이동하면 다각형의 전체 크기를 조절할 수 있습니다.

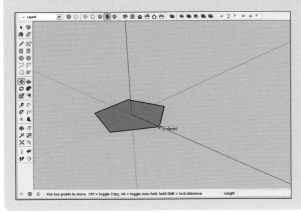

Endpoint

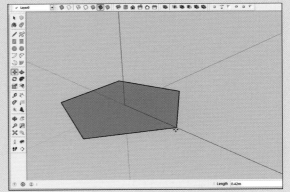

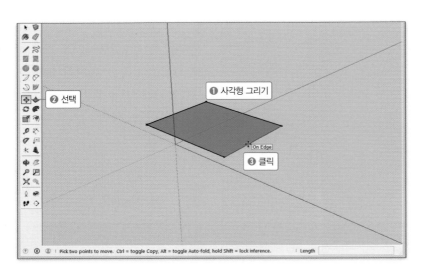

1 사각형을 그립니다. Move(이동) ✥ 도구를 선택한 후 크기를 조절하고자 하는 위치의 모서리 점(On Edge)을 클릭합니다.

❶ 사각형 그리기

❷ 선택

❸ 클릭

On Edge

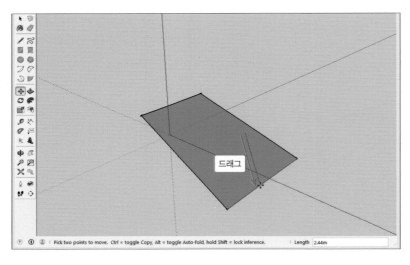

2 마우스를 원하는 위치로 이동하여 모양과 크기를 변경합니다.

드래그

Tip
선을 정확한 수치의 거리로 이동하고자 할 때에는 숫자 키에서 거리를 입력한 후 Enter↵를 누르면 자동으로 이동됩니다.

Tip
선 또는 다각형의 경우, 선을 선택하면 선 전체가 선택되어 이동됩니다.

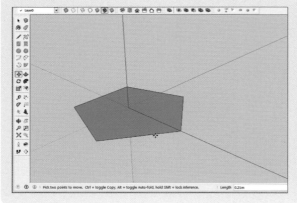

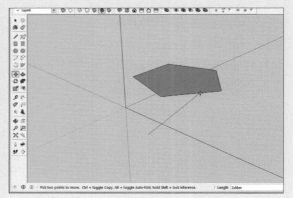

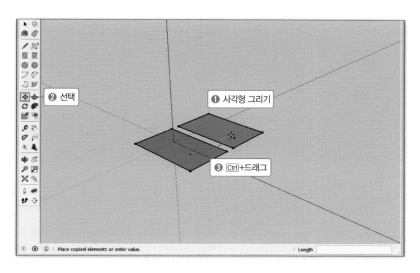

1 사각형을 그립니다. Move (이동) ✛ 도구를 선택한 후 Ctrl 을 누른 상태에서 사각형의 면 위를 클릭하여 이동하면 동일한 사각형이 복사됩니다.

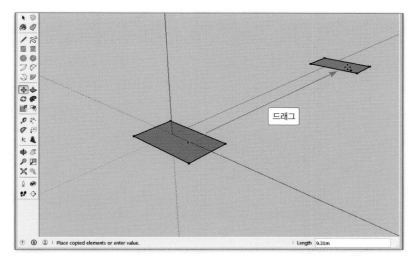

2 복사되는 객체를 Move(이동) ✛ 도구로 조금 멀리 떨어뜨려 놓습니다.

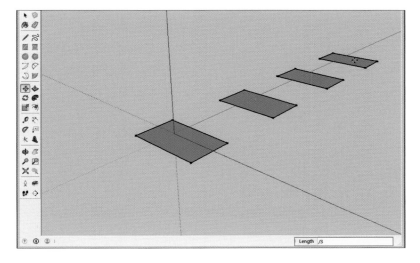

3 '/3'을 입력하고 Enter↵를 누르면 처음 객체와 복사한 객체 사이에 3개의 동일한 사각형이 동일한 간격으로 나뉘어 복사됩니다.

마우스를 놓은 후 바로 '*5'를 입력하고 Enter↵를 누르면 동일한 사각형이 동일한 간격으로 5개 복사됩니다.

객체를 밀고 끄는 [Push/Pull] 도구

Push/Pull(밀기끌기) 도구는 2D 도형을 밀고 당기며 3D 입체를 매우 쉽게 만들 수 있는 도구로 스케치업의 꽃이라고 할 수 있습니다. 3D 객체의 모양을 변형하는 데에도 매우 유용하게 사용할 수 있습니다.

01 2D를 3D 입체로 만들어 크기 변경하기

◉ 예제파일 부록CD/파트1/07장/07_47_1.skp
◉ 완성파일 부록CD/파트1/07장/07_47_2_결과.skp

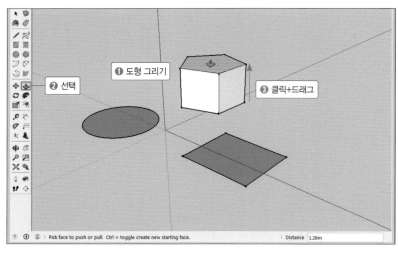

1 여러 개의 도형을 그립니다. Push/Pull(밀기끌기) 도구를 선택한 후 면 위를 클릭한 상태에서 위로 올리면 2D 도형에서 3D 입체로 바뀝니다.

Tip
정확한 수치의 폭으로 입체를 만들고자 할 때에는 값을 입력한 후 [Enter↵]를 누르면 자동으로 조절됩니다.

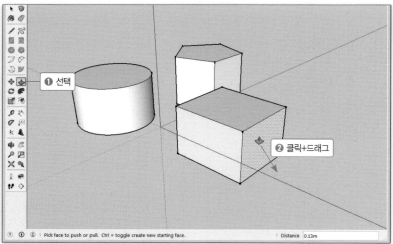

2 Push/Pull(밀기끌기) 도구를 선택한 후 크기를 변경하고자 하는 면을 클릭한 상태에서 원하는 방향으로 밀거나 당기면 크기가 변경됩니다.

◉ 예제파일 부록CD/파트1/07장/07_47_3.skp
◉ 완성파일 부록CD/파트1/07장/07_47_3_결과.skp

02 면의 일부를 조정하여 모양 만들기

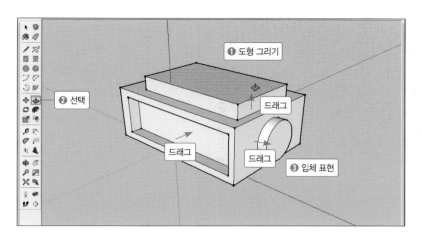

1 직육면체를 만들고 면 위에 여러 형태의 도형을 그립니다. Push/Pull(밀기끌기) ◈ 도구를 선택한 후 도형 위에서 마우스로 밀거나 당겨서 원하는 입체를 만듭니다.

03 입체에 Hole(홀) 만들기

◉ 예제파일 부록CD/파트1/07장/07_47_4.skp
◉ 완성파일 부록CD/파트1/07장/07_47_4_결과.skp

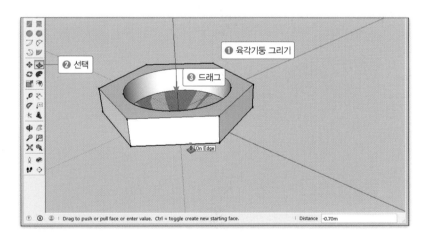

1 입체 모양의 육각기둥을 만듭니다. Push/Pull(밀기끌기) ◈ 도구를 선택한 후 원의 면에 놓고 마우스를 아래로 객체의 바닥면까지 천천히 내리면서 'On Edge'라는 툴팁이 나타날 때 마우스를 놓으면 Hole(홀)이 생깁니다.

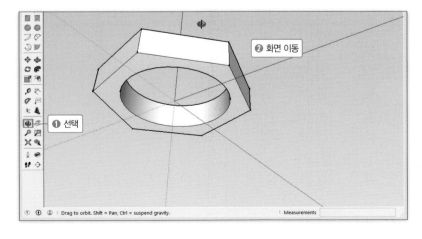

2 Orbit(궤도) ◈ 도구를 선택하여 화면을 회전시켜 Hole(홀)을 확인합니다.

> **Tip**
> 마우스를 'On Edge'라는 툴팁이 나타날 때가 아닌 그 이하로 내리면 객체의 아래로 원기둥이 생깁니다.

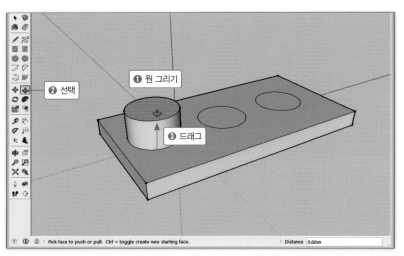

1 정육면체 위에 원을 3개 그립니다. Push/Pull(밀기끌기) ◈ 도구를 선택한 후 원의 면을 클릭하여 위로 드래그합니다.

❶ 원 그리기
❷ 선택
❸ 드래그

> **Tip**
> 원기둥을 정확한 수치의 높이로 올리고
> 자 할 때에는 숫자키로 수치를 입력한 후
> Enter↵를 누르면 자동으로 조절됩니다.

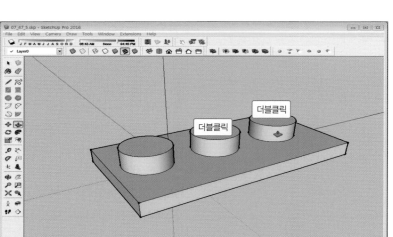

2 나머지 원기둥도 동일한 높이를 올리고자 할 때에는 원의 면을 더블클릭하면 됩니다.

더블클릭
더블클릭

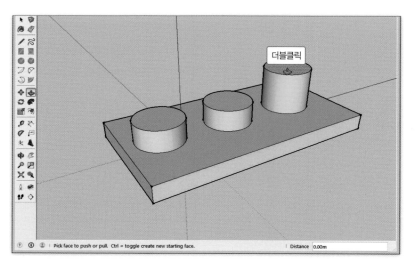

3 같은 면을 한 번 더 더블클릭할 때마다 동일한 값으로 올라갑니다.

더블클릭

◉ 예제파일 부록CD/파트1/07장/07_47_6.skp
◉ 완성파일 부록CD/파트1/07장/07_47_6_결과.skp

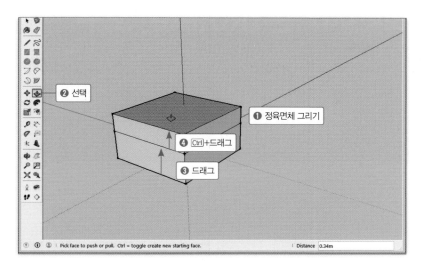

1 정육면체를 만들고 Push/ Pull(밀기끌기) 도구를 선택한 후 Ctrl을 누른 상태에서 마우스를 클릭하여 올리면 새로운 면들로 분리되어 생성됩니다.

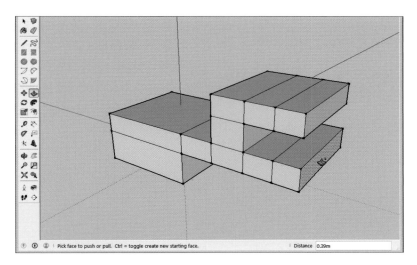

2 Ctrl을 누른 상태에서 마우스 왼쪽 버튼을 클릭하여 원하는 면과 방향으로 밀기끌기를 하면 원하는 모양을 만들 수 있습니다.

객체를 회전시키는 [Rotate] 도구

Rotate(회전) 도구는 선, 면, 객체를 선택한 후 각도기가 나타나면 회전축을 설정하고 회전시킵니다. 입체 도형을 만든 후 회전시킬 객체를 드래그하고 Rotate(회전) 도구를 선택해 기준점을 클릭해서 원하는 위치로 회전시켜 봅니다.

01 객체 회전시키기

◎ 예제파일 부록CD/파트1/07장/07_48_1.skp
◎ 완성파일 부록CD/파트1/07장/07_48_1_결과.skp

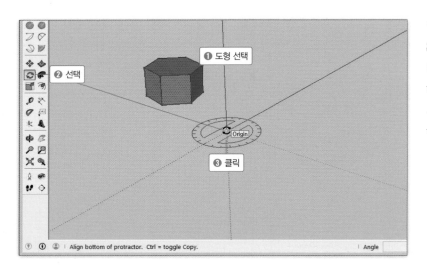

1 입체 도형을 만듭니다. Select(선택) 도구로 회전시킬 객체 전체를 드래그하여 선택합니다. Rotate(회전) 도구를 선택한 후 회전할 기준점을 클릭합니다.

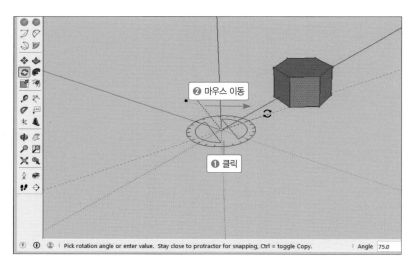

2 마우스를 이동시켜 원하는 위치로 회전한 후 클릭합니다.

TIP
정확한 각도로 이동하고자 할 때에는 숫자 키에서 거리를 입력한 후 Enter↵를 누르면 자동으로 이동됩니다.

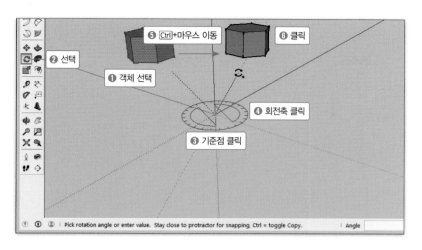

1 회전시킬 객체 전체를 선택합니다. Rotate(회전) 도구를 선택한 후 회전의 기준점을 클릭합니다. 회전축을 클릭한 후 Ctrl을 누른 상태에서 원하는 위치에 클릭하면 동일한 객체가 복사됩니다.

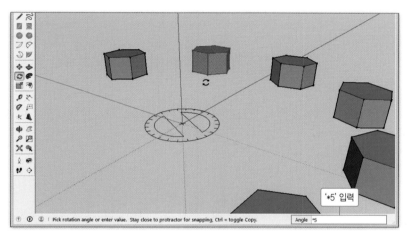

2 마우스를 놓은 후 바로 '*5'를 입력하고 Enter↵를 누르면 사각형이 동일한 간격으로 5개 복사됩니다.

TIP
복사되는 객체를 조금 멀리 떨어뜨려 놓은 후 '/3'을 입력하고 Enter↵를 누르면 처음 객체와 복사한 객체 사이에 3개의 사각형이 동일한 간격으로 나뉘어 복사됩니다.

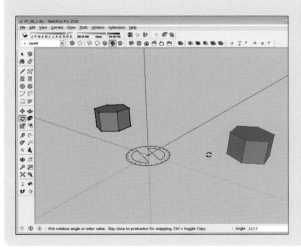

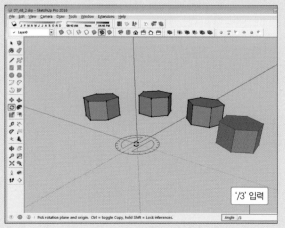

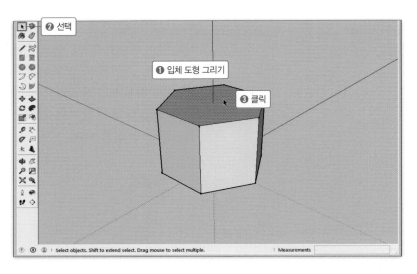

1 입체 도형을 만듭니다. Select (선택) 도구를 선택한 후 회전 시킬 객체의 면을 클릭합니다.

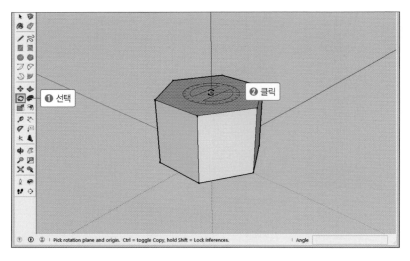

2 Rotate(회전) 도구를 선택한 후 회전의 기준점을 클릭합니다.

3 회전시킬 점을 클릭한 후 마우스를 이동시키면서 도형이 비틀어지는 것을 확인하고 원하는 모양이 되었을 때 클릭합니다.

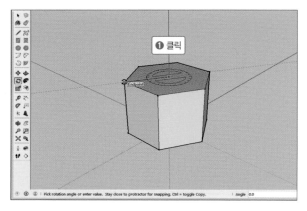

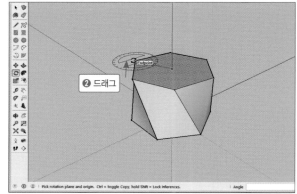

◎ **예제파일** 부록CD/파트1/07장/07_48_4.skp
◎ **완성파일** 부록CD/파트1/07장/07_48_4_결과.skp

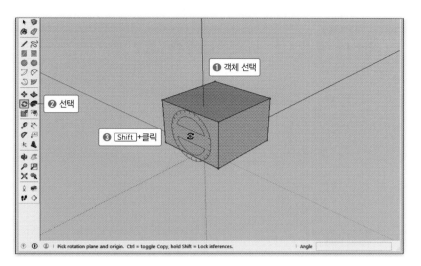

1 회전시킬 객체 전체를 드래그하여 선택합니다. Rotate(회전) ⊙ 도구를 선택한 후 Shift 를 누른 상태로 면에 회전의 기준점을 클릭합니다.

❶ 객체 선택

❷ 선택

❸ Shift +클릭

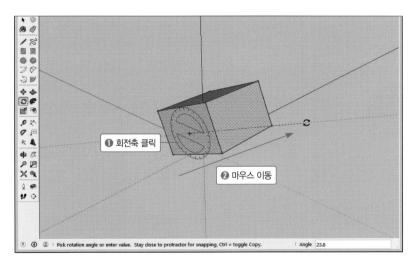

2 회전축을 클릭한 후 마우스를 이동시키면서 원하는 위치로 회전시켜 클릭합니다.

❶ 회전축 클릭

❷ 마우스 이동

선택된 면을 따라가는 [Follow Me] 도구

Section 053

Follow Me(따라가기) 🐛 도구는 선을 따라 면을 만들어 3D 입체를 만들어 주며, 복잡한 형태의 객체를 쉽게 만들 수 있습니다.

---

01 마우스를 이동하며 도형만들기

◎ **예제파일** 부록CD/파트1/07장/07_49_1.skp
◎ **완성파일** 부록CD/파트1/07장/07_49_1_결과.skp

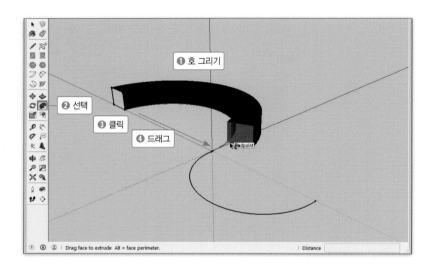

❶ 호 그리기
❷ 선택
❸ 클릭
❹ 드래그

1 Arc(호 그리기) 🖉 도구를 이용하여 선을 만들고 사각형을 만듭니다. Follow Me(따라가기) 🐛 도구를 선택합니다. 마우스를 사각형의 면 위에 클릭한 후 선을 따라 드래그하여 원하는 지점에서 클릭합니다. 사각형의 입체가 그려집니다.

2 나머지 선을 따라 면을 만들어 완성합니다. 선의 중간까지만 드래그하고 클릭하면 드래그한 부분까지만 입체를 그릴 수 있습니다.

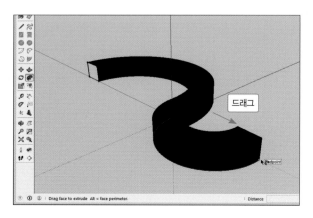

드래그

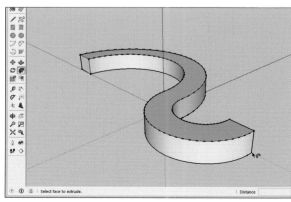

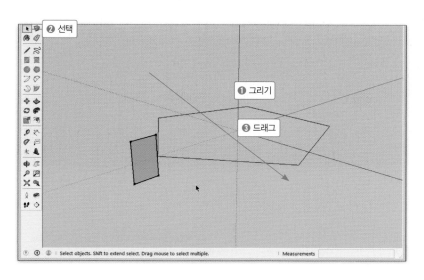

1 도형을 만들 선과 사각형을 그립니다. Select(선택) ▶ 도구로 입체로 만들 선 전체를 드래그하여 선택합니다.

2 Follow Me(따라가기) ☞ 도구로 사각형의 면을 클릭하면 선을 따라 입체가 생깁니다.

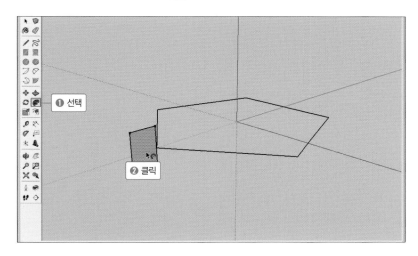

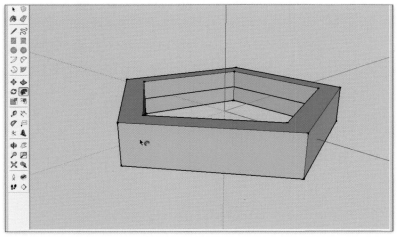

배율을 조정하는 [Scale] 도구

Scale(배율) 🖼 도구는 크기를 조정하기 편하며 툴로 작업 시 가장 많이 사용합니다. 객체 전체를 드래그하여 선택한 후 Scale(배율) 🖼 도구를 선택해 각 꼭지점, 선의 중간 지점, 면의 중심점에 기즈모가 생깁니다. 마우스 이동으로 객체 크기를 조절합니다.

01 일부 크기 조절하기

◎ 예제파일 부록CD/파트1/07장/07_50_1.skp
◎ 완성파일 부록CD/파트1/07장/07_50_1_결과.skp

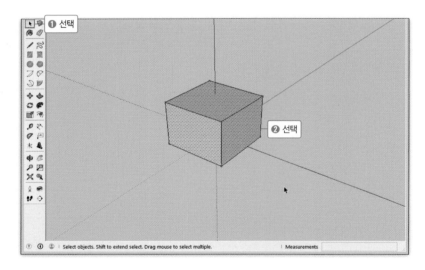

1 Select(선택) ▶ 도구로 객체 전체를 드래그하여 선택합니다.

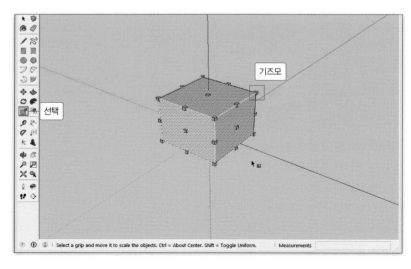

2 Scale(배율) 🖼 도구를 선택하면 각 꼭지점과 선의 중간 지점과 면의 중심점에 틀(아래부터는 기즈모라 칭합니다)이 생깁니다.

3 면의 중심 기즈모를 클릭하면 크기를 조절할 부분이 빨간 기즈모로 바뀝니다. 마우스를 이동시키면 이동 방향으로 객체의 크기가 조절됩니다.

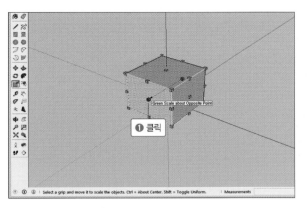

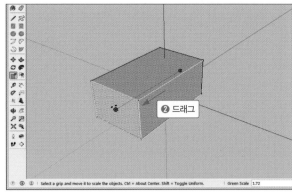

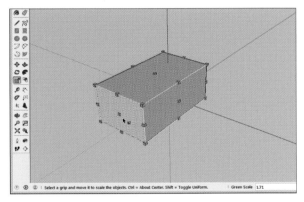

4 Scale(배율) 도구를 선택한 후 한쪽 면만 클릭합니다. 선의 중간 지점을 선택하면 빨간 기즈모로 바뀝니다. 마우스를 원하는 방향으로 드래그하면 면의 크기가 바뀌며 객체의 모양이 바뀝니다.

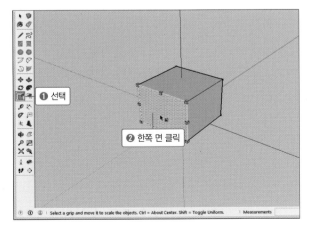

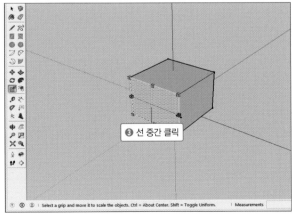

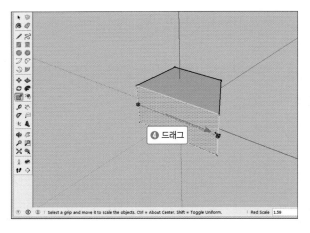

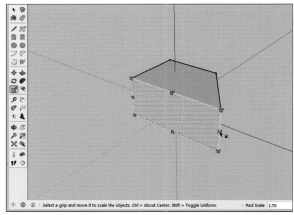

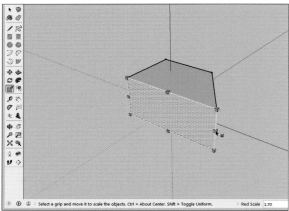

5 꼭지점을 선택하여 마우스를 이동하면 가로와 세로가 동일한 비율로 변경됩니다.

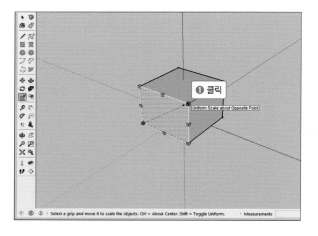

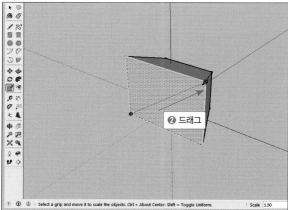

◉ **예제파일** 부록CD/파트1/07장/07_50_2.skp
◉ **완성파일** 부록CD/파트1/07장/07_50_2_결과.skp

1 객체 전체를 드래그하여 선택합니다. Scale(배율) ▣ 도구를 선택하면 초록색 기즈모가 생깁니다. 원하는 기즈모를 선택하면 빨간색으로 변합니다. Shift 를 누른 상태에서 클릭하여 드래그하면 모든 면이 드래그하는 방향을 따라 동일한 비율로 조정됩니다.

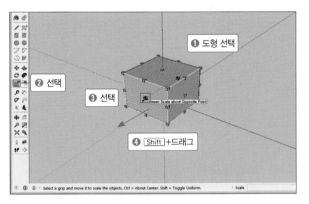

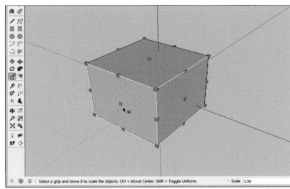

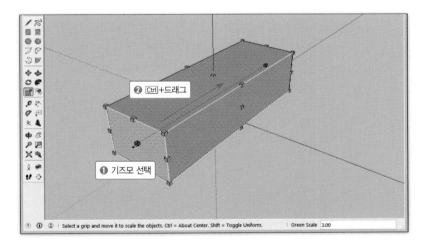

2 원하는 기즈모를 선택한 후 Ctrl 을 누른 상태에서 클릭하여 드래그합니다. 드래그하는 방향의 반대 방향도 동일한 비율로 조정됩니다.

> **Tip**
> 마우스를 드래그한 방향을 기준으로 크기가 조정됩니다.

3 객체의 꼭지점을 클릭하여 이동하면 객체의 전체 크기가 동일한 비율로 조정됩니다.

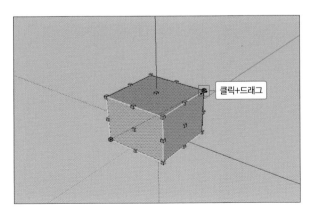

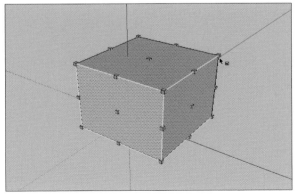

○ **예제파일** 부록CD/파트1/07장/07_50_3.skp
○ **완성파일** 부록CD/파트1/07장/07_50_3_결과.skp

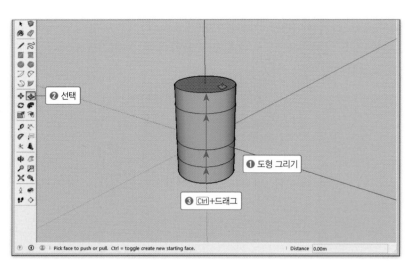

1 입체 도형을 만들고 Push/Pull(밀기끌기) ◈ 도구를 이용하여 여러 단을 올립니다.

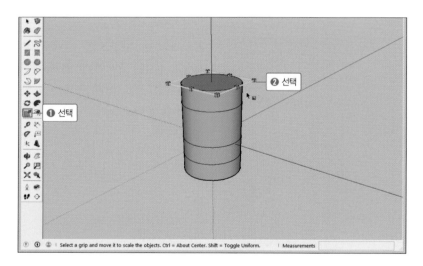

2 Scale(배율) ▦ 도구를 선택한 후, 크기를 조절할 면을 선택하면 기즈모가 생깁니다.

Tip

마우스를 드래그한 방향을 기준으로 크기가 조정됩니다.

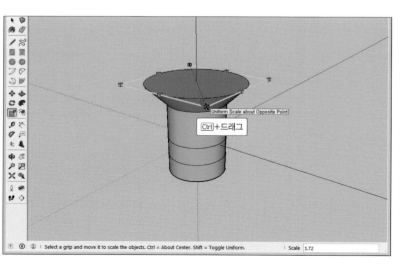

3 Ctrl을 누른 상태로 기즈모의 모서리를 클릭하여 드래그하면서 크기를 변경합니다.

4 다른 선을 선택하기 위해 [Esc]를 누른 후 다시 Scale(배율) 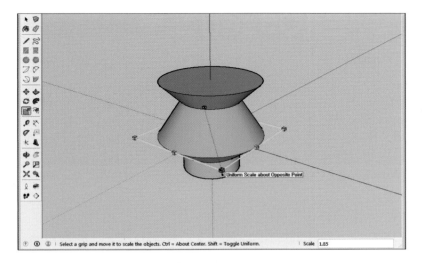 도구를 선택하여 동일하게 반복하며 모양
을 만듭니다.

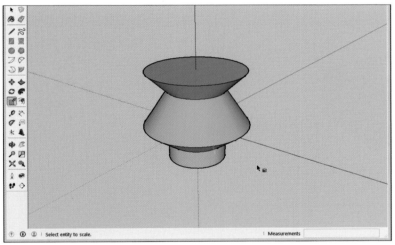

간격을 띄우는 [Offset] 도구

Offset(간격 띄우기) 📎 도구는 선 또는 면의 간격을 띄우며 복사하여 동일한 형태를 그릴 수 있습니다. Push/
Pull(밀기끌기) 📎 도구 등과 많이 사용하여 모델을 쉽게 만들 수 있습니다.

◉ **예제파일** 부록CD/파트1/07장/07_51_1.skp ◉ **완성파일** 부록CD/파트1/07장/07_51_1_결과.skp

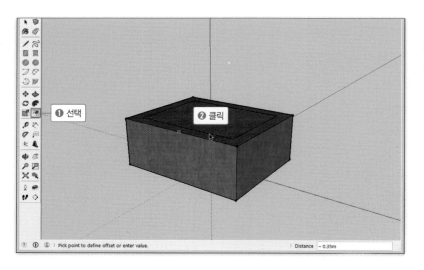

1 직육면체를 만듭니다. Offset(간격 띄우기) 📎 도구를 선택한 후 원하는 면에 클릭하면 바로 그 면의 테두리의 비율로 선이 만들어집니다. 원하는 선의 위치에서 마우스를 놓으면 됩니다.

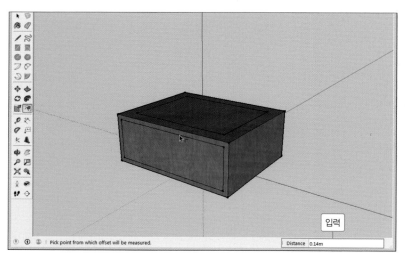

2 정확한 수치값의 간격으로 테두리를 만들기 위해서는 마우스를 놓은 후, 바로 수치를 입력하고 Enter↵를 누릅니다. 우측 하단의 VCB에서 테두리로부터의 거리값을 확인할 수 있습니다.

3 Push/Pull(밀기끌기) 도구를 선택한 후 밀거나 당길 부분에 적용하여 여러 가지 모양을 원하는 대로 만들 수 있습니다.

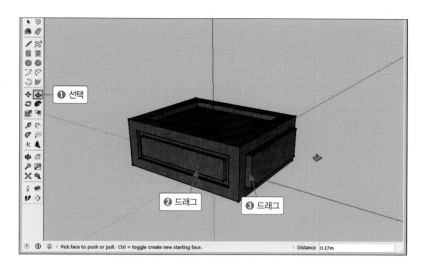

① 선택

② 드래그

③ 드래그

Pick face to push or pull. Ctrl = toggle create new starting face. | Distance 0.17m

---

동일한 간격으로 도형을 만들고자 할 때에는 도형을 한 번 만든 후 offset(간격 띄우기) 🖳 도구를 선택합니다. 마우스를 원하는 위치의 방향으로 조금씩 이동하며 더블클릭하면 그림과 같이 완성됩니다.

◉ 예제파일 부록CD/파트1/07장/07_51_4.skp
◉ 완성파일 부록CD/파트1/07장/07_51_4_결과.skp

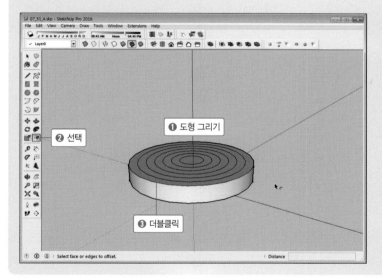

② 선택

① 도형 그리기

③ 더블클릭

Select face or edges to offset. | Distance

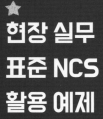

**현장 실무
표준 NCS
활용 예제**

간단한 협탁 만들기

건축 또는 인테리어, 가구 디자인을 할 때 유용하게 사용되는 협탁을 만들며 7장에서 공부한 기능들을 복습해 봅니다. 이 기능들을 활용하면 원하는 여러 가구들을 디자인하기 편합니다.

NCS 활용 예제 실습 목표 Move(이동) ⊕ 도구로 이동과 복사 기능 활용법을 익히고, Push/Pull(밀기끌기) ◆ 도구로 원하는 입체의 모양을 만듭니다. Offset(간격 띄우기) ⑦ 도구를 활용하여 홈을 만들고, Scale(배율) ◪ 도구를 이용하여 모양을 변형시키는 방법을 익혀봅니다.

◎ **완성파일** 부록CD/파트1/07장/07_활용.skp

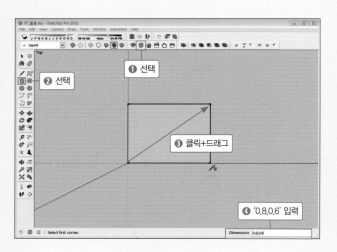

1 [System Preferences] 창에서 [Template]의 'Architectural Design—Meters'를 선택한 후 [OK] 버튼을 클릭합니다. Top(윗면) ▣ 도구를 선택합니다. Rectangle (사각형) ▣ 도구를 이용하여 직사각형을 만듭니다. 정확한 수치의 직사각형을 만들기 위해 '0.8,0.6'을 입력하고 Enter↵를 누르면 직사각형의 크기가 조정됩니다.

Tip
[System Preferences] 창에서 [Template]의 'Woodworking—Millimeters'를 선택하여 작업하는 경우에는 '800,600'으로 입력합니다.

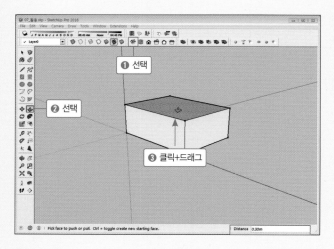

2 Iso(아이소) ▣ 도구를 선택하여 시점을 변경합니다. Push/Pull(밀기끌기) ◆ 도구를 선택한 후 직사각형에 놓고 마우스를 위로 드래그하여 직육면체를 만듭니다.

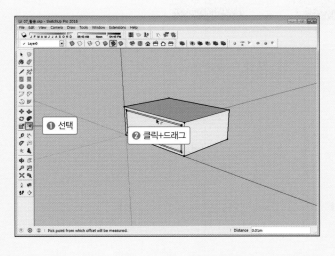

3 Offset(간격 띄우기) 🖐 도구를 선택한 후 직육면체의 앞부분의 면에 놓고 클릭하고 드래그하여 서랍의 틀 모양을 만듭니다. 같은 방법으로 서랍 모양을 만듭니다.

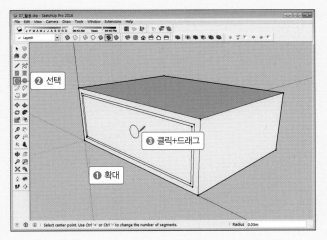

4 손잡이 부분을 정교하게 그리기 위해 Zoom(확대/축소) 🔍 도구와 Pan(상하/좌우 이동) ✋ 도구를 이용하여 작업하기 편한 위치로 만듭니다. Circle(원 그리기) ⬤ 도구를 선택하여 작은 원을 만듭니다.

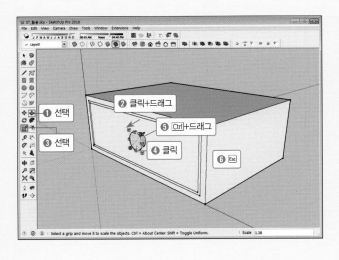

5 Push/Pull(밀기끌기) 🔲 도구를 선택한 후 원을 클릭하고 앞으로 드래그합니다. Scale(배율) 📐 도구를 선택한 후 손잡이의 앞 부분을 클릭합니다. Ctrl을 누른 상태로 기즈모의 모서리를 클릭하고 드래그하여 약간 크게 만듭니다. Esc를 눌러 Scale(배율) 📐 도구를 해제합니다.

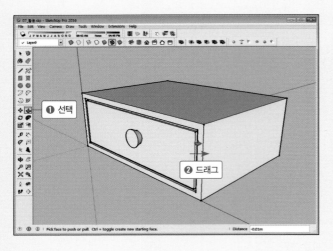

6 서랍과 틀 사이의 공간감을 주기 위해 Push /Pull(밀기끌기) 🔩 도구를 선택한 후 틈 사이를 클릭하고 살짝 안으로 밀어 넣습니다.

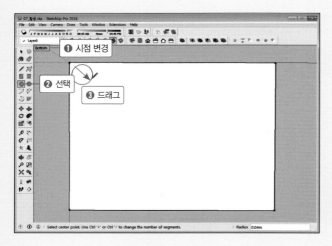

7 다리 부분을 그리기 위해 Orbit(궤도) 🔷 도구를 이용하여 바닥이 보이도록 시점을 변경합니다. Circle(원) 🔵 도구를 선택한 후, 한쪽 모서리 부분 가까이에 원을 그립니다.

> **TIP**
> 화면에 'Bottom'이 나올 때 마우스를 놓으면 바닥 시점으로 변경할 수 있습니다.

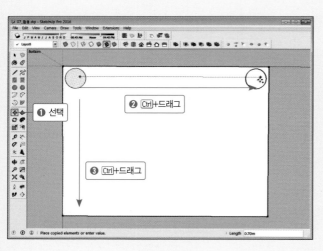

8 원을 복사하기 위해 Move (이동) 🔷 도구를 선택한 후 Ctrl을 누른 상태에서 원을 클릭합니다. 마우스로 오른쪽으로 이동하고 클릭하면 원이 복사된 것을 확인할 수 있습니다. 같은 방법으로 아랫부분에도 원을 복사합니다.

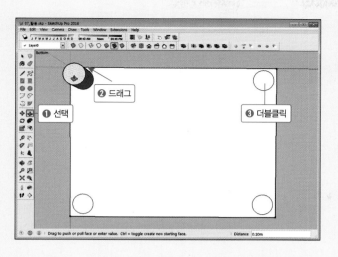

9 Push/Pull(밀기끌기) 도구를 선택한 후 원 부분을 클릭하여 잡아 당깁니다. 다른 원들도 더블클릭하면 동일한 길이로 당겨집니다.

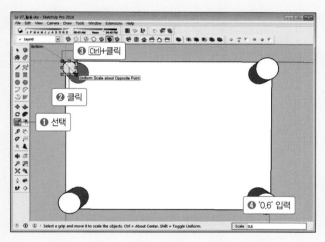

10 Scale(배율) 도구를 선택한 후 원을 클릭합니다. Ctrl을 누른 상태로 기즈모의 모서리 부분을 클릭하고 드래그하여 원의 크기를 줄입니다. 마우스를 놓은 후 정확한 수치로 줄이기 위해 '0.6'을 입력합니다. 같은 방법으로 다른 세개의 원들도 줄입니다.

> **Tip**
> Scale(배율) 도구를 다른 원으로 적용하고자 할 때에는 Esc를 누른 후 다시 다른 원을 선택하면 됩니다.

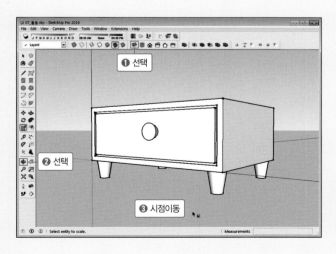

11 Iso(아이소) 도구를 선택하고 Orbit(궤도) 도구를 이용하여 시점을 전환합니다. 완성된 협탁의 모습을 확인합니다.

> **Tip**
> 8장에서 공부할 Paint Bucket(페인트통) 도구를 이용하거나 V-ray를 이용하면 멋진 협탁의 모습을 만들 수 있습니다.

Chapter 08

주요 도구를 모아놓은
[Principal] 툴바 익히기

[Principal] 툴바는 스케치업을 사용할 때 자주 사용하는 주요 도구들을 모아 놓는 곳입니다. 객체를 선택하거나 컴포넌트를 만들어 옵션을 수정하여 사용할 수 있는 기능과 객체에 색상과 재질을 입히는 기능, 필요 없는 객체를 지우거나 모서리 선 등을 부드럽게 만드는 기능 등에 대해 자세히 알아봅니다.

객체를 선택하는 [Select] 도구

Select(선택) ▶ 도구는 선, 면, 입체 등과 같은 객체들을 선택할 때 사용하며 스케치업 사용 시 매우 많이 사용하는 도구입니다.

◎ 예제파일 부록CD/파트1/08장/08_01.skp

01 개별 선택하기

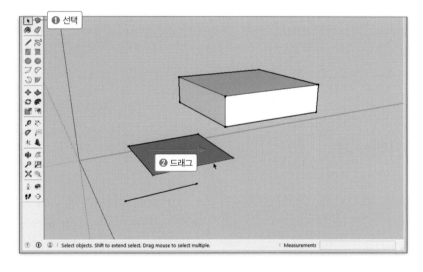

1 '08_1.skp' 파일을 엽니다. Select(선택) ▶ 도구를 선택한 후 선을 클릭하거나 드래그하면 선이 파란색으로 바뀌며 선택되었음이 표시됩니다. 해제하려면 작업화면을 클릭하면 됩니다.

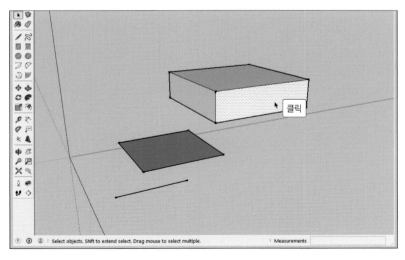

2 면을 선택하면 점들이 그려져 선택되었음을 표시합니다. 해제하려면 작업화면을 클릭하면 됩니다.

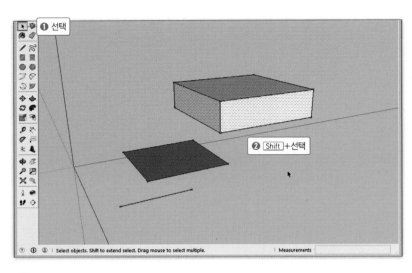

1 Select(선택) ▣ 도구를 선택한 후 Shift 를 누른 상태로 선택하고자 하는 선, 면을 클릭하거나 드래그하면 동시에 여러 개가 선택됩니다. 드래그하면 사각형 영역 안에 포함된 선, 면, 입체들이 선택됩니다. 선택된 것 중 해제하려는 선, 면을 다시 클릭하거나 드래그하면 선택이 취소됩니다.

전체를 선택하려면 Ctrl+A를 누르면 됩니다. Ctrl을 누른 상태로 선, 면, 입체를 클릭하면 추가 선택이 되지만, Shift 를 누르고 클릭하는 것과는 달리 개별 해제는 불가능합니다. 개별 해제만 사용할 때에는 Shift + Ctrl을 누른 후 클릭하거나 드래그하면 되지만, 이러한 방법은 불편하니 위의 방법과 같이 Shift 를 활용하는 것이 편리합니다.

03 면과 선을 동시에 선택하기

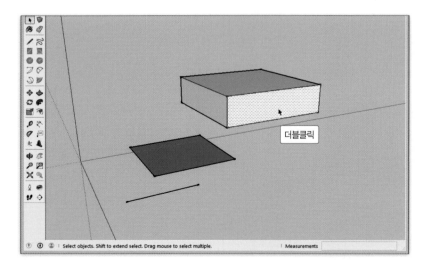

1 면을 더블클릭하면 면과 그 면에 속한 선이 동시에 선택됩니다.

컴포넌트를 만드는
[Make Component] 도구

Make Component(컴포넌트 만들기) 🔲 도구는 선택한 객체 또는 그룹을 Component(컴포넌트)로 만들 수 있습니다. 컴포넌트로 만든 객체는 저장해 놓고 다른 모델링에서 꺼내어 사용할 수 있으며, [3D Warehouse]에 업로드하여 스케치업을 사용하는 전 세계 사용자들과 공유할 수도 있습니다. 이 장에서는 컴포넌트로 만드는 방법과 다양한 옵션들을 살펴봅니다.

◎ 예제파일 부록CD/파트1/08장/08_02.skp　◎ 완성파일 부록CD/파트1/08장/08_02_결과.skp

1 '08_02.skp' 파일을 엽니다. Make Component(컴포넌트 만들기) 🔲 도구는 다음 그림과 같이 Select(선택) ▮ 도구로 선택하기 전에는 🔲 와 같이 아이콘이 비활성화되어 있습니다. Select(선택) ▮ 도구를 선택한 후 드래그하여 컴포넌트로 만들 객체들을 선택하면 🔲 와 같이 아이콘이 활성화됩니다.

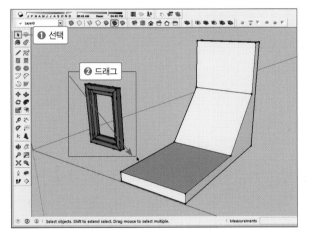
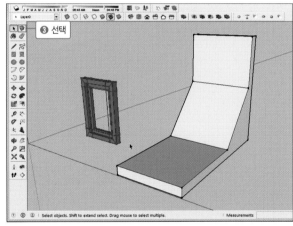

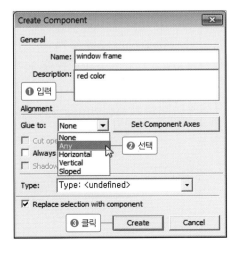

2 Make Component(컴포넌트 만들기) 🔲 도구를 클릭하면 설정 창이 나타납니다. [Name]에 컴포넌트의 이름(window frame), [Description]은 컴포넌트에 대한 설명을 입력합니다. [Glue to]에서는 [Any]를 선택한 후 [Create]를 클릭합니다.

[Glue to]는 컴포넌트를 배치할 때 다른 오브젝트에 자동으로 붙는 옵션을 선택할 수 있습니다. 우리가 일상생활에서 사용하는 글루건을 생각하면 쉽게 이해할 수 있습니다. [▼]를 클릭하면 옵션이 나타납니다. [None]은 다른 오브젝트에 붙는 방향을 설정하지 않는 것입니다. 처음 배치하는 순간에만 반응하며 배치한 이후 Move(이동) 도구로 이동할 때에는 자유롭게 이동할 수 있습니다.

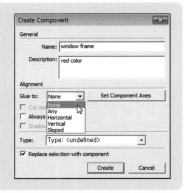

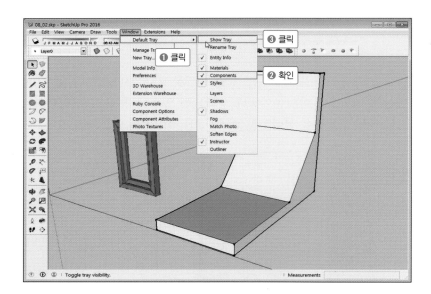

3 [Window]-[Default Tray]-[Components]에 ☑ 표시가 되어 있는지 확인한 후 [Show Tray]를 클릭합니다.

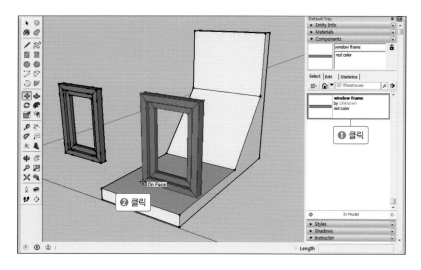

4 만들어 놓은 컴포넌트가 [Components] 창의 [Select]에 표시됩니다. 이렇게 만든 컴포넌트는 다른 파일의 모델링 작업 시에도 불러 와서 사용할 수 있습니다. [Components] 창에 표시된 'window frame'을 클릭한 후 노란색 객체 위에서 'On Face'라는 툴 팁이 나올 때 클릭하여 놓습니다.

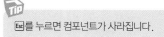
Esc를 누르면 컴포넌트가 사라집니다.

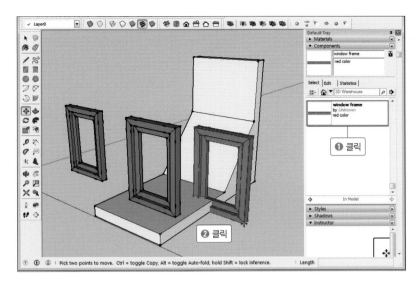

5 한번 더 [Components] 창에 표시된 'window frame'을 클릭한 후 노란색 객체 안으로 파고 들어가게 놓아 봅니다. 이와 같이 [Any] 옵션은 다른 오브젝트의 어떤 곳에든 놓을 수 있습니다.

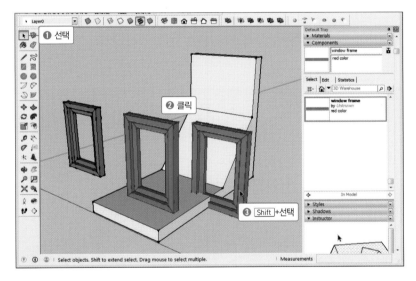

6 다른 옵션을 알아보기 위해 Select(선택) 도구를 선택한 후 Shift를 누른 상태에서 노란색 객체 위의 창틀을 모두 선택하고 Delete를 눌러 지웁니다.

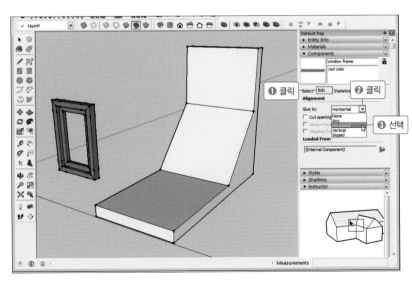

7 다른 옵션 기능을 알아보기 위해 [Components] 창에 표시된 'window frame'을 클릭합니다. [Edit] 탭을 클릭하고 [▼]을 클릭하여 [Horizontal]을 선택합니다.

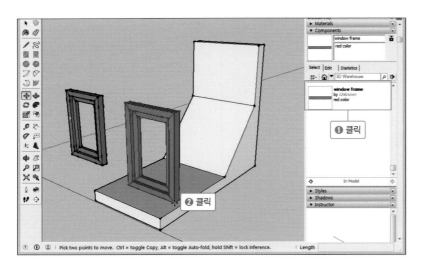

8 [Select] 탭을 클릭한 후 'window frame'을 클릭하여 노란색 객체의 수평한 위치에 놓으면 객체에 붙으며 놓여집니다.

9 [Any] 옵션을 선택했을 때와 같이 노란색 객체 안에 파묻히듯이 놓으면 'Cannot place component there!'라는 툴팁이 나오며 창틀 객체가 사라집니다. 다른 곳에 놓아도 수평에서만 객체에 붙고 그렇지 않은 곳에서는 'Cannot place component there!'라는 툴팁이 나오며 창틀 객체가 사라지는 것을 확인할 수 있습니다.

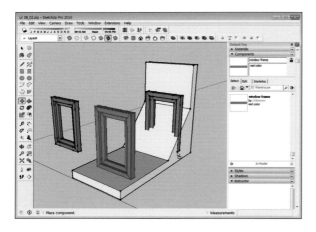
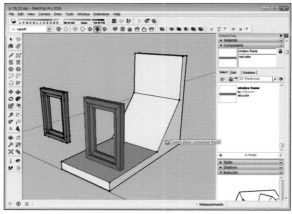

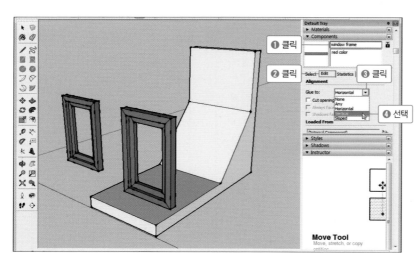

10 다른 옵션 기능을 알아보기 위해 [Components] 창에 표시된 'window frame'을 클릭합니다. [Edit] 탭을 클릭하고 [▼]을 클릭하여 [Vertical]을 선택합니다.

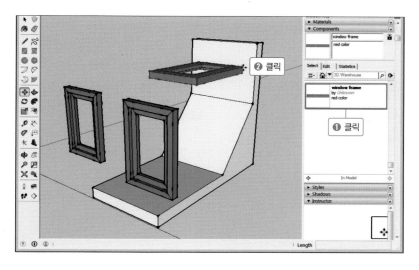

11 [Select] 탭을 클릭한 후 'window frame'을 클릭하여 노란색 객체의 수직 위치에 놓으면 객체에 붙으며 놓여집니다.

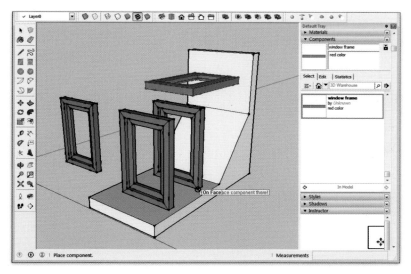

12 [Horizontal] 옵션을 선택했을 때와 같이 수평 위치에 놓으면 'Cannot place component there!'라는 툴팁이 나오며 창틀 객체가 사라집니다. 수직에서만 객체에 붙고, 그렇지 않은 곳에서는 'Cannot place component there!'라는 툴팁이 나오며 창틀 객체를 다른 곳에 놓을 수 있도록 그대로 있는 것을 확인할 수 있습니다.

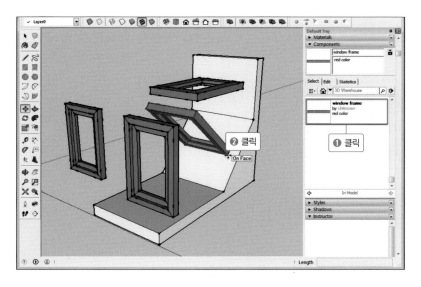

13 다른 옵션 기능을 알아보기 위해 [Components] 창에 표시된 'window frame'을 클릭합니다. [Edit] 탭을 클릭하고 [▼]을 클릭하여 [Sloped]를 선택합니다. [Select] 도구를 클릭한 후 'window frame'을 클릭하여 노란색 객체의 경사진 위치에 놓으면 객체에 붙으며 놓여집니다.

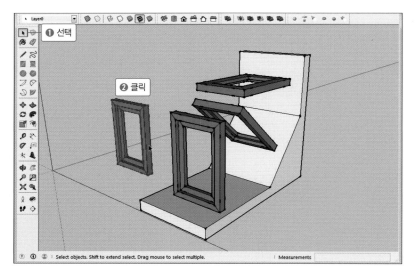

14 노란색 객체 위에 수평하게 놓으면 'Cannot place component there!'라는 툴팁이 나오며 창틀 객체가 사라집니다. Select(선택) 🔖 도구를 선택한 후, 처음 만들었던 창틀을 클릭해 보면 컴포넌트로 만들어져 있으므로 하나의 객체로 표시됩니다.

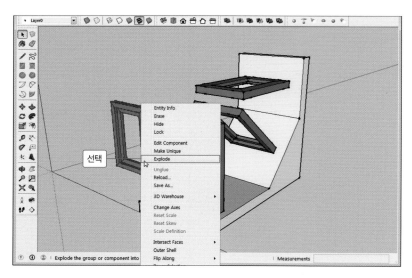

15 마우스 오른쪽 버튼을 클릭하여 [Explode]를 선택합니다. 컴포넌트 상태를 깨어 일반 객체로 만드는 기능입니다.

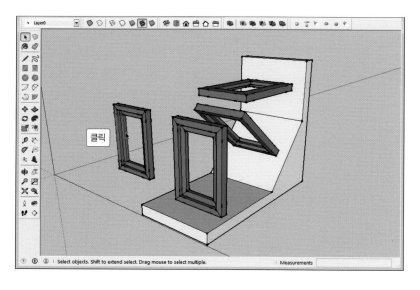

16 창틀을 클릭해 보면 각각의 객체로 분리된 것을 확인할 수 있습니다.

Section 058

색상과 재질을 적용하는 [Paint Bucket] 도구

Paint Bucket(페인트통) 도구는 객체에 손쉽게 Material(재질)과 색을 입힐 수 있습니다. 재질과 색은 [Edit] 탭에서 세부 조정을 할 수 있습니다.

○ **예제파일** 부록CD/파트1/08장/08_03.skp ○ **완성파일** 부록CD/파트1/08장/08_03_결과.skp

1 '08_03.skp' 파일을 엽니다. Paint Bucket(페인트통) 도구를 선택하면 Material(재질) 창이 우측에 나타납니다. 목록에서 [In Model]을 선택합니다. [Select] 탭에서 원하는 재질을 선택하여 면을 클릭하면 색이 입혀집니다.

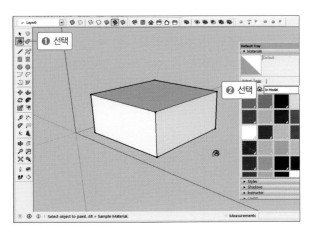
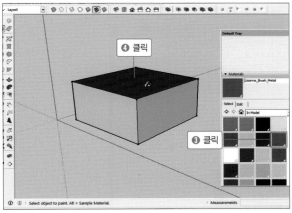

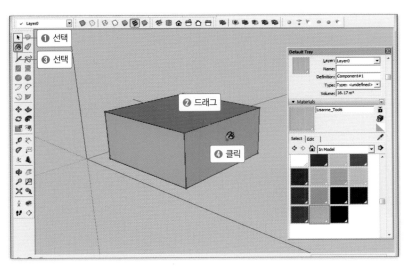

2 정육면체 전체를 Select(선택) 도구로 선택하거나 컴포넌트로 만든 경우에는 한 번에 모두 색이 입혀집니다. Paint Bucket(페인트통) 도구로 색을 선택하여 면에 클릭합니다.

> **Tip**
> Alt를 눌러 마우스 포인터를 스포이드 모양으로 변경한 후 이미 선택한 면의 색을 클릭하여 추출한 다음 다른 면을 선택하면 쉽게 동일한 색을 입힐 수 있습니다.

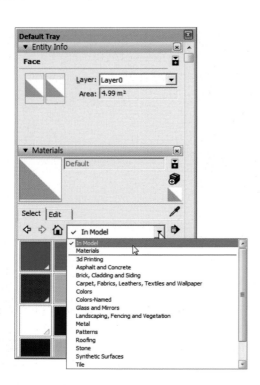

3 [Select] 탭의 [▼]를 클릭하면 다양한 색과 모양의 Material(재질)을 선택할 수 있습니다.

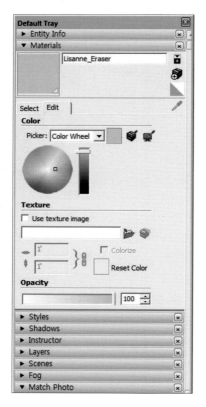

4 [Edit] 탭에서 세부 조정을 하면 모델에 입혀진 재질과 색이 변하는 것을 바로 확인하며 작업할 수 있습니다.

Section 059

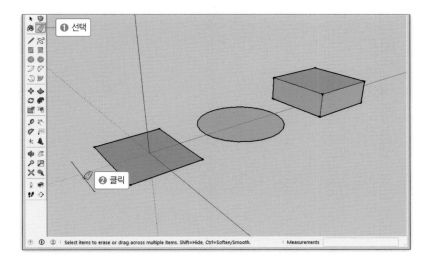

객체를 지우거나 부드럽게 하는 [Eraser] 도구

Eraser(지우개) 🖉 도구는 객체를 지우거나 선을 숨길 수 있으며 도형을 부드럽게 만들 수 있습니다. 도형의 일부 선을 지워 원하는 도형을 만들 수 있습니다. 선을 클릭하면 선에 연결된 면도 사라지고 면을 지울 때는 면을 선택한 후 Delete 를 누르면 됩니다. Ctrl 을 누른 상태에서 선을 클릭하면 도형이 부드러워집니다. Shift 를 누른 상태에서 선을 클릭하면 선을 숨길 수 있습니다.

01 선 지우기

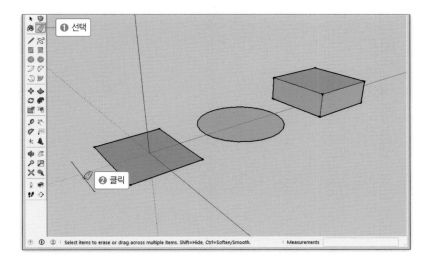

◉ **예제파일** 부록CD/파트1/08장/08_04.skp

1 선과 면의 지워지는 차이를 쉽게 살펴보기 위해 '08_04.skp'를 열거나 선, 다각형, 원, 입체를 그립니다. Eraser(지우개) 🖉 도구를 선택한 후 선을 클릭합니다.

2 사각형의 선을 클릭하면 선과 함께 면도 지워지는 것을 확인할 수 있습니다. 선이 하나 지워지며 면의 조건이 깨졌기 때문에 면도 지워집니다.

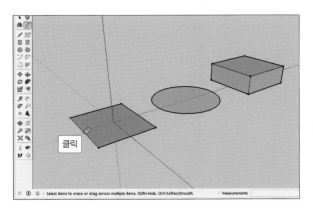

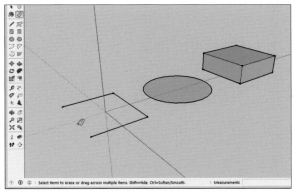

3 원의 경우는 원의 선 자체가 한 획이기 때문에 모두 지워집니다.

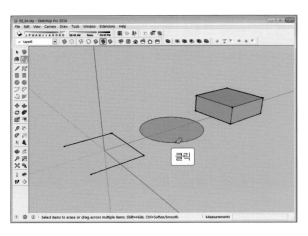 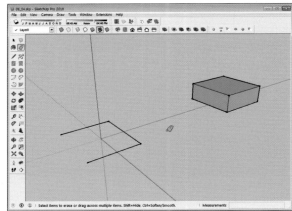

4 입체의 경우 선에 연결된 면이 모두 지워지는 것을 확인할 수 있습니다.

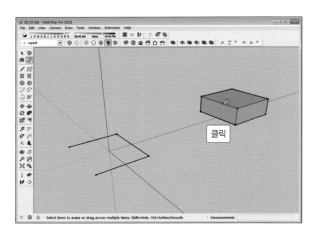 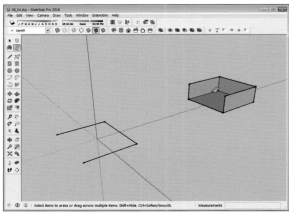

Eraser(지우개) 🗑 도구로 면을 클릭하여도 면이 지워지지 않습니다. 면을 지울 때는 Select(선택) ▶ 도구로 면을 선택한 후 Delete 를 누르면 됩니다. Orbit(궤도) ✛ 도구를 이용하여 객체를 돌리며 보이는 면을 모두 삭제해 봅니다.

● **예제파일** 부록CD/파트1/08장/08_05.skp   ● **완성파일** 부록CD/파트1/08장/08_05_결과.skp

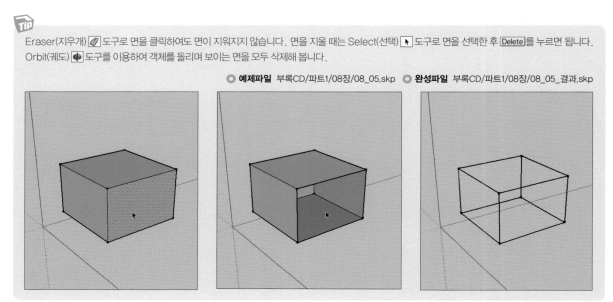

◎ **예제파일** 부록CD/파트1/08장/08_06.skp
◎ **완성파일** 부록CD/파트1/08장/08_06_결과.skp

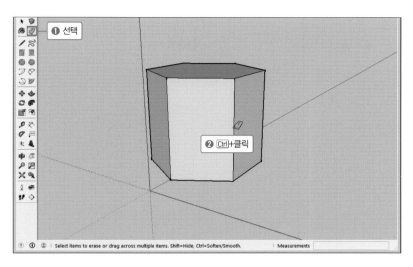

1 '08_06.skp' 파일을 열거나 육각 기둥을 만듭니다. Eraser(지우개) 🖉 도구를 선택한 후 Ctrl을 누른 상태로 선을 클릭하면 각진 면이 부드러운 곡면이 되는 것을 확인할 수 있습니다.

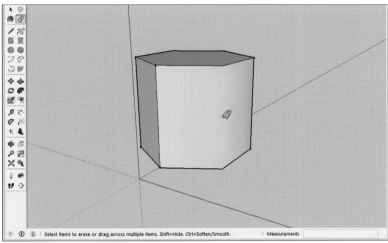

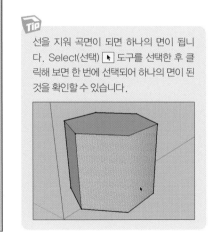

> Tip
> 선을 지워 곡면이 되면 하나의 면이 됩니다. Select(선택) ▶ 도구를 선택한 후 클릭해 보면 한 번에 선택되어 하나의 면이 된 것을 확인할 수 있습니다.

2 윗면의 선도 Eraser(지우개) 🖉 도구를 선택한 후 Ctrl을 누른 상태로 선을 클릭하면 각진 면이 부드러운 곡면이 되는 것을 확인할 수 있습니다.

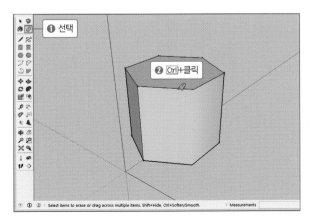

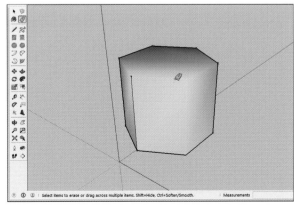

1 '08_07.skp' 파일을 열거나 육각 기둥을 만듭니다. Eraser(지우개) 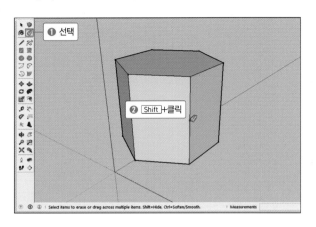 도구를 선택한 후 Shift 를 누른 상태로 선을 클릭하면 면은 그대로 둔 채 선만 숨겨지는 것을 확인할 수 있습니다.

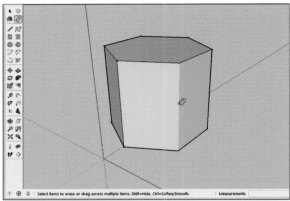

2 윗면의 선도 Eraser(지우개) 도구를 선택한 후 Shift 를 누른 상태로 선을 클릭하면, 면은 그대로 둔 채 선만 숨겨지는 것을 확인할 수 있습니다.

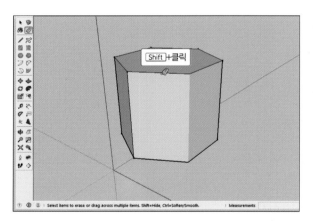
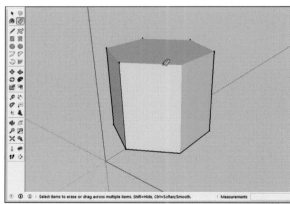

TIP

Select(선택) 도구를 선택한 후, 클릭해 보면 한 면씩 선택되어 선만 숨겨진 것을 확인할 수 있습니다.

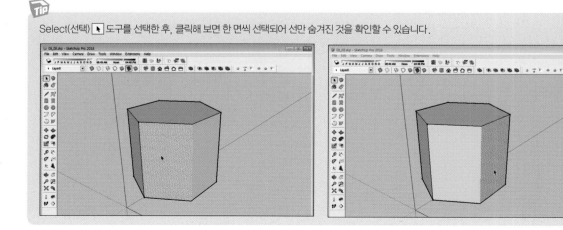

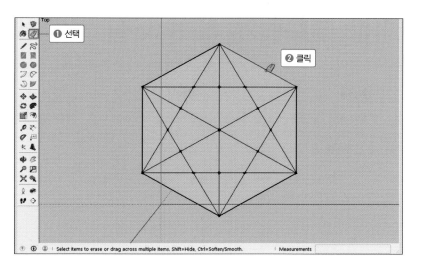

1 '08_08.skp' 파일을 엽니다. Eraser(지우개) 도구를 선택한 후 선들을 클릭하여 지워 별모양을 만듭니다.

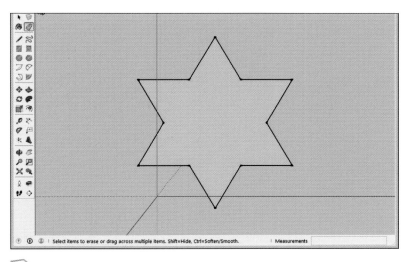

2 별모양의 안의 선도 지우개 도구로 모두 지우면 깔끔한 별모양이 완성됩니다.

Tip

여러 개의 선을 한 번에 지우려면, Eraser(지우개) 도구를 선택하고 클릭한 상태에서 지우고자 하는 선들 위를 드래그하면 됩니다.

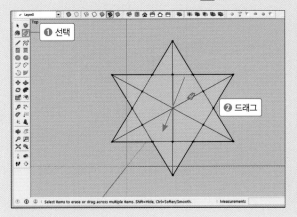

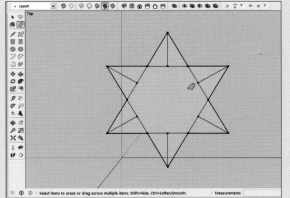

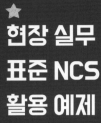
현장 실무
표준 NCS
활용 예제

오각기둥을 만들고
모서리를 부드럽게 하여 재질 입히기

스케치업 실무에서 꼭 필요한 8장의 기본 기능을 간단한 예제를 통해 종합적으로 알아봅니다.

> **NCS 활용 예제 실습 목표** 모델링 시 각진 부분을 부드럽게 만들어야 하는 경우 8장에서 익힌
> 간단한 기능을 이용하여 쉽게 응용할 수 있습니다. Eraser(지우개) [✐] 도구를 사용한 후 [Ctrl]을
> 누른 상태로 선을 클릭하여 각이 있는 면을 부드럽게 만들어 봅니다.
>
> ◉ **완성파일** 부록CD/파트1/08장/08_활용.skp

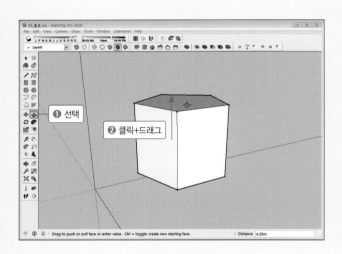

1 Polygon(다각형 그리기) [◉] 도구로 오각형
을 만듭니다. Push/Pull(밀기끌기) [◆] 도구를
선택한 후 오각형 위에서 클릭하고 드래그하여
기둥을 만듭니다.

2 Eraser(지우개) [✐] 도구를 선택한 후 [Ctrl]을 누른 상태로 모든 선을 클릭하여 각진 면이 부드러운 곡
면이 되는 것을 확인합니다.

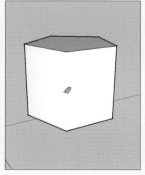
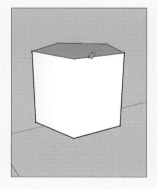
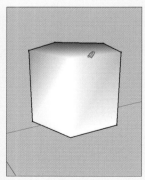

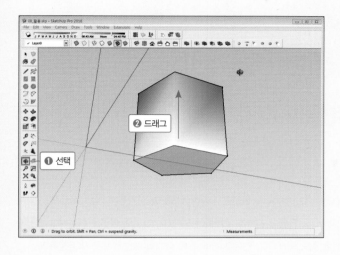

3 Orbit(궤도) ✥ 도구를 이용하거나 마우스의 휠을 누른 상태로 드래그하여 모든 면을 확인하며 작업합니다.

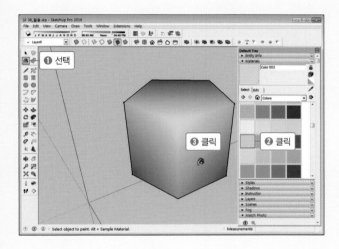

4 Paint Bucket(페인트통) 🎨 도구를 선택한 후 원하는 색을 클릭하고 객체를 클릭하여 색을 입힙니다.

> **Tip**
>
> 이미 객체는 모든 선을 지워 하나의 면이 되었으므로 굳이 면을 선택하지 않아도 객체 전체에 색이 입혀집니다.

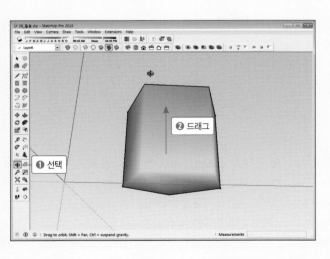

5 Orbit(궤도) ✥ 도구로 적용된 면을 모두 확인합니다.

Chapter 09

지형과 길 표현에 유용한 [Sandbox] 툴바 익히기

스케치업에서는 Sandbox 툴바를 제공하여 지형을 편리하게 생성, 편집할 수 있습니다. 등고선을 만들어 지형을 표현할 수도 있고, 그리드 평면을 생성하고 편집하여 표현할 수도 있습니다. 만든 지형에 건물 대지의 모양을 만들거나 산책길을 표현하기에도 편리한 도구들을 제공합니다.

Section 060

등고선으로 만드는 [From Contours] 도구

From Contours(등고선) 🖑 도구는 편의상 '등고선 도구'라는 표현을 사용했지만, 도구명의 영문 표현법과 같이 '등고선으로부터 만들어지는 지형 도구'를 뜻하는 것으로 등고선을 만들거나 이미 만들어진 등고선(ex. *.dwg와 같은 캐드 파일)을 불러와서 입체 지형을 만들기 편리한 도구입니다. 등고선 이외에도 곡선 등과 같은 선을 이용하여 면으로 만들고자 할 때 유용하게 사용할 수 있습니다.

◉ 예제파일 부록CD/파트1/09장/09_056.skp　◉ 완성파일 부록CD/파트1/09장/09_056_결과.skp

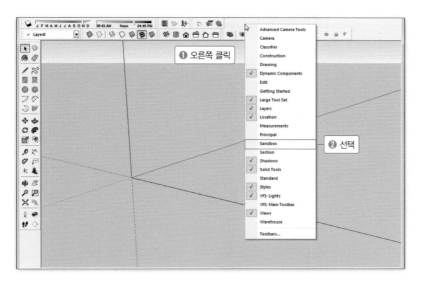

1 Sandbox 도구를 툴바에서 쉽게 이용하기 위해 Toolbars(도구 모음) 영역에서 마우스 오른쪽 버튼을 클릭합니다. Toolbars 메뉴 중 [Sandbox]를 선택합니다.

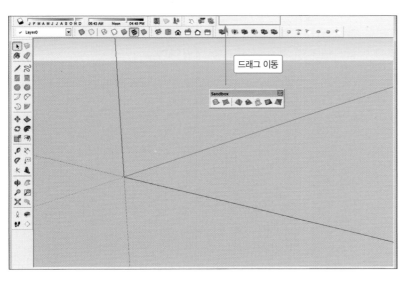

2 다음과 같이 [Sandbox] 도구 모음 창이 나타나면 Toolbars(도구 모음) 영역으로 옮기기 위해 창의 제목을 클릭한 상태로 드래그하여 원하는 위치에 놓습니다.

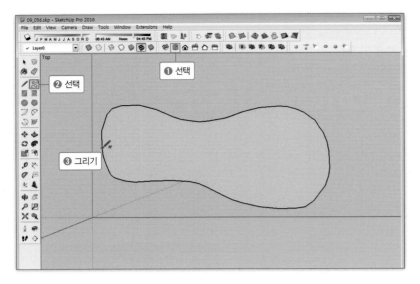

3 여러 라인의 등고선을 편하게 그리기 위해 Top(윗면) 🔲 도구를 선택하여 위에서 바라보는 시점을 만듭니다. Freehand(자유그림 그리기) 🖉 도구를 선택하여 등고선을 그립니다.

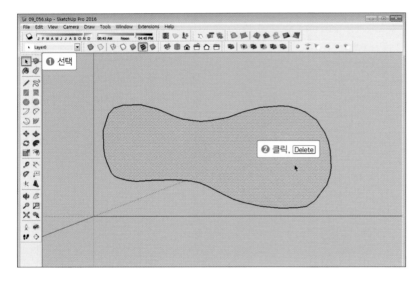

4 면을 삭제하고 선만 남기기 위해 Select(선택) ▶ 도구로 면을 선택하고 Delete 를 누릅니다.

5 동일한 모양을 가진 작은 크기의 선을 만들 때는 Offset(간격 띄우기) 🗗 도구를 선택한 후 선의 안쪽으로 드래그합니다. 4번과 5번의 과정을 반복하며 나머지 등고선들을 그립니다.

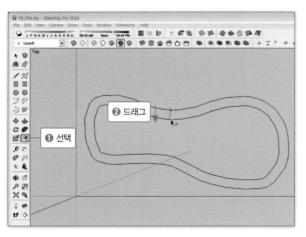

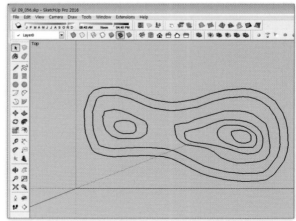

6 등고선의 고도를 표현하기 위해 Select(선택) ▮ 도구를 선택하여 두 번째 등고선을 선택한 후 Move(이동) ✥ 도구를 이용하여 위로 올립니다.

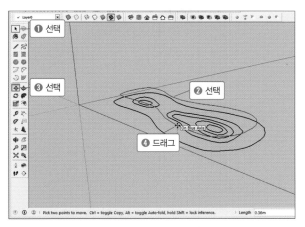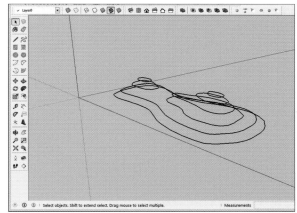

TIP 선을 올린 후 키보드에서 숫자를 입력하면 정확한 높이로 선이 위치합니다. Y축 방향으로의 이동이 어려운 경우에는 선을 선택한 후 Front(정면) 도구를 클릭하여 시점을 변경하여 이동하면 수월합니다.

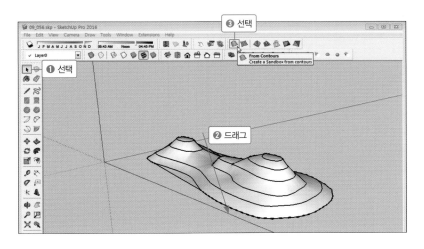

7 Select(선택) ▮ 도구로 전체를 드래그합니다. From Contours(등고선) ▨ 도구를 선택하여 입체 지형으로 만듭니다.

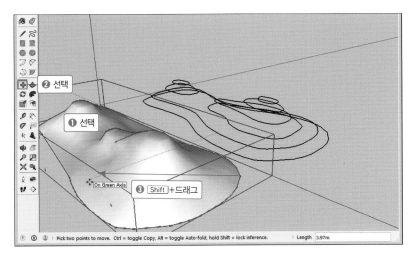

8 입체 지형을 선택한 후 Move (이동) ✥ 도구를 선택하고 Shift 를 누른 상태로 드래그하면 선은 그대로 두고 입체 도형만 따로 만들 수 있습니다.

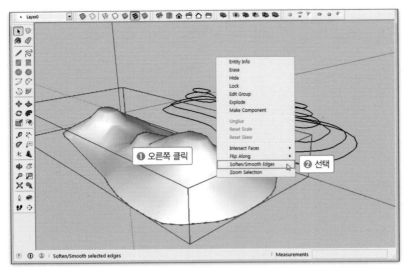

9 입체 지형의 면을 부드럽게 해주기 위해 마우스 오른쪽 버튼을 클릭한 후 [Soften/Smooth Edges]를 선택합니다.

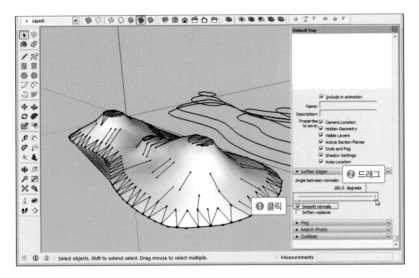

10 'Smooth normals'에 ☑ 표시를 하고 슬라이드 바를 오른쪽 방향으로 옮기면 면이 더욱 부드러워집니다.

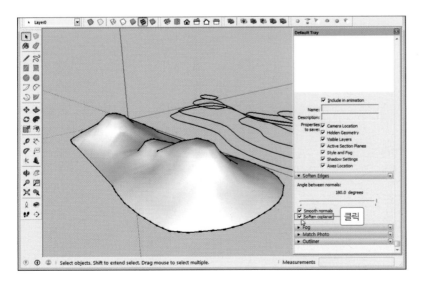

11 'Soften coplanar'에 ☑ 표시를 하여 면 위의 선들을 숨깁니다.

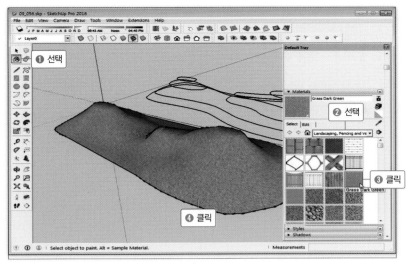

12 산의 느낌을 표현하기 위해 Paint Bucket(페인트통) 🎨 도구를 선택한 후 [Landscaping, Fencing and Vegatation]에서 'Grass Dark Green'을 선택하여 입체 지형에 클릭합니다.

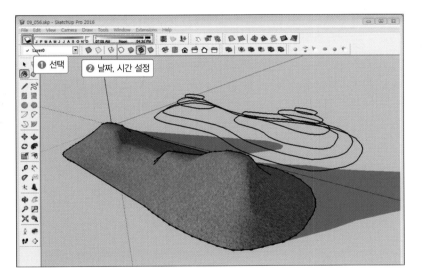

13 Show/Hide Shadows(그림자 보이기/숨기기) 🔲 도구를 선택하고, Date(날짜) [JFMAMJJASOND] 도구와 Time(시간) [06:43 AM Noon 04:45 PM] 도구를 조절하며 그림자를 표현하여 입체 지형을 조금 더 사실감 있게 만들어 봅니다.

Tip 입체 지형 상태에서 등고선을 지우고자 할 때에는 Select(선택) 🖰 도구로 선을 선택한 후 Delete 를 누르면 됩니다.

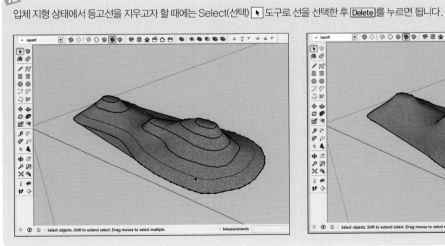
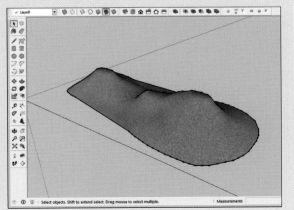

그리드 평면을 만드는 [From Scratch] 도구

From Scratch(스크래치) 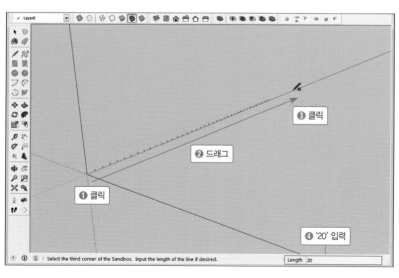 도구를 사용하기 위해 먼저 그리드 간격 값을 설정해줍니다. 그리드 평면에서 시작점을 클릭하고 드래그하여 선을 그려주는 작업을 한 후 선을 모두 선택하여 그룹 설정을 해줍니다.

◉ 완성파일 부록CD/파트1/09장/09_057_결과.skp

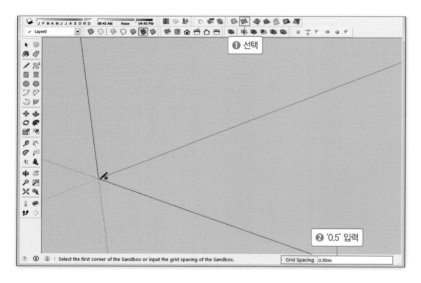

1 From Scratch(스크래치) 도구를 선택한 후 그리드 간격 값으로 '0.5'를 입력하고 Enter↵ 를 누르면 우측 하단의 'Grid Spacing'이라는 VCB 값이 이전 값인 '3.00m'에서 새로운 입력값인 '0.50m'로 바뀝니다.

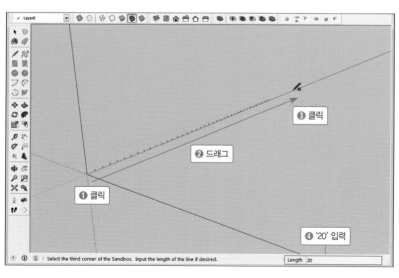

2 그리드 평면의 시작점을 클릭한 후 드래그하여 그리드 평면 한쪽 면의 길이(세로 또는 가로)를 그립니다. 드래그하면 우측 하단의 VCB에 길이 값이 표시됩니다. 정확한 길이를 맞추지 않아도 클릭한 후 '20'을 입력하고 Enter↵를 누르면 VCB에 '20'으로 표시되며 길이 또한 자동으로 줄어듭니다.

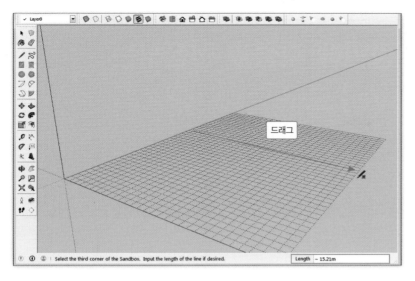

3 다른 방향으로 드래그하여 그리드 평면 한쪽 면의 길이(가로 또는 세로)를 그립니다. 드래그하면 우측 하단의 VCB에 길이 값이 표시됩니다.

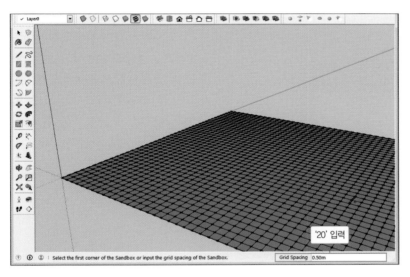

4 정확한 길이를 맞추지 않아도 클릭한 후 '20'을 입력하고 Enter↵를 누르면 가로 20m, 세로 20m의 그리드 평면이 만들어집니다.

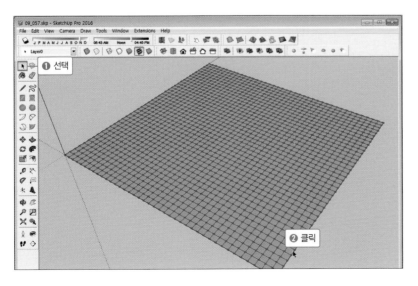

5 Select(선택) ▶ 도구를 선택한 후 그리드 평면을 클릭하면 모두 선택되어 그룹으로 표현된 것을 확인할 수 있습니다.

Section 062

그리드 평면에 지형을 편집하는 [Smoove] 도구

Smoove(스무브) 🐱 도구는 그리드 평면에 자연스러운 높낮이를 구현하여 지형을 만들 수 있습니다. 여러 가지 방법으로 지형을 편집할 수 있으므로 원하는 지형을 만들 때 유용하게 사용됩니다.

◉ 예제파일 부록CD/파트1/09장/09_058.skp　◉ 완성파일 부록CD/파트1/09장/09_058_결과.skp

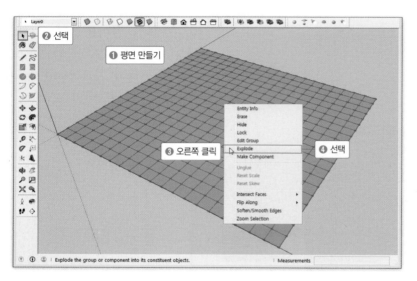

1 '09_058.skp' 파일을 열거나 'Grid Spacing=1m, 가로=20m, 세로=20m'의 그리드 평면을 만듭니다. Select(선택) ▶ 도구를 선택한 후, 그리드 평면에서 마우스 오른쪽 버튼을 클릭하여 [Explode]를 선택합니다.

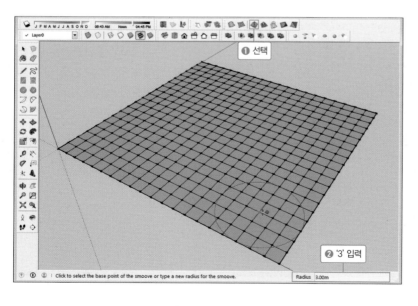

2 Smoove(스무브) 🐱 도구를 선택하면 우측 하단에 반지름 'Radius'가 표시됩니다. 변경하고자 하는 수치값인 '3'을 입력하고 Enter↵를 누르면 그리드 평면에 표시되는 빨간 색인 반지름의 크기도 변경됩니다.

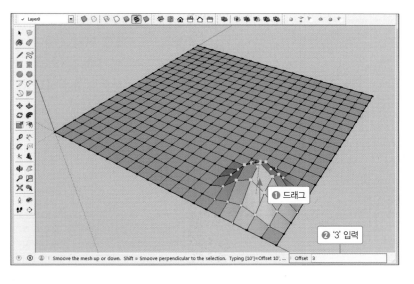

3 마우스로 클릭한 후 위 또는 아래로 드래그하면 그리드 평면이 자동으로 변경됩니다. 마우스를 위로 드래그하고 클릭하기 전에 '3'을 입력한 후 Enter↵를 누릅니다. 우측 하단의 Offset값이 바뀌며 높이를 정확히 입력할 수 있습니다. 마우스를 클릭하면 고정됩니다.

4 우측 하단의 VCB는 'Radius'로 바뀌어 반지름을 변경할 수 있는 상태가 됩니다. 반지름 값 '2'를 입력하고 그리드 평면의 다른 부분을 클릭한 후 아래로 드래그하여 높이를 조정하고 클릭하면 고정됩니다.

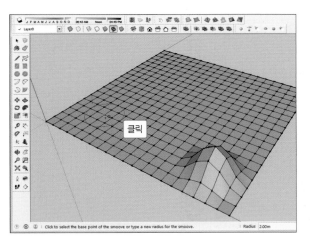

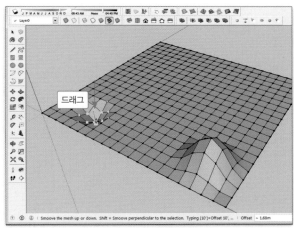

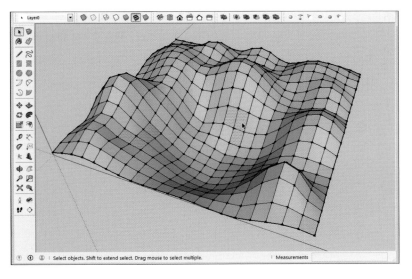

5 같은 방법을 반복하여 원하는 지형을 만듭니다. Select(선택) 도구를 선택한 후 Shift 를 누른 상태로 원하는 면과 선을 동시에 선택하여 세밀하게 조정할 수도 있습니다.

Offset의 '−'의 값을 입력하면 아래로 내려가는 정확한 높이를 입력할 수 있습니다.

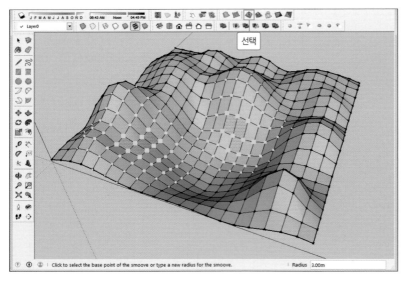

6 Smoove(스무브) 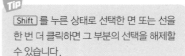 도구를 선택하면 선택한 면과 선을 중심으로 설정된 반지름 값만큼의 영역이 노란색 점으로 표시됩니다.

TIP

Shift 를 누른 상태로 선택한 면 또는 선을 한 번 더 클릭하면 그 부분의 선택을 해제할 수 있습니다.

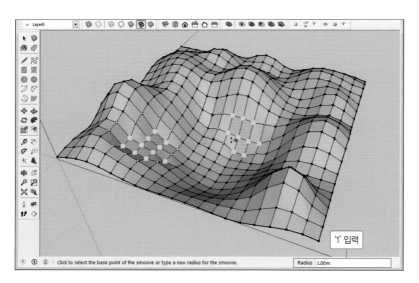

7 '1'을 입력하여 반지름을 조정하면 노란색 점들의 영역이 줄어듭니다. 마우스를 아래로 살짝 드래그하여 조정하고 클릭합니다.

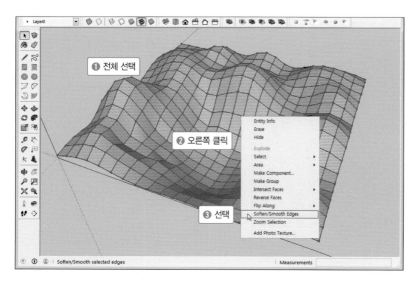

8 입체 지형의 면을 부드럽게 하기 위해 전체를 선택합니다. 마우스 오른쪽 버튼을 클릭한 후 [Soften/Smooth Edges]를 선택합니다.

9 'Smooth normals'에 ☑ 표시를 하고, 슬라이드 바를 오른쪽 방향으로 옮기면 면이 더욱 부드러워집니다.

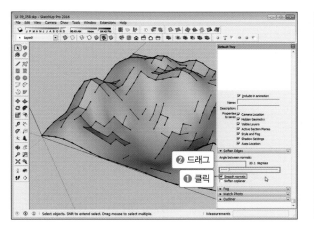 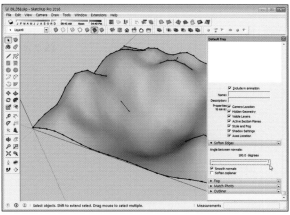

10 'Soften coplanar'에 ☑ 표시를 하여 면 위의 선들을 숨깁니다.

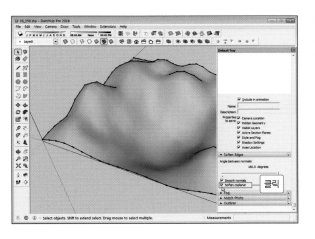 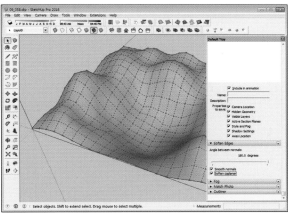

11 산의 느낌을 표현하기 위해 Paint Bucket(페인트통) 🖌 도구를 선택한 후 'Grass Dark Green'을 선택하여 입체 지형에 클릭합니다.

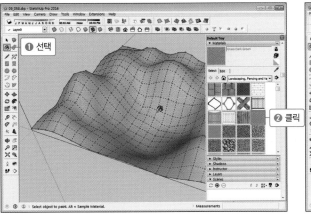 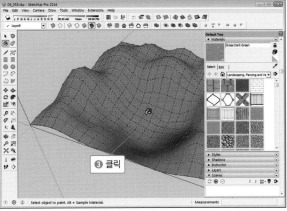

12 산 봉우리 사이의 호수를 표현하기 위해 Rectangle(사각형 그리기) ▨ 도구를 선택한 후, 산 입체 지형의 위쪽에 사각형을 그립니다. 입체 지형과 동일한 크기로 만들기 위해 '20,20'을 입력하고 Enter↵ 를 누릅니다.

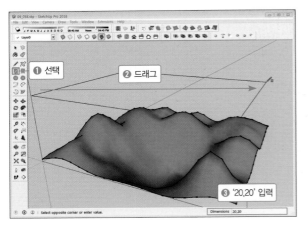
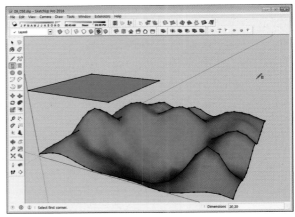

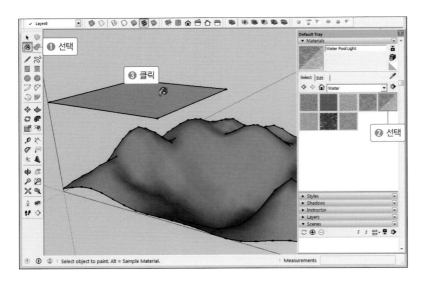

13 물을 표현하기 위해 Paint Bucket(페인트통) ▨ 도구를 선택한 후 'Water Pool Light'를 선택하여 사각형에 클릭합니다.

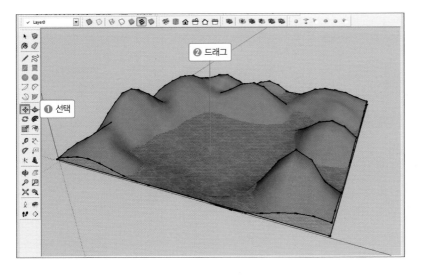

14 Move(이동) ✚ 도구를 선택하여 물이 표현된 사각형을 산 모양의 입체 지형에 적절하게 배치합니다.

Section 063

지형에 터를 만드는 [Stamp] 도구

Stamp(스탬프) 🖹 도구는 지형에 마치 도장을 찍듯이 객체의 모양을 만들 수 있습니다. 지형 위에 건물을 올리고자 할 때 유용하게 사용됩니다.

◉ **예제파일** 부록CD/파트1/09장/09_059.skp ◉ **완성파일** 부록CD/파트1/09장/09_059_결과.skp

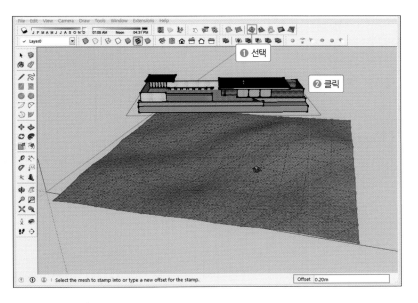

1 '09_059.skp' 파일을 엽니다. Smoove(스무브) 🖹 도구를 선택한 후 올려 놓을 객체인 건물을 클릭합니다. 지형과 평탄한 대지가 될 부분과의 경사면이 만들어질 차이값이 우측 하단의 VCB에 Offset 값으로 표시됩니다.

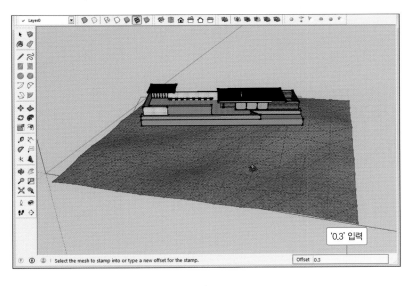

2 '0.3'을 입력하고 [Enter↵]를 누르면 Offset 값이 변경되며 건물을 감싸고 있는 빨간색의 선의 크기가 늘어납니다.

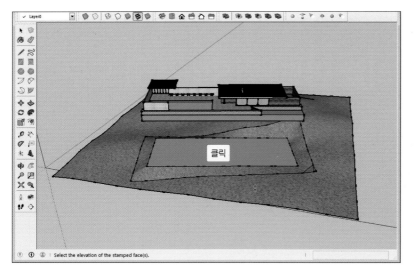

3 지형을 클릭하면 지형에 건물 바닥면이 표시됩니다. 마우스를 위 아래로 드래그하며 경사면을 조절한 후 클릭하여 위치를 고정시킵니다.

Tip

Front(정면) 🏠 도구를 선택하여 이동시키면 Y축 방향으로 옮기기 수월합니다.

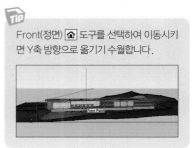

4 Move(이동) ✛ 도구를 선택하고 건물을 클릭한 후 아래로 드래그하여 대지에 올립니다.

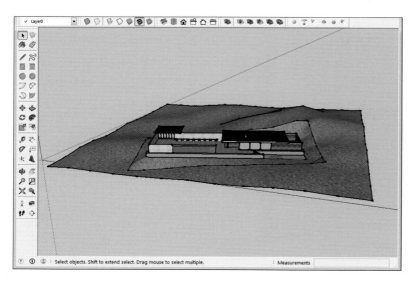

5 터가 완성되었습니다.

지형 위에 객체의 모양을 투영시키는 [Drape] 도구

Drape(드래이프) 📷 도구는 영문 사전적 표현처럼 '옷이나 천을 걸치듯이' 객체의 모양을 다른 객체에 걸치듯 투영시킨다고 이해하면 쉽습니다. 지형에 길 등을 표현하기에 편한 도구입니다.

◎ **예제파일** 부록CD/파트1/09장/09_060.skp ◎ **완성파일** 부록CD/파트1/09장/09_060_결과.skp

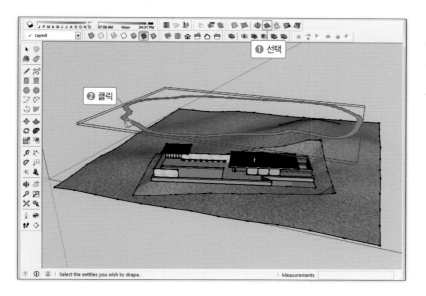

1 '09_060.skp' 파일을 엽니다. Stamp(스탬프) 📷 도구를 선택한 후 지형에 투영시킬 산책길 모양의 객체를 클릭합니다.

2 지형을 클릭하면 지형 위에 산책길 모양이 굴곡에 맞게 표현됩니다.

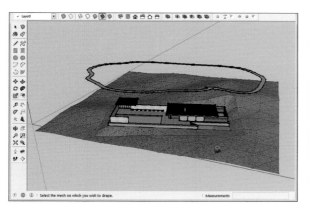

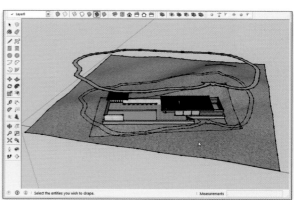

3   Select(선택) ▶ 도구로 산책길을 선택한 후 Delete 를 눌러 삭제합니다.

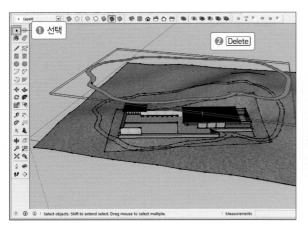 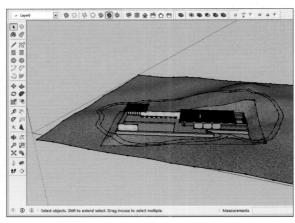

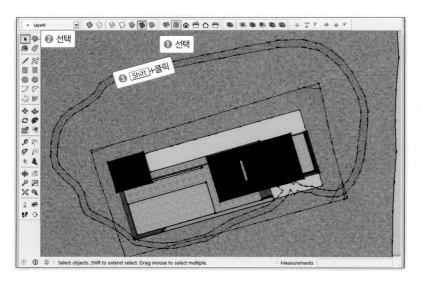

4   산책길에 흙느낌의 색을 칠하기 위해 Top(윗면) 📧 도구를 선택합니다. Select(선택) ▶ 도구를 선택한 후 산책길을 선택합니다. Shift 를 누른 상태로 클릭하여 조각나 있는 산책길을 모두 선택합니다.

5   산책길의 느낌을 표현하기 위해 Paint Bucket(페인트통) 🖌 도구를 선택한 후 'Groundcover Sand Smooth'를 선택하여 산책길에 클릭합니다. Iso(아이소) 🖼 도구를 선택하여 결과물을 확인합니다.

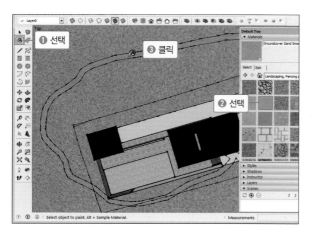 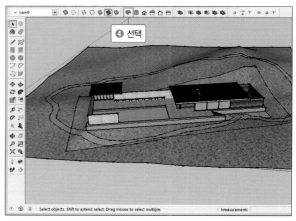

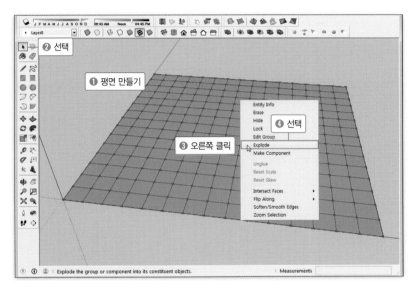

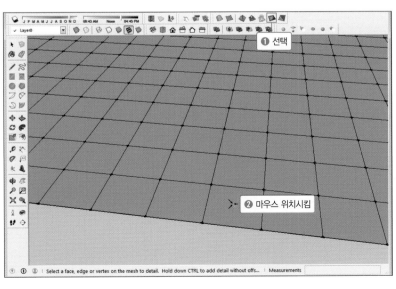

Section 065

디테일을 추가하는 [Add Detail] 도구

Add Detail(디테일 추가) 도구를 이용하면 그리드 평면의 점, 선, 면을 삼각면으로 분할하여 더욱 디테일하게 표현할 수 있게 만들 수 있습니다. 섬세한 작업을 추가할 때 사용하면 좋습니다.

◎ **예제파일** 부록CD/파트1/09장/09_061.skp　◎ **완성파일** 부록CD/파트1/09장/09_061_결과.skp

1 '09_061.skp' 파일을 열 거나 'Grid Spacing=1m, 가로 =15m, 세로=15m'의 그리드 평 면을 만듭니다. Select(선택) 도구를 선택한 후 그리드 평면에 서 마우스 오른쪽 버튼을 클릭하 여 [Explode]를 선택합니다.

2 Add Detail(디테일 추가) 도구를 선택한 후 디테일하게 표현할 면 위에 놓습니다.

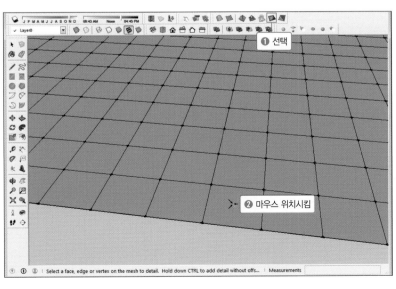

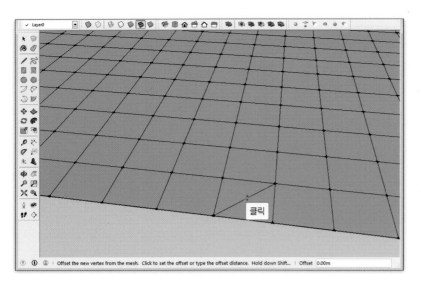

3 면을 클릭하면 대각선이 생기며 마우스 포인터가 상하 화살표로 변경됩니다.

4 마우스를 윗 방향으로 드래그하고 클릭하면 면이 삼각뿔로 변경되며 하나의 면이 4개의 면으로 분할됩니다.

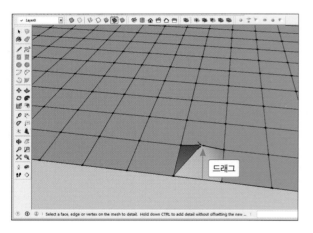

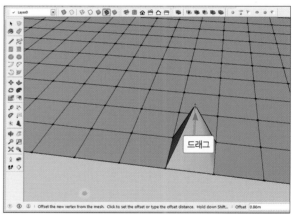

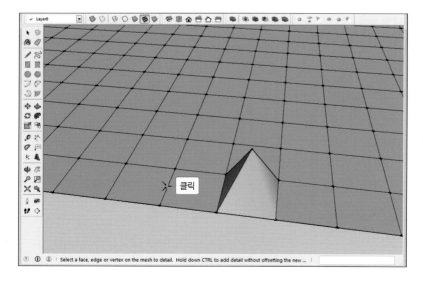

5 마우스를 선 위에 놓고 클릭하면 선에 연결된 면들에 대각선이 생기며 마우스 포인터가 상하 화살표로 변경됩니다.

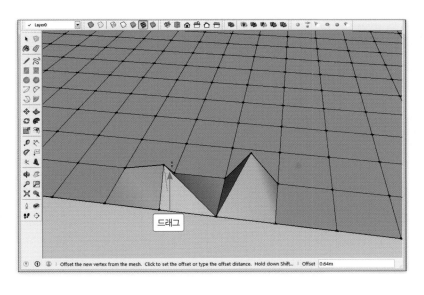

6 마우스를 윗 방향으로 드래그하고 클릭하면 선에 연결된 면들이 분할됩니다.

7 마우스를 이미 분할된 면에 클릭하면 그 면도 대각선이 생기며 마우스 포인터가 상하 화살표로 변경됩니다.

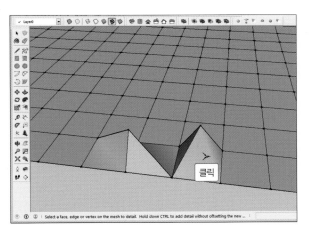

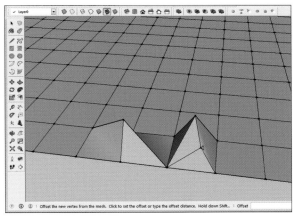

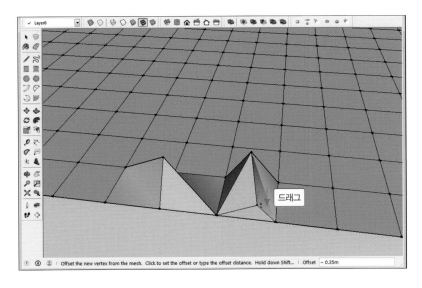

8 마우스를 아래 방향으로 드래그하고 클릭하면 면이 삼각뿔로 변경되며 분할되었던 면도 또다른 4개의 면으로 분할됩니다. 이렇게 디테일한 표현이 가능합니다.

선의 방향을 바꿀 수 있는 [Flip Edge] 도구

Flip Edge(선 뒤집기) ◩ 도구는 From Scratch(스크래치) ◪ 도구로 만든 그리드 지형의 선이나 Add Detail(디테일 추가) ◪ 도구로 분할된 대각선의 방향을 뒤집거나 방향을 바꾸는 기능을 갖고 있습니다. 더욱 세밀하게 지형을 만드는 데 유용하게 사용됩니다.

◉ 예제파일 부록CD/파트1/09장/09_062.skp ◉ 완성파일 부록CD/파트1/09장/09_062_결과.skp

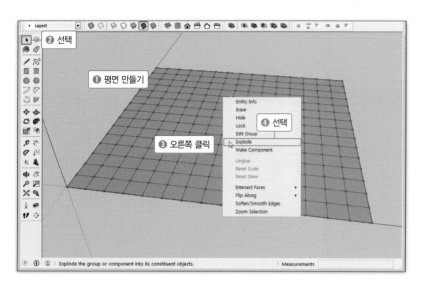

1 '09_062.skp' 파일을 열거나 'Grid Spacing=1m, 가로=15m, 세로=15m'의 그리드 평면을 만듭니다. Select(선택) ▶ 도구를 선택한 후 그리드 평면에서 마우스 오른쪽 버튼을 클릭하여 [Explode]를 선택합니다.

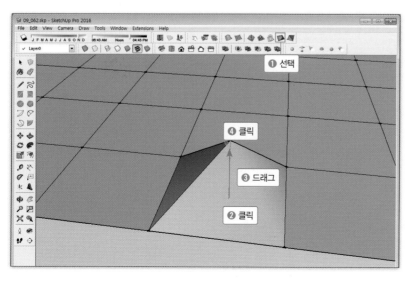

2 Add Detail(디테일 추가) ◪ 도구를 선택한 후 디테일하게 표현할 면을 클릭하면 대각선이 생기며 마우스 포인터가 상하 화살표로 변경됩니다. 마우스를 윗방향으로 드래그하고 클릭하면 면이 삼각뿔로 변경되며 하나의 면이 4개의 면으로 분할되고 4개의 선이 생성됩니다.

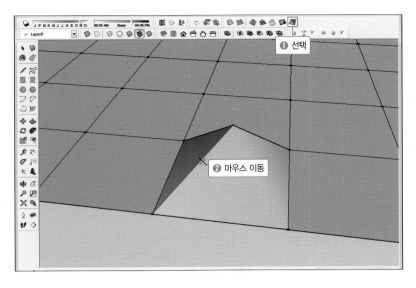

3 Flip Edge(선 뒤집기) 도구를 선택한 후 분할된 선 위에 마우스를 놓습니다. 마우스 포인터에 바뀔 방향의 검은 선이 표시됩니다.

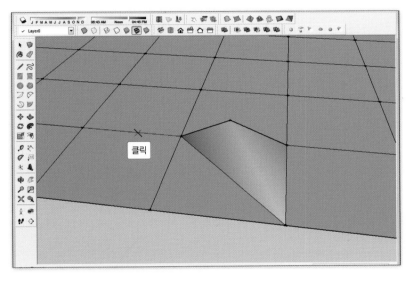

4 마우스를 클릭하면 선의 방향이 바뀌며 연결된 면의 모양도 바뀝니다. 마우스를 방향을 바꾸고자 하는 선 위에 놓습니다. 마우스 포인터에 바뀔 방향의 검은 선이 표시됩니다.

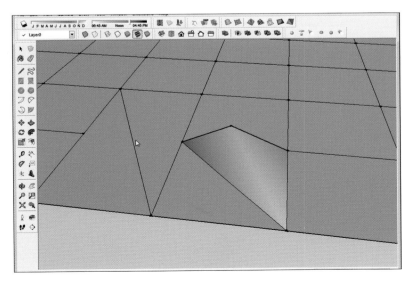

5 마우스를 클릭하면 선의 방향이 바뀝니다.

현장 실무 표준 NCS 활용 예제

Sandbox 툴바를 이용하여 글자가 새겨진 쿠션 만들기

자연스러운 굴곡이 필요한 인테리어 소품들을 만들 때에도 Sandbox 툴바를 이용하면 편리합니다.

NCS 활용 예제 실습 목표 이번 예제에서는 From Contours(등고선) 🔲 도구와 Drape(드래이프) 🔲 도구를 이용하여 글자가 새겨진 심플한 쿠션을 만들어봅니다.

◎ 완성파일 부록CD/파트1/09장/09_활용.skp

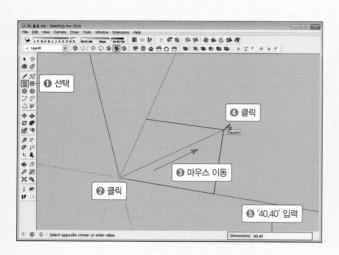

1 [Window]-[Model Info]를 클릭합니다. [Model Info] 창에서 [Units]를 선택하고 [cm]로 변경하고 [X] 버튼을 눌러 창을 닫습니다. Rectangle(사각형) 🔲 도구를 선택한 후 시작점을 클릭하고 대각선으로 마우스를 이동합니다. '40,40'을 입력한 후 Enter↵를 누르면 가로 40cm×세로 40cm의 정사각형이 만들어집니다.

Tip
[Modle Info]-[Units]에서 [mm] 그대로 사용해도 됩니다. [mm]로 사용하는 경우, 수치를 [mm] 단위로 재계산하여 사용하면 됩니다.

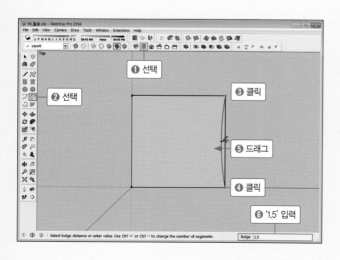

2 Top(윗면) 🔲 도구를 선택합니다. 2 Point Arc(2점 호 그리기) 🔲 도구를 선택한 후, 우측 상단의 모서리와 우측 하단의 모서리를 클릭하고 왼쪽 방향으로 드래그합니다. '1.5'를 입력한 후 Enter↵를 누릅니다. 같은 방법으로 나머지 3곳에도 호를 그립니다.

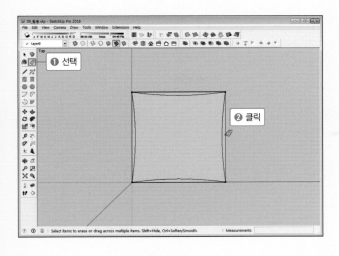

3 Eraser(지우개) 도구를 선택한 후 정사각형의 선을 클릭하여 지웁니다. 동일한 방법으로 나머지 선들도 지웁니다.

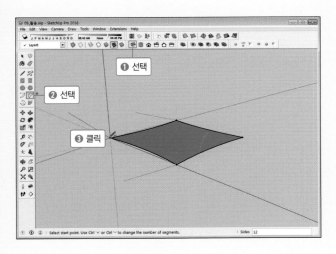

4 Iso(아이소) 도구를 선택합니다. 2 Point Arc(2점 호 그리기) 도구를 선택한 후 모서리 점을 클릭합니다.

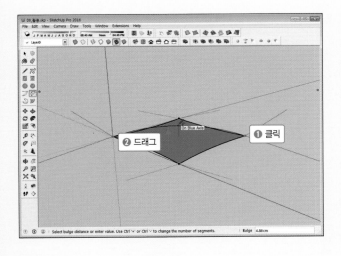

5 반대쪽 모서리 점을 클릭한 후 'On Blue Axis'라는 툴팁이 나오는 방향으로 드래그합니다.

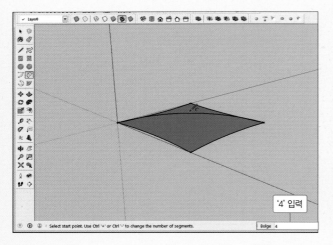

6 '4'를 입력한 후 Enter↵ 를 누릅니다.

'4' 입력

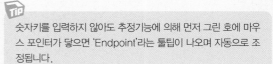

숫자키를 입력하지 않아도 추정기능에 의해 먼저 그린 호에 마우스 포인터가 닿으면 'Endpoint'라는 툴팁이 나오며 자동으로 조정됩니다.

7 동일한 방법으로 반대쪽 대각선 부분에도 호를 그립니다.

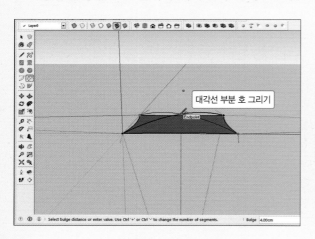

대각선 부분 호 그리기

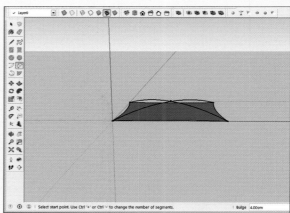

8 동일한 방법으로 가로선과 세로선 부분에도 호를 그립니다.

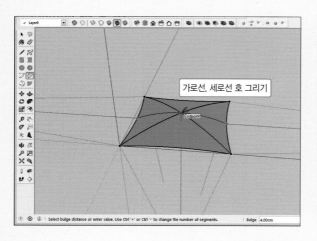

가로선, 세로선 호 그리기

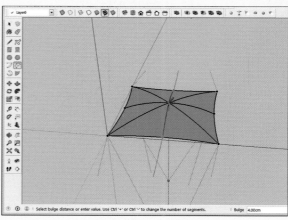

9 Select(선택) ▶ 도구를 선택한 후 면을 클릭합니다. Delete 를 눌러 지웁니다.

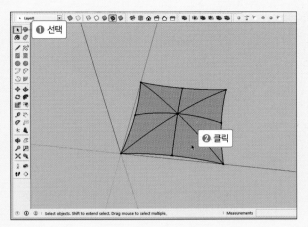
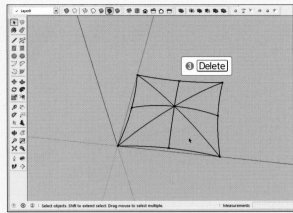

10 전체를 드래그하여 선택한 후 From Contours(등고선) 🖼 도구를 선택합니다.

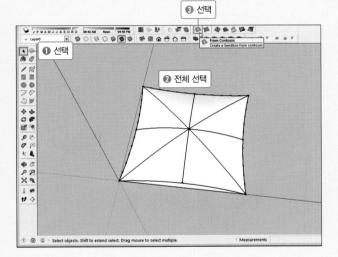

11 다음 그림처럼 직선 부분이 생겼습니다. 직선 부분을 지우기 위해 직선을 세 번 연속 클릭합니다.

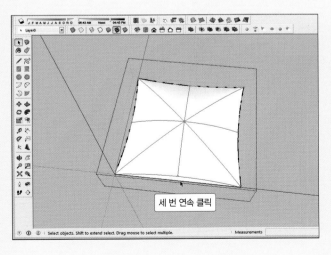

12 Delete 를 눌러 지웁니다. 직선을 된 부분을
또 클릭하고 Delete 를 눌러 지웁니다.

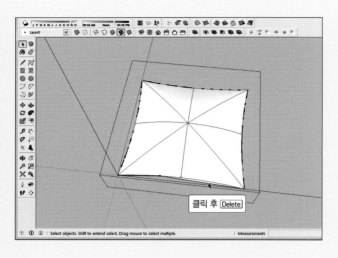

13 직선을 또 클릭하고 한번 더 Delete 를 눌러 지웁니다. 이 동작들을 반복하여 직선으로 된 부분들을 모
두 지웁니다. 진행 시 화면을 확대하면 선이 잘 보입니다.

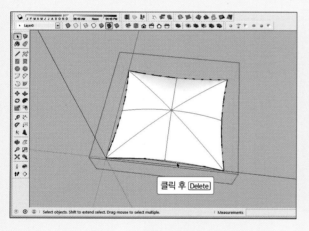

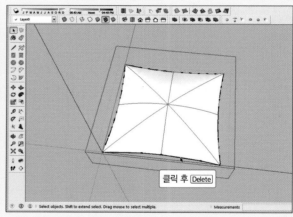

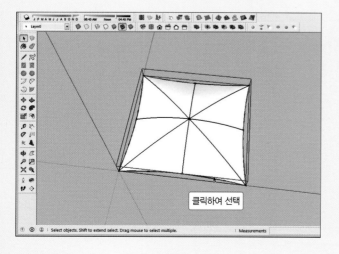

14 작업 화면의 객체 이외의 부분을 한번 클릭
한 후 다시 객체를 클릭하여 선택합니다.

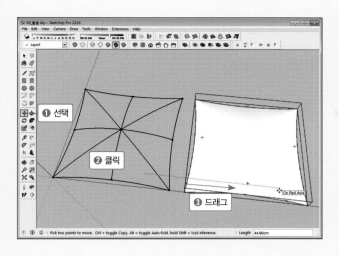

15 Move(이동) 도구를 선택한 후 객체를 클릭합니다. 'On Red Axis'라는 툴팁이 나오는 오른쪽 방향으로 이동합니다.

16 3D text(3D 문자) 도구를 선택한 후 쿠션에 새길 글자를 입력합니다. (Font : Arial, Bold, Align : Center, Height : 20)으로 옵션을 설정한 후 [Place]를 클릭합니다. Top(윗면) 도구를 선택한 후 클릭하여 글자가 새겨질 위치를 정합니다.

> **Tip**
> 글꼴(Font)은 되도록 'Arial'과 같은 류의 모서리가 깔끔한 것이 잘 새겨집니다. 다른 폰트 중에는 모서리가 퍼져서 글자만 따로 색을 입히기 어려운 경우가 생깁니다. 여러 번 시행착오를 거치며 원하는 글꼴을 사용해 보는 것도 좋습니다.

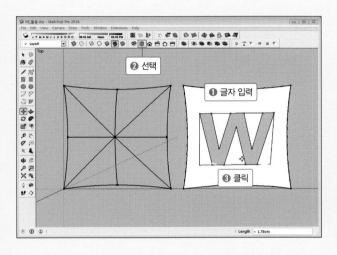

17 Orbit(궤도) 도구를 선택한 후 화면의 시점을 조정합니다. Select(선택) 도구를 선택한 후 글자를 클릭합니다.

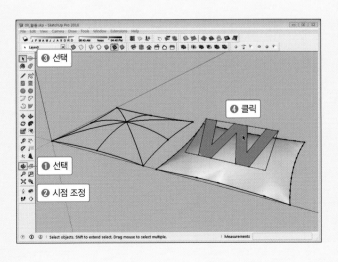

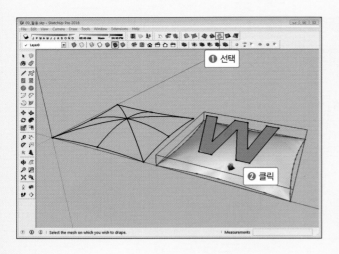

18 Drape(드래이프) 🔲 도구를 선택한 후 쿠션을 클릭합니다.

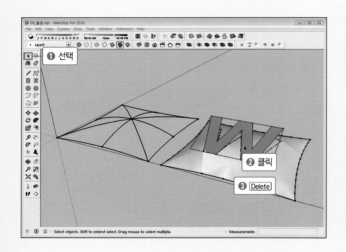

19 Select(선택) ▶ 도구를 선택한 후 글자를 선택합니다.

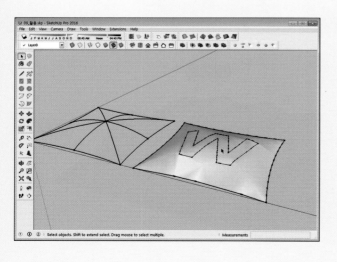

20 Delete를 눌러 지웁니다.

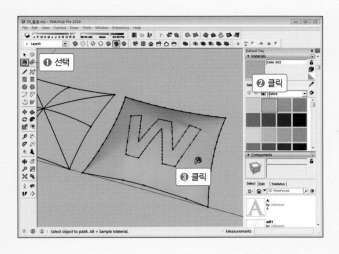

21 Paint Bucket(페인트통) 🎨 도구를 선택한 후 원하는 색을 클릭하고 쿠션에 클릭하여 색을 입힙니다.

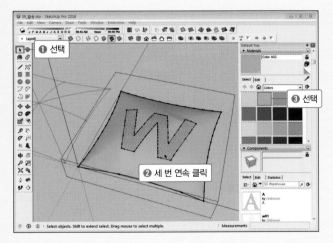

22 Select(선택) ▶ 도구를 선택한 후 글자 부분을 세 번 연속 클릭하여 선택합니다. 위 21번의 방법과 같이 원하는 글자색을 클릭하고 글자 위에 클릭하여 색을 선택합니다.

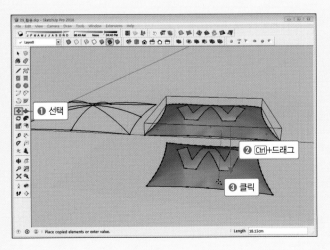

23 Move(이동) ✥ 도구를 선택한 후 Ctrl을 누른 상태에서 아래로 드래그하여 'On Blue Axis'라는 툴팁이 나오는 방향일 때 클릭하여 복사합니다.

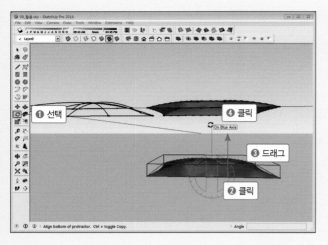

24 Rotate(회전) 🔄 도구를 선택한 후 복사한 쿠션의 아래 부분을 클릭하고 'On Blue Axis'라는 툴팁이 나오는 방향으로 드래그한 후 클릭합니다.

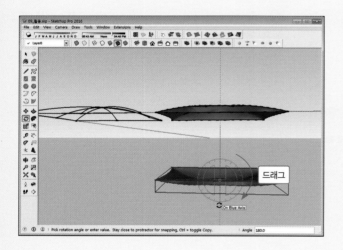

25 180도 방향으로 회전합니다.

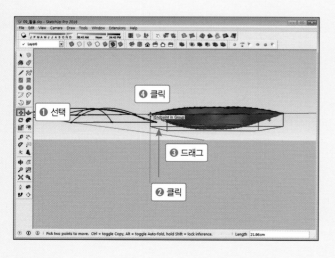

26 Move(이동) ✥ 도구를 선택한 후 모서리 부분을 클릭하고 위의 쿠션에 마우스를 놓아 'Endpoint in Group'이라는 툴팁이 나올 때 클릭합니다.

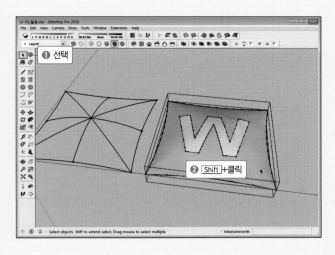

27 Select(선택) 도구를 선택한 후 Shift 를 누른 상태에서 위의 쿠션을 클릭합니다.

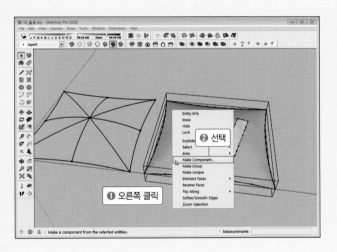

28 마우스 오른쪽 버튼을 클릭하여 [Make Component...]를 선택합니다. [Create Componet] 창에서 [Name]에 'cushion'라고 입력한 후 [Create]를 선택합니다.

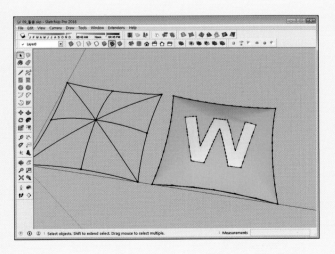

29 심플하면서도 예쁜 쿠션이 완성되었습니다.

Chapter 10

오브젝트의 단면을 표현하는 [Sections] 툴바 익히기

모델링을 하며 내부를 보아야 할 때 또는 내부의 단면을 프레젠테이션해야 할 때 Section 툴바를 이용하면 쉽게 문제를 해결할 수 있습니다. 실제 모델은 그대로 보존한 상태로 단면을 보여주므로 사용법이 간단하지만, 효과가 좋은 툴바입니다.

경사면의 단면을 절단하는 [Section Plane] 도구

Section Plane(단면) ⬦ 도구를 선택하면 객체의 새로운 단면을 만들어 줍니다. X, Y, Z축, 경사면에 새로운 단면이 생기고 활성화시켜서 내부를 볼 수 있습니다. 원하는 높이만큼 단면을 자를 수 있고 경사면의 단면도 볼 수 있습니다.

◉ **예제파일** 부록CD/파트1/10장/10_063.skp　◉ **완성파일** 부록CD/파트1/10장/10_063_결과.skp

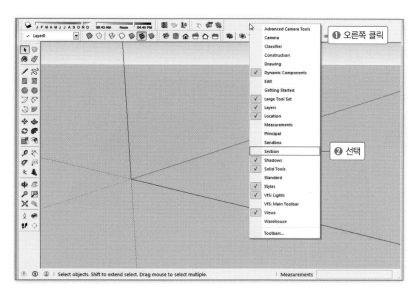

1　Section Plane(단면) ⬦ 도구를 툴바에서 쉽게 이용하기 위해 Toolbars(도구 모음) 영역에서 마우스 오른쪽 버튼을 클릭합니다. Toolbars(도구 모음) 메뉴 중 [Section]을 선택합니다.

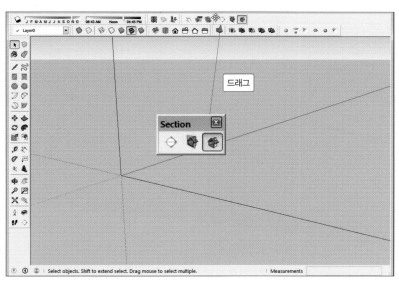

2　다음과 같이 [Section] 도구 모음 창이 나타나면 Toolbars(도구 모음) 영역으로 옮기기 위해 창의 제목을 클릭한 상태로 드래그하여 원하는 위치에 놓습니다.

3 '10_063.skp' 파일을 엽니다. Section Plane(단면) ⬚ 도구를 선택하면 모서리에 화살표가 표시된 사각형이 나옵니다. 마우스를 놓는 방향에 따라 화살표의 방향과 색상이 다르게 나옵니다. 화살표 방향으로 단면을 만들 수 있으며 X, Y, Z축의 색상과 동일한 색상이 표시되므로 단면의 방향을 확인하기 편리합니다. 경사면은 분홍색으로 표시됩니다.

X축 방향

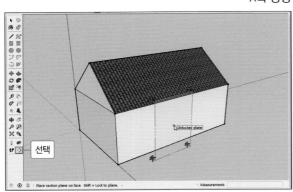

Y축 방향

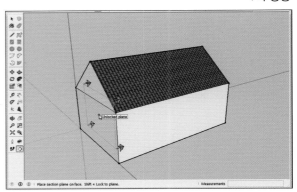

Z축 방향

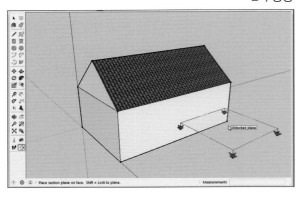

경사면 방향

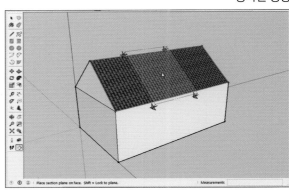

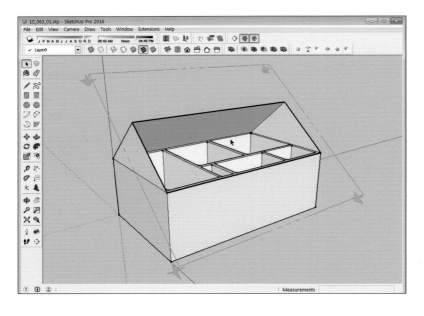

4 경사면에 마우스를 놓고 클릭하면 단절선과 단면을 볼 수 있습니다. 자동으로 Display Section Planes(단절선 보이기) 🔲 도구와 Display Section Cuts(단면 보이기) 🔲 도구가 활성화됩니다. 단면을 볼 수 있는 것일 뿐, 실제 모델이 절단된 것은 아닙니다.

5 다시 Section Plane(단면) ⊕ 도구를 선택한 후 파란색 방향으로 마우스를 놓습니다. 원하는 높이만큼 단면을 만들기 위해 Shift 를 누른 상태에서 원하는 위치로 드래그합니다.

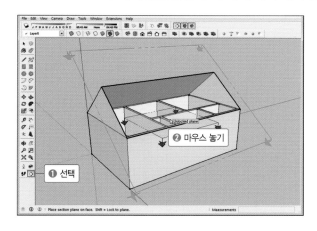

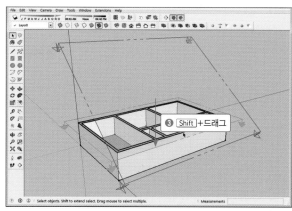

6 다시 경사면 단면 상태로만 보기 위해 경사면 단면 표시를 클릭하여 파란선으로 만듭니다. 마우스 오른쪽 버튼을 클릭하여 [Active Cut]을 선택하면 선택한 단면이 활성화되어 보여집니다.

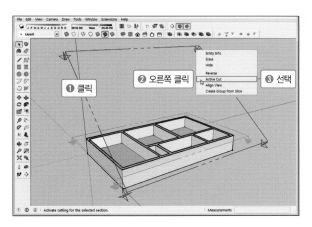

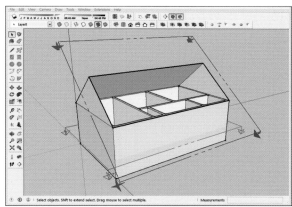

7 X축 방향의 단면을 보기 위해 다시 Section Plane(단면) ⊕ 도구를 선택한 후 빨간색 방향으로 마우스를 놓습니다. 원하는 부분만큼 단면을 만들기 위해 Shift 를 누른 상태에서 마우스를 원하는 위치로 드래그합니다.

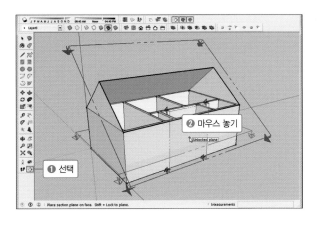

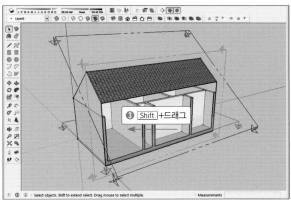

8 Y축 방향의 단면을 보기 위해 다시 Section Plane(단면) ⊕ 도구를 선택한 후 초록색 방향으로 마우스를 놓습니다. 원하는 부분만큼 단면을 만들기 위해 [Shift]를 누른 상태로 마우스를 원하는 위치로 드래그합니다.

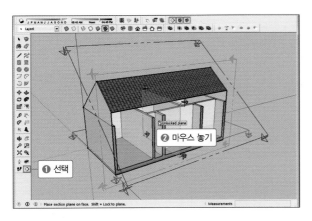
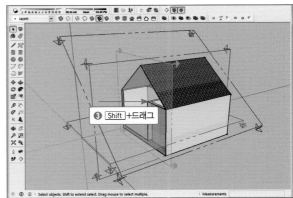

9 Move(이동) ✛ 도구를 이용하면 단면의 위치를 이동시킬 수 있습니다. Move(이동) ✛ 도구를 선택한 후, 활성화되어 있는 단면을 클릭하여 파란선으로 만듭니다. 마우스를 이동하면 원하는 단면의 위치로 이동시킬 수 있습니다.

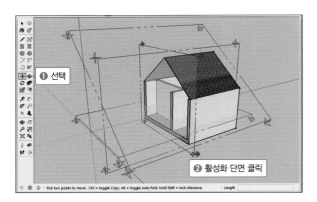
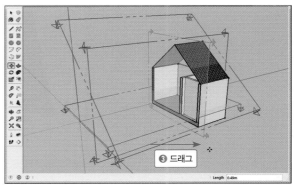

10 Move(이동) ✛ 도구를 선택한 후 비활성화되어 있는 단면을 클릭하여 파란선으로 만듭니다. 마우스를 이동하면 원하는 단면의 위치로 이동시킬 수 있습니다.

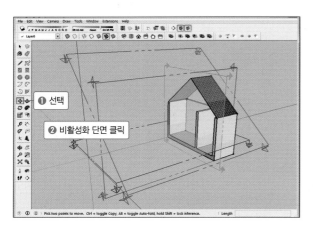
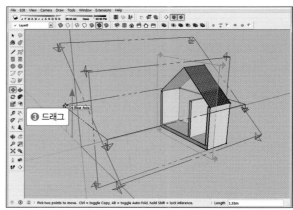

11 비활성화된 단면의 위치 이동을 확인하기 위해 이동한 단면 표시를 클릭하여 파란선으로 만듭니다. 마우스 오른쪽 버튼을 클릭하여 [Active Cut]을 선택하여 활성화시킵니다.

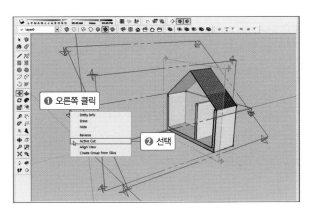 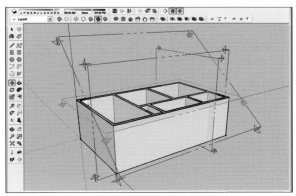

12 단절선을 삭제하기 위해 삭제하고자 하는 단절선 표시를 클릭하여 파란선으로 만든 후, 마우스 오른쪽 버튼을 클릭하여 [Erase]를 선택합니다.

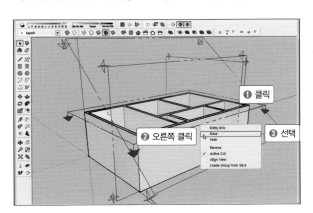 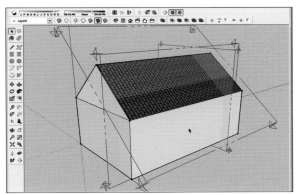

TIP

단절선 표시를 클릭하여 파란선으로 만든 후, Delete 를 눌러도 동일하게 삭제됩니다.

13 단절선의 방향을 바꾸기 위해 단절선 표시를 클릭하여 파란선으로 만든 후 마우스 오른쪽 클릭하여 [Reverse]를 선택합니다.

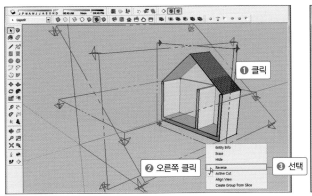 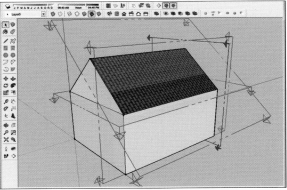

Section Plane을 on/off 시키는 [Display Section Planes] 도구

Display Section Planes(단절선 보이기) 🔲 도구는 단면 표시판을 보여주거나 감춰주는 스위치와 같은 기능을 합니다.

○ **예제파일** 부록CD/파트1/10장/10_064.skp

1 '10_064.skp' 파일을 엽니다. 활성화되어 있는 Display Section Planes(단절선 보이기) 🔲 도구를 선택하면 단면 표시판이 감추어집니다.

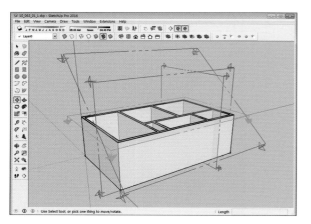
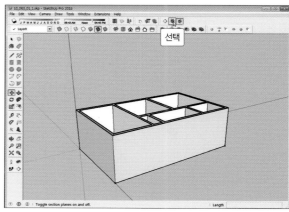

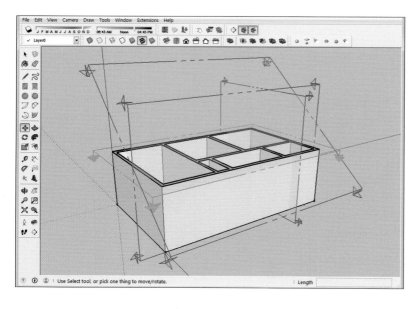

2 Display Section Planes(단절선 보이기) 🔲 도구를 다시 클릭하면 단면 표시줄이 나타납니다.

<table>
<tr><td>Section
069</td><td># Section Cut을 on/off 시키는
[Display Section Cuts] 도구</td></tr>
</table>

Display Section Cuts(단면 보이기) 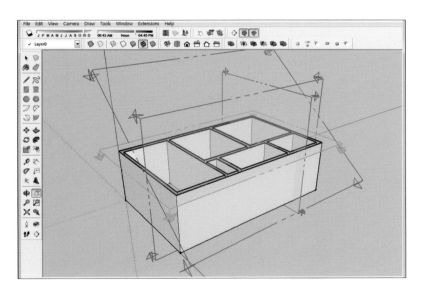 도구는 단면을 보여주거나 감춰주는 스위치와 같은 기능을 합니다.

◎ 예제파일 부록CD/파트1/10장/10_065.skp

1 예제 '10_065.skp' 파일을 엽니다. 클릭하면 단면이 가장 최근에 활성화시킨 단면과 비활성화되어 있는 단면 도구들이 나타납니다.

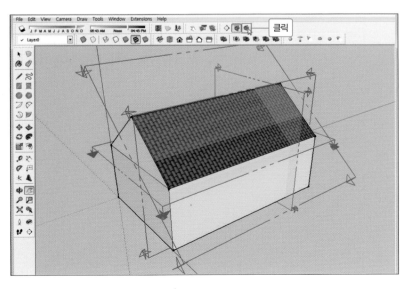

2 활성화되어 있는 Display Section Cuts(단면 보이기) 도구를 클릭하면 단면이 감추어지며 모델링 전체가 나타납니다.

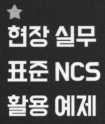

겹친 육각 뿔기둥을 만들어 단면 보기

겹친 육각 기둥을 만들어 10장에서 공부한 기능을 활용하여 단면을 확인해 봅니다.

NCS 활용 예제 실습 목표 앞의 강의들에서 배운 Drawing 도구들과 Edit 도구를 활용하여 오브젝트를 만들어 봅니다. Section Plane(단면) ⊕ 도구를 이용하여 다양한 단면을 살펴봅니다.

◎ **완성파일** 부록CD/파트1/10장/10_활용.skp

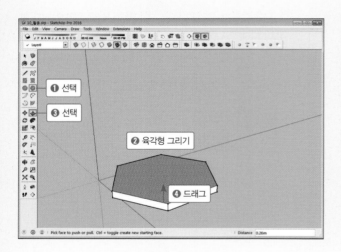

1   Polygon(다각형 그리기) ◉ 도구를 선택하여 육각형을 그립니다. Push/Pull(밀기끌기) ◈ 도구를 선택하여 육각형에 약간의 입체를 만들어줍니다.

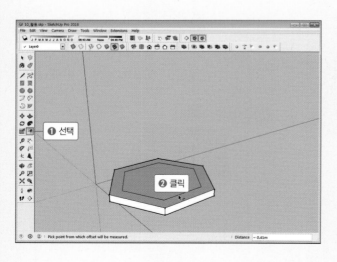

2   겹친 육각형을 만들기 위해 Offset(간격 띄우기) 図 도구를 선택하고 면에 클릭하여 작은 육각형을 만듭니다.

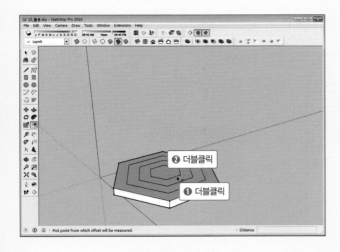

3 더블클릭을 2번하여 동일한 간격의 육각형을 2개 더 만듭니다.

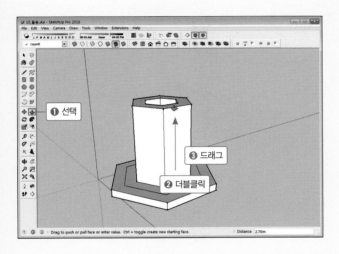

4 Push/Pull(밀기끌기) ◈ 도구를 선택하여 중앙에서 두 번째 육각형 면을 올려 입체를 만듭니다. 바깥쪽 육각형 면을 더블클릭하여 동일한 높이의 육각 기둥을 만듭니다.

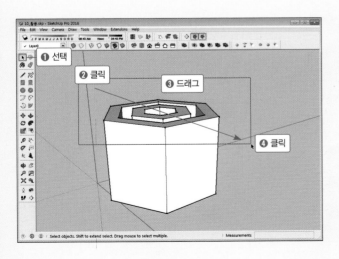

5 상층 끝을 뿔모양으로 만들기 위해 Select(선택) ▶ 도구를 선택한 후 상층 부분을 드래그합니다.

6 Scale(배율) 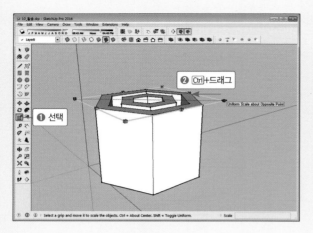 도구를 선택한 후 Ctrl 을 누른 상태에서 모서리의 기즈모를 안쪽 방향으로 드래그합니다.

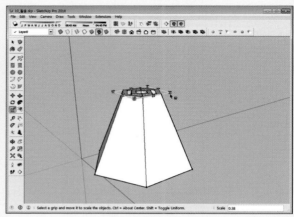

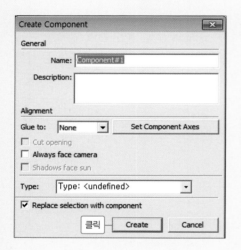

7 Select(선택) ▶ 도구로 전체를 선택한 후 마우스 오른쪽 버튼을 클릭하여 [Make component]를 클릭합니다. 전체에 색을 입히기 위한 작업이므로 [Create Component] 창에서 특별한 내용을 입력하지 않고 [Create]를 클릭합니다.

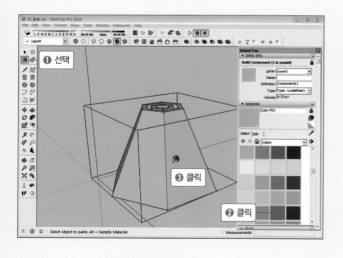

8 Paint Bucket(페인트통) 🖌 도구를 선택한 후, 원하는 색을 선택하고 객체를 클릭하여 색을 칠합니다.

9 Section Plane(단면) ⊕ 도구를 선택하여 Z축에서 Ctrl 을 누른 상태로 드래그하여 단면을 만듭니다.

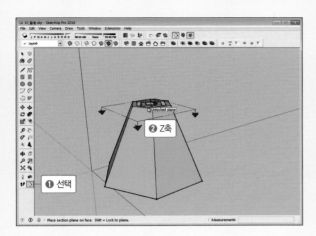
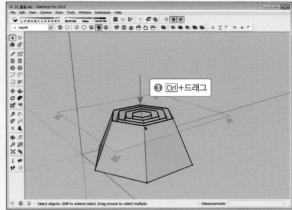

10 Section Plane(단면) ⊕ 도구를 선택하여 경사면에서 Ctrl 을 누른 상태로 드래그하여 단면을 만듭니다.

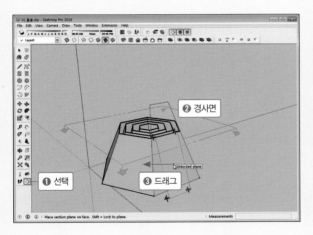
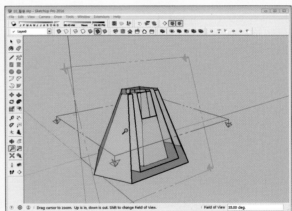

Chapter 11

그림자 설정에 편리한
[Shadows] 툴바 익히기

스케치업에서는 Shadows 도구를 이용하여 편리하게 그림자를 설정하여 좀 더 사실적인 모델링을 표현할 수 있습니다. 추후에 배울 V-Ray를 이용하면 실사에 매우 가까운 표현이 가능하지만, 간단히 Shadows 도구를 이용하는 것만으로도 음영을 나타냄으로써 빛에 의한 객체의 입체감을 표현해 다른 느낌을 만들 수 있습니다. 그림자를 설정하는 여러 기능을 숙지하여 더욱 현실감 있는 모델링을 표현해 봅니다.

Section 070

그림자를 on/off 시키는 [Show/Hide Shadows] 도구

Show/Hide Shadows(그림자 보이기/숨기기) 도구는 도구명 그대로 그림자를 보여주거나 숨겨주는 스위치와 같은 역할을 합니다. 일반적으로 그림자 보이기 상태에서 모델링을 할 때에는 시스템에 부담을 많이 주게 되므로 모델링 작업 중에는 사용하지 않는 편입니다. 모델링 중에는 중간중간 확인할 때 사용하는 것이 좋으며 모델링이 완성되었을 때 빛에 의한 입체감을 확인하고자 하거나 결과물을 만들 때 사용하는 것이 좋습니다.

● **예제파일** 부록CD/파트1/11장/11_066_전원주택.skp ● **완성파일** 부록CD/파트1/11장/11_066_전원주택_결과.skp

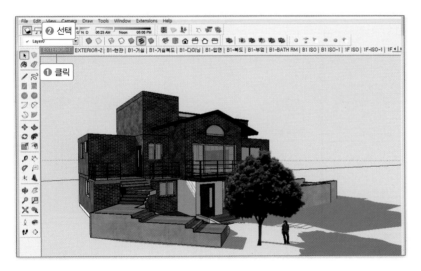

1 '11_066_전원주택.skp' 파일을 열고 [EXTERIOR-1] 탭을 클릭합니다. Show/Hide Shadows(그림자 보이기/숨기기) 도구를 선택하여 그림자를 보여줍니다.

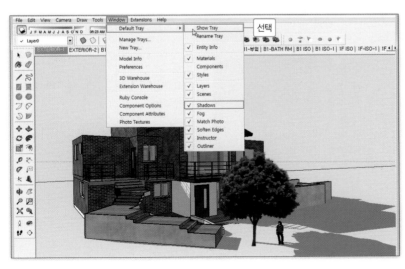

2 그림자 설정 옵션을 알아보기 위해 [Window]-[Default Tray]를 [Shadows]에 ☑표시가 되어 있는지 확인한 후 [Show Tray]를 클릭합니다.

3   Tray 중 [Shadows]를 선택하여 엽니다. [UTC-XX:XX]는 협정세계시간을 설정하는 부분입니다. [▼]를 클릭하여 해당하는 시간을 선택할 수 있으며, 시간에 따라 그림자의 방향과 길이가 달라지는 것을 확인할 수 있습니다. 일례로 [UTC-11:00]를 선택하면 다음과 같이 그림자가 달라지는 것을 볼 수 있습니다.

> **Tip**
>
> UTC(Universal Time Coordinated)는 런던을 기준으로 하는 협정세계시로 1972년 1월 1일부터 시행되었으며 국제 사회가 사용하는 과학적 시간의 표준입니다. 대한민국 표준시(Korea Standard Time, KST)는 UTC +9 시간대에 속하므로, 영국 런던의 시간이 0시일 때 한국은 9시간 후인 오전 9시가 됩니다(서머타임 시행 중일 시에는 8시간의 시차가 있습니다).

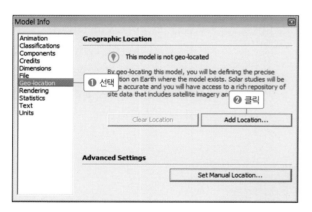

4   위치를 설정하기 위해 [Window]-[Model Info]를 선택하고, [Model Info] 창이 나타나면 [Geo-location]을 선택합니다. 이 모델에는 지역 설정이 되어 있지 않다는 문구가 나옵니다. [Add Location...]을 클릭합니다.

5   [Add Location] 창이 나타나며 구글 어스의 위성사진이 자동으로 로드됩니다. 빈칸에 모델이 위치할 지역명(예: seoul)을 입력하고 [Search] 버튼을 클릭하면 화면이 해당 지역으로 위치하게 됩니다.

> **Tip**
>
> 좌측 상단의 [Map]을 선택하면 지도로 볼 수 있습니다.

6 마우스 휠을 위/아래로 돌려 지도 또는 지형 화면을 확대/축소하고 마우스 왼쪽 버튼을 클릭한 상태로 드래그하여 모델이 위치할 지역을 선택합니다. [Select Region]을 클릭하면 다음과 같이 범위가 설정됩니다.

7 사각 모서리에 있는 파란색 핀을 클릭하고 드래그하여 좀 더 정확한 위치를 설정한 후 [Grab]을 클릭합니다. 자동으로 해당 위치의 국가명과 위치, 정확한 위도(latitude)와 경도(longitude)가 표시됩니다. [Model Info] 창 하단의 [Set Manual Location...]을 클릭합니다.

8 위에 적혀있던 상세정보를 수동으로 수정할 수 있는 창이 나타납니다. [Set Manual Geo-location] 창에서 원하는 부분을 수정한 후, [OK]를 클릭합니다. UTC도 자동으로 [UTC+08:00]으로 바뀐 것을 확인할 수 있습니다.

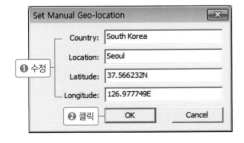

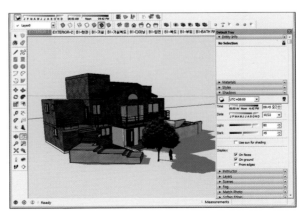

9   Light는 빛을 받는 곳의 밝기를 조절할 수 있습니다. Light를 '30'으로 줄인 모습과 '90'으로 올린 모습을 비교해 보면 다음과 같이 건물의 빛을 받는 곳의 밝기가 다른 것을 볼 수 있습니다.

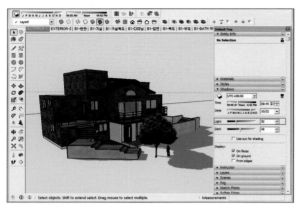

Light 값이 '30'일 때

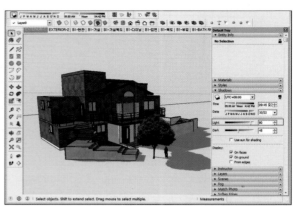

Light 값이 '90'일 때

10   Dark는 그림자와 모델링 전체의 밝기를 조절할 수 있습니다. Dark를 '30'으로 줄인 모습과 '70'으로 올린 모습을 비교해 보면 아래와 같이 그림자의 밝기가 다른 것을 볼 수 있습니다.

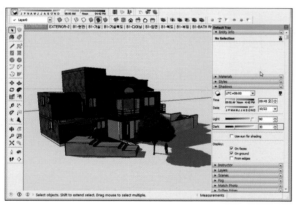

Dark 값이 '30'일 때

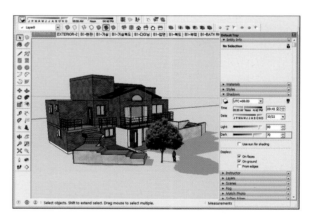

Dark 값이 '70'일 때

11 'Use sun for shading' 기능을 알아보기 위해 Light 값은 '80', Dark 값은 '45'로 설정하고 Show/ Hide Shadows(그림자 보이기/숨기기) 도구를 클릭하여 그림자를 숨깁니다. 'Use sun for shading' 기능에 ☑ 표시를 하면, 그림자를 숨긴 상태에서도 빛을 받는 부분은 밝게, 빛을 받지 않는 부분은 어둡게 표현할 수 있습니다. ☑ 표시 여부에 따른 변화를 아래의 그림으로 확인할 수 있습니다.

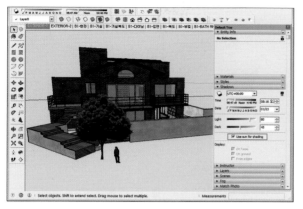
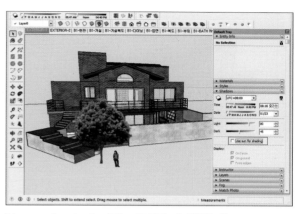

'Use sun for shading'에 ☑ 표시를 하였을 때   'Use sun for shading'에 ☑ 표시를 해제했을 때

12 Display의 'On faces' 기능을 알아보기 위해 Orbit(궤도) 도구와 Pan(상하/좌우 이동) 도구를 이용하여 화면을 다음과 같이 맞춥니다. Time은 '03:10 오후', Date는 '07/15'로 설정하고, Show/Hide Shadows(그림자 보이기/숨기기) 도구를 클릭하여 그림자를 보이도록 합니다. 'On faces' 기능에 ☑ 표시를 하면 모델링 면에 그림자를 표현할 수 있고, ☑ 표시를 해제하면 면에는 그림자가 생기지 않는 것을 볼 수 있습니다. ☑ 표시 여부에 따른 변화를 아래 그림으로 확인할 수 있습니다.

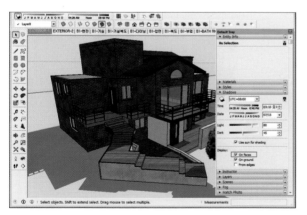

'On faces'에 ☑ 표시를 했을 때   'On faces'에 ☑ 표시를 해제했을 때

13 Display의 'On ground' 기능을 알아보기 위해 Zoom(확대/축소) 🔍 도구를 이용하거나 마우스의 휠을 움직여 화면을 다음과 같이 맞춥니다. 'On ground' 기능에 ☑ 표시를 하면 대지 면에 그림자를 표현할 수 있고, ☑ 표시를 해제하면 대지에 그림자가 생기지 않는 것을 볼 수 있습니다. ☑ 표시 여부에 따른 변화를 아래의 그림으로 확인할 수 있습니다. 대지는 Z축을 기준으로 표현됩니다.

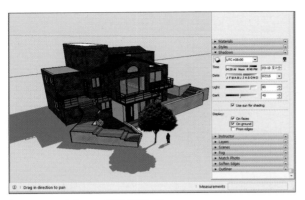

'On ground'에 ☑ 표시를 했을 때

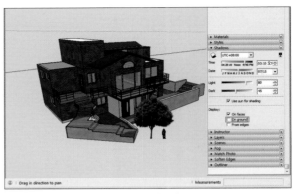

'On ground'에 ☑ 표시를 해제했을 때

14 Display의 'From Edges' 기능을 알아보기 위해 [옥탑 ISO-1] 탭을 클릭합니다. Orbit(궤도) 🔄 도구와 Pan(상하/좌우 이동) ✎ 도구를 이용하여 화면을 다음과 같이 맞춥니다. Show/Hide Shadows(그림자 보이기/숨기기) 🔘 도구를 클릭하여 그림자를 보이도록 합니다. 'From Edges' 기능에 ☑ 표시를 하면 옥상에 선의 그림자를 표현할 수 있고, ☑ 표시를 해제하면 선의 그림자가 생기지 않는 것을 볼 수 있습니다. ☑ 표시 여부에 따른 변화를 아래 그림으로 확인할 수 있습니다.

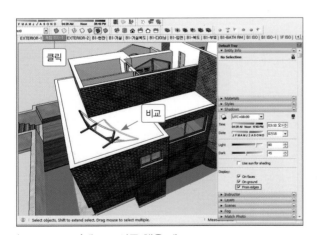

'From Edges'에 ☑ 표시를 했을 때

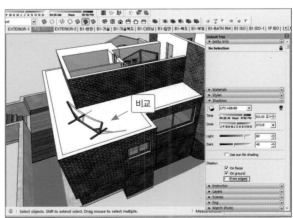

'From Edges'에 ☑ 표시를 해제했을 때

선의 그림자 다시 표현해보기

◉ **예제파일** 부록CD/파트1/11장/11_QA_Q.skp ◉ **완성파일** 부록CD/파트1/11장/11_QA_A.skp

모델링을 할 때 선의 그림자를 표현하기 위해 'From Edges' 기능을 다시 설정해보겠습니다.

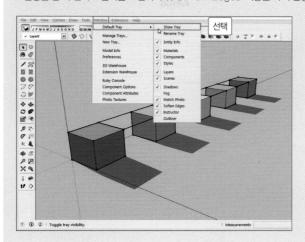

1 [File]-[Open]을 선택한 후, '11_QA_Q.skp' 파일을 엽니다. 그림자 설정 옵션을 알아보기 위해 [Window]-[Default Tray]-[Show Tray]를 선택합니다.

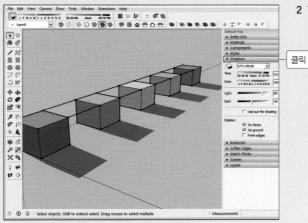

2 Tray 중 [Shadows]를 선택하여 엽니다.

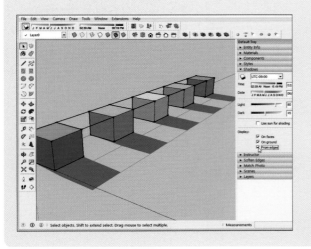

3 그림자의 옵션 중 'From Edges' 기능에 ☑ 표시를 하면 선의 그림자도 표현할 수 있습니다.

Section 071

그림자의 날짜를 설정하는 [Date] 도구

Date(날짜) `J F M A M J J A S O N D` 도구는 바를 움직이는 것만으로도 쉽게 그림자가 생기는 날짜를 설정할 수 있어 미리 시뮬레이션하기 편리합니다. 상세하고 정확히 설정하려면 [Window]-[Default Tray]-[Show Tray]를 열어 [Shadows] 메뉴의 상세 내용에서 설정할 수 있습니다.

◎ **예제파일** 부록CD/파트1/11장/11_067_전원주택.skp ◎ **완성파일** 부록CD/파트1/11장/11_067_전원주택_date_결과.skp

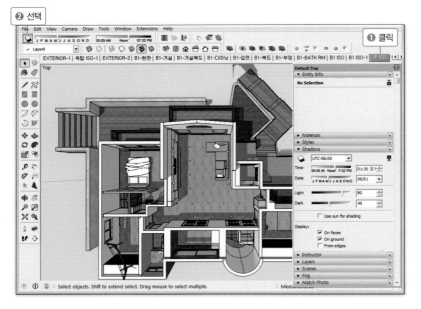

1 '11_067_전원주택.skp' 파일을 열고 [1F ISO] 탭을 클릭합니다. Show/Hide Shadows(그림자 보이기/숨기기) 도구를 선택하면 그림자를 보여줍니다.

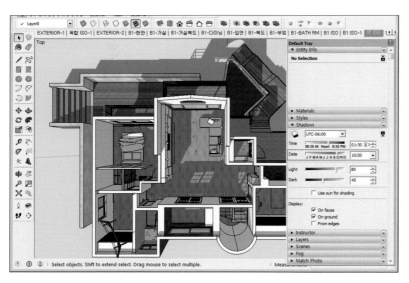

2 Date(날짜) `J F M A M J J A S O N D` 도구 또는 [Shadows] 메뉴의 Date의 값을 '10/20'으로 설정하여 그림자의 방향과 크기의 변화를 확인합니다.

> **Tip**
> 실시간으로 현재 시각에 따라 달라지므로 책의 그림자와 다를 수 있습니다

그림자의 시간을 설정하는 [Time] 도구

Section 072

Time(시간) [06:43 AM Noon 04:45 PM] 도구는 바를 움직이는 것만으로도 쉽게 그림자가 생기는 시간을 설정할 수 있어 미리 시뮬레이션하기 편리합니다. Noon(정오)를 기준으로 하여 UST 시간값에 따라 오전 일출시부터 오후 일몰시는 계속 변화하여 달라집니다. 상세하고 정확히 설정하고자 하면 위의 기능에서 살펴본 것과 같이 [Window]-[Default Tray]-[Show Tray]를 열어 [Shadows] 메뉴의 상세 내용에서 설정할 수 있습니다.

◉ **예제파일** 부록CD/파트1/11장/11_068_전원주택.skp　◉ **완성파일** 부록CD/파트1/11장/11_068_전원주택_time_결과.skp

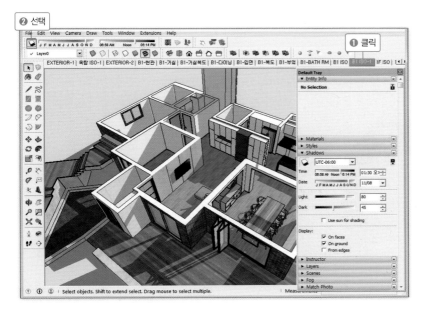

1 '11_068_전원주택.skp' 파일을 열고 [B1 ISO-1] 탭을 클릭합니다. Show/Hide Shadows(그림자 보이기/숨기기) 도구를 선택하여 그림자를 보여줍니다.

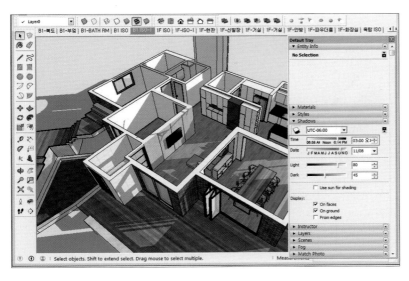

2 Time(시간) [06:43 AM Noon 04:45 PM] 도구 또는 [Shadows] 메뉴의 Time의 값을 '03:00 오후'로 설정하여 그림자의 방향과 크기의 변화를 확인합니다.

실시간으로 현재 시각에 따라 달라지므로 책의 그림자와 다를 수 있습니다

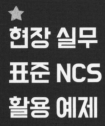

현장 실무 표준 NCS 활용 예제

내부 인테리어 모델링에 다양한 그림자 설정해 보기

11장에서 습득한 Shadows 도구들을 내부 인테리어 모델링에 적용해보며 기능을 확인해 봅니다.

NCS 활용 예제 실습 목표 그림자를 설정하기 위해 Hide Shadow(그림자 보이기/숨기기) 🔲 도구의 사용법을 적용해보고 [Window]-[Default Tray]-{Show Tray}를 선택하여 다양한 그림자 설정 옵션을 사용해봅니다. 그림자를 자연스럽게 설정하기 위해 날짜, 시간을 조정하여 그림자의 방향을 바꾸어 보며 자유자재로 활용해봅니다.

◎ **예제파일** 부록CD/파트1/11장/11_활용.skp ◎ **완성파일** 부록CD/파트1/11장/11_활용_결과.skp

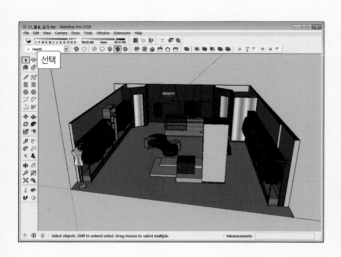

1 '11_활용.skp' 파일을 엽니다. Show/Hide Shadows(그림자 보이기/숨기기) 🔲 도구를 선택하여 그림자를 보여줍니다.

Tip

이후 모든 결과 이미지는 UTC, Time, Date의 값에 따라 다를 수 있습니다.

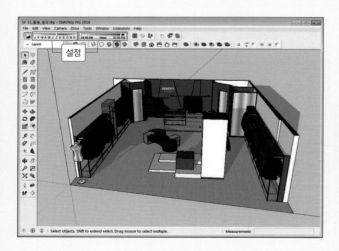

2 Date(날짜) `JFMAMJJASOND` 도구와 Time(시간) `06:43 AM Noon 04:45 PM` 도구의 바를 조정하며 그림자의 방향을 바꾸어 봅니다.

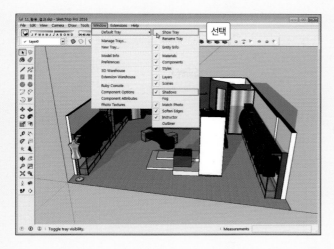

3 그림자 설정 옵션을 알아보기 위해 [Window]-[Default Tray]를 선택합니다. [Shadows]에 ☑ 표시가 되어 있는지 확인한 후 [Show Tray]를 선택합니다.

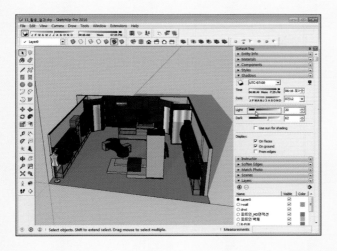

4 Tray 중 [Shadows]를 선택하여 엽니다. Light를 '20'으로 줄여 빛을 받는 곳의 밝기를 줄여봅니다. 인테리어 내부의 빛을 받는 곳과 그림자의 차이가 많이 줄어든 것을 확인할 수 있습니다.

> **Tip**
> 이후의 결과 이미지들은 UTC-07:00, Time은 06:16 오후, Date는 07/12일 때, 다음의 그림과 같은 결과가 나올 수 있으며, 다른 상황일 때의 결과물은 다를 수 있습니다.

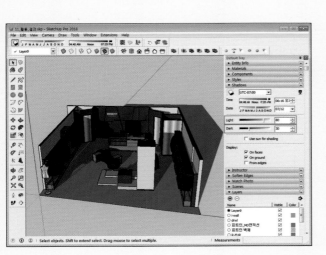

5 Light를 '80'으로 올리고, Dark를 '30'으로 줄여 밝기의 차이를 살펴봅니다.

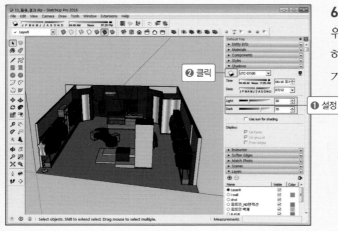

6 'Use sun for shading' 기능을 알아보기 위해 Light 값은 '30', Dark 값은 '70'으로 설정하고, Show/Hide Shadows(그림자 보이기/숨기기) 도구를 클릭하여 그림자를 숨깁니다.

❷ 클릭

❶ 설정

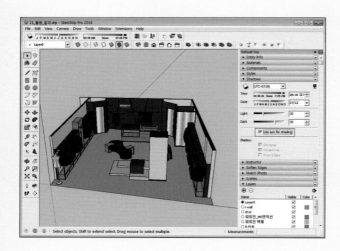

7 'Use sun for shading' 기능에 ☑ 표시를 하면 그림자를 숨긴 상태에서도 모델링에 빛이 비춰지는 표현을 할 수 있습니다.

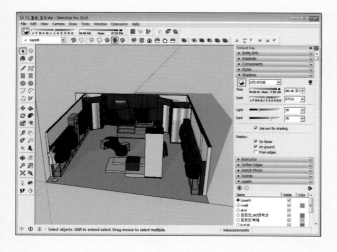

8 Show/Hide Shadows(그림자 보이기/숨기기) 도구를 클릭하여 그림자를 보이도록 합니다.

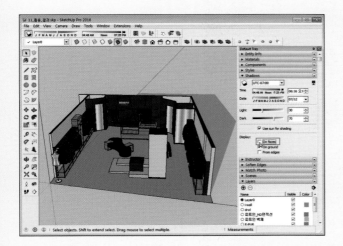

9 'On faces' 기능에 ☑ 표시를 해제하면 면에
는 그림자가 생기지 않는 것을 볼 수 있습니다.

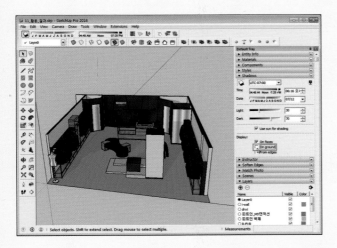

10 다시 'On faces' 기능에 ☑ 표시를 하고,
'On ground' 기능에 ☑ 표시를 해제하면 대지에
그림자가 생기지 않는 것을 볼 수 있습니다.

Chapter 12

오브젝트의 결합을
표현하는 [Solid Tools]
툴바 익히기

Solid Tools는 교차된 객체를 합치거나 삭제, 분할하는 도구입니다. 객체들의 교차 부분을 삭제하여 외부 면만 남기거나, 객체들을 결합하거나, 하나의 객체에서 객체들의 교차 부분만 삭제하거나, 객체들의 교차된 부분과 나머지 객체들을 분리하는 등의 오브젝트 결합을 표현하는 여러 가지 도구에 대해 알아봅니다.

객체들의 교차 부분을 삭제하여 외부 면만 남기는 [Outer Shell] 도구

Outer Shell(외부 쉘) 🔳 도구는 선택한 객체들의 교차 부분을 삭제하여 외부 면만 남길수 있습니다. Union(결합) 🔳 도구는 선택한 객체들을 합치는데 반해 Outer Shell(외부 쉘) 🔳 도구는 내부요소를 삭제하고, 가장 바깥쪽 면(껍질)만 남깁니다. 외부만 만드는 3D 프린터에 유용하게 사용할 수 있습니다.

○ **예제파일** 부록CD/파트1/12장/12_069.skp ○ **완성파일** 부록CD/파트1/12장/12_069_결과.skp

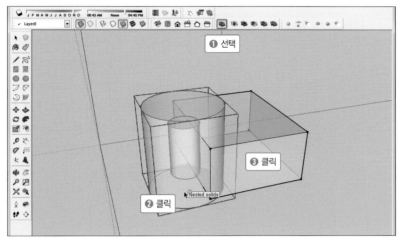

1 '12_069.skp' 파일을 엽니다. Outer Shell(외부 쉘) 🔳 도구를 선택한 후 마우스를 오브젝트들의 위로 움직이면 ①'Nested solids'라는 툴팁이 마우스포인터에 따라다니며 첫 번째 오브젝트를 선택하게 됨을 알려줍니다. 첫 번째 오브젝트로 원기둥을 클릭합니다. ②'Solid Component'가 나오면 정육면체를 클릭합니다.

위의 예제는 작은 원기둥을 품은 큰 원기둥이 하나의 컴포넌트로 묶여 있기 때문에 'Nested solids'라는 툴팁이 나옵니다. 단일 컴포넌트일 경우에는 원 문자 ①과 'Solid Component'라는 툴팁이 표시됩니다.

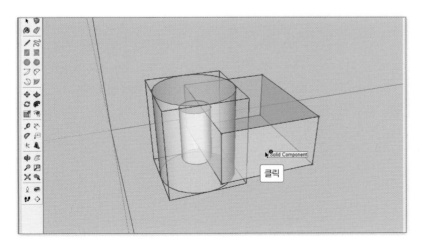

2 처음 파일을 열었을 때와는 달리 교차된 부분들이 합쳐지고 큰 원기둥 안의 작은 원기둥도 사라지며 외부 껍데기만 남은 것을 확인할 수 있습니다.

객체들의 교차 부분만 남기는 [Intersect] 도구

Intersect(교차) 도구는 선택된 객체들의 교차된 부분만 남기고 나머지는 삭제하는 기능을 갖고 있습니다. 교집합만 남긴다고 생각하면 이해하기 쉽습니다.

◉ **예제파일** 부록CD/파트1/12장/12_070.skp　◉ **완성파일** 부록CD/파트1/12장/12_070_결과.skp

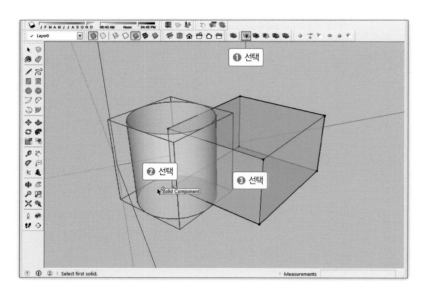

1 '12_070.skp' 파일을 엽니다. Intersect(교차) 도구를 선택한 후 마우스를 오브젝트들의 위로 움직이면 ①'Solid Component'가 마우스 포인터에 따라다니며 첫 번째 오브젝트를 선택하게 됨을 알려줍니다. 첫 번째 오브젝트로 원기둥을 클릭합니다. ②'Solid Component'가 따라다니면 정육면체를 클릭합니다.

> **Tip**
> 교차된 결과물의 면의 색을 확인하고자 오브젝트에 색을 표현했습니다.

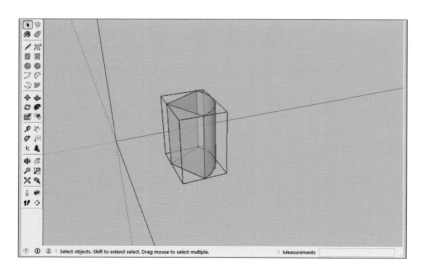

2 교차된 부분만 남고 나머지 부분들이 삭제되었음을 확인할 수 있습니다. 교차된 부분의 면 색은 그림과 같이 오브젝트 외부 면의 색이 입혀집니다.

객체들을 결합하는 [Union] 도구

Section 075

Union(결합) 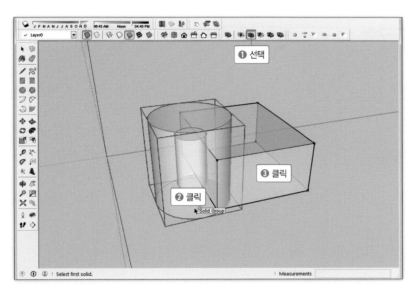 도구는 두 번째 선택한 객체에서 첫 번째 선택한 객체와 교차되는 부분을 삭제하고, 첫 번째 선택한 객체는 그대로 유지하고 두 번째 선택한 객체에서는 교차되는 부분 이외의 나머지는 유지하는 기능입니다. Outer Shell(외부 쉘) 도구와의 설명에서의 차이점을 숙지하면 좋습니다.

◉ **예제파일** 부록CD/파트1/12장/12_071.skp　◉ **완성파일** 부록CD/파트1/12장/12_071_결과.skp

---

1 '12_071.skp' 파일을 엽니다. Union(결합) 도구를 선택한 후 마우스를 오브젝트들 위로 움직여 ①'Solid Group'이라는 툴팁이 따라다니면 원기둥을 클릭합니다. 그 후 정육면체를 클릭합니다.

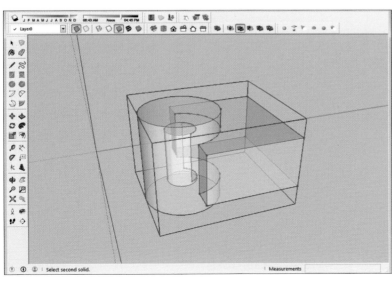

2 처음 파일을 열었을 때와는 달리 교차된 부분들이 합쳐지고 큰 원기둥 안의 작은 원기둥에서도 교차된 부분만 사라지며 합쳐진 것을 확인할 수 있습니다.

객체들의 교차된 부분과 하나의 객체를 함께 삭제하는 [Subtract] 도구

Subtract(빼기) 🖼 도구는 두 번째 선택한 객체에서 첫 번째 선택한 객체와 교차되는 부분을 삭제하고, 두 번째 선택한 객체의 나머지는 유지하는 기능을 갖고 있습니다.

○ 예제파일 부록CD/파트1/12장/12_072.skp ○ 완성파일 부록CD/파트1/12장/12_072_결과.skp

01 Subtract(빼기) 도구를 먼저 선택한 후 오브젝트 선택하기

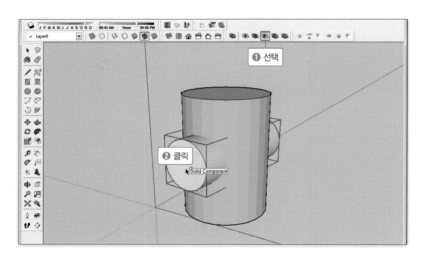

1 '12_072.skp' 파일을 엽니다. Subtract(빼기) 🖼 도구를 선택한 후 마우스를 오브젝트들의 위로 움직이면 '①Solid Component'라는 툴팁이 나타나면 첫 번째 오브젝트로 작은 원기둥을 클릭합니다.

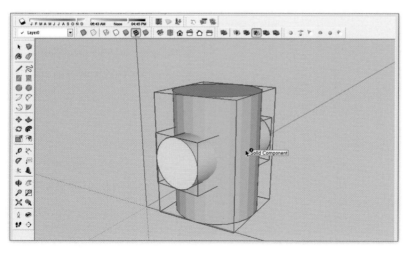

2 첫 번째 오브젝트를 선택한 후, 마우스를 오브젝트들의 위로 움직이면 '②Solid Component'이라는 툴팁이 나타나면 두 번째 오브젝트로 큰 원기둥을 클릭합니다.

3 두 번째로 선택한 큰 원기둥에서 첫 번째로 선택한 작은 원기둥이 교차된 부분들이 삭제된 상태로 큰 원기둥만 남겨진 것을 확인할 수 있습니다.

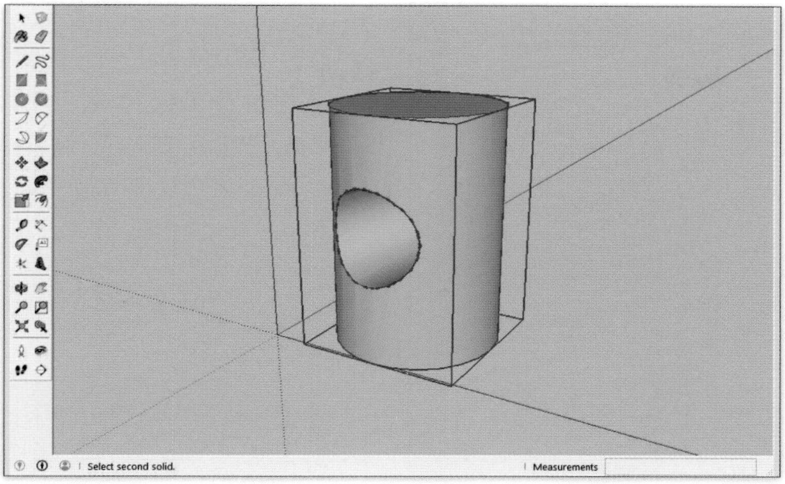

Tip

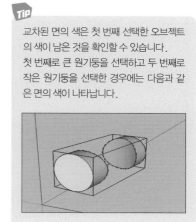

교차된 면의 색은 첫 번째 선택한 오브젝트의 색이 남은 것을 확인할 수 있습니다.
첫 번째로 큰 원기둥을 선택하고 두 번째로 작은 원기둥을 선택한 경우에는 다음과 같은 면의 색이 나타납니다.

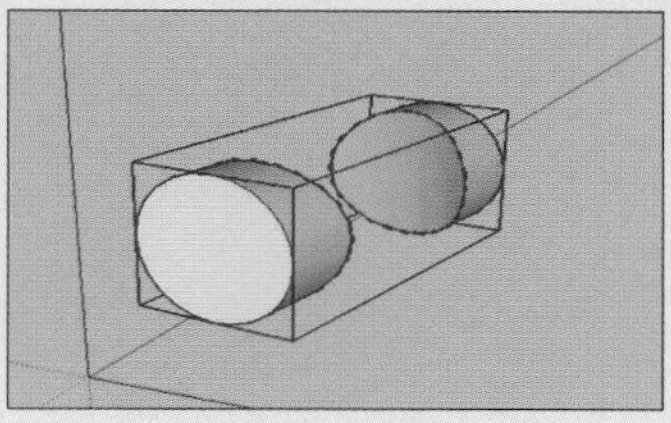

4 Orbit(궤도) 도구로 화면을 움직여 구멍이 뚫려진 것을 확인해 봅니다.

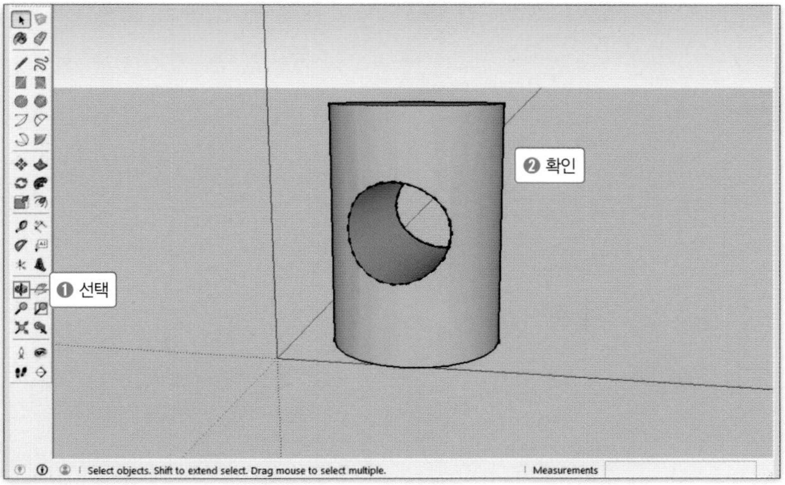

Tip

X-Ray 도구를 선택하여 투시된 모습을 보면 다음과 같습니다.

Subtract(빼기) 전 모습

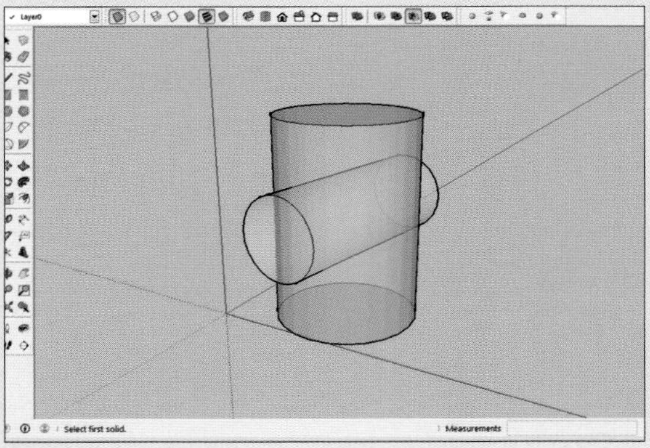

Subtract(빼기) 후 모습

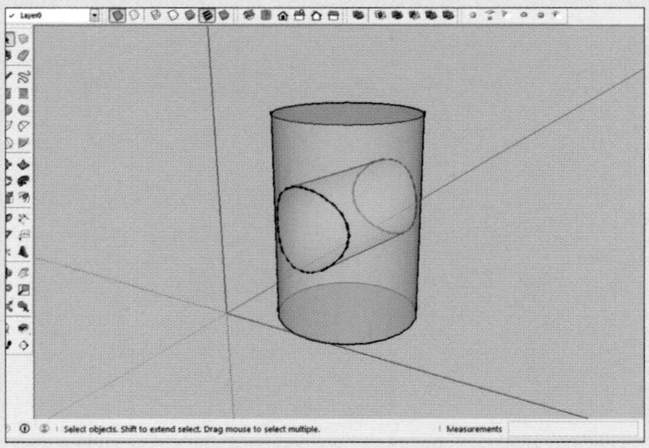

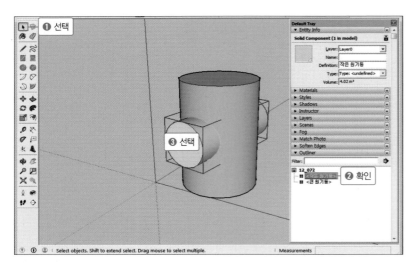

1 '12_072.skp' 파일을 다시 엽니다. [Window]-[Default Tray]-[Show Tray]를 클릭하고 [Outliner] 탭을 열면 두 컴포넌트의 이름을 확인할 수 있습니다.

> **TIP**
> [Outliner] 탭에서 〈작은 원기둥〉이라는 컴포넌트 이름을 클릭해도 동일합니다.

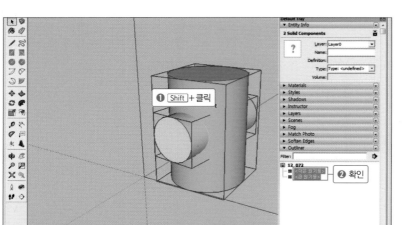

2 Shift를 누른 상태로 두 번째 오브젝트인 큰 원기둥을 선택합니다.

> **TIP**
> Shift를 누른 상태로 [Outliner] 탭에서 〈큰 원기둥〉이라는 컴포넌트 이름을 클릭해도 동일합니다.

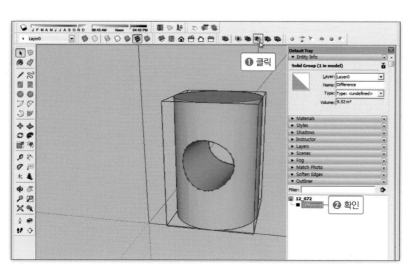

3 두 오브젝트가 선택된 상태에서 Subtract(빼기) 도구를 클릭하면 큰 원기둥과 작은 원기둥이 교차된 부분들이 삭제된 상태로 큰 원기둥만 남겨지며 컴포넌트의 이름이 'Difference'로 바뀌는 것을 확인할 수 있습니다.

Section 077

하나의 객체에서 객체들의 교차 부분만 삭제하는 [Trim] 도구

Trim(교차부분 잘라내기) 🐾 도구는 두 번째 선택한 객체에서 첫 번째 선택한 객체와 교차되는 부분을 두 번째 객체에서 삭제하여 첫 번째 선택한 객체는 그대로 유지하고, 두 번째 선택한 객체에서는 교차되는 부분 이외의 나머지는 유지하는 기능을 갖고 있습니다.

◉ **예제파일** 부록CD/파트1/12장/12_073.skp ◉ **완성파일** 부록CD/파트1/12장/12_073_결과.skp

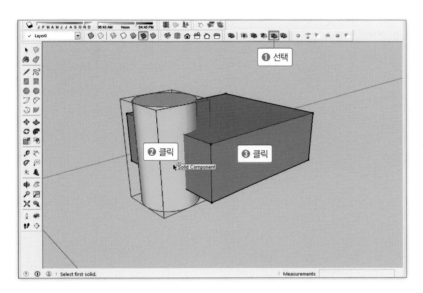

1 '12_073.skp' 파일을 엽니다. Trim(교차부분 잘라내기) 🐾 도구를 선택한 후 오브젝트들의 위로 움직여 ①'Solid Component'가 마우스 포인터에 따라다니면 원기둥을 클릭합니다. 그 후 정육면체를 클릭합니다.

> **Tip**
> 교차된 결과물의 면의 색을 확인하기 위해 오브젝트에 색을 표현했습니다.

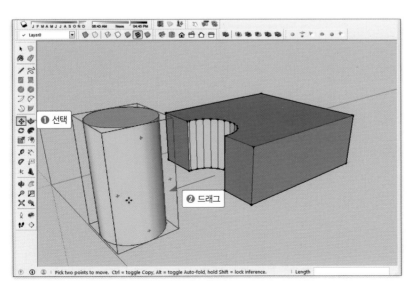

2 Move(이동) ✤ 도구를 선택하고, 원기둥을 드래그하여 옆으로 옮기면 두 번째로 선택했던 정사각형에서 교차된 부분만 삭제됩니다. 교차된 부분의 면의 색은 첫 번째로 선택했던 오브젝트의 색이 입혀집니다.

객체들의 교차된 부분과 나머지 객체들을 분리하는 [Split] 도구

Split(분할)  도구는 객체들의 교차된 부분과 첫 번째 객체에서 교차 부분을 제외한 나머지 부분, 두 번째 객체에서 교차 부분을 제외한 나머지 부분을 모두 분리시켜주는 기능을 갖고 있습니다.

◉ **예제파일** 부록CD/파트1/12장/12_074.skp   ◉ **완성파일** 부록CD/파트1/12장/12_074_결과.skp

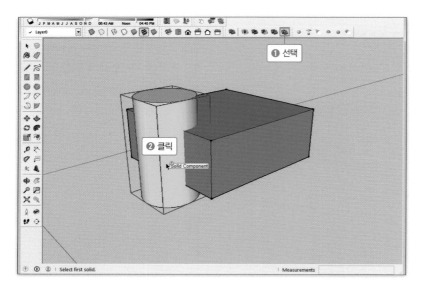

1 '12_074.skp'를 엽니다. Intersect(교차)  도구를 선택한 후 마우스를 오브젝트들의 위로 움직여 ①'Solid Component'라는 툴팁이 나타나면 첫 번째 오브젝트로 원기둥을 클릭합니다.

Tip

X-Ray 도구를 선택하기 전의 모습은 변화가 없어 보이지만, X-Ray 도구를 선택하여 확인해 보면 다음과 같이 분할되었음을 확인할 수 있습니다.

X-Ray 도구를 선택하기 전 모습

X-Ray 도구를 선택하여 본 모습

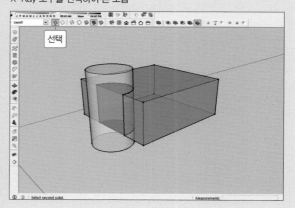

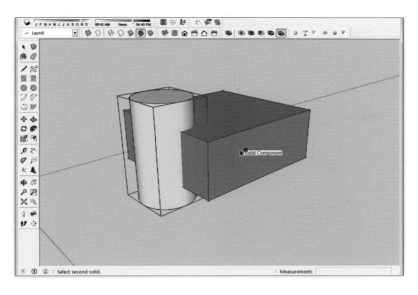

2 첫 번째 오브젝트를 선택한 후 마우스를 오브젝트들의 위로 움직여 원문자 ②'Solid Component'라는 툴팁이 나타나면 두 번째 오브젝트로 정육면체를 클릭합니다.

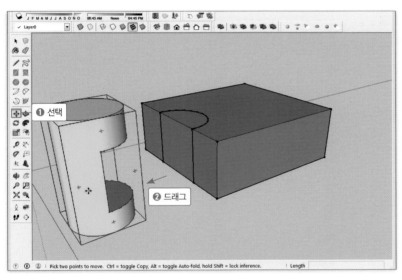

3 Move(이동) ✥ 도구로 원기둥을 드래그하여 옆으로 옮기면 첫 번째로 선택했던 원기둥에서 교차된 부분이 삭제되고 나머지 부분이 남아 있습니다. 정육면체에서도 교차된 부분이 분할되었음이 선으로 표현됩니다.

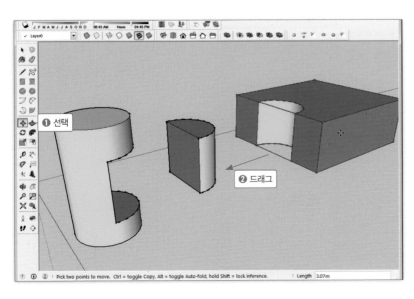

4 분할된 객체들을 더욱 확실하게 보기 위해 Move(이동) ✥ 도구를 선택하고 정육면체를 클릭하여 옆으로 옮깁니다. 두 번째로 선택했던 정사각형에서 교차된 부분만 삭제되고 교차된 부분은 하나의 오브젝트가 되어 있음을 확인할 수 있습니다. 교차된 부분의 면의 색은 교차된 오브젝트의 면 색이 입혀집니다.

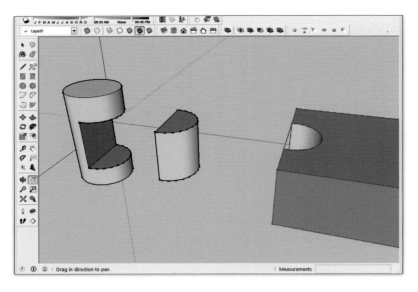

5 Orbit(궤도) 🔄 도구와 Pan(상하/좌우 이동) 🖐 도구를 이용하여 화면의 각도를 바꾸어 다른 면들을 자세히 확인합니다.

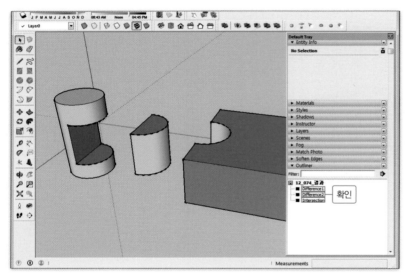

6 컴포넌트들의 이름이 어떻게 바뀌어 있는지 확인해 보기 위해 [Window]-[Default Tray]-[Show Tray]를 클릭하고, [Outliner] 탭을 열면 객체가 3개로 분리된 것을 확인할 수 있습니다.

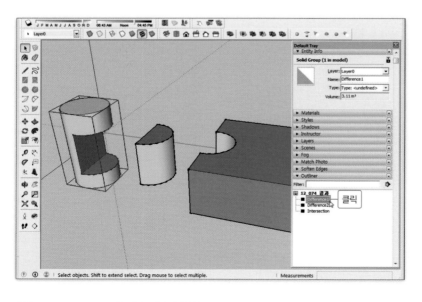

7 [Outliner] 탭에서 첫 번째 'Difference1'을 클릭하면 교차 부분이 삭제된 원기둥이 선택됩니다.

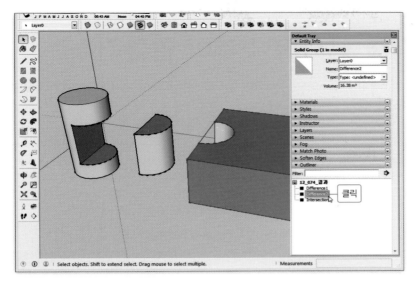

8 두 번째 'Difference2'를 클릭하면 교차 부분이 삭제된 정육면체가 선택됩니다.

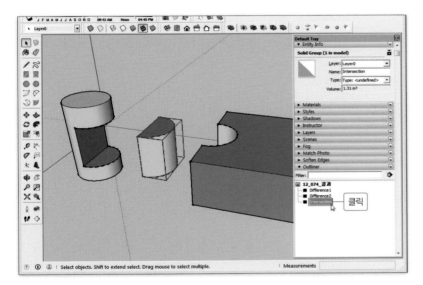

9 세 번째 'Intersection'을 클릭해 보면 교차 부분만 선택됩니다.

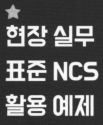

사각틀 모서리 맞추어 만들기

가구나 창틀 등에 유용하게 사용되는 사각 틀의 모서리를 대각선으로 맞추도록 만들며 12장에서 공부한 기능을 활용하는 방법을 알아봅니다.

NCS 활용 예제 실습 목표 앞의 강의에서 숙지한 Rectangle(사각형 그리기) 🔳 도구, Push/ Pull(밀기끌기) 🔶 도구, Paint Bucket(페인트통) 🔷 도구를 이용하여 오브젝트를 만들고 Move(이 동) 🔷 도구를 활용하여 오브젝트를 쉽게 복사합니다. 어떠한 방법으로 Subtract(빼기) 🔲 도구, Trim(교차 부분 잘라내기) 🔲 도구를 이용하여 원하는 모델링을 할 수 있는지 알아봅니다.

◎ **완성파일** 부록CD/파트1/12장/12_활용.skp

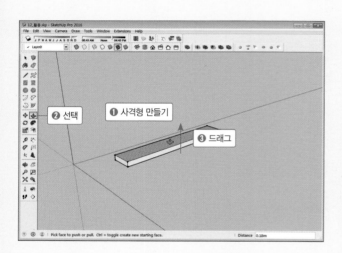

1 Rectangle(사각형) 🔳 도구를 이용하여 긴 사각형을 만듭니다. Push/Pull(밀기끌기) 🔶 도구로 드래그하여 입체로 만듭니다.

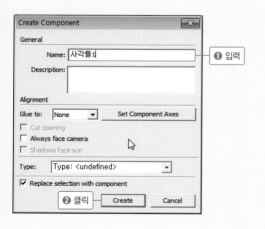

2 Ctrl + A를 눌러 전체를 선택하고 Make Component(컴포넌트 만들기) 🔲 도구를 선택 하여 [Create Component] 창이 나타나면 '사 각틀1'라는 이름을 적고 [Create]를 클릭하여 컴포넌트로 만듭니다.

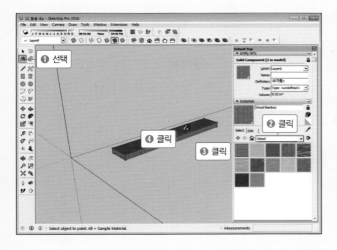

3 Paint Bucket(페인트통) 🔊 도구를 선택하고 'Wood'를 클릭한 후, 원하는 나무색을 선택하고 객체를 클릭하여 색을 입힙니다.

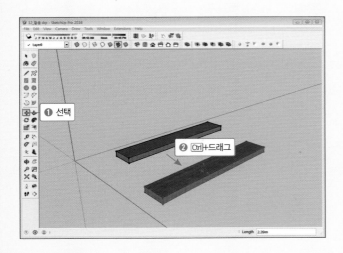

4 Move(이동) ✥ 도구를 선택하고 Ctrl 을 누른 상태로 드래그하여 동일한 객체를 복사합니다.

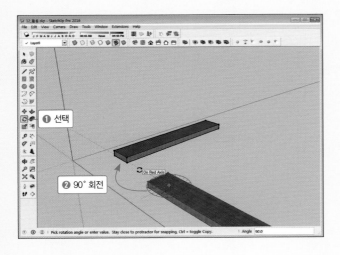

5 Rotate(회전) ⟳ 도구를 선택하여 복사한 객체를 90도로 회전합니다.

6 Top(윗면) 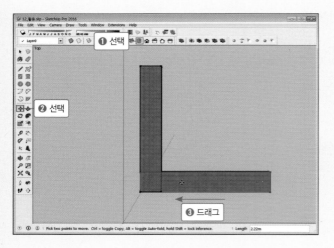 도구를 선택하여 위에서 바라보는 화면으로 전환한 후 Move(이동) 도구를 선택하여 복사한 오브젝트를 첫 번째 오브젝트에 90도로 겹치도록 옮깁니다.

7 Lines(선그리기) 도구를 선택하여 모서리의 끝에서 대각선으로 그리고, Orbit(궤도) 도구로 화면을 전환하며 4면에 선을 그립니다.

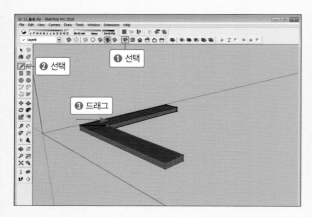

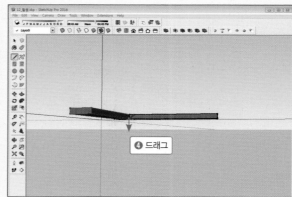

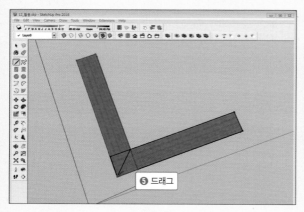

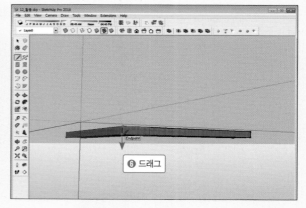

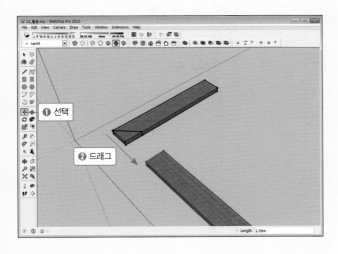

8 Move(이동) ✜ 도구를 선택하여 복사한 오브젝트를 조금 아래로 이동합니다.

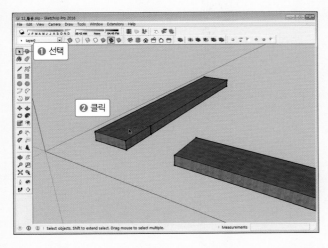

9 Select(선택) ▶ 도구를 선택한 후 대각선을 클릭합니다.

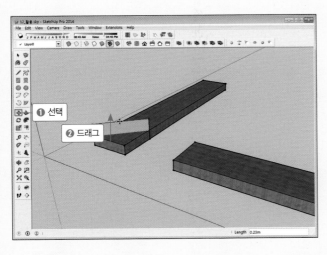

10 Move(이동) ✜ 도구를 선택한 후 드래그하여 위로 조금 올립니다.

11 Orbit(궤도) ⊕ 도구로 화면을 조금 이동한 후 Move(이동) ✤ 도구로 아랫면의 대각선도 조금 드래그하여 면을 만들어 확인합니다.

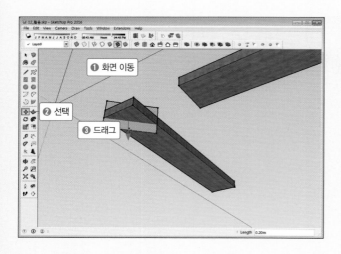

12 Select(선택) ▶ 도구를 선택한 후 사각면 전체를 감싸도록 드래그하여 선택합니다.

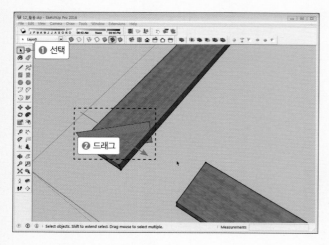

13 Push/Pull(밀기끌기) ♦ 도구로 드래그하며 정육면체로 만들고 사각틀의 모서리를 감싸도록 조금 더 길게 정육면체로 만듭니다.

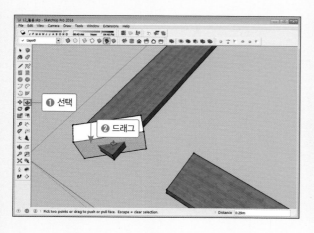
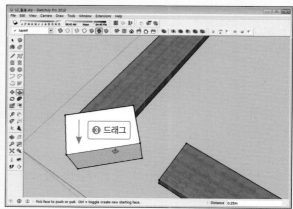

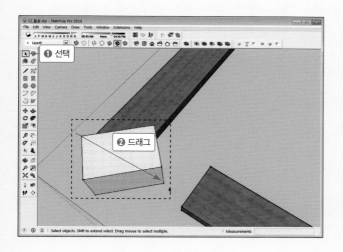

14 Select(선택) ▶ 도구로 정육면체 전체를 드래그하여 선택합니다.

15 Make Component(컴포넌트 만들기) ◉ 도구를 선택한 후 이름에 '커터'라고 입력하고 [Create]를 클릭합니다.

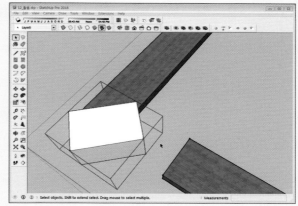

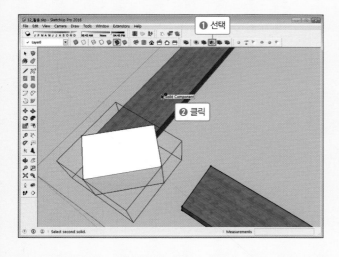

16 Subtract(빼기) ◉ 도구를 선택하고, 첫 번째로 만든 사각틀을 클릭합니다. 대각선의 모서리가 삭제된 것을 확인합니다.

Tip

객체가 선택된 상태에서 Solid Tools의 도구를 선택하면 이미 선택된 객체가 첫 번째 선택한 오브젝트로 인식되어 있어 두 번째 오브젝트만 선택하면 Solid Tools 도구가 실행됩니다.

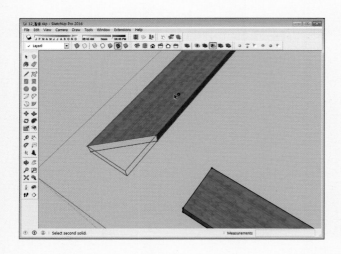

17 대각선의 모서리가 삭제된 것을 확인합니다.

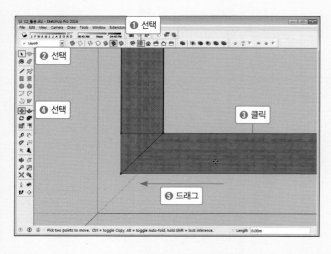

18 Top(윗면) 🔲 도구를 선택하여 화면을 전환하고 Select(선택) ▶ 도구로 복사한 사각틀을 선택한 후 Move(이동) ✛ 도구를 이용하여 첫 번째 사각틀에 겹치도록 이동합니다.

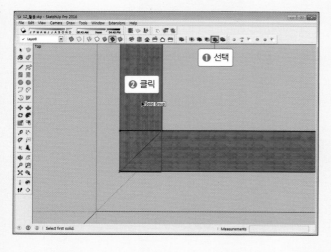

19 배경을 클릭하여 선택해제합니다. Trim(교차부분 잘라내기) 🔳 도구를 선택한 후 첫 번째로 만든 사각틀을 선택합니다.

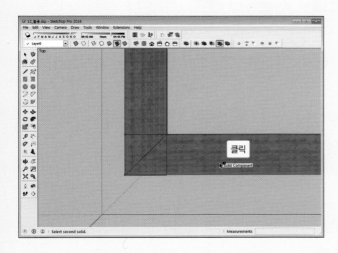

20 복사한 틀을 두 번째 오브젝트로 선택하여
클릭합니다.

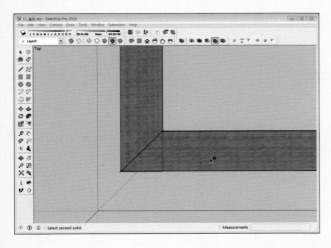

21 두 번째로 선택한 오브젝트에서 교차된 부
분이 삭제된 것을 확인할 수 있습니다.

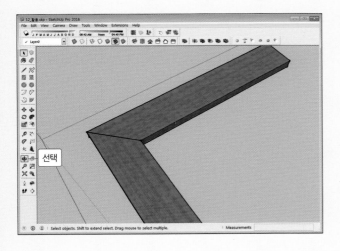

22 Orbit(궤도) ⊕ 도구로 화면을 전환하여 확
인합니다.

Chapter 13

여러 스타일을 클릭 한 번으로 표현할 수 있는 [Styles] 툴바 익히기

스케치업에서는 Styles 툴바를 제공하여 모델들을 여러 가지 스타일로 볼 수 있도록 제공합니다. 작업 중 여러 스타일을 적용하면 작업의 효율성이 높아지며 오류를 쉽게 해결할 수 있습니다. 결과물을 보여줄 때에도 유용하게 사용됩니다. 여러 스타일을 비교하기 편하도록 하나의 파일을 이용하여 알아봅니다.

Section 079

객체의 구조가 보이도록 투명하게 해주는 [X-Ray] 도구

X-Ray(투시선) 🔳 도구를 이용하면 병원에서 X선 촬영을 하였을 때와 같이 모델의 투시된 모습과 선들을 보며 확인할 수 있습니다. Hidden Line(은선) 🔳 도구, Shaded(컬러 입체) 🔳 도구, Shaded With Textures(텍스처 컬러 입체) 🔳 도구, Monochrome(흑백 입체) 🔳 도구는 중복으로 적용하여 사용되나 Back Edges(뒷테두리 점선) 🔳 도구 또는 Wireframe(테두리선) 🔳 도구는 중복으로 사용되지 않습니다.

○ **예제파일** 부록CD/파트1/13장/13_all.skp

1 '13_all.skp' 파일을 엽니다. [상담실] 탭을 클릭하면 다음과 같이 Shaded With Textures(텍스처 컬러 입체) 🔳 도구만 선택된 모습을 볼 수 있습니다.

> **Tip**
> 이 모델에서는 천정 부분이 있어 Show/Hide Shadows(그림자 보이기/숨기기) 🔳도구를 끄면 색이 제대로 표현되지 않을 수 있으므로, Show/Hide Shadows(그림자 보이기/숨기기) 🔳도구가 켜져 있는 상태로 살펴봅니다.

2 Shaded With Textures(텍스처 컬러 입체) 🔳 도구가 선택되어 있는 상태에서 X-Ray(투시선) 🔳 도구를 선택하면 다음과 같이 텍스처와 컬러가 입혀진 입체 상태와 면이 투시된 선의 상태를 동시에 볼 수 있습니다. 투시된 모습들을 보여주기 때문에 상담실뿐 아니라 옆에 연결된 모든 모델까지 볼 수 있습니다.

3   X-Ray(투시선) ▣ 도구가 선택되어 있는 상태에서 Hidden Line(은선) ▢ 도구를 선택하면 다음과 같이 텍스처와 컬러가 숨겨진 입체 상태와 면이 투시된 선의 상태를 동시에 볼 수 있습니다.

4   X-Ray(투시선) ▣ 도구가 선택되어 있는 상태에서 Shaded(컬러 입체) ▣ 도구를 선택하면 다음과 같이 텍스처는 표현되지 않고 컬러는 표현된 입체 상태와 면이 투시된 선의 상태를 동시에 볼 수 있습니다.

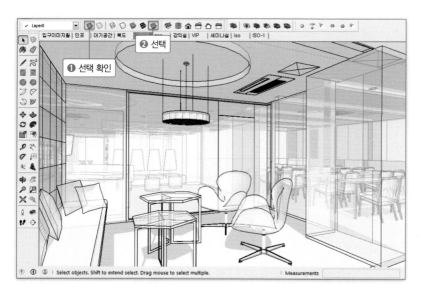

5   X-Ray(투시선) ▣ 도구가 선택되어 있는 상태에서 Monochrome(흑백 입체) ▣ 도구를 선택하면 다음과 같이 텍스처와 컬러는 표현되지 않고 흑백 모드의 입체 상태와 면이 투시된 선의 상태를 동시에 볼 수 있습니다.

Section
080

객체 면 뒤에 가려진 투시선을 점선으로 보여주는 [Back Edges] 도구

Back Edges(뒷테두리 점선) 도구는 마치 수학시간에 입체 도형을 그리며 뒷테두리선은 점선으로 표현하는 것과 같이 모델의 앞의 모습에 보이는 선은 그대로 보여 주며 가려진 테두리선은 점선으로 표현합니다. Hidden Line(은선) 도구, Shaded(컬러 입체) 도구, Shaded With Textures(텍스처 컬러 입체) 도구, Monochrome(흑백 입체) 도구는 중복으로 적용하여 사용되나 X-Ray(투시선) 도구 또는 Wireframe(테두리선) 도구는 중복으로 사용되지 않습니다.

예제파일 부록CD/파트1/13장/13_all.skp

1 '13_all.skp' 파일을 엽니다. Hidden Line(은선) 도구가 선택된 상태에서 Back Edges(뒷테두리 점선) 도구를 선택하면 텍스처와 컬러가 숨겨진 입체와 면이 투시되어 점선으로 표현된 상태를 동시에 볼 수 있습니다. 투시된 모습들을 보여주기 때문에 상담실뿐 아니라 옆에 연결된 모든 모델까지 볼 수 있습니다.

2 Back Edges(뒷테두리 점선) 도구가 선택되어 있는 상태에서 Shaded(컬러 입체) 도구를 선택하면 다음과 같이 텍스처는 표현되지 않고 컬러는 표현된 입체 상태와 면이 투시되어 점선으로 표현된 상태를 동시에 볼 수 있습니다.

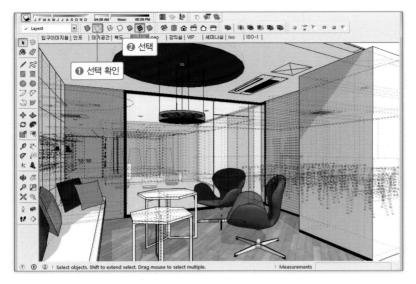

3 Back Edges(뒷테두리 점선) 도구가 선택되어 있는 상태에서 Shaded With Textures(텍스처 컬러 입체) 도구를 선택하면, 그림처럼 텍스처와 컬러가 입혀진 입체 상태와 면이 투시되어 점선으로 표현된 상태를 동시에 볼 수 있습니다.

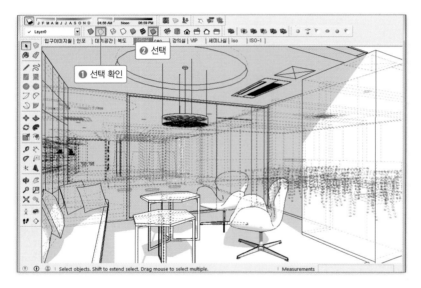

4 Back Edges(뒷테두리 점선) 도구가 선택되어 있는 상태에서 Monochrome(흑백 입체) 도구를 선택하면 다음과 같이 텍스처와 컬러는 표현되지 않고 흑백 모드의 입체 상태와 면이 투시되어 점선으로 표현된 상태를 동시에 볼 수 있습니다.

객체의 면을 숨기고 가장자리 선만 보여주는 [Wireframe] 도구

Wireframe(테두리선) 🖉 도구를 이용하면 마치 철사로 물체를 만드는 공예품을 보는 것과 같이 모델의 모든 모습, 즉 보이는 선과 가려진 선까지도 모두 선으로만 표현합니다. X-Ray(투시선) 🔲 도구, Back Edges(뒷테두리 점선) 🔷 도구, Hidden Line(은선) 🔷 도구, Shaded(컬러 입체) 🔲 도구, Shaded With Textures(텍스처 컬러 입체) 🔲 도구, Monochrome(흑백 입체) 🔲 도구와 모두 중복으로 사용되지 않습니다.

◎ **예제파일** 부록CD/파트1/13장/13_all.skp

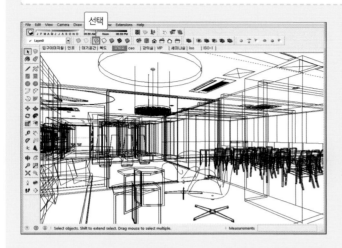

Wireframe(테두리선) 🖉 도구를 선택하면 다음과 같이 텍스처와 컬러가 모두 표현되지 않고, 단지 보이는 선과 가려진 선이 모두 선으로 표현된 모습을 볼 수 있습니다.

객체 면의 텍스처와 컬러가 숨겨진 입체 상태로 외부 선을 보여주는 [Hidden Line] 도구

Hidden Line(은선) 🔷 도구는 모델의 텍스처와 컬러가 숨겨진 입체 상태로 외부 선을 표현합니다. Hidden Line(은선) 🔷 도구만 단독으로 사용할 수 있으며 X-Ray(투시선) 🔲 도구, Back Edges(뒷테두리 점선) 🔷 도구와 중복으로 사용할 수도 있습니다. 그러나 Wireframe(테두리선) 🖉 도구, Shaded(컬러 입체) 🔲 도구, Shaded With Textures(텍스처 컬러 입체) 🔲 도구, Monochrome(흑백 입체) 🔲 도구는 중복으로 사용되지 않습니다.

◎ **예제파일** 부록CD/파트1/13장/13_all.skp

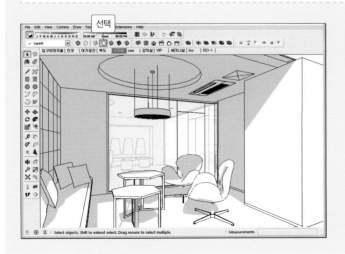

Hidden Line(은선) 🔷 도구를 선택하면 다음과 같이 텍스처와 컬러가 숨겨진 입체 상태로 외부 선만 표현된 모습을 볼 수 있습니다.

객체 면의 텍스처는 표현되지 않고 컬러와 외부 선을 보여주는 [Shaded] 도구

Shaded(컬러 입체) 🔵 도구는 모델의 텍스처는 표현되지 않고 컬러와 외부 선이 표현된 입체 상태를 표현합니다.
Shaded(컬러 입체) 🔵 도구만 단독으로 사용할 수 있으며 X-Ray(투시선) 🔵 도구, Back Edges(뒷테두리 점선) ⬭
도구와 중복으로 사용할 수도 있습니다. 그러나 Wireframe(테두리선) 🔶 도구, Hidden Line(은선) ⬜ 도구, Shaded
With Textures(텍스처 컬러 입체) 🔷 도구, Monochrome(흑백 입체) 🔵 도구는 중복으로 사용되지 않습니다.

◉ 예제파일 부록CD/파트1/13장/13_all.skp

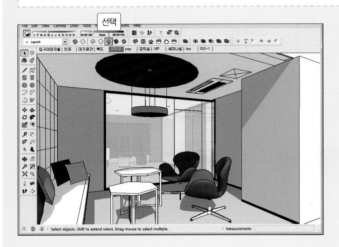

선택

Shaded(컬러 입체) 🔵 도구를 선택하면 다음과 같이 텍스처
는 표현되지 않고 컬러가 표현된 입체 상태와 보이는 외부 선만
표현된 모습을 볼 수 있습니다.

객체 면의 텍스처와 컬러가 입혀진 입체 상태로 외부 선을 보여주는
[Shaded With Textures] 도구

Shaded With Textures(텍스처 컬러 입체) 🔷 도구는 모델의 텍스처와 컬러가 입혀진 입체 상태로 외부 선이 표현
된 입체 상태를 표현합니다. 작업 중이나 새로 파일을 생성하였을 때 기본적으로 설정되는 스타일입니다. Shaded With
Textures(텍스처 컬러 입체) 🔷 도구만 단독으로 사용할 수 있으며 X-Ray(투시선) 🔵 도구, Back Edges(뒷테두리
점선) ⬭ 도구와 중복으로 사용할 수도 있습니다. 그러나 Wireframe(테두리선) 🔶 도구, Hidden Line(은선) ⬜ 도구,
Shaded(컬러 입체) 🔵 도구, Monochrome(흑백 입체) 🔵 도구는 중복으로 사용되지 않습니다.

◉ 예제파일 부록CD/파트1/13장/13_all.skp

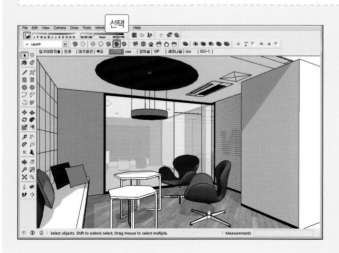

선택

Shaded With Textures(텍스처 컬러 입체) 🔷 도구를 선택
하면 다음과 같이 컬러와 텍스처인 나무 무늬의 바닥재와 W가
표현된 일부 벽면과 외부 선까지 모두 표현된 모습을 볼 수 있습
니다.

객체 면의 텍스처와 컬러는 표현되지 않고 흑백 모드의 입체 상태로
외부 선을 보여주는 [Monochrome] 도구

Monochrome(흑백 입체) ⬡ 도구는 모델의 텍스처와 컬러는 표현되지 않고 흑백 모드의 입체 상태와 외부 선이 표현된 상태를
나타냅니다. Monochrome(흑백 입체) ⬡ 도구만 단독으로 사용할 수 있으며 X-Ray(투시선) ⬡ 도구, Back Edges(뒷테
두리 점선) ⬡ 도구와 중복으로 사용할 수도 있습니다. 그러나 Wireframe(테두리선) ⬡ 도구, Hidden Line(은선) ⬡ 도구,
Shaded(컬러 입체) ⬡ 도구, Shaded With Textures(텍스처 컬러 입체) ⬡ 도구는 중복으로 사용되지 않습니다.

◎ **예제파일** 부록CD/파트1/13장/13_all.skp

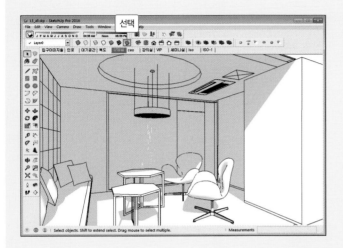

Monochrome(흑백 입체) ⬡ 도구를 선택하면 다음과 같이
텍스처와 컬러는 표현되지 않고 흑백 모드의 입체 상태와 외부
선만 표현된 모습을 볼 수 있습니다.

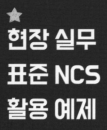

현장 실무 표준 NCS 활용 예제

여러 입체 도형을 만들어 각각의 스타일을 적용해 보기

스타일 적용 시의 모습을 비교해 볼 수 있는 여러 입체 도형들을 만들어 색상과 텍스처를 입히고, 13장에서 공부한 스타일들을 적용해봅니다.

NCS 활용 예제 실습 목표 오브젝트를 만든 후 Move(이동) 💠 도구를 활용하여 오브젝트를 쉽게 복사한 후 Scale(배율) 🔲 도구로 다른 형태의 오브젝트를 만듭니다. Paint Bucket(페인트통) 🖎 도구로 각각의 오브젝트에 색을 입혀 여러 가지 [Styles] 툴바를 적용해 봅니다.

◉ **완성파일** 부록CD/파트1/13장/13_활용.skp

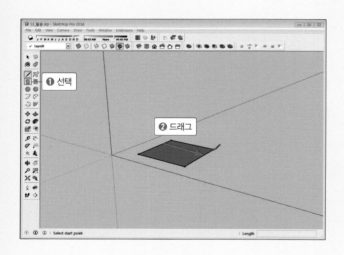

1 Rectangle(사각형) 🔲 도구로 드래그하여 사각형을 그립니다.

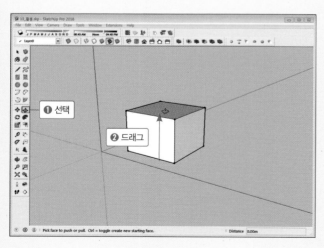

2 Push/Pull(밀기끌기) 🔷 도구로 면을 클릭하고 드래그하여 정육면체로 만듭니다.

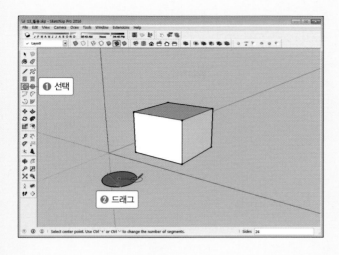

3 Circle(원) 도구로 드래그하여 원을 그립니다.

Tip

전체를 드래그하여 선택하거나 오브젝트를 연속 클릭해도 동일하게 전체가 선택되는 효과가 나타납니다.

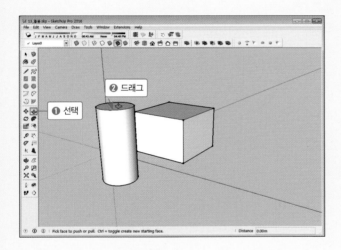

4 Push/Pull(밀기끌기) 도구로 면을 클릭하고 드래그하여 원기둥으로 만듭니다.

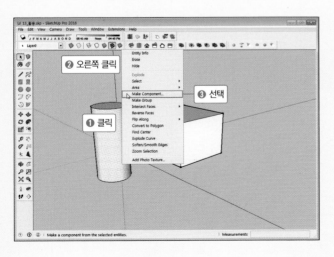

5 원기둥을 이동하기에 편하도록 설정합니다. 원기둥만 선택한 후, 마우스 오른쪽 버튼을 클릭하여 [Make Component…]를 선택합니다.

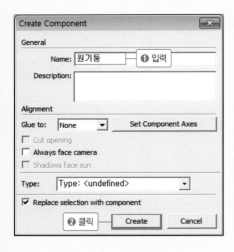

6 [Name]에 '원기둥'을 입력하고 [Create]를 클릭합니다.

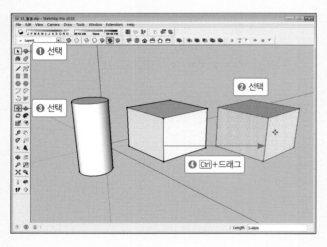

7 Select(선택) ▶ 도구로 정육면체를 전체 드래그하여 선택한 후, Move(이동) ✦ 도구를 선택하고 Ctrl을 누른 상태에서 드래그하여 복사합니다.

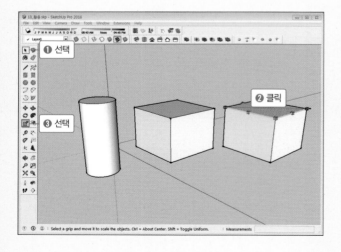

8 Select(선택) ▶ 도구로 복사한 정육면체의 윗면을 선택하고 Scale(배율) ▦ 도구를 선택합니다.

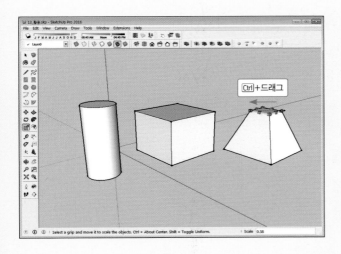

9 기즈모의 모서리를 클릭하고 [Ctrl]을 누른 상태에서 드래그하여 사각뿔을 만듭니다.

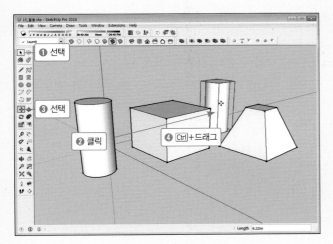

10 Select(선택) 🔲 도구로 원기둥을 선택한 후 Move(이동) 🔀 도구를 선택하고 [Ctrl]을 누른 상태에서 드래그하여 복사합니다.

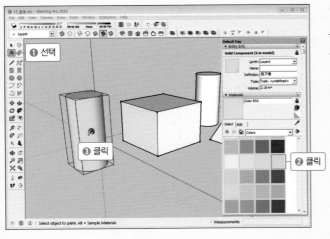

11 Select(선택) 🔲 도구로 원기둥을 선택한 후 Paint Bucket(페인트통) 🖌 도구를 선택하여 원하는 색을 칠합니다.

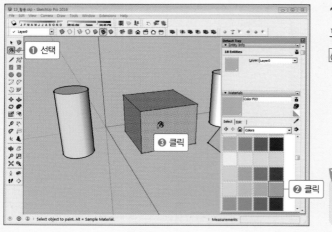

12 Select(선택) ▶ 도구로 정육면체를 전체 드래그하여 선택한 후 Paint Bucket(페인트통) ⑧ 도구를 선택하여 원하는 색을 칠합니다.

> **Tip**
> 입체도형을 세 번 연속 클릭하면 쉽게 도형 전체를 선택할 수 있습니다.

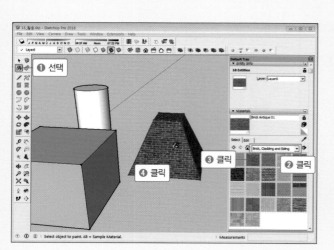
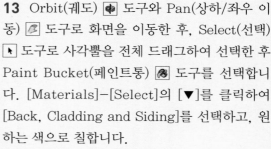

13 Orbit(궤도) ⊕ 도구와 Pan(상하/좌우 이동) ⟨⟩ 도구로 화면을 이동한 후, Select(선택) ▶ 도구로 사각뿔을 전체 드래그하여 선택한 후 Paint Bucket(페인트통) ⑧ 도구를 선택합니다. [Materials]−[Select]의 [▼]를 클릭하여 [Back, Cladding and Siding]를 선택하고, 원하는 색으로 칠합니다.

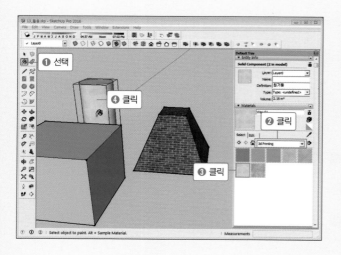

14 Select(선택) ▶ 도구로 복사한 원기둥을 선택한 후 Paint Bucket(페인트통) ⑧ 도구를 선택합니다. [Materials]−[Select]의 [▼]를 클릭하여 [3d Printing]를 선택하고 원하는 색으로 칠합니다.

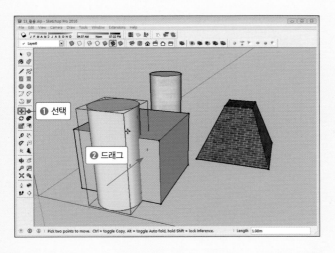

15 겹쳐진 부분에 대한 표현을 알아보기 위해 Select(선택) ▶ 도구로 노란 원기둥을 선택한 후 Move(이동) ✛ 도구를 이용하여 정육면체에 걸치도록 이동합니다.

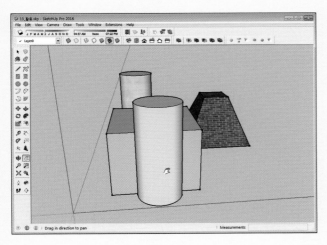

16 가려진 객체의 표현을 비교하기 위해 Orbit(궤도) ✛ 도구와 Pan(상하/좌우 이동) ✋ 도구로 화면을 이동하여 사각뿔과 복사한 원기둥의 일부분이 가려지도록 화면을 이동합니다.

17 다음과 같이 습득한 스타일 도구들을 클릭하며 비교해 봅니다.

Wireframe(테두리선) ⊗ 도구

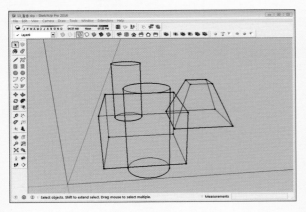

Hidden Line(은선) ◯ 도구

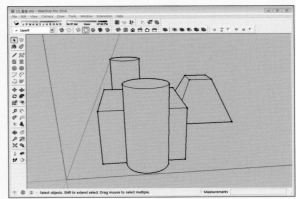

Shaded(컬러 입체) 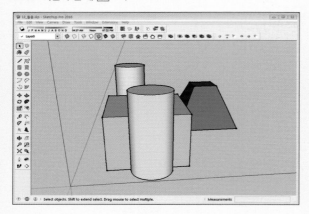 도구

Shaded With Textures(텍스처 컬러 입체) 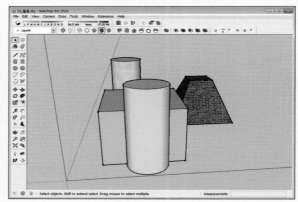 도구

Monochrome(흑백 입체) 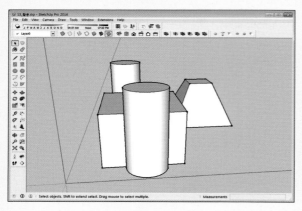 도구

X-Ray(투시선) 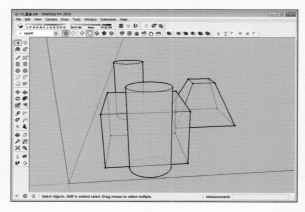 도구 + Hidden Line(은선) 도구

X-Ray(투시선) 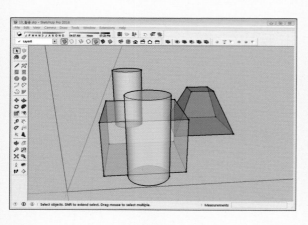 도구 + Shaded(컬러 입체) 도구

X-Ray(투시선) 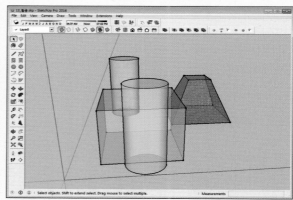 도구 +
Shaded With Textures(텍스쳐 컬러 입체) 도구

X-Ray(투시선) 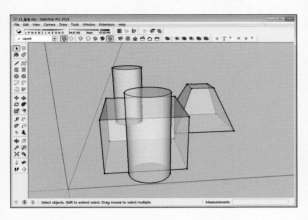 도구 + Monochrome(흑백 입체) 도구

Back Edges(뒷테두리 점선) 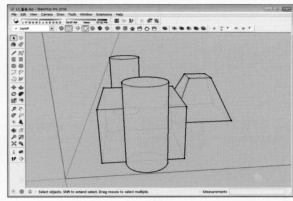 도구 +
Hidden Line(은선) 도구

Back Edges(뒷테두리 점선) 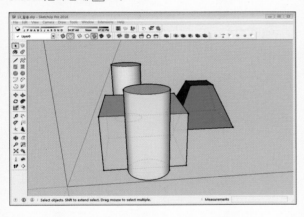 도구 +
Shaded(컬러 입체) 도구

Back Edges(뒷테두리 점선) 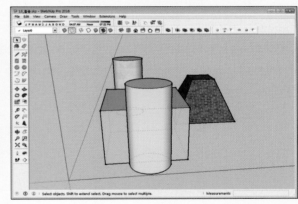 도구 +
Shaded With Textures(텍스쳐 컬러 입체) 도구

Back Edges(뒷테두리 점선) 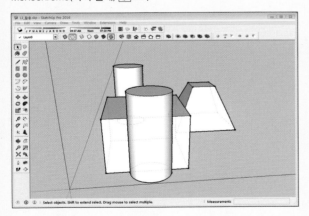 도구 +
Monochrome(흑백 입체) 도구

Part 02

SketchUp으로
실제 모델링
무작정 따라하기

Part 01에서 배운 내용을 기억하면서 먼저 간단한 인테리어 소품과 가구를 만들어 보겠습니다. 바르셀로나 파빌리온과 주택 아이소메트릭, 빌딩 엘리베이터실의 모델링을 반복적으로 따라하다 보면 어렵게 느껴지던 기능을 쉽게 익힐 수 있을 것입니다. 실전 모델링에 도전해 봅시다.

Chapter 01

인테리어
소품 만들기 [초급]

기본적인 소품 만들기를 따라해 본 후 좀 더 고급스러운 소품을 만들기 위해 스케치업의 플러그인 Ruby를 활용해 문과 욕조를 모델링해 봅니다.

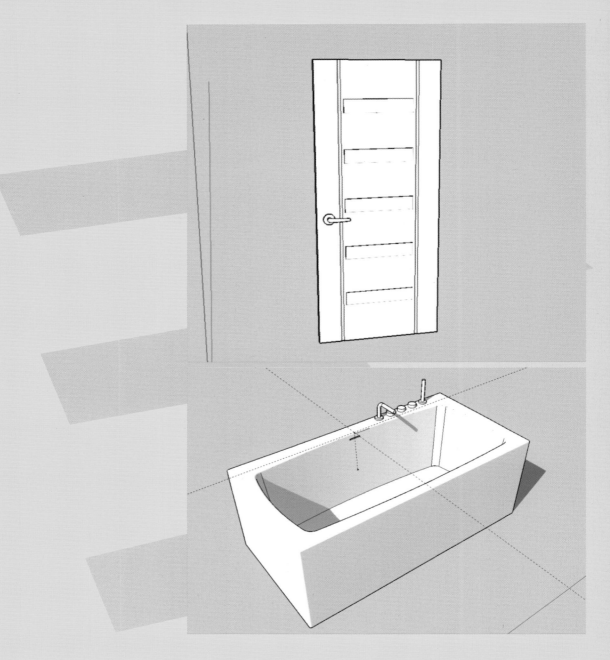

템플릿과 단위 설정하기

Section 081

실제 모델링을 하기 전에 실무에서 작업할 수 있는 최적환경을 만들기 위해 스케치업의 템플릿과 단위를 미리 설정해두는 방법을 알아보겠습니다.

1 스케치업 실행 화면에서 [Template]을 클릭합니다.

2 [Woodworking – Millimeters]를 클릭한 후 선택합니다. [Start using SketchUp]을 클릭합니다.

3 [Architecture Design – Millimeters]는 건물 모델링에 사용되고, [Woodworking – Millimeters]
는 가구와 같은 작은 소품을 만들 때 사용됩니다.

Architecture Design – Millimeters

Woodworking – Millimeters

4 [Template]을 설정하지 않고 스케치업을 실행하였다면 [Window]–[Preference]를 선택한 후
[System Preferences] 창의 [Template]에서 [Woodworking–Millimeters]를 선택하고 [OK]를 클릭합
니다.

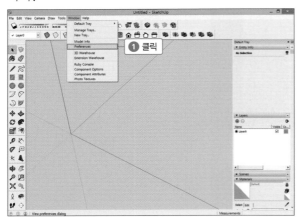

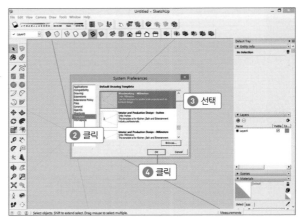

5 [Window]–[Model Info]를 선택한 후 [Model Info] 창에서 [Units]에서 단위를 설정할 수 있으며,
[Format]에서 단위가 mm로 되어 있는지 확인합니다.

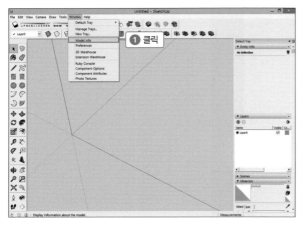

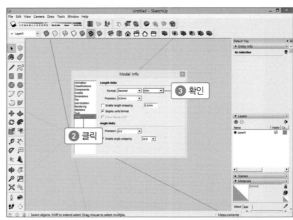

갤러리형 액자 만들기

갤러리형 액자를 모델링해 봄으로써 여러 기능을 익히고, 다른 소품들을 제작할 때에도 응용하기 쉽도록 구성하였습니다.

◉ 예제파일 부록CD/파트2/01장/Sunset.jpg ◉ 완성파일 부록CD/파트2/01장/액자.skp

01 액자 틀 만들기

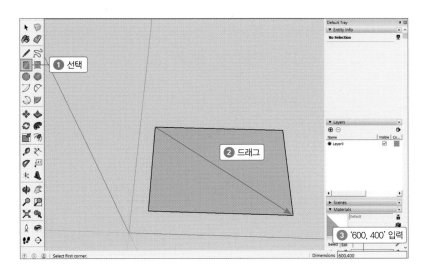

❶ 선택
❷ 드래그
❸ '600, 400' 입력

1 Rectangle(사각형) 📐 도구를 선택한 후 드래그하여 600mm×400m 크기의 사각형을 그립니다.

> **TIP**
> 앞으로 예제를 만들 때 정확한 수치는 입력하고 하단을 확인하면서 진행합니다.

❶ 선택
❷ 드래그
❸ '5' 입력

2 Push/Pull(밀기끌기) ◈ 도구를 선택한 후 드래그하여 만든 사각형에 5mm의 두께를 설정합니다.

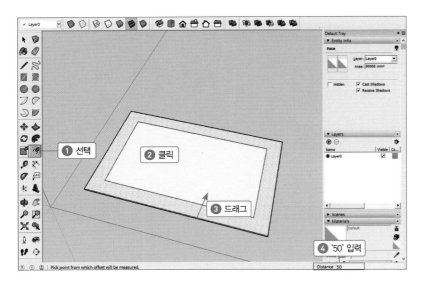

3 Offset(간격 띄우기) 🗗 도구를 선택하여 사각형의 윗면을 클릭한 후 안쪽으로 50mm만큼 간격을 줍니다.

① 선택
② 클릭
③ 드래그
④ '50' 입력

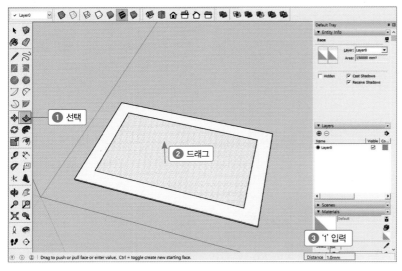

4 Push/Pull(밀기끌기) 🗗 도구를 선택한 후 안쪽 사각형을 위로 드래그하여 1mm만큼 두께를 줍니다.

① 선택
② 드래그
③ '1' 입력

5 Select(선택) ▶ 도구를 선택하고 만든 사각형을 세 번 클릭한 후 Shift 를 누른 상태에서 사진이 들어갈 맨 위 사각형 윗면을 클릭하여 선택 해제합니다. 마우스 오른쪽 버튼을 클릭하여 [Make Group]을 선택해 그룹화시켜줍니다.

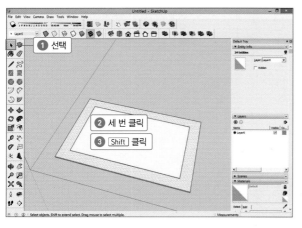

① 선택
② 세 번 클릭
③ Shift 클릭

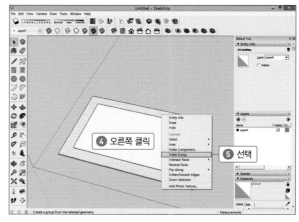

④ 오른쪽 클릭
⑤ 선택

02 고정핀 만들기

1 Tape Measure Tool(줄자) 도구를 선택한 후 액자 바깥 사각형의 네 변에서 안쪽으로 25mm만큼 기준선을 만듭니다.

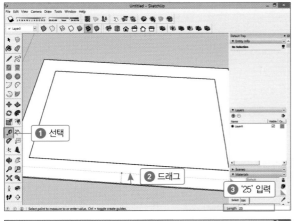 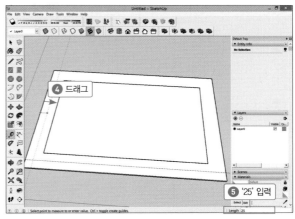

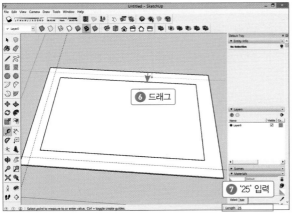 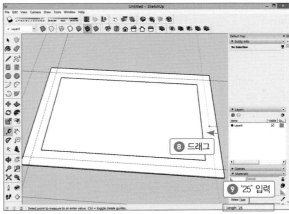

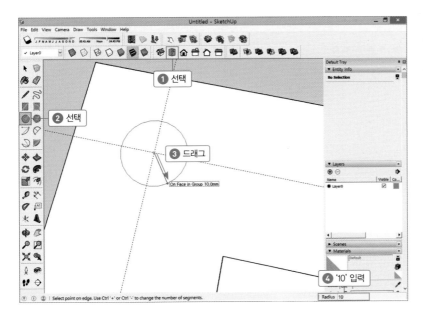

2 Top(윗면) 도구를 선택해 탑 뷰로 전환한 후 가이드라인의 교차점에서 Circle(원그리기) 도구로 10mm 크기의 원을 그립니다.

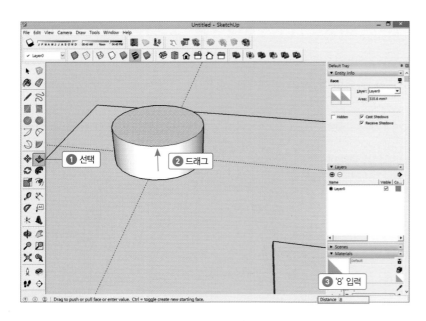

3 Push/Pull(밀기끌기) ◈ 도구를 선택한 후 드래그하여 8mm 만큼 위로 올립니다.

① 선택
② 드래그
③ '8' 입력

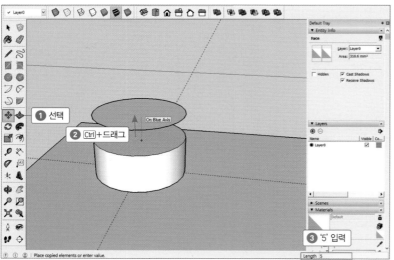

4 같은 크기의 원을 만들기 위하여 Move(이동) ◈ 도구를 선택한 후 Ctrl을 누른 상태에서 원기둥의 윗면을 드래그하고 'Blue Axis' 상태에서 위로 5mm만큼 떨어진 곳에 복사합니다.

① 선택
② Ctrl+드래그
③ '5' 입력

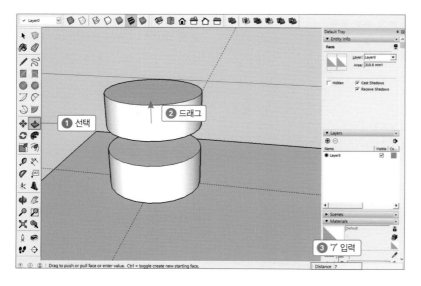

5 Push/Pull(밀기끌기) ◈ 도구를 선택한 후 드래그하여 7mm 만큼 위로 올립니다.

① 선택
② 드래그
③ '7' 입력

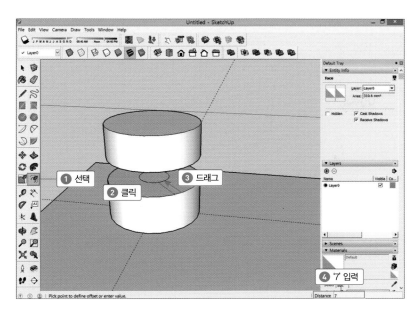

6 Offset(간격 띄우기) 도구를 선택하고 아래 원기둥의 윗면을 클릭한 후 안쪽으로 7mm만큼 간격을 줍니다.

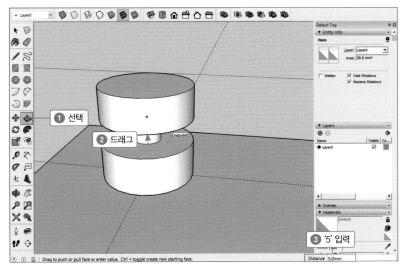

7 Push/Pull(밀기끌기) 도구를 선택한 후 드래그하여 안쪽 면을 5mm만큼 위로 올려 위의 원기둥과 이어줍니다.

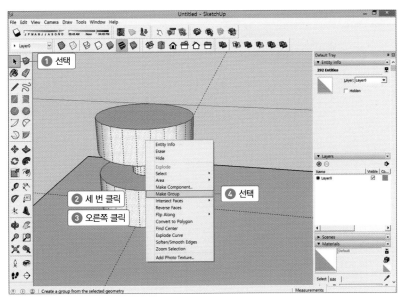

8 Select(선택) 도구를 선택한 후 만든 고정핀을 세 번 클릭합니다. 마우스 오른쪽 버튼을 클릭한 후 [Make Group]을 선택하여 그룹화합니다.

9 Back Edges(뒷테두리 점선) 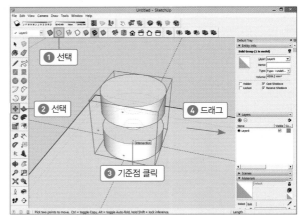 도구를 선택해 뒤의 선들이 보이게 합니다. Move(이동) 도구를 선택한 후 Ctrl을 누른 상태에서 고정핀을 지시선 교차점을 기준으로 복사합니다. 복사한 후 Back Edges(뒷테두리 점선) 도구를 선택합니다.

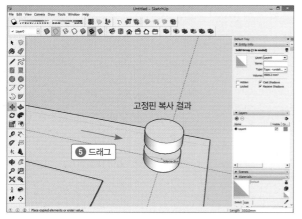

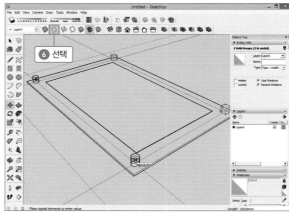

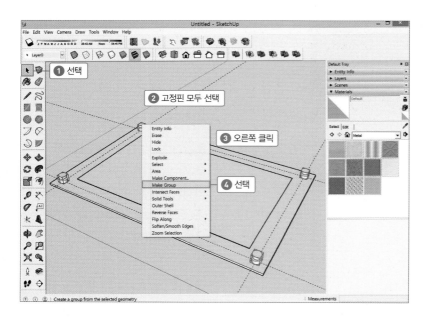

10 Select(선택) 도구를 선택한 후 Ctrl을 누른 상태에서 고정핀을 모두 선택합니다. 마우스 오른쪽 버튼을 클릭한 후 [Make Group]을 선택하여 그룹화합니다.

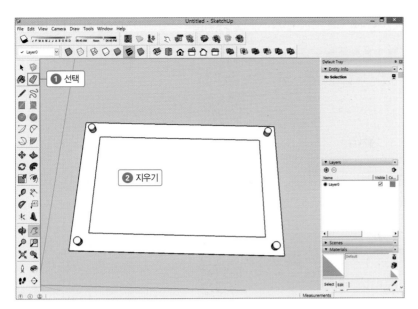

11 Eraser(지우개) ⬚ 도구를
선택하여 지시선을 지웁니다.

---

03 유리 만들기

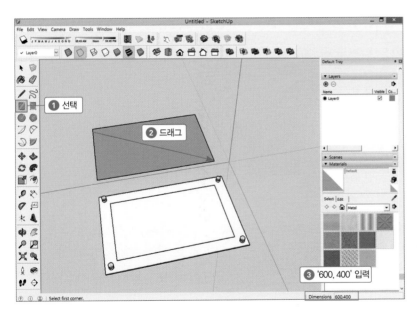

1 Rectangle(사각형) ⬚ 도구
를 선택한 후 드래그하여 600mm
×400mm 크기의 사각형을 그려
줍니다.

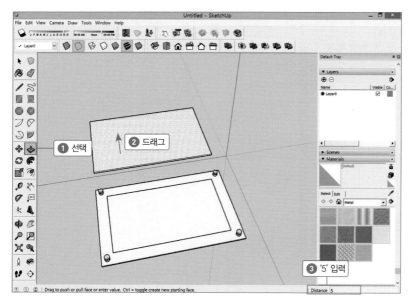

2 Push/Pull(밀기끌기) 🔲 도구를 선택한 후 5mm만큼 두께를 줍니다.

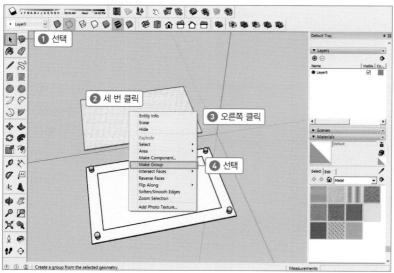

3 Select(선택) 🔲 도구를 선택한 후 만든 유리를 세 번 클릭합니다. 마우스 오른쪽 버튼을 클릭한 후 [Make Group]을 선택하여 그룹화합니다.

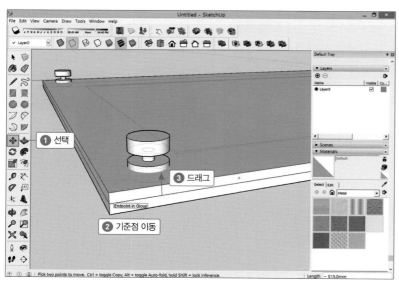

4 Move(이동) 🔲 도구를 선택하고 기준점을 이동한 후, 고정 핀을 액자 위로 이동시킵니다.

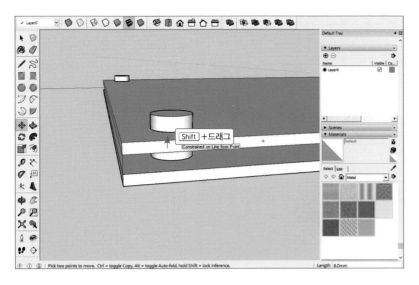

5 'Blue Axis'가 뜨면 Shift 를 누른 상태에서 드래그하여 위쪽으로만 움직이도록 고정시켜 고정핀을 기준으로 잡아 고정핀 사이에 끼워줍니다.

---

04 매핑하기

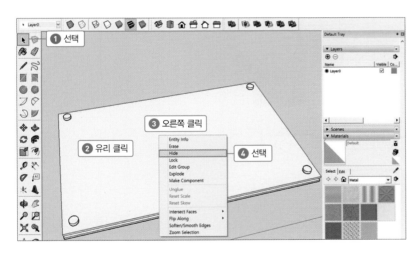

1 아래의 사진과 판넬을 먼저 매핑하기 위해 Select(선택) ▶ 도구로 유리를 클릭한 후 마우스 오른쪽 버튼을 클릭하여 [Hide]를 선택해 숨깁니다.

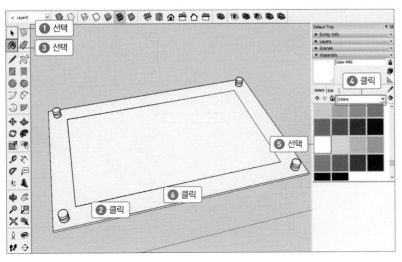

2 Select(선택) ▶ 도구로 판넬을 선택한 후 Paint Bucket (페인트통) ▨ 도구를 선택하면 [Material] 창이 뜹니다. [Material] 탭에서 [Colors]−[Color M00]을 선택한 후 판넬을 클릭해 재질을 입힙니다.

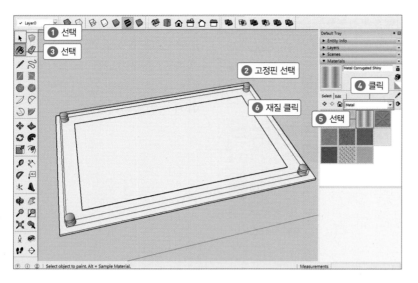

3 Select(선택) ▶ 도구로 고정 핀을 선택한 후 [Material] 탭에 서 [Metal]−[Metal Corrugated Shinny]를 선택하고 고정핀을 클 릭해 재질을 입힙니다.

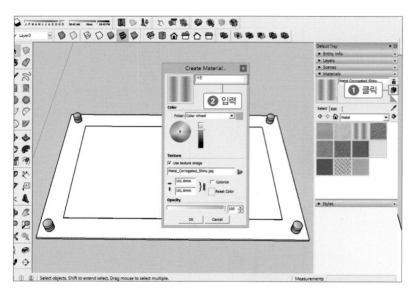

4 사진에 매핑을 입히기 위 해 [Material] 창의 ⑧ [Create Material]을 클릭한 후 이름을 '사 진'으로 지정합니다.

5 재질을 불러오기 위해 ▶ [Browse For Material File]을 클릭한 후 부록CD의 [파트2/01장]에서 'sunset'을 엽니다. [OK]를 클릭하면 재질이 만들어집니다.

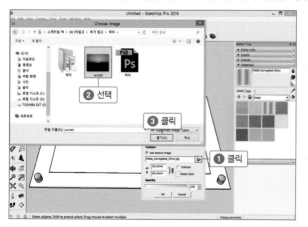
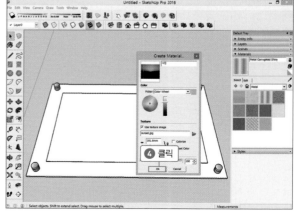

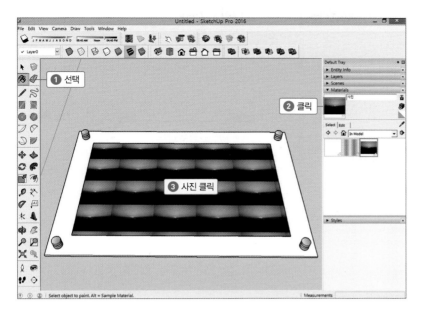

6 Paint Bucket(페인트통) 🖌 도구를 선택한 후 만들어진 사진을 클릭하고 사진 부분을 클릭해 매핑을 입힙니다.

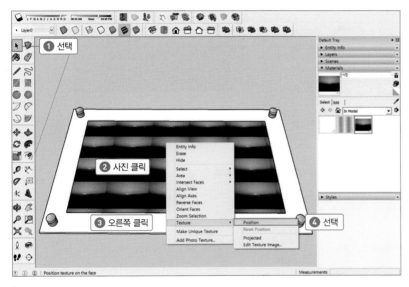

7 Select(선택) ▶ 도구로 사진을 선택한 후 마우스 오른쪽 버튼을 클릭하여 [Texture]-[Position]을 선택합니다.

8 우측 하단의 초록 버튼과 빨간 버튼을 이용하여 사진의 크기에 맞게 조절해 줍니다. 조절 후 Enter↵를 눌러 재질 수정 창에서 나옵니다.

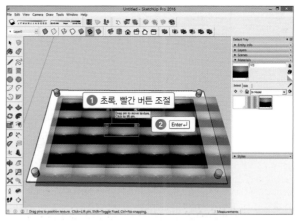

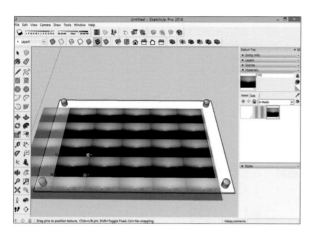

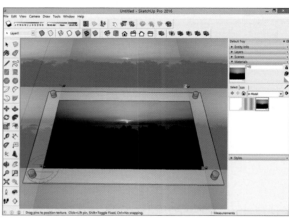

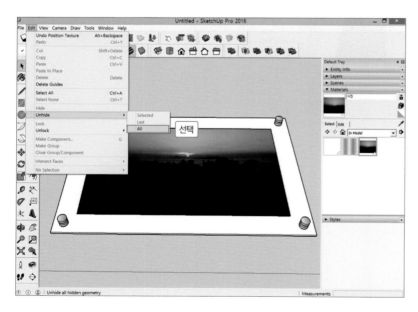

9 유리 매핑을 하기 위해 [Edit] −[Unhide]−[All]을 선택해 숨겨진 유리를 엽니다.

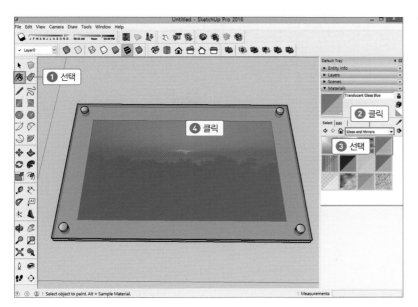

10 [Material] 탭에서 [Glass and Mirrors]−[Translucent Glass Blue]를 클릭한 후, 유리를 클릭해 매핑을 입혀줍니다.

11 [Edit] 탭을 클릭한 후 색을 연한 하늘색으로 조정하고 [Opacity]의 값을 15로 낮추어 투명하게 해줍니다.

Ruby 설치하기

기본 도구로 디테일한 소품 모델링이 어려운 점을 보완하기 위해 플러그인 프로그램이 나타나게 되었는데, 이 플러그인 프로그램을 [Ruby]라고 합니다. Ruby를 다운받아서 설치하는 방법을 알아봅니다.

1 [View]- [Toolbars]를 클릭합니다. [Toolbars] 창에서 [Warehouse]를 체크한 후 [Close]를 클릭하면 [Warehouse] 탭이 생성됩니다.

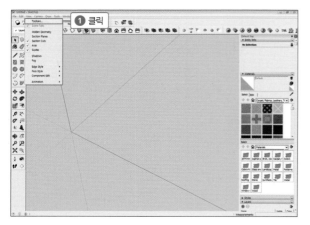
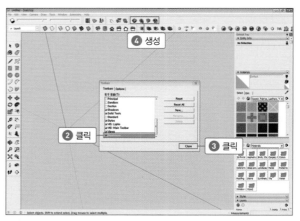

2 [Warehouse] 탭에는 ▣ [3D Warehouse]와 ▣ [Extension Warehouse] 두 가지가 있습니다. [3D Warehouse]는 유저들이 올려놓은 모델링 소스를 불러와서 사용하는 것이고, [Extension Warehouse]는 플러그인 프로그램을 찾아서 모델링을 할 수 있도록 도와주는 도구입니다.

3D Warehouse

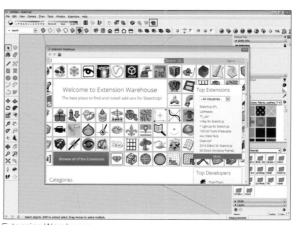

Extension Warehouse

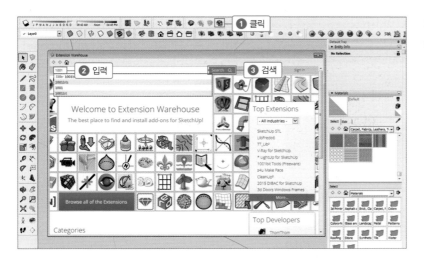

3 [Extension Warehouse] 를 선택한 후 '1001'을 입력하여 검색합니다.

4 [1001bit Tools (Freeware)]를 클릭한 후 [DownLoad]를 클릭합니다. 설치를 마치면 상단에 새로운 툴바가 생성됩니다. 구글 계정으로 로그인 한 상태에서만 다운로드가 가능합니다.

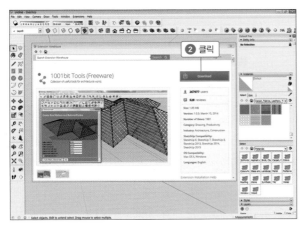

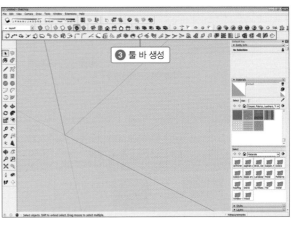

Tip

구글 계정으로 로그인한 상태에서만 다운로드가 가능합니다.

5 모델링 도구를 다운받을 수 있는 사이트 http://sketchucation. com/에 접속합니다.

6 회원가입 후 이용 가능하므로 오른쪽 위의 [Register]를 클릭한 후 무료 회원가입의 [Sign Up Here]를 클릭합니다.

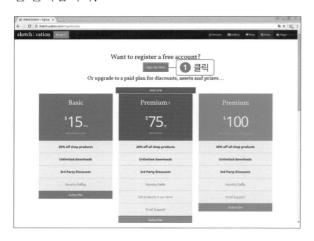

7 로그인한 후 [Resources]에서 [Plugin Store Download]−[Download Now]를 클릭합니다.

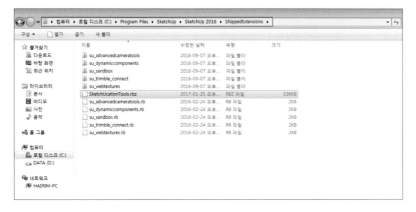

8 다운로드받은 파일을 [C 드라이브]의 [Program Files]–[SketchUp]–[Sketchup 2016]–[Shipped Extensions] 폴더 안에 넣어줍니다.

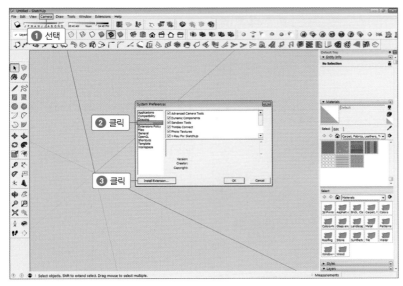

9 [Window]–[Preferences]를 선택합니다. [System Preferences] 창에서 [Extensions]을 클릭하고 [Install Extensions]를 선택합니다.

10 다운받은 파일을 넣은 [C드라이브]의 [Program File]–[SketchUp]–[Sketchup 2016]–[Shipped Extensions] 경로로 들어가 다운받은 파일을 선택하여 [열기]를 클릭합니다.

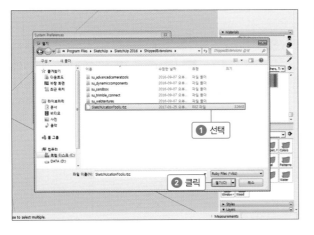

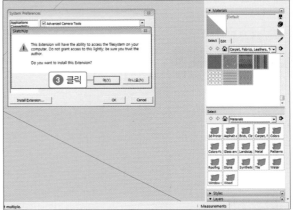

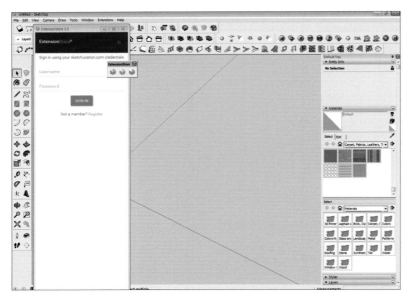

11 [Sketchucation]의 계정으로 로그인합니다.

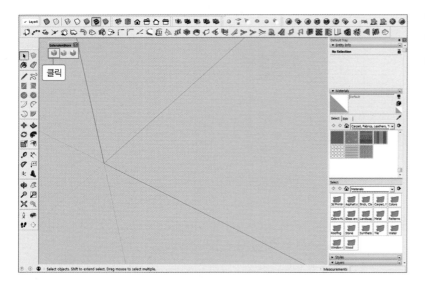

12 [Extension Store]를 클릭하면 도구를 다운받을 수 있는 탭이 나타납니다.

클릭

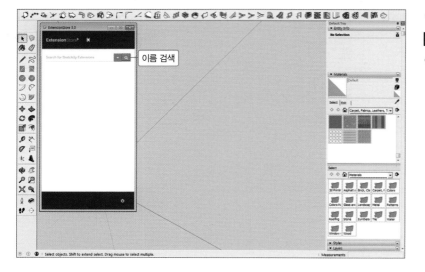

13 [Extension Store 3.0]에서 [Search]를 클릭하면 도구의 이름을 검색할 수 있습니다.

이름 검색

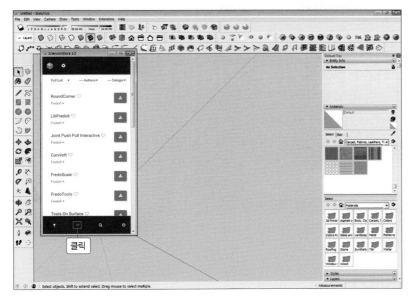

14 ■ [Favorite]을 클릭하면 사람들이 가장 많이 사용하는 도구들이 나타납니다. 다운받고자 하는 도구의 오른쪽 가운데 빨간 버튼을 클릭하면 다운받을 수 있습니다.

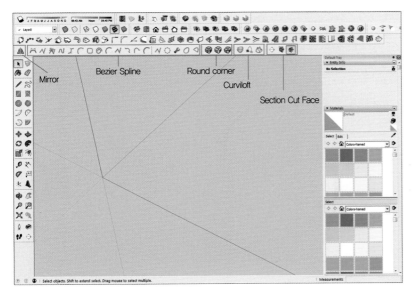

15 가장 많이 사용되는 [Round corner], [Curviloft], [Bezier Spline], [Mirror], [Section Cut Face]를 다운받습니다.

> **TIP**
> 상단의 상태표시줄을 더블클릭하면 창이 커지면서 아이콘과 함께 나타납니다. 다운로드한 후 오류가 뜨고 툴바가 생성되지 않는 경우 [Extension Store]에서 [LibFredo6]을 설치하면 정상적으로 작동합니다.

Ruby의 핵심 기능 익히기

Ruby를 설치한 후 둥근 코너의 사각형을 만들어봅니다.

01 둥근 코너 사각형 만들기

1 Rectangle(사각형) ▦ 도구를 선택하여 사각형을 그린 후, Push/Pull(밀기끌기) ◈ 도구로 드래그하여 높이를 올립니다.

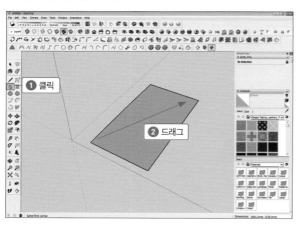
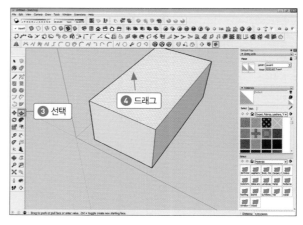

2 Select(선택) ▶ 도구를 선택하고 Ctrl 을 누른 상태에서 모서리를 선택한 후 ⊕ [Round Corner]를 클릭합니다.

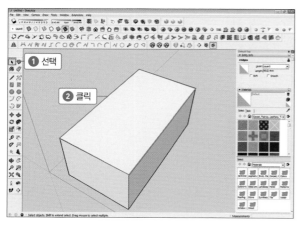
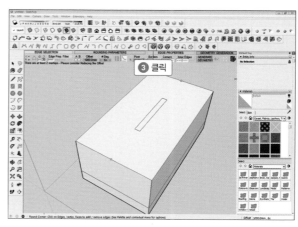

3 [Offset]의 값은 모서리의 크기를 의미하고, [#.Seg]는 둥근 정도를 의미합니다. [Offset]을 클릭한 후 '200'의 값을 입력합니다. 바깥쪽에 커서를 댔을 때 초록색 체크 모양이 나오면 바깥쪽을 클릭합니다.

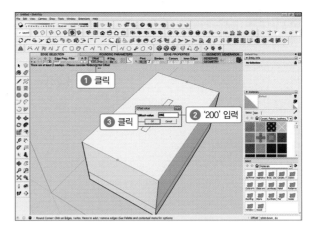

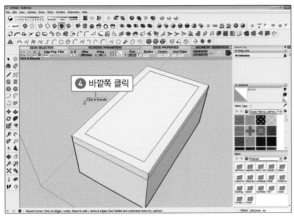

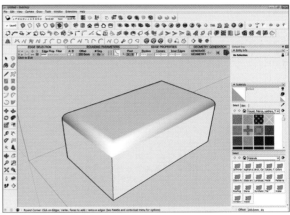

Tip

툴에 따라 생성되는 모양이 다음과 같이 다릅니다.

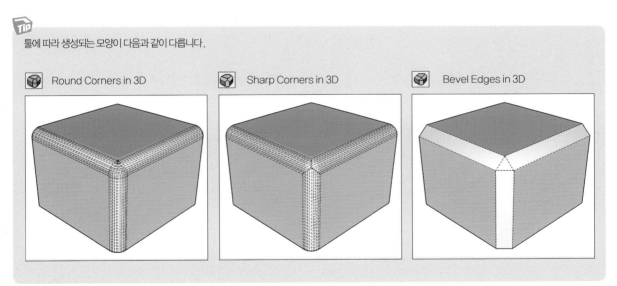

Round Corners in 3D   Sharp Corners in 3D   Bevel Edges in 3D

02 Mirror

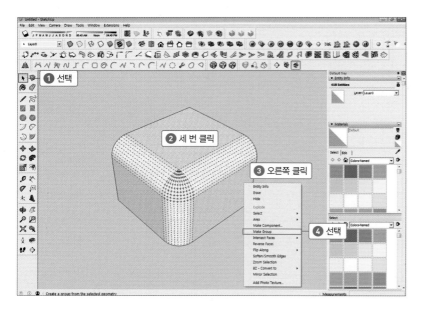

1 Select(선택) ▣ 도구로 객체를 세 번 클릭합니다. 마우스 오른쪽 버튼을 클릭하여 [Make Group]을 선택해 그룹화합니다.

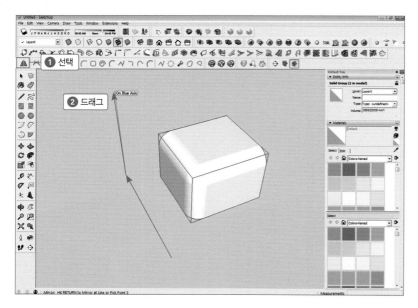

2 Mirror(반전) ▨ 도구를 선택한 후 드래그하여 반전시킬 축을 설정합니다.

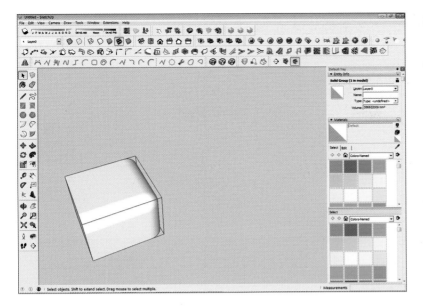

3 축을 설정하면 [Yes/No] 창이 뜨는데 [Yes]를 클릭하면 기존 객체가 사라집니다.

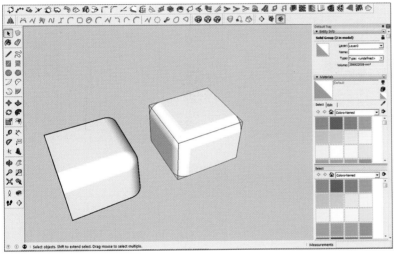

4 [No]를 클릭하면 객체가 유지된 채 복사됩니다.

---

03 Warehouse : Fillet 2 Edges

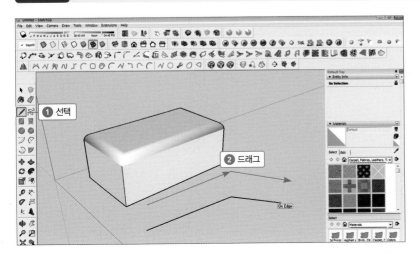

1 Line(선그리기) ✏ 도구를 선택한 후 드래그하여 선을 그립니다.

2 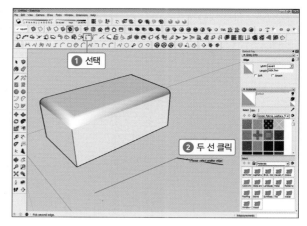 [Fillet 2 Edges]를 선택한 후 그린 선을 클릭합니다. 그 후 [Fillet radius] 곡선 값을 1000으로 입력합니다.

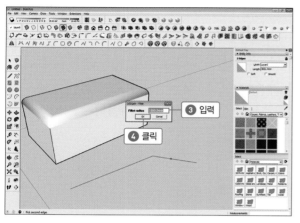

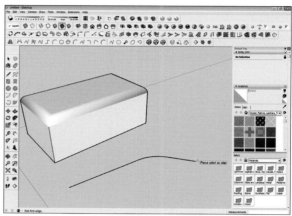

Tip

이외에도 [Warehouse] 탭에는 계단, 문틀, 창틀, 블라인드 등을 만들 수 있는 도구들이 있습니다.

Section 085

Ruby로 사무실 출입문 모델링

사각형을 그리고 높이를 적용한 후, 문의 매핑을 입혀 봅니다.

● 예제파일 부록CD/파트2/01장/문.JPG ● 완성파일 부록CD/파트2/01장/end1.skp

01 출입문 모델링

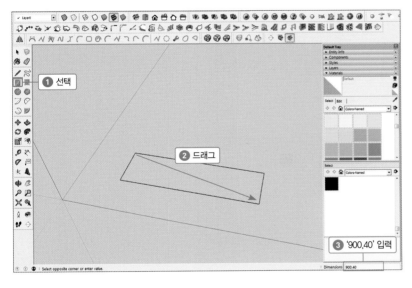

1 Rectangle(사각형) ▥ 도구를 선택한 후 '900,40'을 입력하여 900mm×40mm 크기의 사각형을 그립니다.

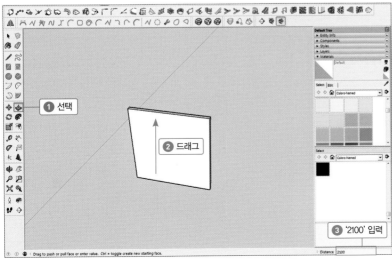

2 Push/Pull(밀기끌기) ◈ 도구를 선택한 후 '2100'을 입력하여 2100mm만큼 올려줍니다.

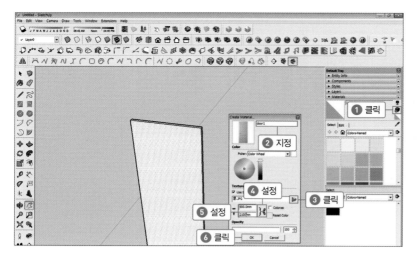

3 문에 매핑을 입히고 모델링을 하기 위해 [Material] 창에서 [Create Material]을 클릭합니다. 이름을 [door1]로 지정하고 [부록CD/파트2/01장]에서 '문.jpg' 파일을 엽니다. 자물쇠를 풀어 900mm×2100mm로 크기를 지정합니다.

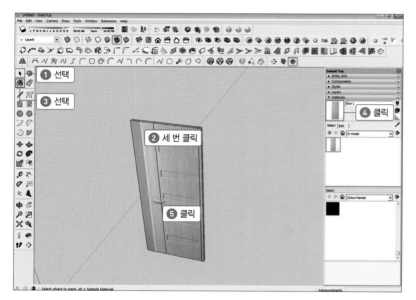

4 Select(선택) 도구로 문을 세 번 클릭한 후 Paint Bucket(페인트통) 도구로 문을 클릭하여 [door1]의 매핑을 입혀줍니다.

5 Select(선택) 도구로 문의 앞면을 클릭합니다. 마우스 오른쪽 버튼을 클릭하여 [Texture]-[Position]을 선택한 후 재질을 문 모양에 맞게 이동시킵니다.

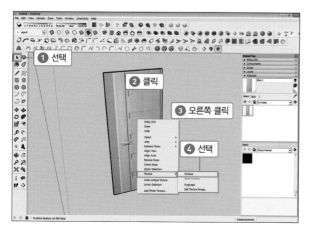

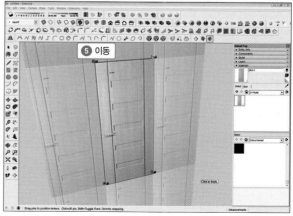

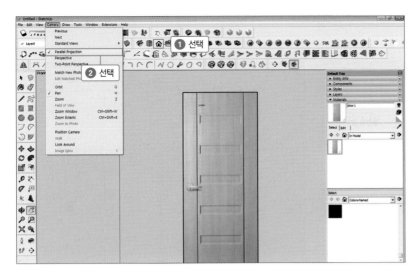

6 Front View(정면 뷰) 🏠를 선택한 후 [Camera]-[Parallel Projection]을 선택하여 2차원 뷰로 전환해줍니다.

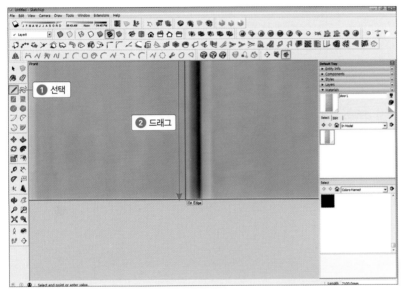

7 Line(선그리기) ✏ 도구를 선택한 후 매핑을 기준으로 선을 그어줍니다.

8 Move(이동) ✥ 도구를 선택하고 Ctrl을 누른 상태에서 오른쪽으로 드래그하여 '10mm * 2'만큼 복사해줍니다. '10'을 입력하고 Enter↵를 누른 후 바로 ' * 2'를 입력하고 Enter↵를 누릅니다.

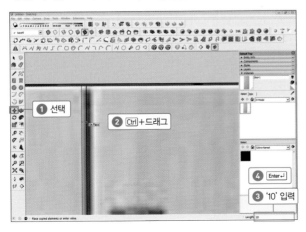

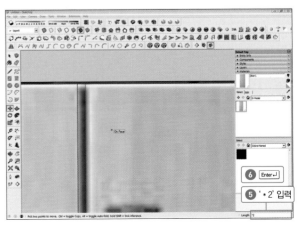

9 Select(선택) ▶ 도구를 선택하고 Ctrl을 누른 상태에서 라인 3개를 선택합니다. Move(이동) ✛ 도구를 선택하고 Ctrl을 누른 상태에서 드래그하여 옆쪽에 복사합니다.

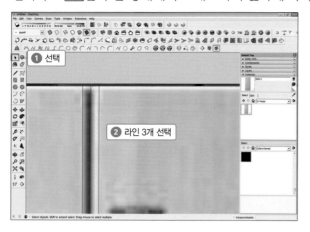
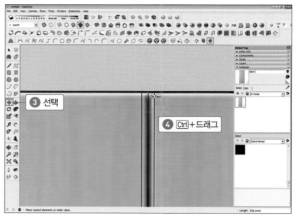

10 Select(선택) ▶ 도구를 선택하고 Ctrl을 누른 상태에서 문 앞면의 라인 6개를 선택합니다. Move(이동) ✛ 도구를 선택하고 Ctrl을 누른 상태에서 뒷면에 복사합니다.

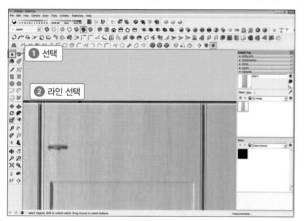
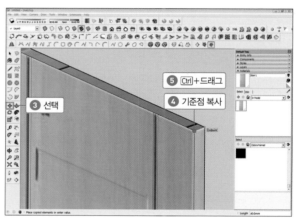

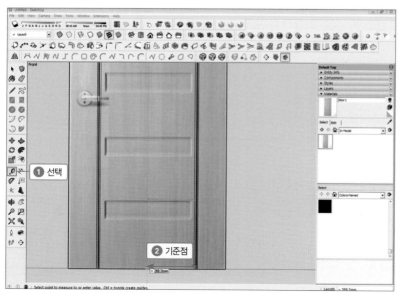

11 Tape Measure Tool(줄자) ✐ 도구를 선택한 후 문의 'Midpoint'를 잡아 기준선을 만듭니다.

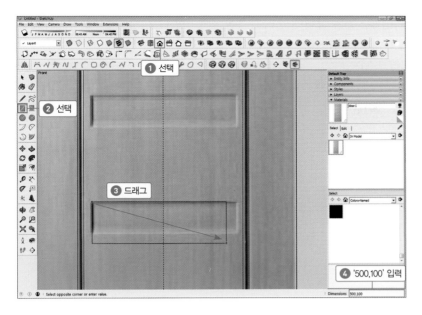

12 Front View(정면 뷰) 🏠 도구로 전환한 후 Rectangle(사각형) 🔲 도구로 500mm×100mm 크기의 사각형을 그립니다.

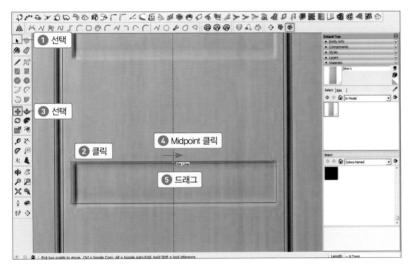

13 Select(선택) ▶ 도구로 사각형 선을 선택한 후 Move(이동) ✛ 도구로 사각형의 'Midpoint'를 잡고 기준선으로 옮깁니다.

14 Move(이동) ✛ 도구를 선택하고 Ctrl을 누른 상태에서 사각형을 위로 드래그하여 '360mm, *4'만큼 복사합니다. '360'을 입력하고 Enter⏎를 누른 후 바로 '*4'를 입력하고 Enter⏎를 누릅니다.

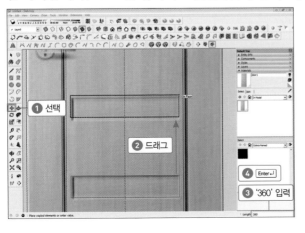

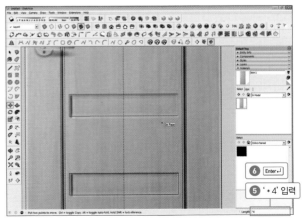

15 Select(선택) ▶ 도구를 선택하고 Ctrl 을 누른 상태에서 사각형을 전부 선택합니다. Move(이동) ✛ 도구를 선택하고 Ctrl 을 누른 상태에서 뒷면에 복사합니다.

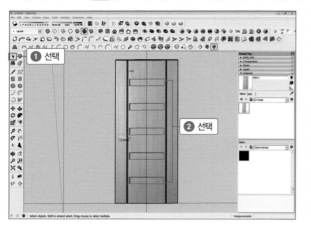
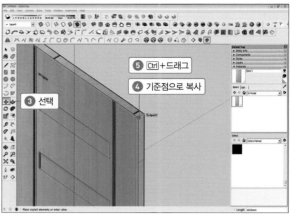

16 Push/Pull(밀기끌기) ◆ 도구로 드래그하여 사각형 안쪽 면을 10mm씩 안으로 넣어줍니다. 문의 앞면과 뒷면 모두 동일하게 작업합니다.

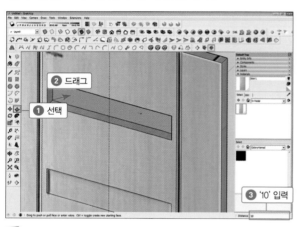
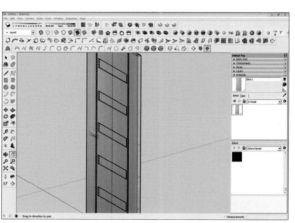

> **TIP** Push/Pull(밀기끌기) ◆ 도구를 이용하여 작업할 때 같은 방향과 값을 가진다면 더블클릭을 통해 매번 값을 입력하지 않아도 동일한 결과를 얻을 수 있습니다.

17 Move(이동) ✛ 도구로 세 개의 선 중 가운데 선을 클릭하여 잡고 'Green Axis'일 때 10mm만큼 안쪽으로 이동시킵니다. 옆과 뒤쪽 모두 동일하게 작업합니다.

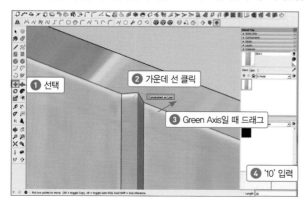
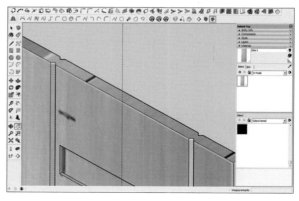

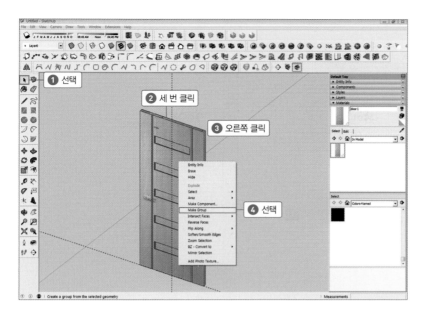

18 Select(선택) 🔲 도구로 문을 세 번 클릭합니다. 마우스 오른쪽 버튼을 클릭한 후 [Make Group]을 선택하여 그룹화합니다.

02 손잡이 모델링 : Curviloft

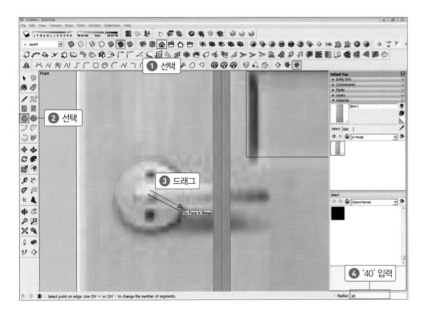

1 문의 손잡이를 만들기 위해 Front View(정면 뷰) 🏠로 전환한 후 Circle(원그리기) ◎ 도구로 '40mm' 크기의 원을 그립니다.

2 Push/Pull(밀기끌기) 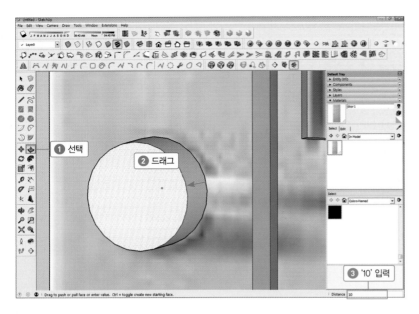 도구로 '10mm'만큼 두께를 만들어 줍니다.

3 Line(선그리기) ✐ 도구로 원의 센터에서 'Green Axis' 상태일 때 드래그하여 '40mm', 'Red Axis' 상태일 때 드래그하여 '140mm' 길이의 선을 그려줍니다.

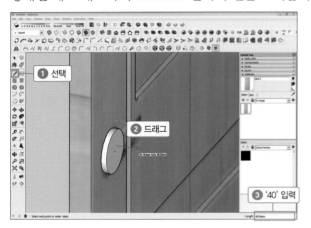

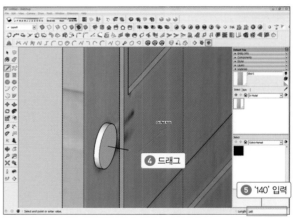

4 ⌐ [Fillet 2 Edges]를 선택한 후 클릭하여 두 선을 잡고 '20mm'를 입력하여 20mm만큼 곡선을 줍니다.

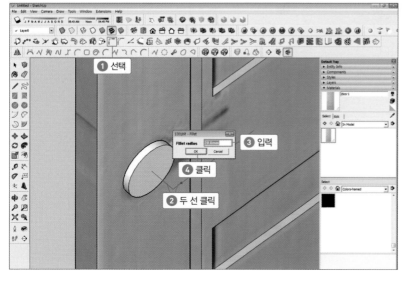

5 2 Point Arc(2호점그리기) 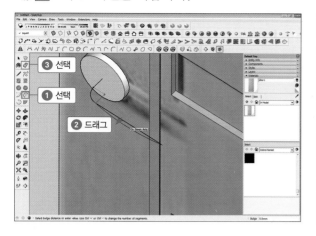 도구를 선택하여 손잡이 부분을 살짝 곡선으로 만든 후 Eraser(지우개) 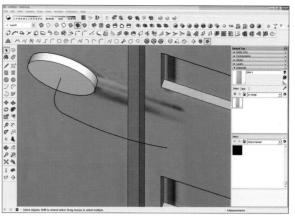 도구로 직선을 지웁니다.

6 시작 부분 라인 중간에 Circle(원그리기) 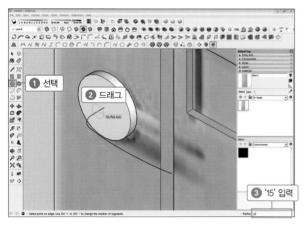 도구로 '15mm', 끝 부분에는 '10mm' 크기의 원을 그려줍니다.

7 루비 플러그인 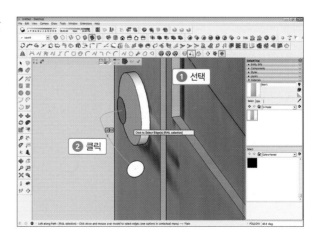[Curviloft]를 클릭한 후 라인, 시작 원, 끝 원의 순서로 클릭합니다.

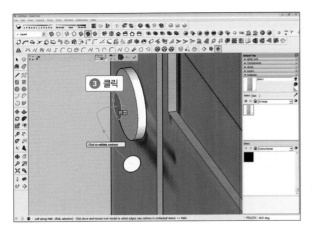

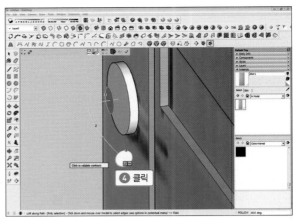

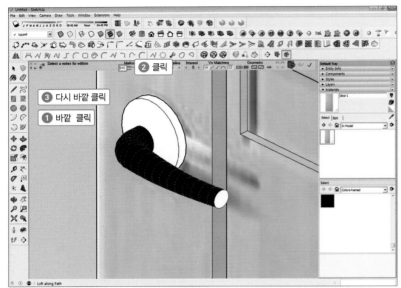

8 바깥을 클릭한 후 [Curviloft] 설정 탭을 클릭하면 [Method]의 타입에 따라 모양이 다르게 나옵니다. 이때, 첫 번째 아이콘을 클릭한 후 다시 한 번 바깥을 클릭합니다.

[Method] 타입에 따라 다음과 같이 모양이 변화됩니다.

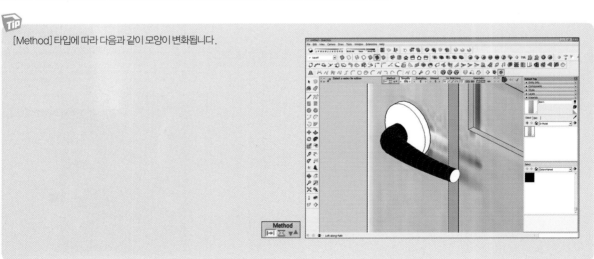

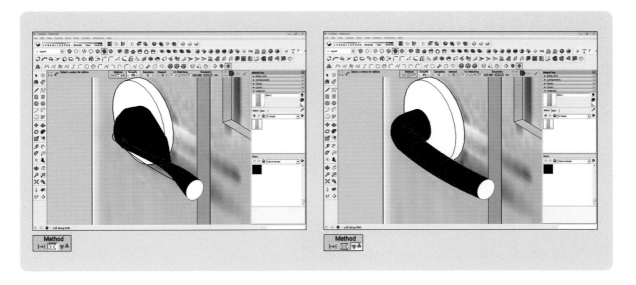

9 손잡이 시작 부분이 떨어져 있으므로 Circle(원그리기) 🔘 도구로 센터에서 15mm 크기의 원을 그린 후 Push/Pull(밀기끌기) 📦 도구로 손잡이에 이어줍니다.

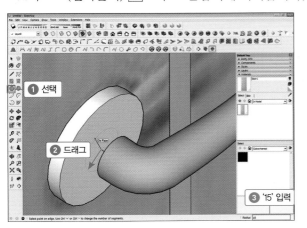

1 선택
2 드래그
3 '15' 입력

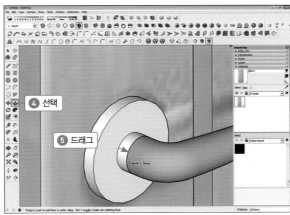

4 선택
5 드래그

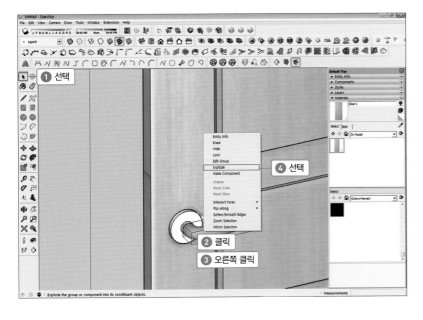

1 선택
2 클릭
3 오른쪽 클릭
4 선택

10 Select(선택) ▶ 도구로 [Curviloft]로 만든 손잡이를 클릭합니다. 마우스 오른쪽 버튼을 클릭한 후 [Explode]를 선택하여 해제합니다.

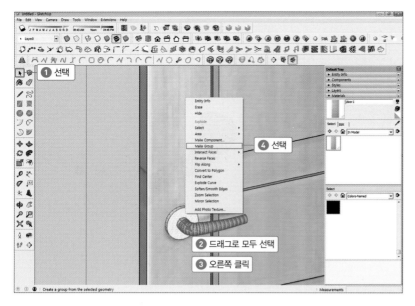

11 Select(선택) ▶ 도구로 손잡이를 모두 선택하고, 마우스 오른쪽 버튼을 클릭한 후 [Make Group]을 선택하여 그룹화합니다.

① 선택
④ 선택
② 드래그로 모두 선택
③ 오른쪽 클릭

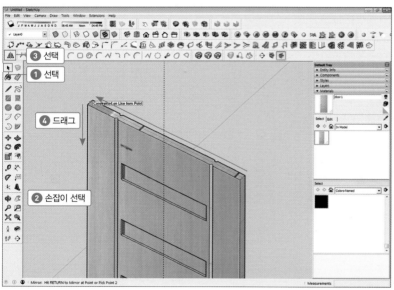

12 Select(선택) ▶ 도구로 손잡이를 선택한 후 Mirror(반전) ◢◣ 도구를 선택합니다. 문 전체를 드래그합니다.

③ 선택
① 선택
④ 드래그
② 손잡이 선택

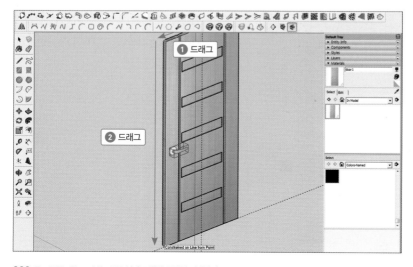

13 다음은 드래그한 문 전체 모습입니다. 문 윗부분의 가운데 지점부터 시작해서 아래로 축이 설정됩니다.

① 드래그
② 드래그

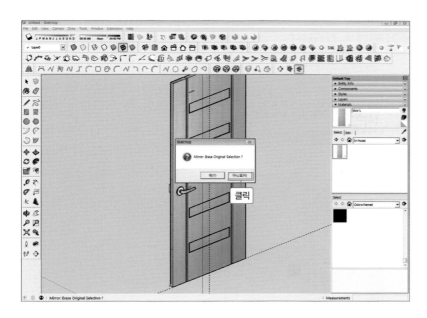

14 팝업창이 뜨면 [아니요]를 클릭해 객체를 유지한 채 복사합니다.

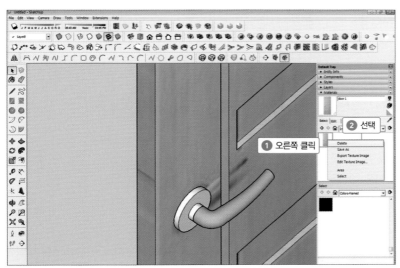

15 [Materials] 탭의 매핑 [door1]에서 마우스 오른쪽 버튼을 클릭하고 Delete를 선택해 매핑을 지웁니다.

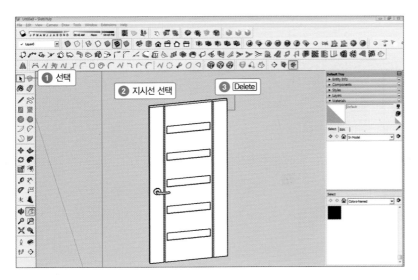

16 Select(선택) ▶ 도구로 지시선을 클릭한 후 Delete를 눌러 지웁니다.

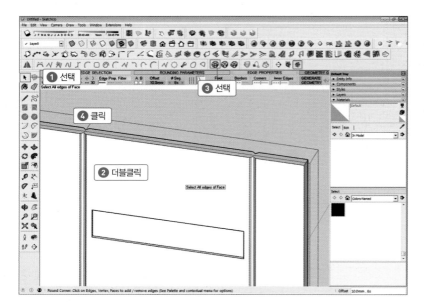

1 Select(선택) ▶ 도구로 더블클릭하여 문 모델링 안쪽으로 들어간 후 🔲 [Round Corner]로 앞면과 뒷면의 선 세 개 중 가운데라인을 잡아줍니다.

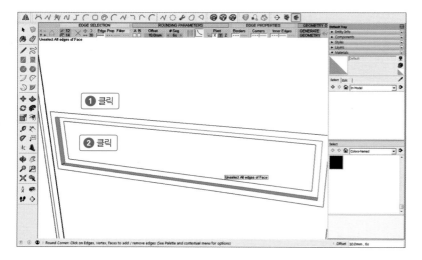

2 사각형 안쪽의 선들을 모두 잡아줍니다.

> **Tip**
> 다중 선택 시 선을 잘못 잡은 경우 Shift 를 누르고 잘못 선택된 선을 클릭하면 선택 해제 할 수 있습니다.

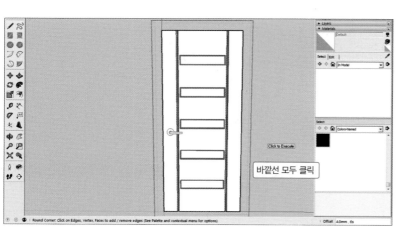

3 사각형 바깥의 선들을 모두 클릭합니다.

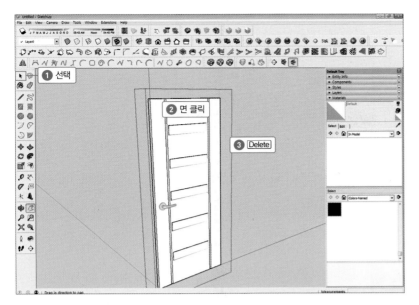

4 면이 덮여 있으므로 Select (선택) 도구로 면을 클릭한 후 Delete 를 눌러 지워줍니다.

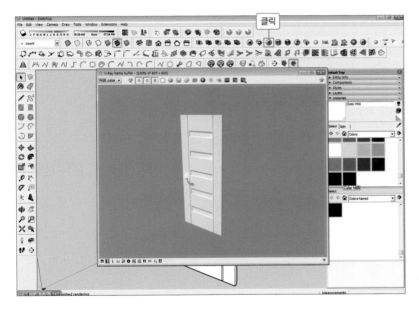

5 렌더링 시작(Start Render) 을 클릭합니다.

Section 086

Ruby로 주택 욕조 모델링

사각형을 그리고 높이를 적용한 후, 윗면을 안쪽으로 넣어주고 사각형을 곡선으로 만들어 꼭지점을 라운드로 만들어봅니다.

◉ 예제파일 부록CD/파트2/01장/욕조.JPG, 욕조1.JPG, 욕조2.JPG ◉ 완성파일 부록CD/파트2/01장/end2.skp

01 욕조 틀과 버튼 만들기

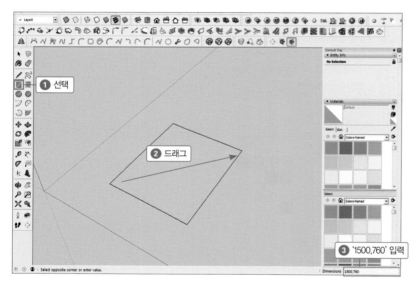

1 Rectangle(사각형) 📧 도구로 1500mm × 760mm 크기의 사각형을 그립니다.

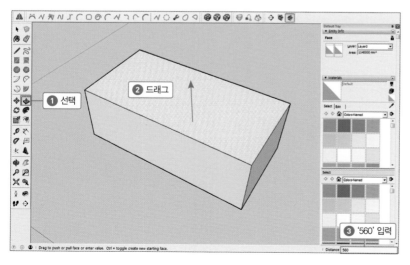

2 Push/Pull(밀기끌기) 📧 도구를 선택한 후 드래그하여 '560mm'만큼 올립니다.

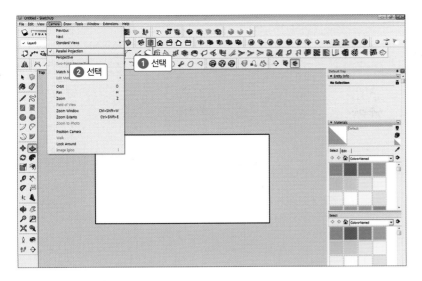

3 Top View(윗면) 도구로 전환한 후 [Camera]-[Parallel Projection]을 선택하여 카메라 뷰를 2차원으로 변경합니다.

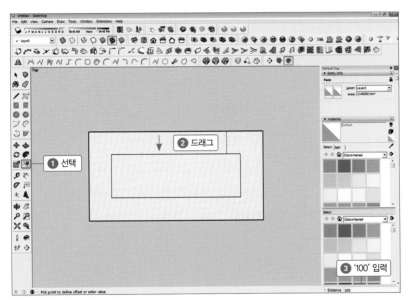

4 Offset(간격 띄우기) 도구를 선택해 윗면을 100mm만큼 안쪽으로 넣어줍니다.

5 Select(선택) 도구를 선택하고 Ctrl을 누른 상태에서 안쪽 선을 모두 클릭한 후 Move(이동) 도구로 아래로 이동합니다.

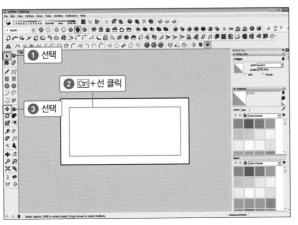

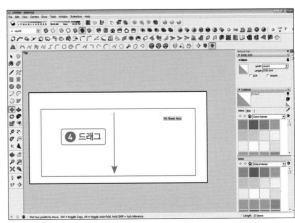

6 2점호그리기(2 Point Arc) 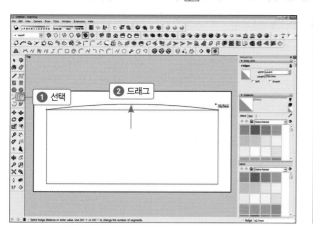 도구로 끝 지점을 잡아 사각형을 곡선으로 만듭니다.

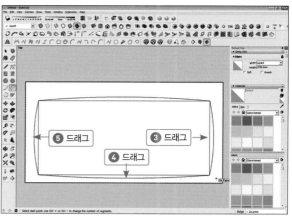

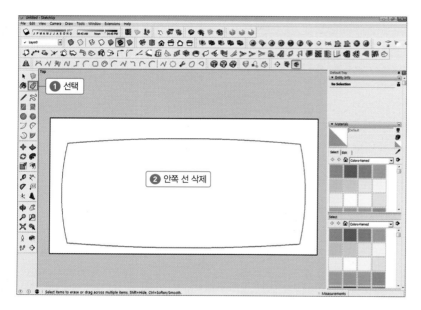

7 Eraser(지우개) 도구로 안쪽 직선을 지웁니다.

8 [Fillet 2 Edges]로 두 개의 선을 선택한 후, [Fillet radius]을 60으로 설정하여 꼭지점을 라운드지게 만듭니다. 네 꼭지점 모두 라운드를 줍니다.

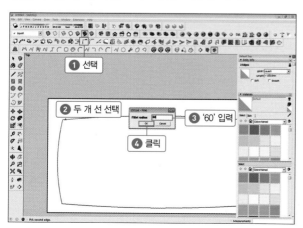
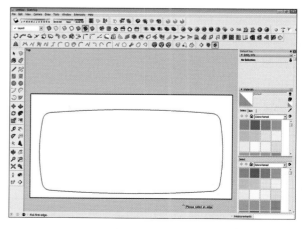

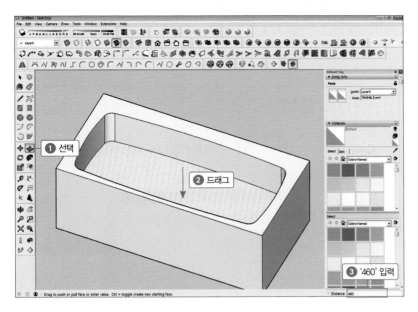

9 Push/Pull(밀기끌기) 도구로 안쪽 면을 잡고 아래로 드래그하여 '460mm'만큼 넣어줍니다.

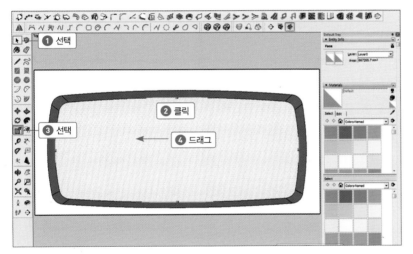

10 욕조 안쪽이 경사져 있으므로 안쪽 밑면을 Select(선택) 도구로 클릭하고 Scale(배율) 도구로 드래그하여 줄입니다.

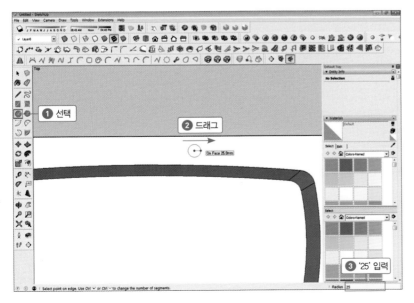

11 Circle(원그리기) 도구로 25mm의 크기의 원을 그립니다.

12 Select(선택) ▶ 도구로 원을 선택한 후, 원의 중심을 클릭합니다. Move(이동) ✦ 도구를 선택하고 Ctrl을 누른 상태에서 드래그한 후 '＊4'를 입력하여 같은 간격으로 4개의 원이 복사되도록 합니다. 복사 시 Shift를 눌러 방향을 고정해 줍니다.

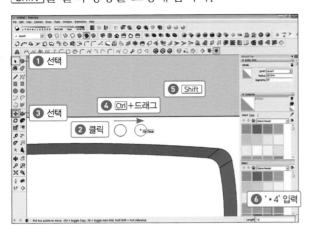
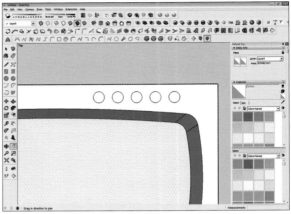

13 Push/Pull(밀기끌기) ◆ 도구를 이용하여 첫 번째와 마지막 원은 위로 '10mm'만큼 올려주고, 가운데 세 개의 원은 '20mm'만큼 올려 줍니다.

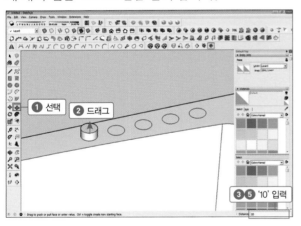
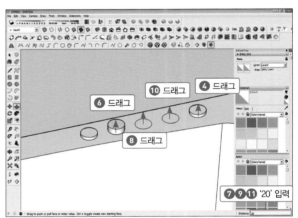

14 첫 번째와 마지막 원의 중심에 Circle(원그리기) ● 도구로 10mm 크기의 원을 그려줍니다.

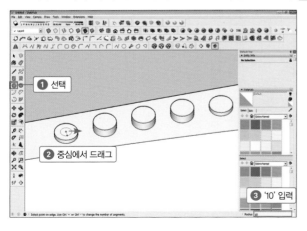
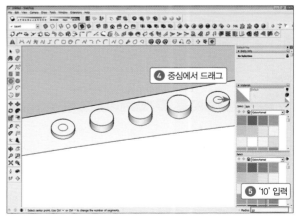

15 첫 번째 원 중심에서 Line(선그리기) ✏️ 도구로 위로 이동하는 방향키를 눌러 'Blue Axis' 상태에서 '100mm', 방향키 좌측을 눌러 'Green Axis' 상태에서 '150mm'의 선을 그립니다.

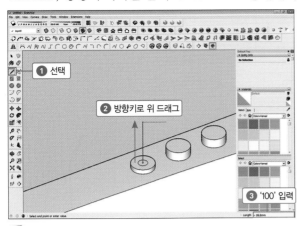
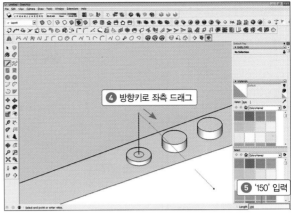

TIP
도형을 그리거나 이동 시 축 설정을 하는 방법은 방향키를 이용하는 것입니다. 위쪽 방향키를 누르면 'Blue Axis(Z축)', 좌측 방향키는 'Green Axis(Y축)', 우측 방향키는 'Red Axis(X축)'로 고정할 수 있습니다.

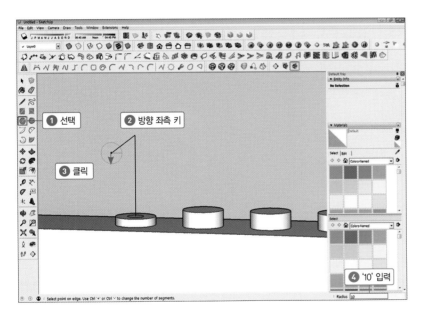

16 Circle(원그리기) ⭕ 도구로 라인 끝 지점에서 방향 좌측 키를 눌러 'Green Axis'를 만들어주고, 원이 초록색이 되면 클릭한 후 '10mm' 크기의 원을 그립니다.

17 [Fillet 2 Edges]로 선 두 개를 선택한 후 [Fillet radius]를 '40'으로 입력합니다.

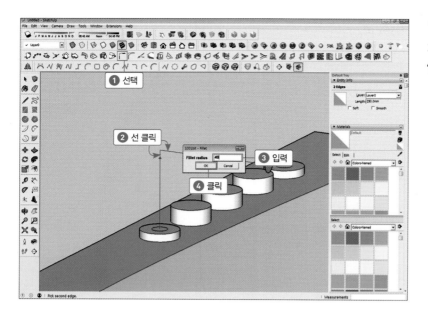

18 Select(선택) ▶ 도구로 선을 모두 클릭한 후, Follow Me(따라가기) ⬤ 도구로 클릭합니다.

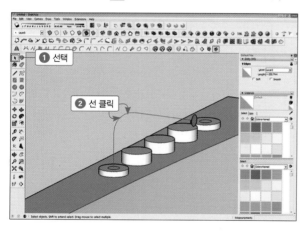
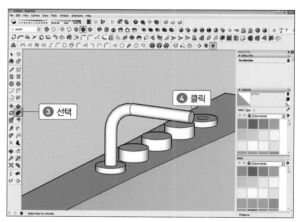

19 Push/Pull(밀기끌기) ◆ 도구로 마지막 작은 원을 드래그하여 '150mm'만큼 올려줍니다.

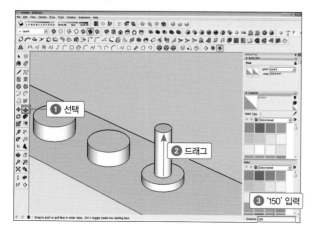
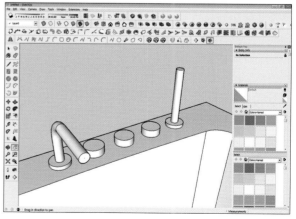

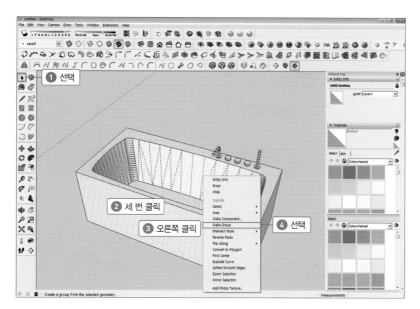

1 물 빠지는 곳을 만들기 위해 욕조를 세 번 클릭합니다. 마우스 오른쪽 버튼을 클릭한 후 [Make Group]을 선택하여 그룹화합니다.

2 Tape Measure Tool(줄자) 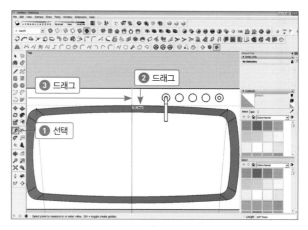 도구로 'Midpoint'를 기준으로 기준선을 만듭니다.

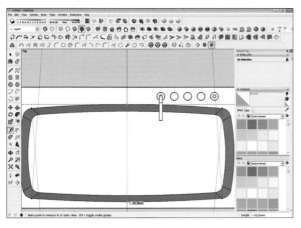

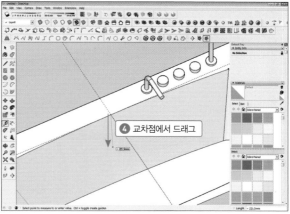

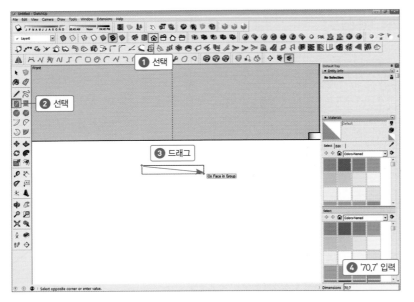

3 Front View(정면) 도구를 선택하고 화면 전환한 후 'Midpoint' 근처에 Rectangle(사각형) 도구로 70mm×7mm 크기의 사각형을 그립니다.

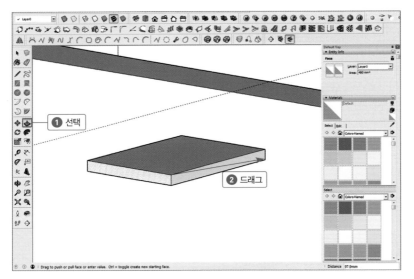

4 Push/Pull(밀기끌기) 도구로 드래그하여 임의로 두께를 줍니다.

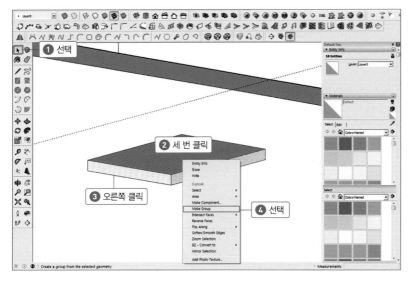

5 Select(선택) 도구로 세 번 클릭합니다. 마우스 오른쪽 버튼을 클릭한 후 [Make Group]을 선택하여 그룹화합니다.

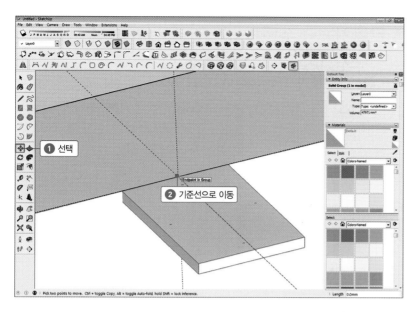

6 Move(이동) 도구로 박스의 'Midpoint'를 잡고 욕조 기준선으로 이동합니다.

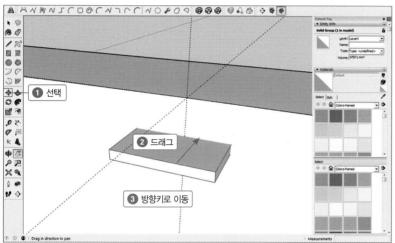

7 Move(이동) 도구로 드래그하고 방향키를 이용하여 적절한 위치로 이동시킵니다.

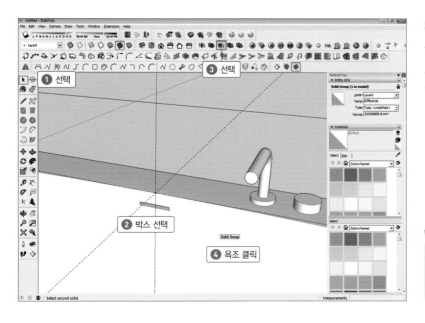

8 Select(선택) 도구로 박스를 선택한 후 Subtract(빼기) 도구로 욕조를 클릭하여 뚫어줍니다.

Tip

[Solid Tools]가 도구 탭에 없는 경우 [View]-[Toolbars]-[Solid Tools]에 체크하면 생성됩니다.

03 욕조 모서리 둥글게 만들기

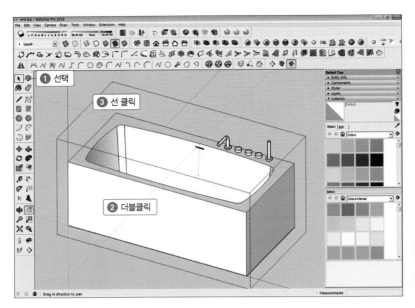

1 Select(선택) ▶ 도구로 더블클릭하여 모델링 안쪽으로 들어간 후 윗면과 옆면의 선을 모두 잡아줍니다.

> **Tip**
> 다중 선택 시 선을 잘못 잡은 경우 Shift 를 누르고 잘못 선택된 선을 클릭하면 선택 해제할 수 있습니다.

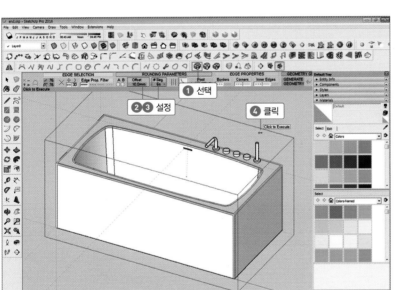

2 [Round Corner]를 클릭한 후 [Offset]은 '10', [Seg.]는 '6'의 값을 주고 바깥쪽을 클릭합니다.

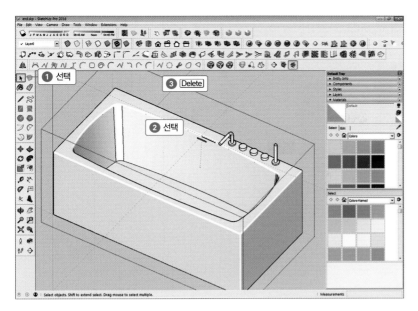

3   윗면이 덮여 있으므로 Select
(선택) ![cursor] 도구로 윗면을 선택한
후 Delete 를 눌러 지웁니다.

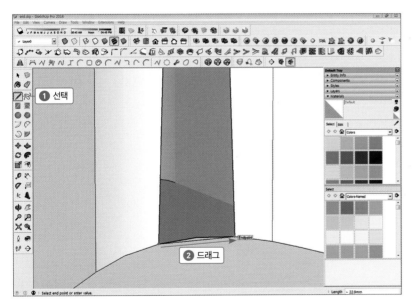

4   뚫린 부분들은 Line(선그리
기) ![line] 도구로 꼭지점과 꼭지점을
연결해 그리면 뚫린 부분이 채워
집니다.

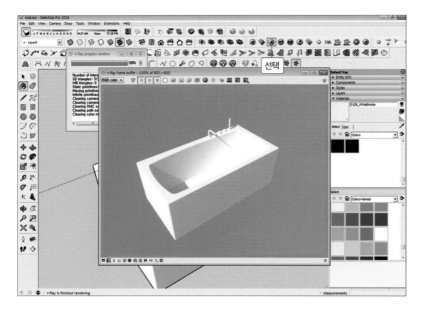

5 Start Render(렌더링 시작) ⓡ를 클릭하여 렌더링을 시작합니다.

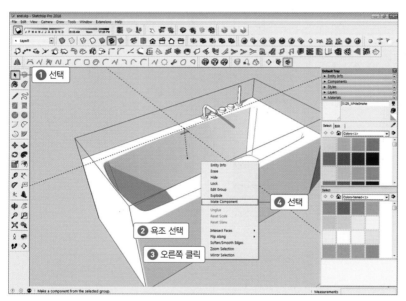

6 Select(선택) ▶ 도구로 욕조를 선택한 후 마우스 오른쪽 버튼을 클릭하여 [Make Component]를 선택합니다.

[Make Group]과 [Make Component]의 차이점은 다음과 같습니다.

[Make Group]	[Make Component]
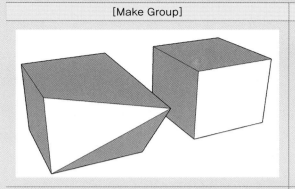	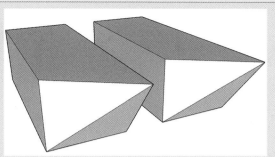
[Make Group]으로 복사한 경우 객체를 변형했을 때 복사한 객체에는 영향이 미치지 않습니다.	[Make Component]로 복사한 경우 객체를 변형했을 때 복사한 객체에도 영향을 미칩니다.

[Component] ⏩ 창에서 [Details]를 클릭한 후 [Purge Unused]를 클릭하면 사용하지 않는 컴포넌트들이 삭제됩니다.

Chapter 02

바르셀로나 파빌리온
모델링하기 [중급]

바르셀로나 파빌리온은 전 세계 건축학도들이라면 누구나 관심을 가질만한 유명한 건축물 중 하나입니다. 1029년 바르셀로나에서 열린 엑스포의 독일관으로 사용되었으며, 근대건축사 4대 거장 중 한 명인 '미스 반 데 로에'가 디자인한 건물입니다. 이 장에서는 도면 배치와 설정방법부터 건물 바닥, 외벽, 내벽, 지붕, 유리창, 계단, 가구까지 모델링하는 방법을 자세히 알아봄으로써, 스케치업 모델링에 대해 흥미를 갖는 시간을 가져보겠습니다.

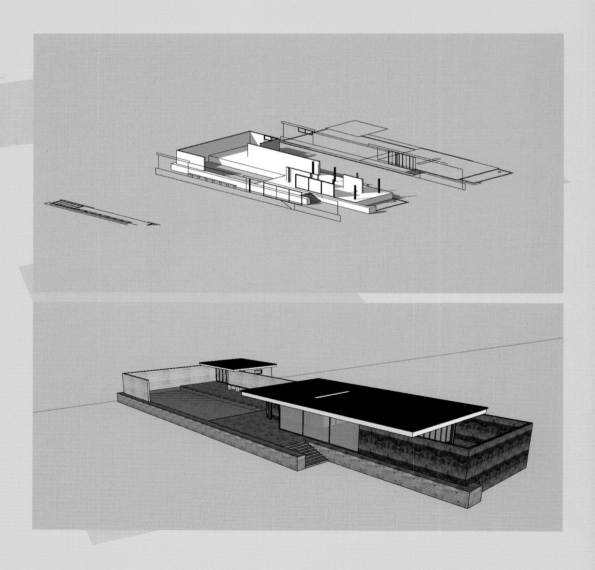

도면 배치 및 설정하기

도면의 효율적인 작업을 위해 도면 전체를 그룹화하거나 개별로 푸는 방법을 살펴보고, 입면도와 배치도를 선택하여 이동하고, 돌리는 방법 등을 알아봅니다.

◎ 예제파일 부록CD/파트2/02장/바르셀로나파빌리온.dwg　**◎ 완성파일** 부록CD/파트2/02장/02도면배치.skp

01 도면 그룹 풀기와 그룹 잡기

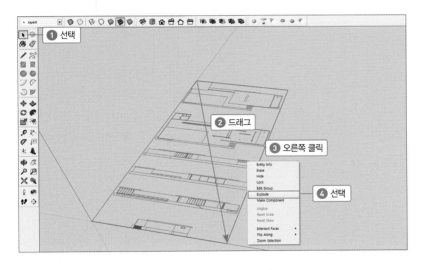

1 [File]-[import]로 '바르셀로나파빌리온.dwg' 파일을 엽니다. 그룹화되어 하나로 묶여 있는 도면을 개별로 작업할 수 있도록 Select(선택) ▶ 도구로 도면을 선택한 후 마우스 오른쪽 버튼을 클릭하여 [Explode]를 선택합니다.

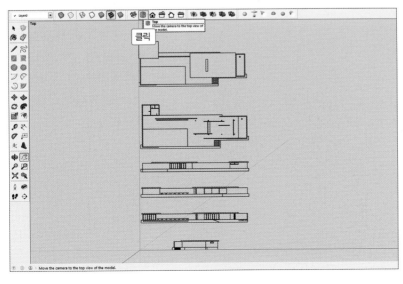

2 그룹이 풀린 도면을 각각 다시 그룹을 잡아주기 위해 TOP (윗면) 🔲 도구를 클릭합니다.

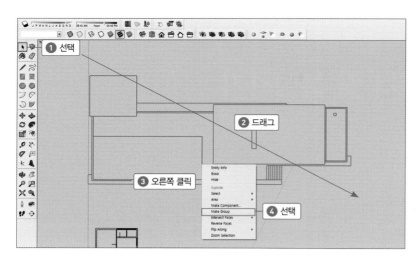

3 Select(선택) 도구를 이용하여 그룹을 잡아줄 도면을 드래그한 후 마우스 오른쪽 버튼을 클릭하고 [Make Group]을 선택하여 그룹화합니다. 나머지 도면도 각각 그룹화합니다.

> **TIP**
>
> 단축키 Ⓗ는 Pan(화면 이동), Space Bar 는 Select(선택) 를 뜻하며 작업 시 자주 사용하므로 알아두는 것이 좋습니다.

---

02 입면도 배치와 배면도 돌리기

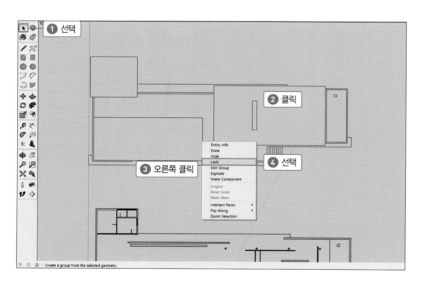

1 작업 시 도면이 움직이는 것을 방지하기 위하여 Select(선택) 도구로 평면도(위에서 두 번째 도면)를 클릭합니다. 마우스 오른쪽 버튼을 클릭한 후 [Lock]을 선택하여 잠궈줍니다.

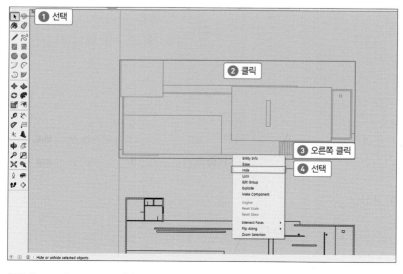

2 Select(선택) 도구로 천장도(맨 위 도면)를 클릭합니다. 마우스 오른쪽 버튼을 클릭하고 [Hide]를 선택하여 숨깁니다.

3   Orbit(궤도) 🔄 도구로 입면도가 잘 보이도록 그림처럼 돌립니다. 입면도 배치를 위해 [Lock]을 걸어준 평면도에 Line(선그리기) ✏️ 도구를 이용하여 양쪽에 기준선을 그립니다.

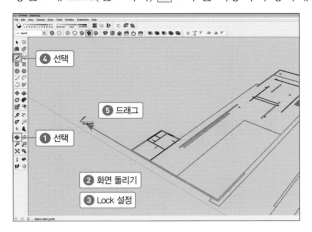
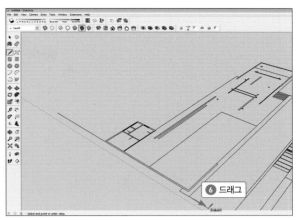

4   배면도(세 번째 도면)를 돌리기 위하여 Rotate(변형) 🔄 도구를 선택하고 왼쪽 밑모서리를 기준점으로 클릭한 상태에서 오른쪽으로 드래그합니다. 녹색으로 바뀌면 돌려질 지점을 클릭한 후 왼쪽으로 180° 회전시킵니다.

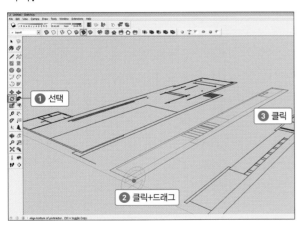
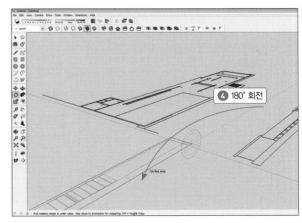

5   배면도에서 Rotate(변형) 🔄 도구를 선택합니다. 왼쪽 밑모서리를 기준점으로 클릭한 상태에서 왼쪽으로 드래그하여 빨간색으로 바뀌면 돌려질 지점을 클릭한 후 위쪽으로 90° 회전시킵니다.

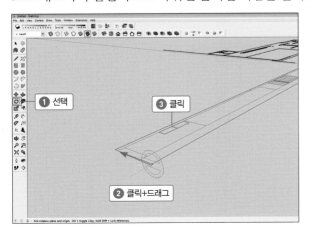
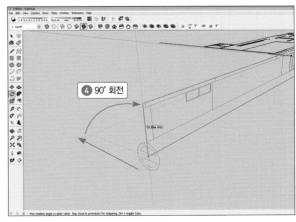

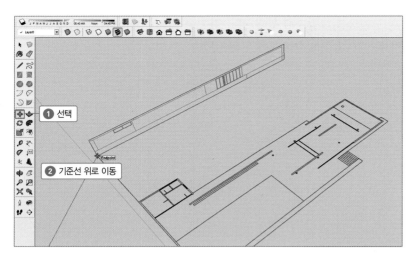

6 Move(이동) ❖ 도구를 선택한 후 세로로 회전시킨 배면도를 평면도에 그린 기준선 위로 이동시킵니다.

① 선택
② 기준선 위로 이동

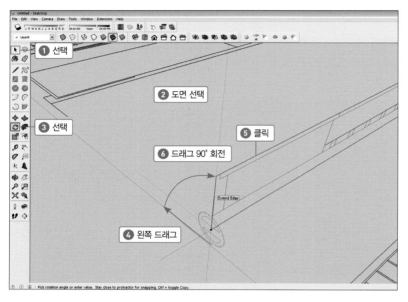

7 Select(선택) ▶ 도구로 네 번째 도면을 선택합니다. Rotate(이동) ♻ 도구로 입면도1(네 번째 도면)의 왼쪽 밑모서리를 기준으로 왼쪽으로 드래그합니다. 빨간색으로 바뀌면 돌려질 지점을 클릭한 후 위쪽으로 90° 회전시킵니다.

① 선택
② 도면 선택
③ 선택
④ 왼쪽 드래그
⑤ 클릭
⑥ 드래그 90° 회전

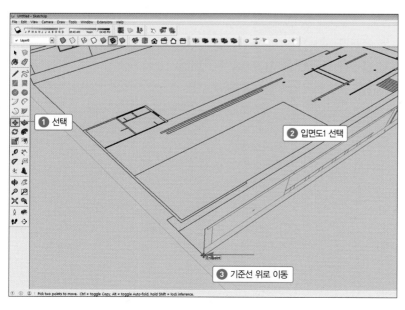

8 Move(이동) ❖ 도구로 입면도1을 선택한 후 평면도에 그린 기준선 위로 이동시킵니다.

① 선택
② 입면도1 선택
③ 기준선 위로 이동

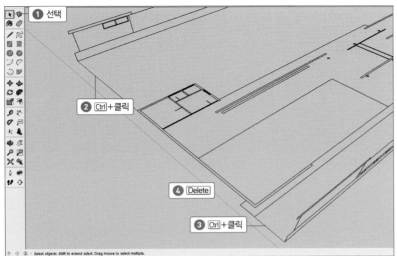

1 평면도에 그린 기준선을 지우기 위해 select(선택) 도구를 선택한 후 Ctrl을 누른 상태에서 기준선을 클릭합니다. Delete를 눌러 지웁니다.

> **Tip**
> Ctrl을 누른 상태에서 작업하게 되면 선택 도구는 다중 선택, Move(이동) 도구는 복사의 기능을 가지게 됩니다.

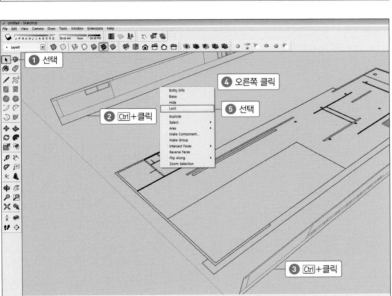

2 Select(선택) 도구를 선택한 후 Ctrl을 누른 상태에서 평면도 근처로 이동시킨 배면도와 입면도1을 선택합니다. 마우스 오른쪽 버튼을 클릭하고 [Lock]을 선택하여 잠급니다.

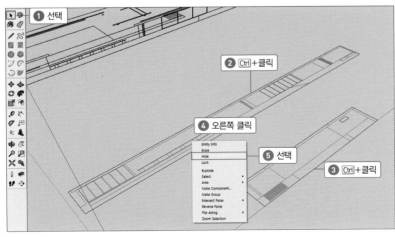

3 Select(선택) 도구를 선택한 후 Ctrl을 누른 상태에서 나머지 두 개의 도면을 선택합니다. 마우스 오른쪽 버튼을 클릭하고 [Hied]를 선택하여 잠급니다.

건물 바닥 만들기

바닥면을 만들기 위해 Line(선그리기) ✏️ 도구를 이용하여 바닥면을 따라 그린 후, Push/Pull(밀기끌기) ◈ 도구를 이용하여 바닥면의 두께를 맞춰주는 방법을 알아봅니다.

◎ **예제파일** 부록CD/파트2/02장/02도면배치.skp　　◎ **완성파일** 부록CD/파트2/02장/02바닥면.skp

01　바닥면 만들기

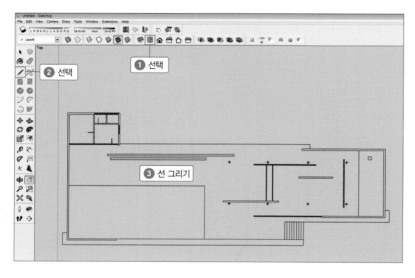

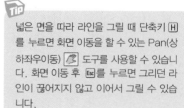

1 '02도면배치.skp' 파일을 엽니다. 바닥면을 만들기 위해 TOP(윗면) 🔲을 선택한 후 Line(선그리기) ✏️ 도구를 선택하여 바닥면을 따라 그립니다.

> **Tip**
>
> 넓은 면을 따라 라인을 그릴 때 단축키 H를 누르면 화면 이동을 할 수 있는 Pan(상하좌우이동) 🖐️ 도구를 사용할 수 있습니다. 화면 이동 후 Esc를 누르면 그리던 라인이 끊어지지 않고 이어서 그릴 수 있습니다.

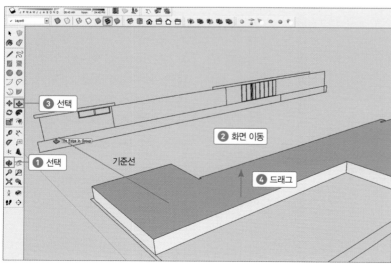

2 Orbit(궤도) ◈ 도구로 화면을 작업하기 좋도록 만듭니다. Push/Pull(밀기끌기) ◈ 도구를 선택하여 그린 바닥면을 드래그한 후, 배면도 바닥 두께 기준에 맞춰줍니다.

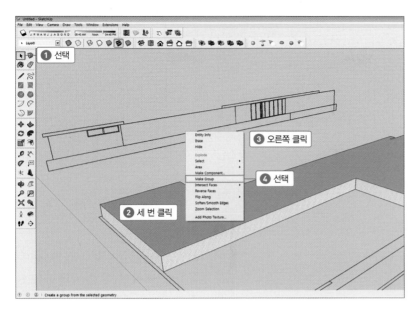

1 두께를 준 바닥면을 Select (선택) 도구로 세 번 클릭한 후, 마우스 오른쪽 버튼을 클릭하여 [Make Group]을 선택합니다.

Tip

모델링 시 만든 객체들이 하나로 합쳐지는 것을 방지하기 위해 객체를 만든 후 객체마다 [Make Group]을 해주어야 합니다.

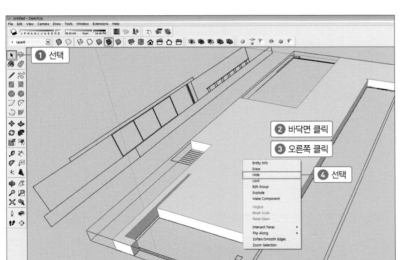

2 바깥쪽 바닥을 만들기 위해 만들어 놓은 바닥면을 Select(선택) 도구로 선택한 후 마우스 오른쪽 버튼을 클릭하여 [Hide]를 선택하여 숨깁니다.

Tip

Ctrl을 누른 상태에서 작업하게 되면 선택 도구는 다중 선택, Move(이동) 도구는 복사의 기능을 가지게 됩니다.

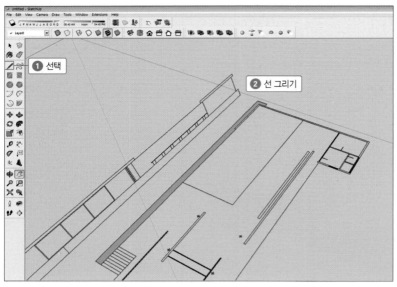

3 Line(선그리기) ✏ 도구를 선택한 후 바깥쪽 바닥면을 따라 그립니다.

Tip

작업이 쉽도록 Orbit(궤도) ◈도구를 사용하면 화면을 조절합니다.

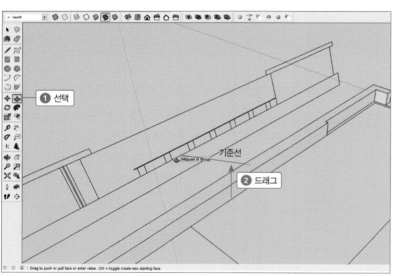

4 Push/Pull(밀기끌기) ◈ 도구를 선택하여 그린 바닥면을 클릭한 후, 입면도1의 바닥 두께 기준에 맞춰줍니다.

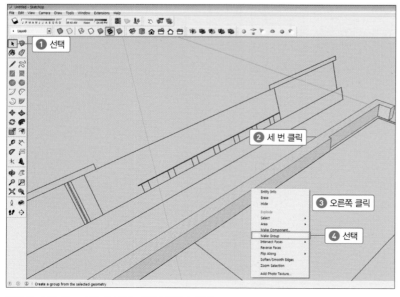

5 두께를 준 바닥면을 Select (선택) ▶ 도구로 세 번 클릭한 후, 마우스 오른쪽 버튼을 클릭하여 [Make Group]을 선택합니다.

외벽과 내벽 세우기

Line(선그리기) ✏️ 도구와 Rectangle(사각형) 🔲 도구로 외벽과 내벽을 그린 후, Push/Pull(밀기끌기) ◆ 도구를 이용하여 적당한 위치에 맞추는 방법을 알아봅니다.

● **예제파일** 부록CD/파트2/02장/02바닥면.skp ● **완성파일** 부록CD/파트2/02장/02기둥.skp

01 외벽 그리고 두께 맞추기

1 '02바닥면.skp' 파일을 엽니다. 외벽을 만들기 위해 먼저 Line(선그리기) ✏️ 도구를 선택한 후 외벽을 따라 그립니다.

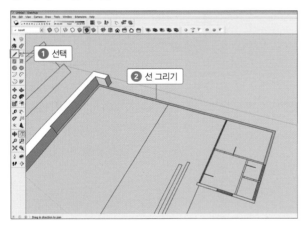
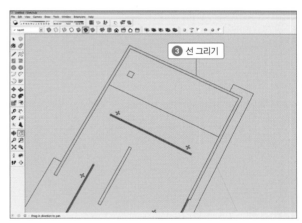

2 Rectangle(사각형) 🔲 도구를 선택한 후 벽체를 그립니다.

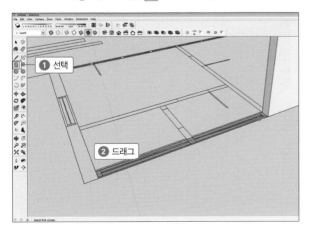
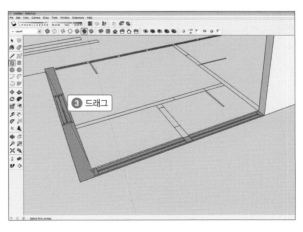

3 Push/Pull(밀기끌기) ◈ 도구를 선택한 후 그린 외벽을 드래그하여 벽체 기준에 맞춥니다.

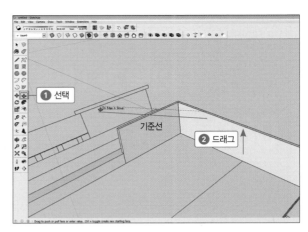

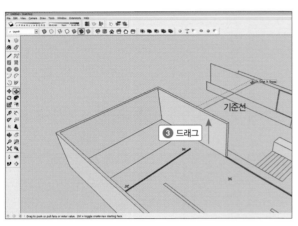

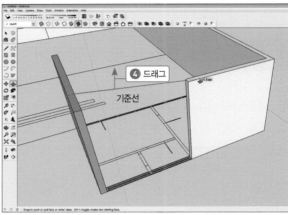

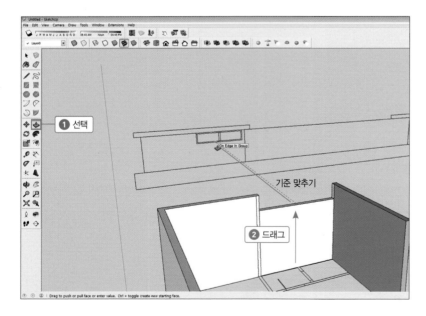

4 Push/Pull(밀기끌기) ◈ 도구를 선택한 후 그린 외벽을 드래그하여 배면도 창틀 아래에 맞춥니다.

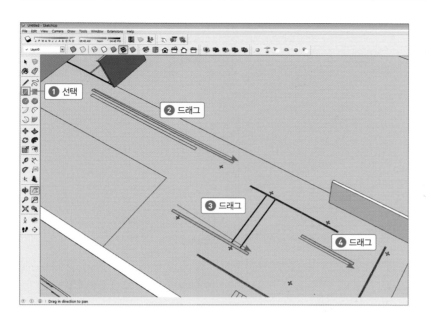

1 Rectangle(사각형) ▣ 도구를 선택한 후 드래그하여 내벽을 그립니다.

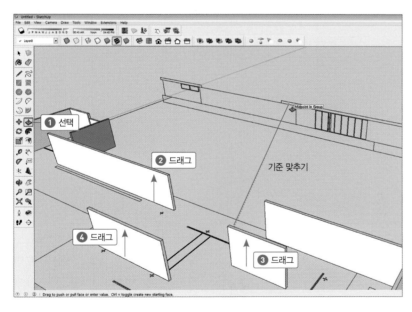

2 Push/Pull(밀기끌기) ◈ 도구를 선택한 후 그린 내벽을 드래그하여 배면도 천장 밑까지 기준에 맞춥니다.

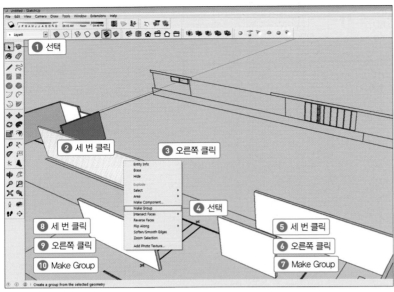

3 만든 외벽을 각각 Select(선택) ▶ 도구로 세 번 클릭한 후 마우스 오른쪽 버튼을 클릭하여 [Make Group]을 선택합니다.

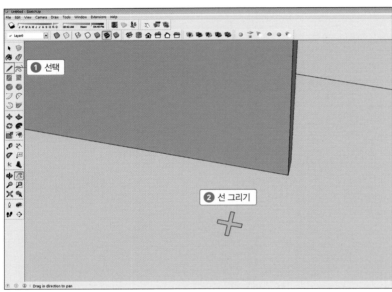

4 Line(선그리기) ✏ 도구를 선택하여 외벽의 기둥을 따라 그립니다.

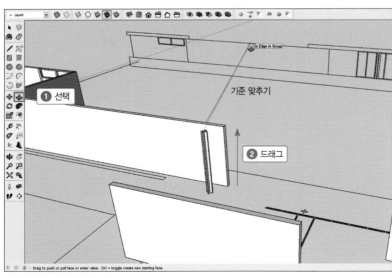

5 Push/Pull(밀기끌기) ◆ 도구를 선택한 후 드래그하여 배면도의 천장 밑까지 기준점을 잡아줍니다.

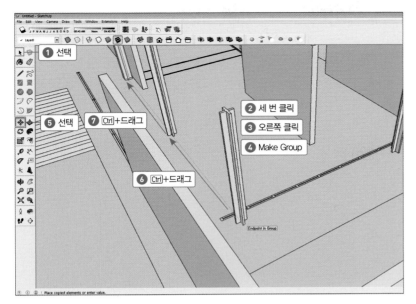

6 Select(선택) ▶ 도구로 만든 기둥을 세 번 클릭한 후 마우스 오른쪽 버튼을 클릭하여 [Make Group]을 선택합니다. Move(이동) ✛ 도구를 선택하고 Ctrl을 누른 상태에서 외벽 기둥을 드래그하여 나머지 기둥 부분에 복사합니다.

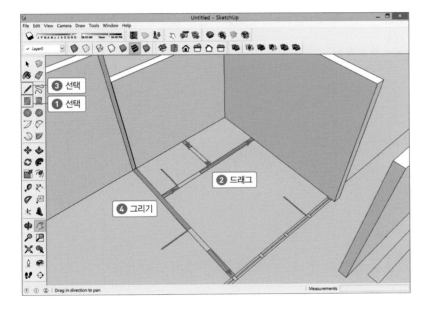

7 Rectangle(사각형) ▣ 도구와 Line(선그리기) ✏ 도구를 이용하여 내벽을 따라 그립니다.

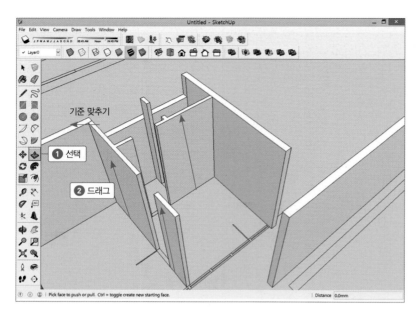

8 Push/Pull(밀기끌기) ⬙ 도구를 선택한 후 드래그하여 그린 내벽을 각각 외벽 높이만큼 올려 줍니다.

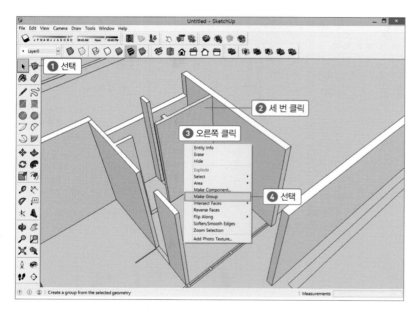

9 만든 내벽을 각각 Select(선택) ▶ 도구로 세 번 클릭한 후 마우스 오른쪽 버튼을 클릭하여 [Make Group]을 선택합니다.

Section 090

벽체 연결하기

Eraser(지우개) ✐ 도구로 선을 삭제하여 정리하고 만든 벽체를 그룹을 설정하여 묶어줍니다.

◎ 예제파일 부록CD/파트2/02장/02기둥.skp   ◎ 완성파일 부록CD/파트2/02장/02벽체연결.skp

1 '02기둥.skp' 파일을 엽니다. Eraser(지우개) ✐ 도구를 선택한 후 필요 없는 선을 클릭하여 지웁니다.

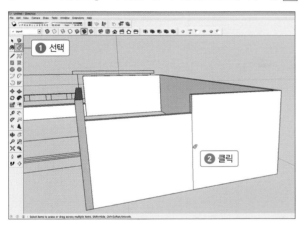
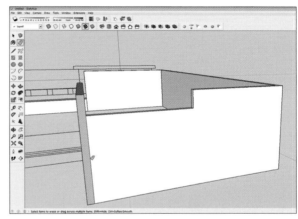

2 만든 외벽을 Select(선택) ▶ 도구로 세 번 클릭한 후 마우스 오른쪽 버튼을 클릭하여 [Make Group]을 선택합니다.

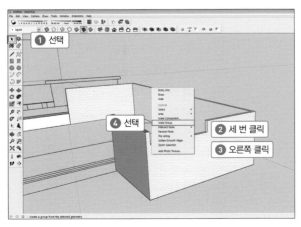
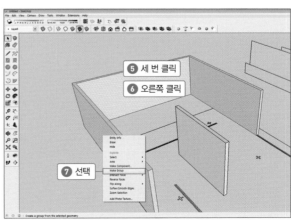

Section 091

지붕 만들기

Rectangle(사각형) ▥ 도구로 지붕을 그리고, Push/Pull(밀기끌기) ◈ 도구로 지붕의 두께를 만들어 준 후 도면과 만든 지붕을 배면도의 지붕 기준에 맞춰 이동해봅니다.

● 예제파일 부록CD/파트2/02장/02벽체연결.skp   ● 완성파일 부록CD/파트2/02장/02지붕.skp

---

01 지붕을 그리고 두께 설정하기

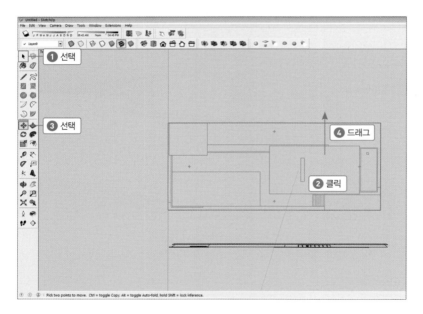

1 '02벽체연결.skp'파일을 엽니다. 지붕을 만들기 위해 [Edit]−[Unhide]−[All]을 선택하여 숨겨진 도면을 엽니다. Select (선택) ▶ 도구로 천장도를 클릭한 후 Move(이동) ◈ 도구를 선택하여 위쪽으로 옮깁니다.

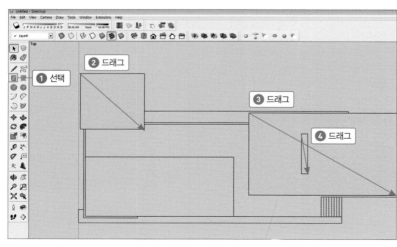

2 Rectangle(사각형) ▥ 도구로 지붕을 그립니다. 이때, 큰 지붕 안에 있는 작은 사각형도 그립니다.

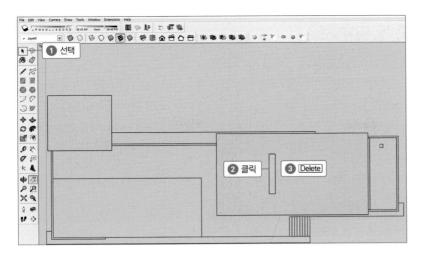

3 Select(선택) ▶ 도구로 큰 지붕 안에 있는 작은 사각형을 클릭한 후 Delete를 눌러 지웁니다.

① 선택

② 클릭 **③** Delete

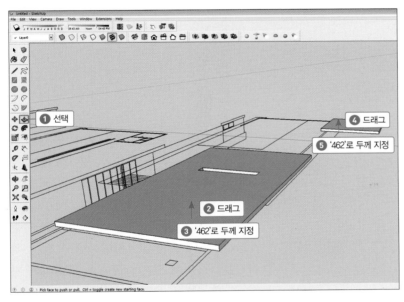

4 Push/Pull(밀기끌기) ◈ 도구를 선택하여 그린 지붕을 각각 드래그한 후, 두께를 '462mm'로 지정합니다.

① 선택

④ 드래그
⑤ '462'로 두께 지정

② 드래그
③ '462'로 두께 지정

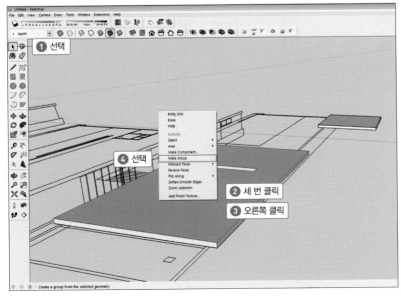

5 만든 지붕을 각각 Select(선택) ▶ 도구로 세 번 클릭한 후 마우스 오른쪽 버튼을 클릭하여 [Make Group]을 선택합니다.

① 선택

④ 선택

② 세 번 클릭
③ 오른쪽 클릭

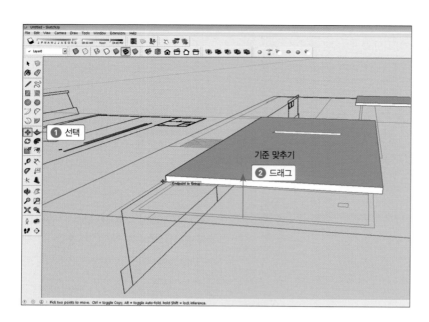

1 Move(이동) 도구를 선택한 후 도면과 만든 지붕을 배면도 지붕 기준에 맞춰 이동합니다.

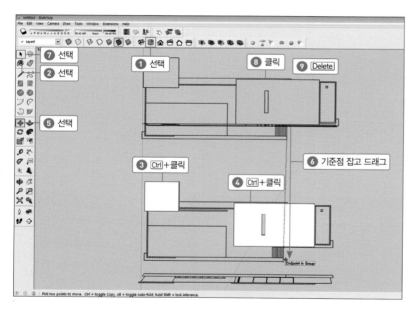

2 TOP(윗면) 도구를 클릭한 후 Ctrl을 누른 상태에서 Select(선택) 도구로 두 개의 지붕을 선택합니다. Move(이동) 도구로 천장도에서 기준점을 잡고, 평면도에서 같은 위치에 있는 기준점을 클릭하여 지붕을 옮깁니다. Select(선택) 도구로 천장도를 선택하고 Delete를 눌러 지웁니다.

유리창 만들기

Section 092

Rectangle(사각형) ▣ 도구로 창문의 바깥, 안쪽 사각형, 창문, 창틀, 유리창 등을 그리고 Push/Pull(밀기끌기) ◈ 도구로 두께를 설정한 후 이동하여 벽체나 벽체면에 맞추는 방법을 알아봅니다.

◉ **예제파일** 부록CD/파트2/02장/02지붕.skp　　◉ **완성파일** 부록CD/파트2/02장/02유리창.skp

01　창문의 바깥 사각형과 안쪽 사각형 만들기

1　'02지붕.skp' 파일을 엽니다. 벽체와 천장도 사이에 세워진 배면도에서 Rectangle(사각형) ▣ 도구로 창문의 바깥 사각형과 안쪽 사각형을 그립니다.　Select(선택) ▶ 도구로 안쪽 사각형을 선택하고 Delete 를 눌러 면을 지워줍니다.

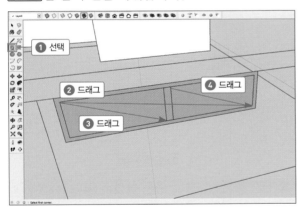

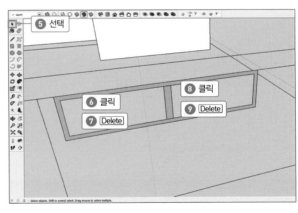

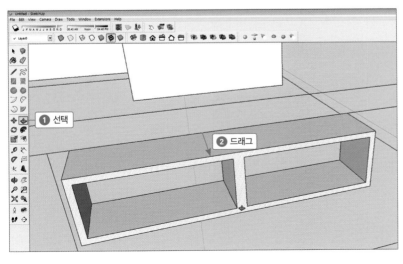

2　Push/Pull(밀기끌기) ◈ 도구를 선택하여 창틀을 드래그한 후 두께를 임의로 줍니다.

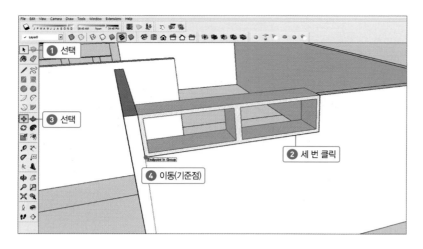

3 Select(선택) 🔽 도구로 창틀을 세 번 클릭한 후 Move(이동) ✛ 도구를 선택하여 기준점을 잡고 벽체로 이동합니다.

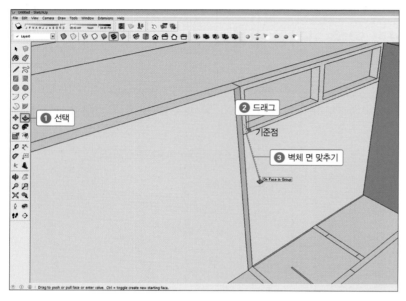

4 Push/Pull(밀기끌기) ◆ 도구를 선택하여 창틀의 안쪽 면을 잡고 벽체 면에 맞춥니다.

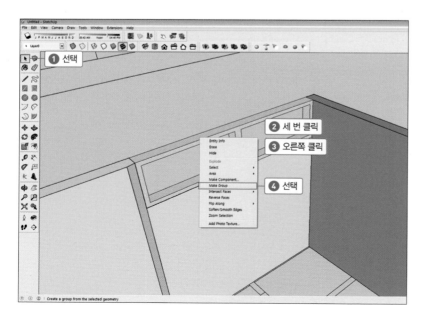

5 만든 창틀을 Select(선택) 🔽 도구로 세 번 클릭한 후 마우스 오른쪽 버튼을 클릭하여 [Make Group]을 선택합니다.

1 Rectangle(사각형) 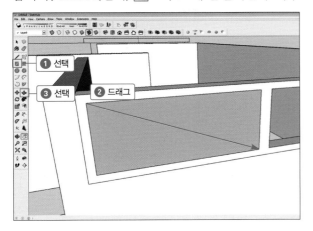 도구로 창문을 그린 후 Push/Pull(밀기끌기) ✥ 도구를 이용하여 '5mm' 두께를 줍니다. Select(선택) ▶ 도구로 세 번 클릭한 후 마우스 오른쪽 버튼을 클릭하여 [Make Group]을 선택합니다.

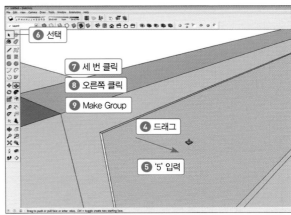

2 Back Edges(뒷테두리점선) 도구를 클릭하여 반투명 상태로 만든 후 Move(이동) ✥ 도구로 유리창을 선택하고 가운데로 이동시킵니다.

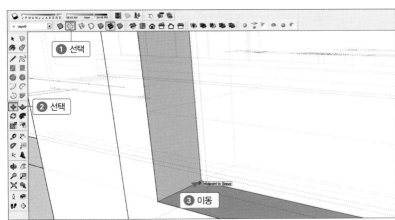

3 Move(이동) ✥ 도구를 선택한 후 Ctrl 을 누른 상태에서 창의 가운데를 기준으로 옆쪽 창문에도 넣어줍니다.

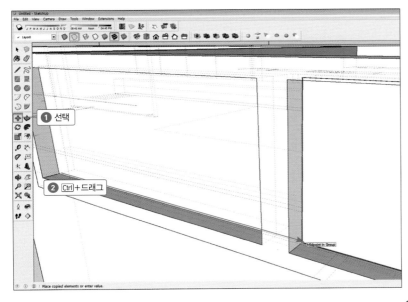

4 마지막 도면을 돌리기 위해 Rotate(회전) 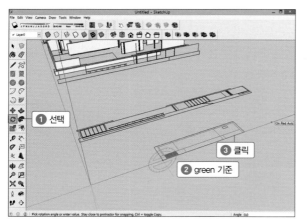 도구를 선택하고 왼쪽 밑모서리를 기준으로 드래그합니다. 녹색이 되면 오른쪽으로 돌려질 지점을 클릭한 후 왼쪽으로 180° 회전시킵니다.

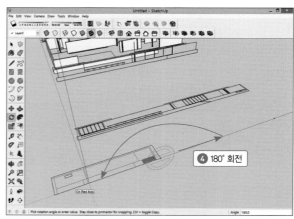

5 Rotate(회전) 도구를 선택하고 왼쪽 밑모서리를 기준점으로 오른쪽으로 돌려질 지점을 클릭한 후 아래로 90° 회전시킵니다.

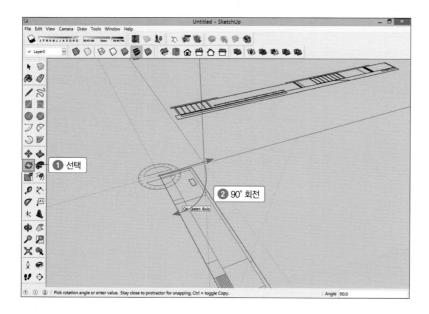

6 Rotate(회전) 도구를 클릭하고 왼쪽 밑모서리를 기준으로 드래그합니다. 녹색이 되면 왼쪽으로 돌려질 지점을 클릭한 후 위로 90° 회전시킵니다.

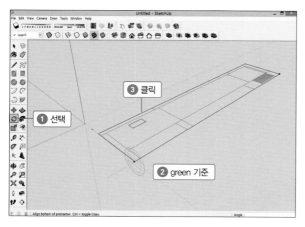

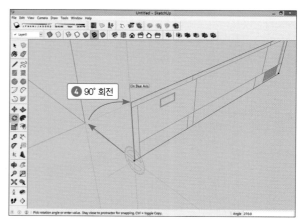

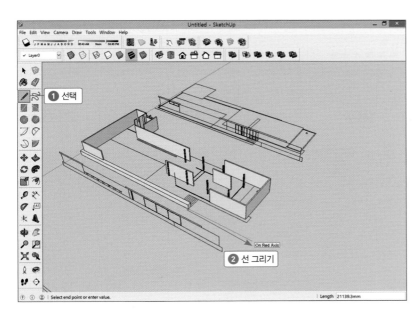

7 Line(선그리기) ✏ 도구를 이용하여 기준선을 그립니다.

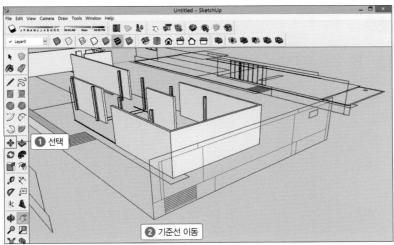

8 Move(이동) ✣ 도구를 선택한 후 평면도에 그린 기준선 위로 이동시킵니다.

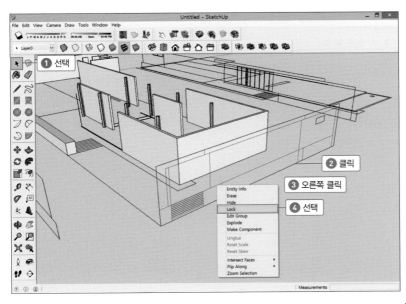

9 Select(선택) ▸ 도구로 도면을 클릭합니다. 마우스 오른쪽 버튼을 클릭한 후 [Lock]을 선택하여 도면을 잠급니다.

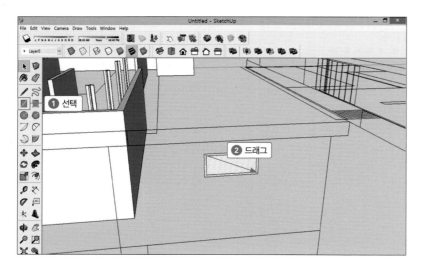

10 Rectangle(사각형) 도구로 창문을 기준으로 사각형을 그립니다.

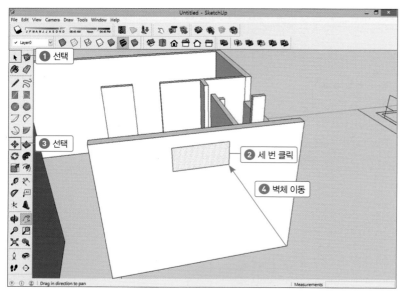

11 Select(선택) 도구로 창틀을 세 번 클릭한 후 Move(이동) 도구를 이용하여 벽체를 기준점으로 잡고 벽체로 이동합니다.

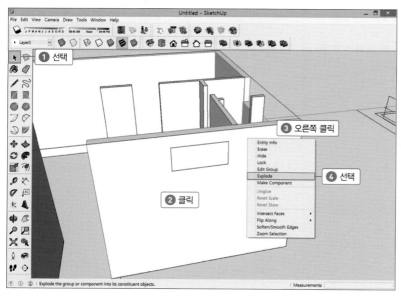

12 Select(선택) 도구로 외벽을 클릭한 후 마우스 오른쪽 버튼을 클릭하여 [Explode]를 선택해 그룹을 해제합니다.

13 Push/Pull(밀기끌기) 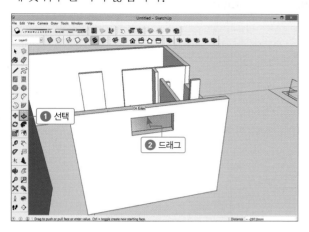 도구를 선택하고 창틀이 들어가야 할 작은 사각형을 선택한 후 외벽의 두께
에 맞춰주면 벽이 뚫립니다.

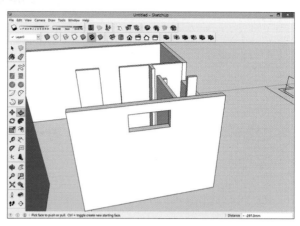

14 외벽을 Select(선택) 도구로 세 번 클릭한 후 마우스 오른쪽 버튼을 클릭하여 [Make Group]을 선택합니다.

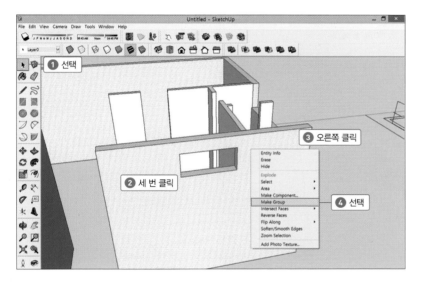

15 Rectangle(사각형) 도구로 창문의 바깥 사각형과 안쪽 사각형을 그립니다. Select(선택) 도구로 안쪽 사각형을 선택한 후 Delete를 눌러 면을 지웁니다.

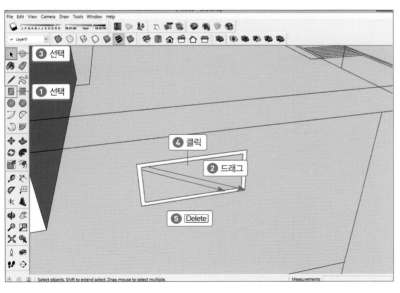

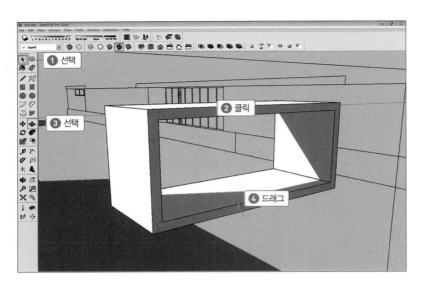

16 창틀을 선택한 후 Push/Pull(밀기끌기) ⬦ 도구로 드래그하여 두께를 임의로 줍니다.

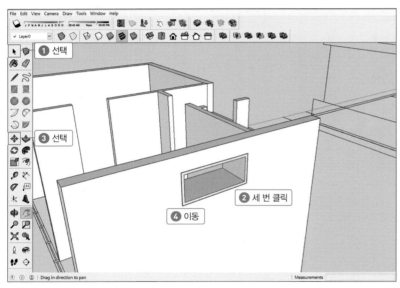

17 Select(선택) ▶ 도구로 창틀을 세 번 클릭한 후 Move(이동) ✛ 도구를 이용하여 기준점을 잡고 벽체로 이동합니다.

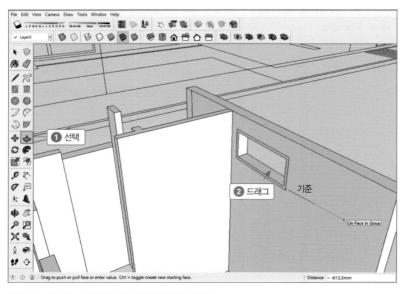

18 Push/Pull(밀기끌기) ⬦ 도구를 선택하여 창틀의 안쪽 면을 잡고 벽체 면에 맞춥니다.

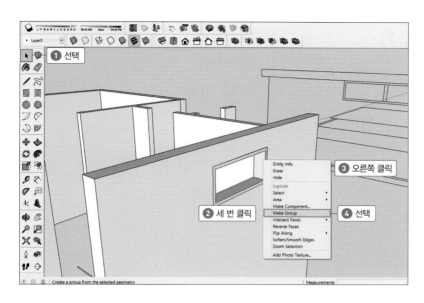

19 만든 창틀을 Select(선택) ![선택도구] 도구로 세 번 클릭한 후 마우스 오른쪽 버튼을 클릭하여 [Make Group]을 선택합니다.

20 Rectangle(사각형) ![사각형도구] 도구로 창문을 그린 후 Push/Pull(밀기끌기) ![밀기끌기도구] 도구로 드래그하여 '5mm' 두께를 줍니다. Select(선택) ![선택도구] 도구로 세 번 클릭한 후 마우스 오른쪽 버튼을 클릭하여 [Make Group]을 선택합니다.

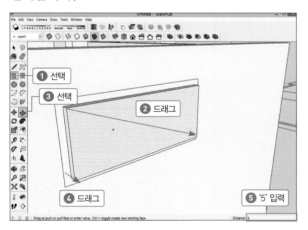

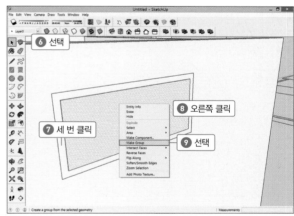

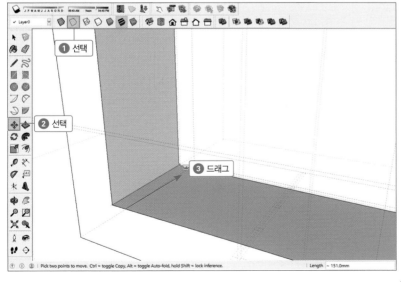

21 ![아이콘] [Back Edges]를 클릭하여 반투명 상태로 만든 후 Move (이동) ![이동도구] 도구로 유리창을 선택하여 가운데로 이동시킵니다.

03 창틀과 유리창 만들기

1 Rectangle(사각형) ▨ 도구로 창틀을 그린 후 Push/Pull(밀기끌기) ◆ 도구를 선택하여 입면도1의 창틀에 기준을 잡아줍니다.

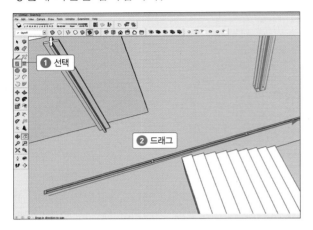

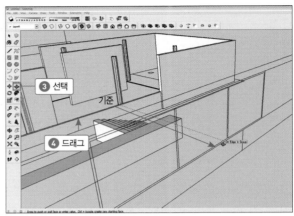

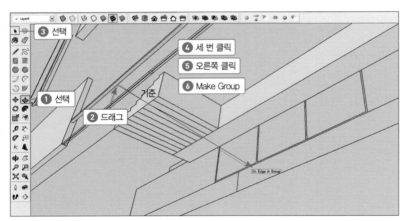

2 Push/Pull(밀기끌기) ◆ 도구를 선택하여 창틀의 아래쪽 면을 잡고 입면도1의 창틀 기준점에 잡아줍니다. Select(선택) ▶ 도구로 세 번 클릭한 후 마우스 오른쪽 버튼을 클릭하여 [Make Group]을 선택합니다.

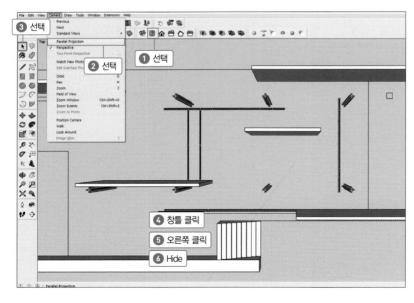

3 TOP(윗면) ▥ 도구를 클릭한 후 [Camera]-[Parallel Projection]을 선택하여 2차원 뷰로 전환하고 창틀을 Select(선택) ▶ 도구로 클릭합니다. 마우스 오른쪽 버튼을 클릭한 후 [Hide]를 선택하여 숨깁니다.

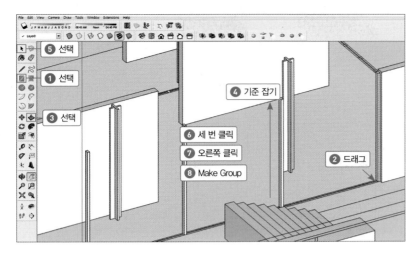

4 Rectangle(사각형) 🔲 도구로 수직 프레임을 그린 후 Push/Pull(밀기끌기) ◈ 도구를 선택하여 입면도1의 창틀에 기준을 잡아줍니다. 만들어진 수직 프레임을 각각 Select(선택) ▶ 도구로 세 번 클릭한 후, 마우스 오른쪽 버튼을 클릭하여 [Make Group]을 선택합니다.

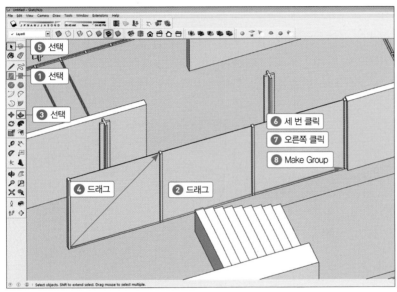

5 Rectangle(사각형) 🔲 도구를 선택한 후 유리를 그립니다. Push/Pul(밀기끌기) ◈ 도구를 선택하여 유리를 드래그한 후 수직프레임 높이에 기준을 잡아줍니다. 만들어진 유리를 Select(선택) ▶ 도구로 세 번 클릭한 후 마우스 오른쪽 버튼을 클릭하여 [Make Group]을 선택합니다.

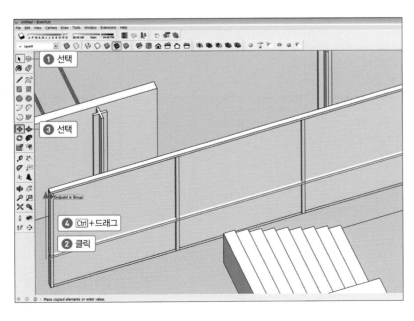

6 숨겼던 아래 프레임을 나타내기 위해 [Edit]-[Unhide]-[Last]를 선택합니다. Select(선택) ▶ 도구를 선택하여 아래의 프레임을 클릭합니다. Ctrl을 누른 상태에서 Move(이동) ✤ 도구를 선택한 후 위쪽에 복사하여 프레임을 만듭니다.

Section
093

계단, 전면창 만들기

Line(선그리기) 📝 도구로 계단을 그리고 Push/Pull(밀기끌기) 🔷 도구로 계단의 넓이를 지정한 후 이동하여
적당한 위치로 맞춰줍니다.

◉ 예제파일 부록CD/파트2/02장/02유리창.skp   ◉ 완성파일 부록CD/파트2/02장/02계단.skp

1 '02유리창.skp' 파일을 엽니다. 계단을 만들기 위해 Rotate(회전) 🔄 도구를 선택한 후 입면도2(다섯 번째 도면)를 왼쪽 밑모서리를 기준으로 왼쪽으로 드래그합니다. 빨간색으로 바뀌면 돌려질 지점을 클릭하고 위쪽으로 90° 회전시킵니다. Select(선택) 🔺 도구로 도면을 선택한 후 마우스 오른쪽 버튼을 클릭하여 [Lock]을 선택해 잠급니다.

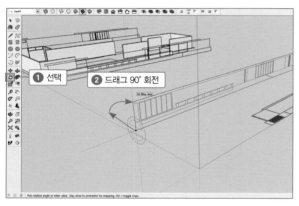
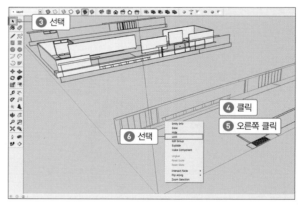

2 Line(선그리기) 📝 도구를 이용하여 계단을 그린 후 Push/Pull(밀기끌기) 🔷 도구를 선택하여 계단의 넓이를 임의로 만들어 줍니다.

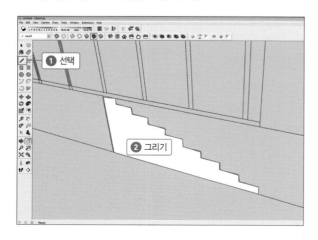
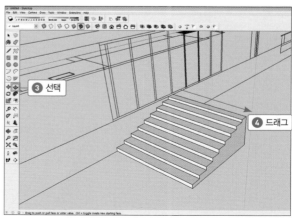

3 Select(선택) ▶ 도구로 계단을 세 번 클릭하고 Move(이동) ✦ 도구로 기준점을 잡아 평면도 위로 계단을 이동합니다. Push/Pull(밀기끌기) ◈ 도구를 선택해 계단의 넓이를 맞춰줍니다. Select(선택) ▶ 도구를 세 번 클릭한 후 마우스 오른쪽 버튼을 클릭하여 [Make Group]을 선택합니다.

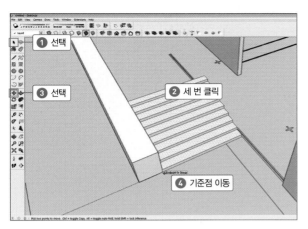 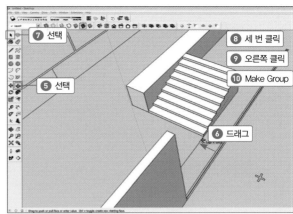

4 Rectangle(사각형) ▦ 도구로 창틀을 그린 후 Push/Pull(밀기끌기) ◈ 도구로 만든 창틀에 기준을 잡아줍니다.

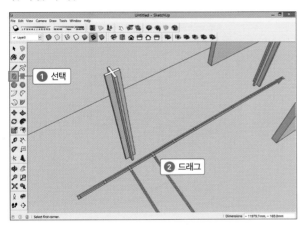 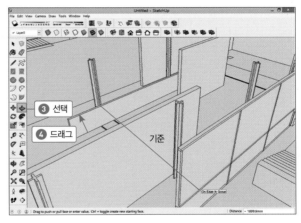

5 Push/Pull(밀기끌기) ◈ 도구로 창틀의 아래쪽 면을 잡고 만든 창틀 기준점에 잡아줍니다. Select(선택) ▶ 도구로 세 번 클릭한 후 마우스 오른쪽 버튼을 클릭하여 [Make Group]을 선택합니다.

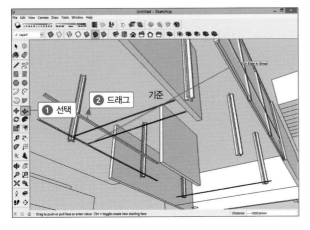 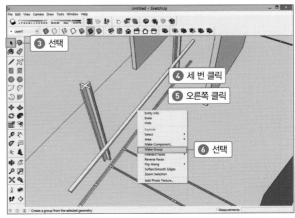

6 TOP(윗면) 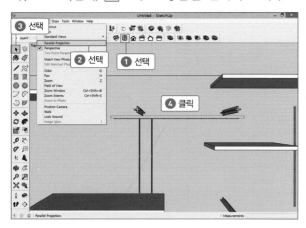 도구를 선택한 후 [Camera]-[Parallel Projection]을 선택하여 2차원 뷰로 전환합니다. Select(선택) 도구로 창틀을 선택하고 마우스 오른쪽 버튼을 클릭하여 [Hide]로 숨겨줍니다.

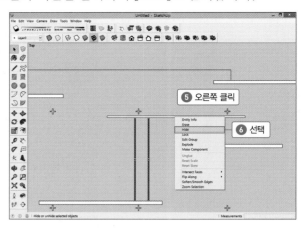

7 Rectangle(사각형) 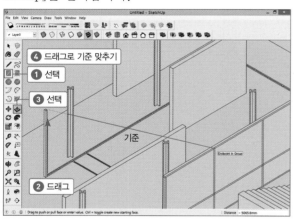 도구로 창틀을 그린 후 Push/Pull(밀기끌기) 도구로 만든 창틀에 기준을 잡아줍니다. Select(선택) 도구로 창틀을 세 번 클릭한 후 마우스 오른쪽 버튼을 클릭하여 [Make Group]을 선택합니다.

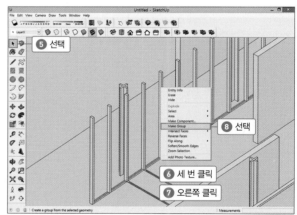

8 Rectangle(사각형) 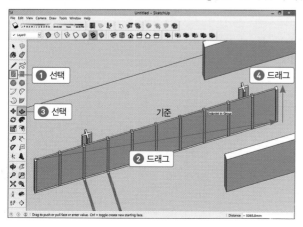 도구로 유리를 그린 후 Push/Pull(밀기끌기) 도구로 유리를 선택하여 수직프레임 높이에 기준을 잡아줍니다. 만들어진 유리를 Select(선택) 도구로 세 번 클릭한 후 마우스 오른쪽 버튼을 클릭하여 [Make Group]을 선택합니다.

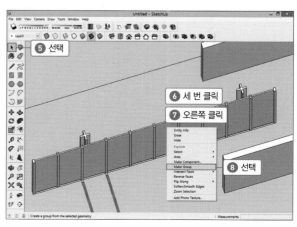

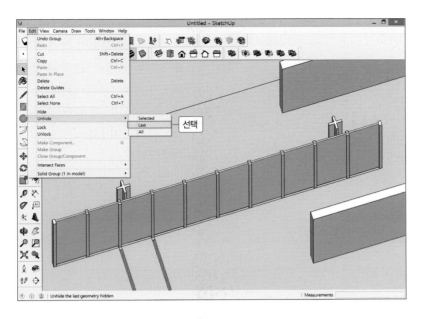

9 숨겼던 아래 프레임을 나타 내기 위해 [Edit]-[Unhide]- [Last]를 선택합니다.

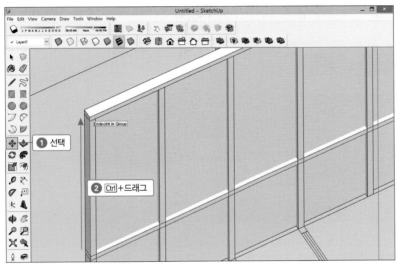

10 아래의 프레임을 선택합니다. Move(이동) 도구를 선택 한 후 Ctrl을 누른 상태에서 유리 를 위쪽에 복사하여 프레임을 만 듭니다.

11 Rectangle(사각형) 도구로 창틀을 그린 후 Push/Pull(밀기끌기) 도구로 만든 창틀에 기준을 잡아줍니다.

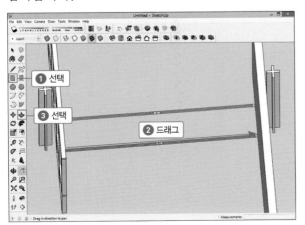

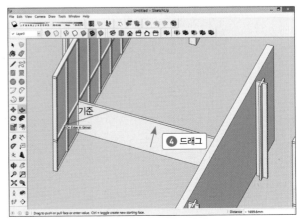

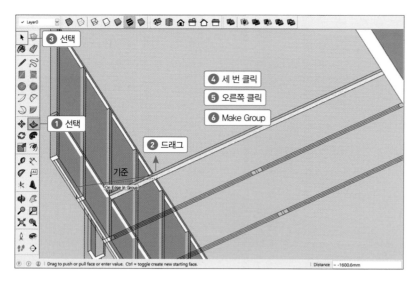

12 Push/Pull(밀기끌기) ◆ 도구를 선택한 후 창틀의 아래쪽 면을 잡고 만든 창틀 기준점에 잡아줍니다. Select(선택) ▶ 도구로 세 번 클릭한 후 마우스 오른쪽 버튼을 클릭하여 [Make Group]을 선택합니다.

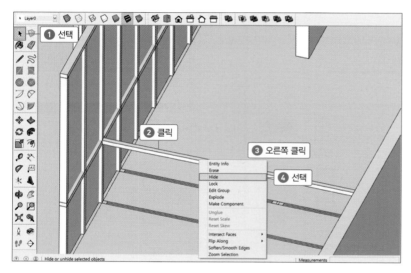

13 창틀을 Select(선택) ▶ 도구로 클릭한 후 마우스 오른쪽 버튼을 클릭하여 [Hide]로 숨겨줍니다.

14 Rectangle(사각형) ▣ 도구로 수직 프레임을 그린 후 Push/Pull(밀기끌기) ◆ 도구로 만든 창틀에 기준을 잡아줍니다. 만들어진 수직 프레임을 각각 Select(선택) ▶ 도구로 세 번 클릭한 후 마우스 오른쪽 버튼을 클릭하여 [Make Group]을 선택합니다.

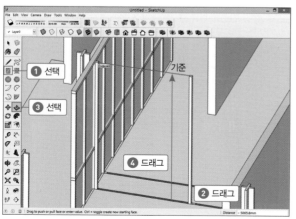

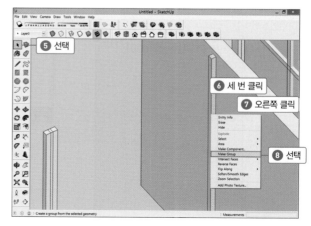

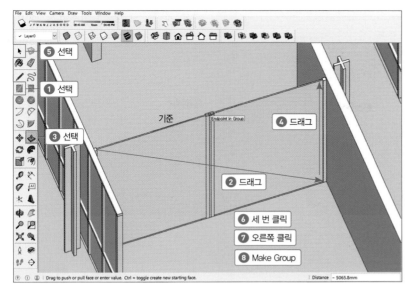

15 Rectangle(사각형) ▣ 도구로 유리를 그린 후 Push/Pull(밀기끌기) ◈ 도구로 유리를 선택하여 수직프레임 높이에 기준을 잡아줍니다. 만들어진 유리를 Select(선택) ▶ 도구로 세 번 클릭한 후 마우스 오른쪽 버튼을 클릭하여 [Make Group]을 선택합니다.

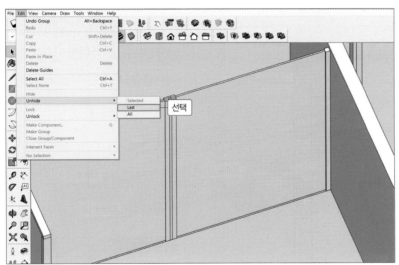

16 숨겼던 아래 프레임을 나타내기 위해 [Edit]-[Unhide]-[Last]를 선택합니다.

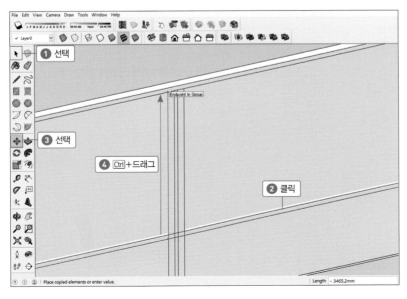

17 아래의 프레임을 Select(선택) ▶ 도구로 클릭합니다. Ctrl을 누른 상태에서 Move(이동) ◈ 도구를 선택하고 프레임을 드래그하여 위쪽에 복사합니다.

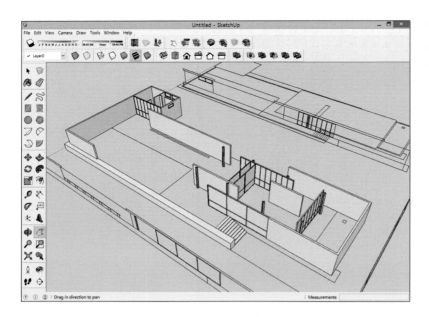

18 같은 방법으로 나머지 창문
들에도 모두 프레임을 만들어 줍
니다.

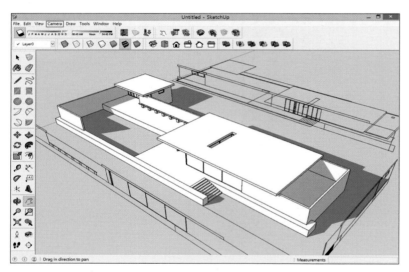

19 [Camera]−[Perspective]
를 선택해 뷰를 전환합니다.

Section 094

가구 만들기

의자의 밑부분과 윗부분을 그린 후에 두께를 설정하고 기준점을 잡고 이동하여 위치를 잡아줍니다.

◎ 예제파일 부록CD/파트2/02장/02계단.skp　◎ 완성파일 부록CD/파트2/02장/02가구.skp

01 의자 밑부분 만들기

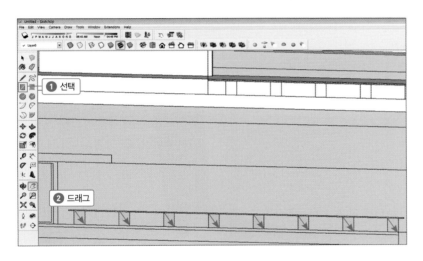

1 '02계단.skp' 파일을 엽니다. 입면도2에서 Rectangle(사각형) 도구를 선택하여 의자 밑부분을 그립니다.

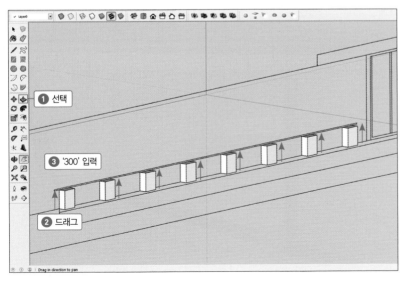

2 Push/Pull(밀기끌기) 도구를 선택한 후 의자 밑부분의 두께를 드래그하여 300mm으로 설정합니다.

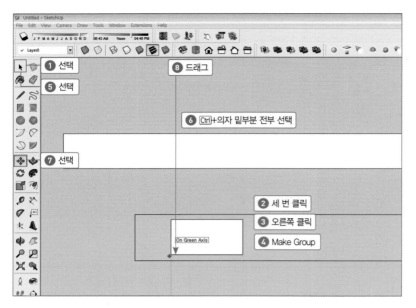

3 Select(선택) ![select icon] 도구로 각각 세 번 클릭한 후 마우스 오른쪽 버튼을 클릭하여 [Make Group]을 선택합니다. Ctrl을 누른 상태에서 Select(선택) ![select icon] 도구로 의자 밑부분을 모두 선택합니다. Move(이동) ![move icon] 도구로 기준점을 잡아 평면도 위로 이동시킵니다.

---

02 의자 윗부분 만들기

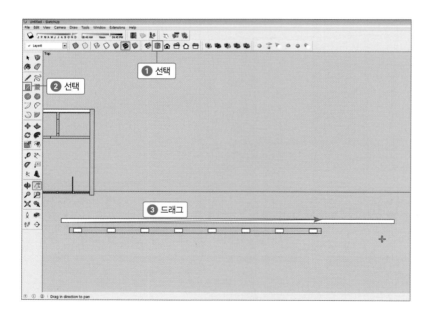

1 TOP(윗면) ![top icon] 도구를 선택한 후 Rectangle(사각형) ![rectangle icon] 도구로 의자 윗부분을 그립니다.

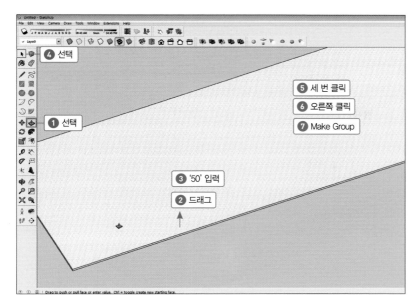

2 Push/Pull(밀기끌기) 도구로 의자 윗부분을 선택한 후 50mm 두께를 설정합니다. Select(선택) 도구로 세 번 클릭한 후 마우스 오른쪽 버튼을 클릭하여 [Make Group]을 선택합니다.

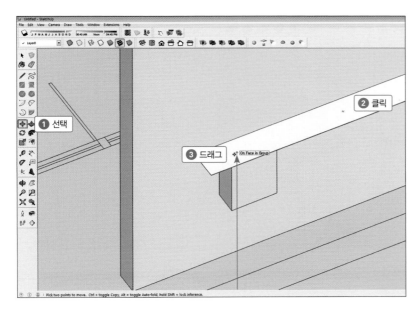

3 Move(이동) 도구를 선택한 후 아래쪽 면을 클릭하고 의자 다리 위로 이동시킵니다.

그림자 만들기

Section 095

Show/Hide Shadows(그림자)  기능을 이용하여 현재 작업한 모든 부분에 그림자를 설정합니다.

○ **예제파일** 부록CD/파트2/02장/02가구.skp   ○ **완성파일** 부록CD/파트2/02장/02그림자.skp

1 '02가구.skp' 파일을 엽니다. 지금까지 작업한 것들을 확인하기 위해 [Edit]-[Unhide]-[All]을 선택합니다.

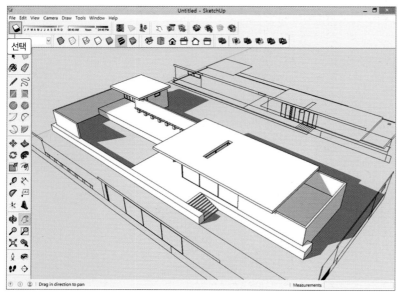

2 Show/Hide Shadows(그림자) 를 선택한 후 그림자 효과를 줍니다. 이와 같이 나머지 부분도 작업합니다.

Section
096

모델링을 위한 기초 매핑

실무에서 진행되는 모든 모델링을 위한 기초 매핑에 대해 알아봅니다. 실제 건물의 유리창, 창틀과 기둥, 바닥, 계단, 지붕을 [Materials] 창을 이용하여 다양한 색깔로 매핑하는 방법을 익혀봅니다.

◉ **예제파일** 부록CD/파트2/2장/시작1.skp, 1.jpg, 2.jpg, 3.jpg, 4.jpg, 5.jpg   ◉ **완성파일** 부록CD/파트2/2장/02내부벽3매핑.skp

01 유리창 매핑하기

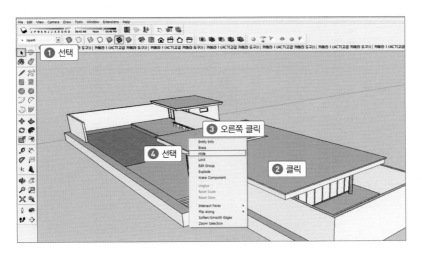

1 '시작1.skp' 파일을 엽니다. 매핑을 시작하기 전에 Select(선택) 도구를 선택하여 지붕을 클릭합니다. 마우스 오른쪽 버튼을 클릭하고 [Hide]를 선택하여 지붕을 숨깁니다.

2 유리와 금속을 매핑하기 위해 Paint Bucket(페인트통) 도구를 선택하면 [Default Tray]- [Materials] 창이 열립니다. 유리 매핑을 하기 위해 Select(선택) 도구로 유리창을 클릭한 후 [Materials] 창의 [Select] 탭의 [In Model]에서 화살표를 클릭하여 [Colors-Named]로 선택하여 바꿉니다.

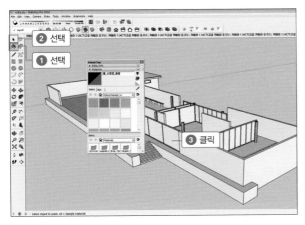

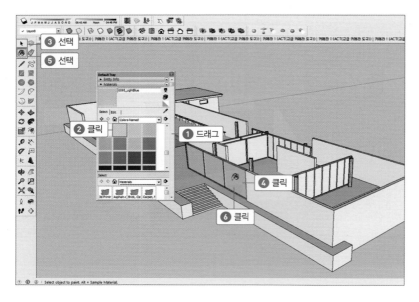

3 [Materials] 창에서 막대 화살표를 위아래로 움직여 하늘색 색상을 하나 선택합니다. Select(선택) 도구로 유리창을 선택한 후 Paint Bucket(페인트 통) 도구로 유리창을 클릭하면 원하는 하늘색이 적용됩니다.

4 [Materials]-[Edit] 탭을 클릭한 후 [Opacity] 값을 60으로 바꿉니다.

> **Tip**
>
> [Select]-[In model] 또는 아이콘을 클릭하면 현재 모델링에 적용된 재질을 확인할 수 있고, 적용 후 [Edit]를 통해 재질을 편집하거나 이름을 바꿀 수 있습니다.

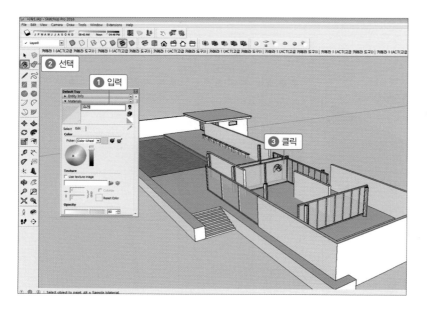

5 [Name]을 [유리]로 입력하여 바꿔준 후 Paint Bucket(페인트통) 도구를 선택하여 나머지 유리 부분에도 매핑을 적용시킵니다.

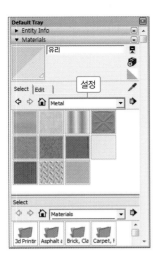

1 두 번째 금속 매핑을 하기 위해 [Materials] 창의 [Select] 탭에서 [Colors-Named]를 [Metal]로 바꿉니다.

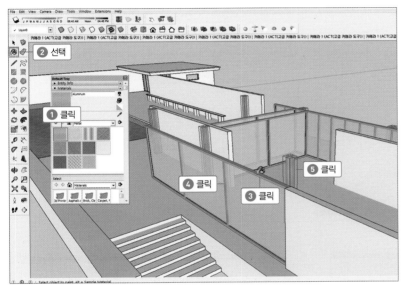

2 [Materials] 창에서 'Aluminum'을 선택합니다. Paint Bucket(페인트통) 🖌 도구로 창틀과 기둥을 클릭하여 매핑을 입힙니다.

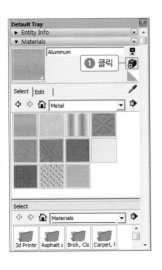

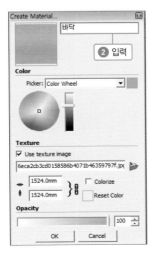

3 바닥을 매핑하기 위해 🖻[Create Material]을 클릭한 후 [Create Materials] 창에서 [Name]을 '바닥'으로 입력합니다.

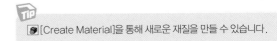

🖻[Create Material]을 통해 새로운 재질을 만들 수 있습니다.

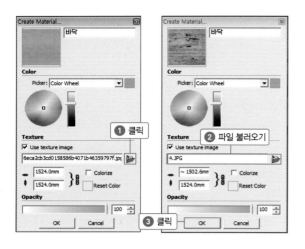

4 재질을 불러오기 위해 [Create Materials] 창에서 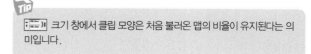 [Browse For Material File]을 클릭한 후, [Choose Image]에서 [부록CD/파트2/2장] 폴더의 '4.jpg'를 엽니다. [Create Materials] 창에서 [OK]를 클릭합니다.

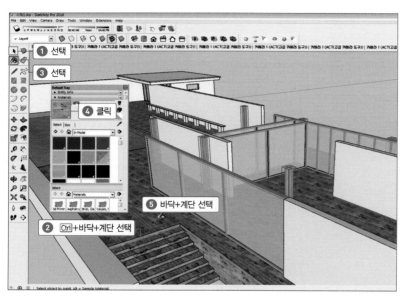

5 Select(선택) ▶ 도구를 선택한 후 Ctrl을 누른 상태에서 바닥과 계단을 선택합니다. Paint Bucket(페인트통) ● 도구를 선택한 후 바닥과 계단을 클릭하여 매핑을 입힙니다.

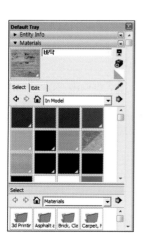 

6 바닥면의 매핑 크기를 조절하기 위해 [Edit] 탭에서 크기를 2000으로 조절합니다.

> **Tip** ⁞⁝⁞⁝⁞ 크기 창에서 클립 모양은 처음 불러온 맵의 비율이 유지된다는 의미입니다.

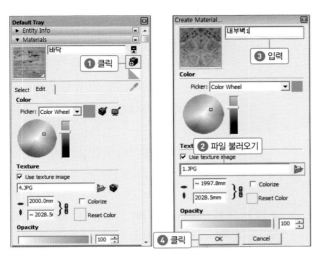

1 첫 번째 내부벽을 매핑하기 위해 [Materials] 창의 🗂[Create Material]을 클릭합니다. [Create Material] 창의 📂[Browse For Material File]을 선택하여 '1.jpg'를 연 후에 [Name]을 '내부벽1'로 입력하고 [OK]를 클릭합니다.

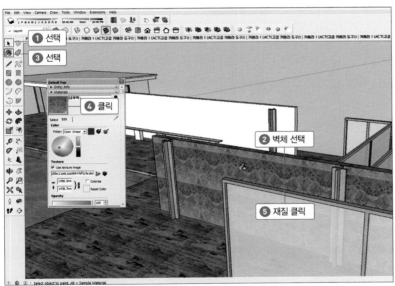

2 Select(선택) ▶ 도구로 벽체를 선택한 후 Paint Bucket(페인트통) 🗂 도구로 벽체에 매핑을 입힙니다.

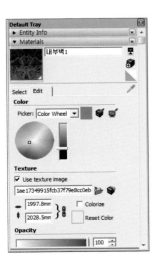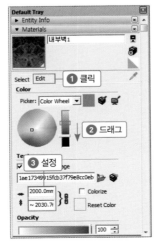

3 [Edit] 탭의 [Color]를 조절하여 색을 조금 더 어둡게 바꾼 후 크기를 2000으로 조절합니다.

> [Edit] 탭의 [Color]를 조절하면 재질의 색상을 조절할 수 있습니다.

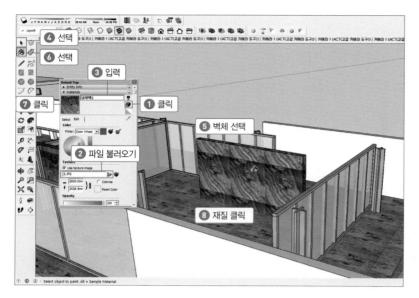

1 두 번째 내부벽을 매핑하기 위해 [Materials] 탭에서 [Create Material]을 클릭합니다. [Create Material] 창의 [Browse For Material File]을 선택하여 '2.jpg'를 연 후에 [Name]을 [내부벽2]로 지정합니다. Select(선택) 도구로 벽체를 선택한 후 Paint Bucket(페인트통) 도구로 벽체를 클릭하여 매핑을 입힙니다.

2 재질의 크기를 변경하는 다른 방법은 Select(선택) 도구로 객체를 선택한 후 마우스 오른쪽 버튼을 클릭하고 [Explode]를 선택합니다. 재질의 크기를 변경해줄 한 면을 Select(선택) 도구로 선택한 후, 마우스 오른쪽 버튼을 클릭하여 [Texture]–[Position]을 선택합니다.

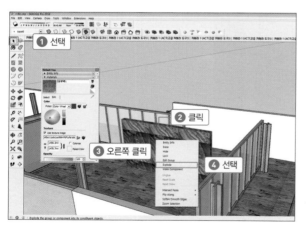
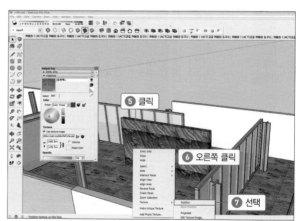

TIP
이 방법의 경우 그룹 상태에서는 재질의 위치와 크기를 조절할 수 없습니다.

3 ![]빨간색은 재질의 위치 이동을 할 수 있습니다.

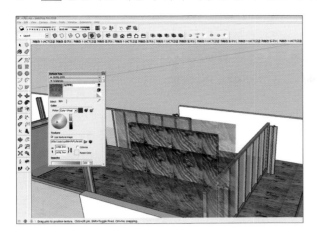
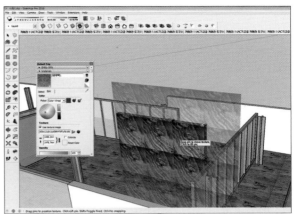

4 ![]초록색은 재질의 크기 변화와 회전을 할 수 있습니다.

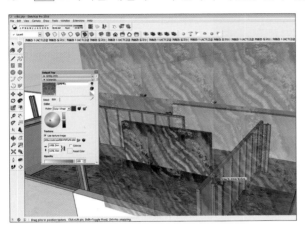
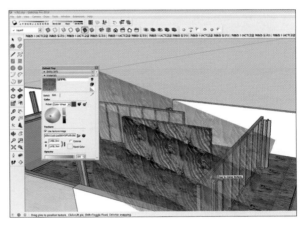

5 ![]노란색과 ![]파란색은 기울기를 변화시킬 수 있습니다.

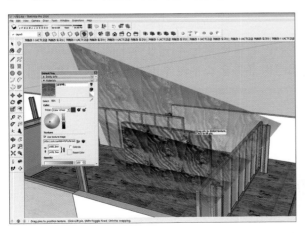
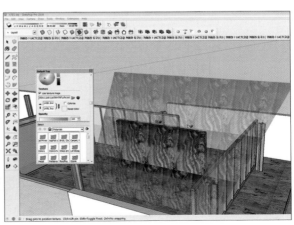

TIP

노란색과 파란색은 기울기가 변하기 때문에 자주 사용하지 않습니다. 주로 빨간색과 초록색을 사용하여 재질을 조절합니다.

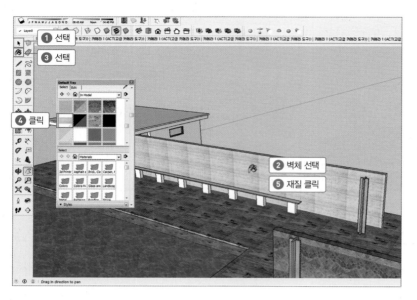

1 마지막 내부벽을 매핑하기 위해 [Materials] 탭에서 [Create Material]을 클릭합니다. [Create Material] 창의 [Browse For Material File]을 선택하여 '5.jpg'를 불러온 후 [Name]을 [내부벽3]으로 지정합니다. Select(선택) 도구로 벽체를 선택한 후 Paint Bucket(페인트통) 도구로 만든 '내부벽3'을 선택하고 벽체를 클릭하여 매핑을 입힙니다.

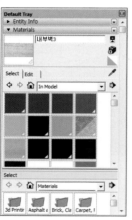
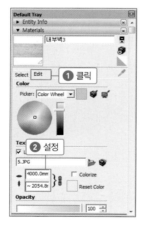

2 벽체 매핑 크기를 조절하기 위해 [Edit] 탭에서 크기를 4000으로 조절합니다.

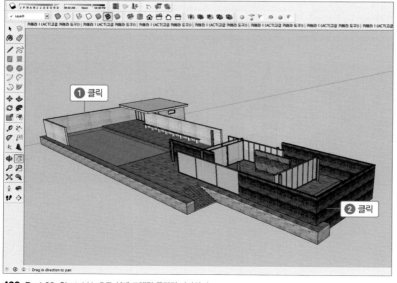

3 나머지 벽에도 재질을 입힙니다.

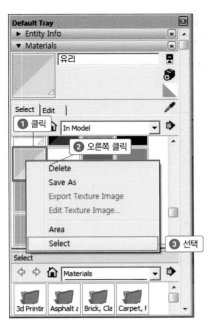

4 같은 재질이 입혀진 객체들을 전부 다른 재질로 바꿔보겠습니다. [Materials] 창에서 바꾸고자 하는 재질을 클릭한 후, 마우스 오른쪽 버튼을 클릭하여 [Select]를 선택합니다.

5 [In Model]을 'Colors Named'로 바꾸고 바꿀 색상(0101_CornflowerBlue)을 선택한 후 Paint Bucket(페인트통) 🪣 도구를 이용하여 선택된 부분을 클릭하면 재질이 바뀝니다.

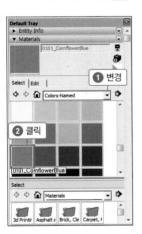
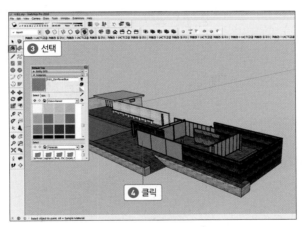

> **Tip**
>
> 재질에 마우스 오른쪽 버튼을 클릭하여 [Select]를 선택하면 그 재질이 입혀진 객체가 모두 선택됩니다. 또한, 재질에 마우스 오른쪽 버튼을 클릭하여 [Select]를 한 후 다른 재질을 선택하고 [Select]를 선택하면 처음 선택했던 재질이 해제되지 않고 두 번째 재질과 함께 선택되어 있으므로 바탕을 한 번 클릭하고 다음 재질을 바꿔야 합니다.

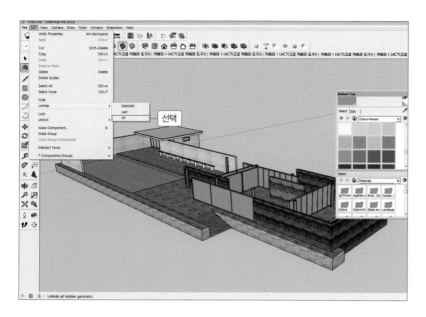

1 마지막으로 지붕을 매핑하기 위해 메뉴에서 [Edit]-[Unhide]-[All]을 선택하여 숨겨진 지붕을 엽니다.

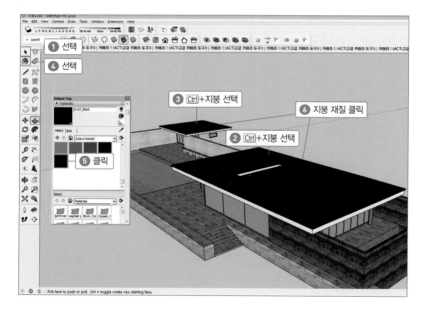

2 Select (선택) 도구를 선택하고 Ctrl을 누른 상태에서 지붕 윗부분을 선택한 후 Paint Bucket(페인트통) 도구로 지붕에 검은색을 입힙니다.

도면 정리하기

1 [File]-[Import]를 선택하여 바르셀로나 파빌리온.dwg를 엽니다. 도면을
깔끔하게 정리하기 위해 [Window]-[Default Tray]-[Styles]를 선택해 실행
합니다.

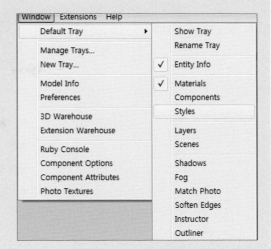

2 [Default Tray]-[Styles] 창에서 [Edit] 탭을 클릭한 후 [Profiles], [Extension], [Endpoints]
의 체크를 꺼줍니다.

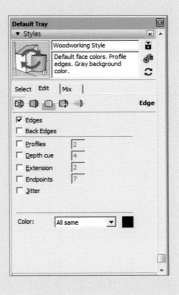

Chapter 03

주택 아이소메트릭
모델링하기 [중급]

선 그리기 도구, 사각형 도구 등을 이용하여 주택에 필요한 벽체, 문틀, 몰딩, 문, 창문, 붙박이장, 바닥 등을 그립니다. 끌기밀끼 도구와 이동 도구 등을 이용해 높이 등을 맞춰서 각각의 부분을 완성하면 일반적으로 볼 수 있는 주택 아이소메트릭이 완성됩니다.

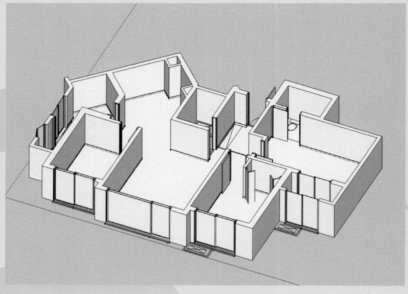

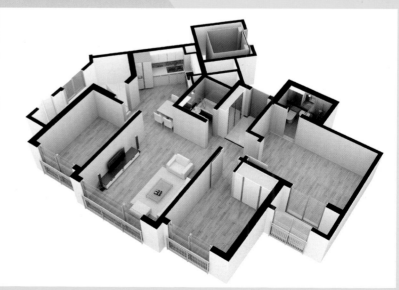

Section
097

레이어 만들기

레이어 창을 열어 새로운 레이어를 만들고 이름을 수정한 후 객체를 보이기/안보이기하는 기능에 대해 알아봅니다.

● **예제파일** 부록CD/파트2/03장/2-3start.skp   ● **완성파일** 부록CD/파트2/03장/03레이어.skp

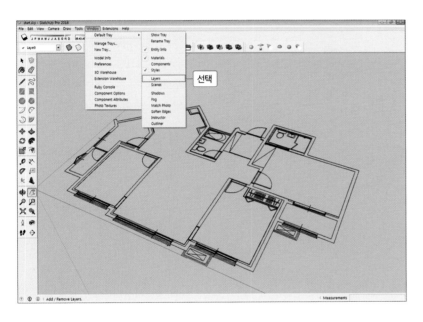

1 '2-3.start.skp'를 엽니다. [Window] 메뉴에서 [Default Tray]-[Layer]를 선택하여 레이어 창을 엽니다.

2   레이어 창의 ⊕ [Add Layer]를 클릭하면 새로운 레이어를 생성할 수 있습니다. 생성된 레이어를 선택한 후 ⊖ [Delete Layer]를 클릭하면 레이어를 제거할 수 있습니다.

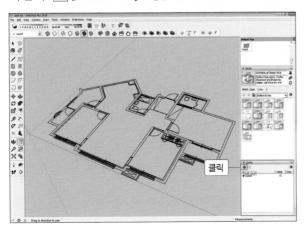

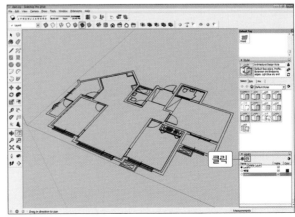

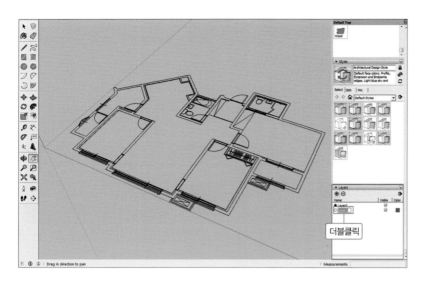

3 레이어를 더블클릭하면 레이어의 이름을 수정할 수 있습니다.

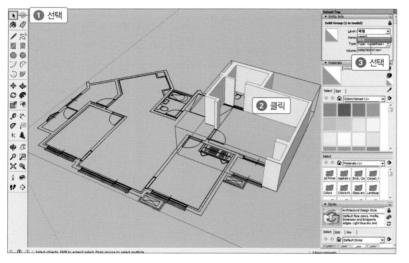

4 Select(선택) 도구로 그림과 같이 객체를 선택한 후 [Entity Info]-[Layer]에서 지정하고자 하는 레이어(벽체)를 선택하면 레이어가 지정됩니다.

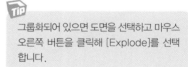

그룹화되어 있으면 도면을 선택하고 마우스 오른쪽 버튼을 클릭해 [Explode]를 선택합니다.

5 [Layer]-[Visible]에 체크가 되어 있으면 객체가 화면에 나타나고 [Visible]에 체크가 꺼져 있으면 객체가 화면에 나타나지 않습니다.

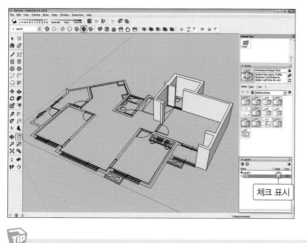

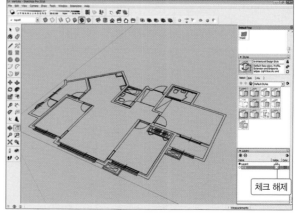

같은 성격의 객체들 중 매핑이 같은 것끼리 레이어를 설정해 주면 보다 쉽게 매핑을 할 수 있습니다.

벽체 만들기

선그리기 도구로 벽체의 바깥라인을 그린 후 다음 Push/Pull(밀기끌기) ◈ 도구로 벽체의 높이를 표현하여 완성합니다.

◉ 예제파일 부록CD/파트3/3장/03레이어.skp　**◉ 완성파일** 부록CD/파트3/3장/03벽체.skp

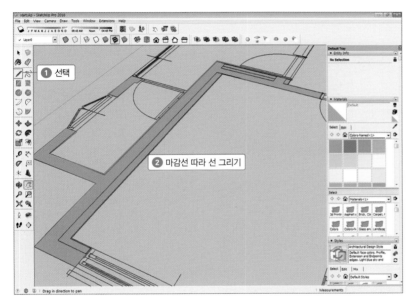

1 '03레이어.skp'를 파일을 엽니다. Line(선그리기) ✏ 도구를 이용하여 벽체의 바깥라인(마감선)을 기준으로 따라 그립니다.

Tip

라인을 그릴 때 [Shift]+마우스 휠 = ✍ [Pan] = 단축키 H와 Esc를 이용하여 화면을 이동하면서 그리면 라인이 끊어지지 않고 그릴 수 있습니다.

2 Push/Pull(밀기끌기) ◈ 도구를 이용하여 벽체를 2150mm 만큼 높입니다.

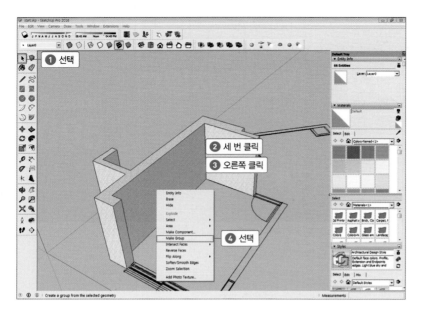

3 Select(선택) ▶ 도구로 객체를 세 번 클릭합니다. 마우스 오른쪽 버튼을 클릭한 후 [Make Group]을 선택하여 그룹화합니다.

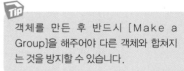

TIP
객체를 만든 후 반드시 [Make a Group]을 해주어야 다른 객체와 합쳐지는 것을 방지할 수 있습니다.

4 Push/Pull(밀기끌기) ◆ 도구로 객체를 더블클릭하여 앞에서 작업한 객체와 높이와 같은 높이로 만듭니다.

TIP
Push/Pull(밀기끌기) ◆ 도구를 이용하여 객체를 같은 높이로 올릴 경우 더블클릭을 하면 전에 올린 높이와 같은 높이로 올릴 수 있습니다.

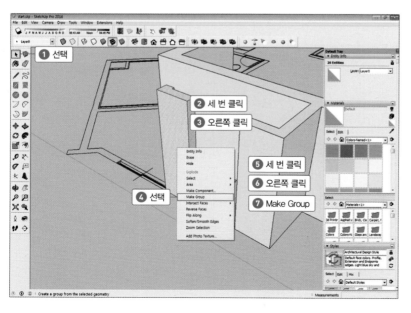

5 Select(선택) ▶ 도구로 객체를 세 번 클릭합니다. 마우스 오른쪽 버튼을 클릭한 후 [Make Group]을 선택하여 그룹화합니다.

6　Line(선그리기) ✏ 도구로 벽체의 바깥라인(마감선)을 기준으로 따라 그립니다. 이번에는 뚫릴 부분을 따라 그린 후 Select(선택) ▶ 도구로 뚫릴 부분을 선택하고 [Delete]를 눌러 지웁니다.

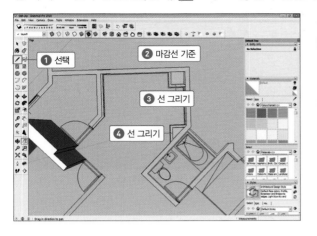
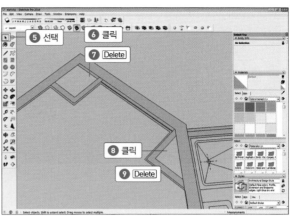

7　Push/Pull(밀기끌기) ◈ 도구로 객체를 더블클릭한 후 Select(선택) ▶ 도구로 객체를 세 번 클릭합니다. 마우스 오른쪽 버튼을 클릭한 후 [Make Group]을 선택하여 그룹화합니다.

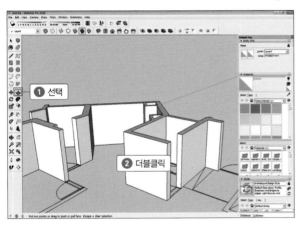
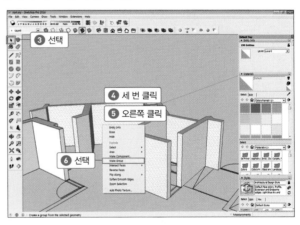

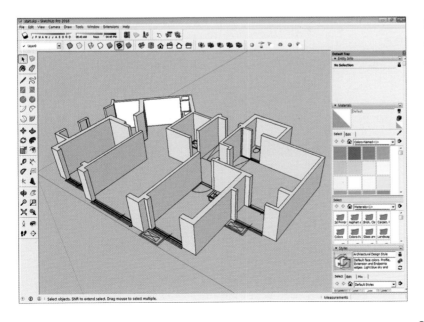

8　같은 방법으로 벽체를 모두 올린 후 레이어를 '벽체'로 지정합니다.

문틀, 몰딩, 문 만들기

Line(선그리기)  도구로 문 프레임을 따라 그리고 Push/Pull(밀기끌기) 도구로 객체의 높이를 맞춘 후 Rectangle(사각형) 도구 등을 이용해 문과 몰딩 등을 따라 그려서 문틀, 몰딩, 문을 완성합니다.

◉ 예제파일 부록CD/파트2/03장/03벽체.skp   ◉ 완성파일 부록CD/파트2/03장/03문.skp

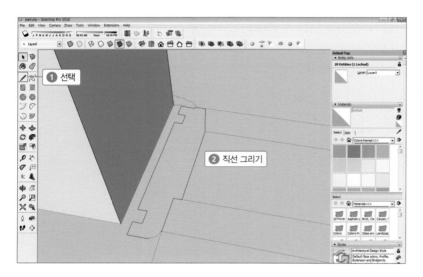

1 '03벽체.skp' 파일을 엽니다. Line(선그리기) 도구를 이용하여 직선에 해당하는 문 프레임을 따라 그립니다.

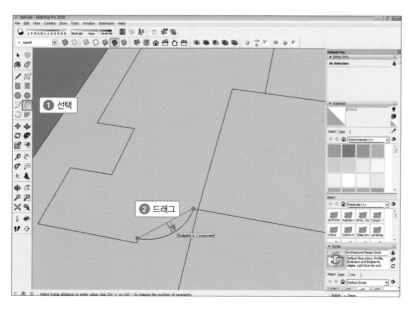

2 2 Point Art(2호점그리기) 도구로 호에 해당하는 문 프레임을 따라 그립니다.

3 Push/Pull(밀기끌기) ◉ 도구로 객체를 더블클릭한 후 Select(선택) ▶ 도구로 객체를 세 번 클릭합니다. 마우스 오른쪽 버튼을 클릭한 후 [Make Group]을 선택하여 그룹화합니다.

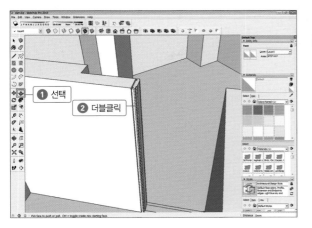 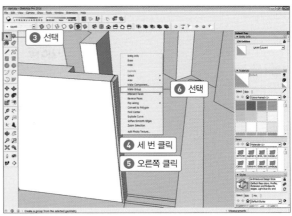

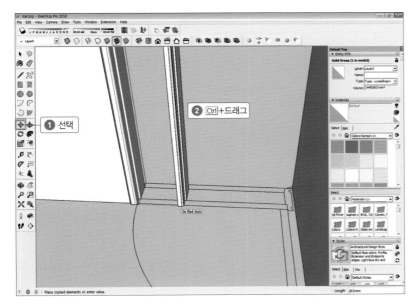

4 Move(이동) ◈ 도구를 선택한 후 Ctrl을 누른 상태에서 문 프레임을 드래그하여 복사합니다.

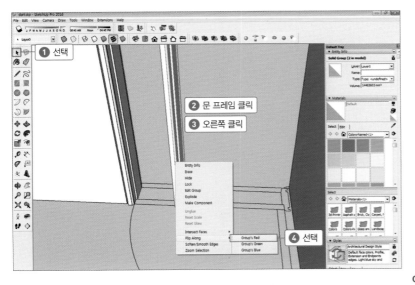

5 Select(선택) ▶ 도구를 선택한 후 복사한 문 프레임을 클릭합니다. 문 프레임에서 마우스 오른쪽 버튼을 클릭하여 [Flip Along]-[Group's Red]를 선택하여 좌우반전시킵니다.

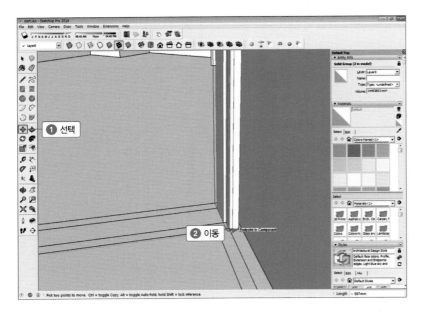

6 Move(이동) ✥ 도구를 선택하여 도면 위로 이동시킵니다.

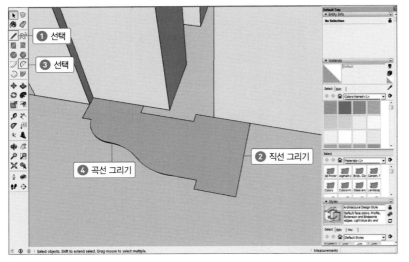

7 선그리기(Line) ✏ 도구와 2 Point Arc(2호점그리기) ⟜ 도구를 이용하여 직선과 곡선으로 몰딩을 따라 그립니다.

Tip

Line(선그리기) ✏ 도구와 2 Point Arc (2호점그리기) ⟜ 도구를 이용하여 그릴 때 접점을 잘 이어주지 않으면 면이 생기지 않으므로 주의해서 그려야 합니다.

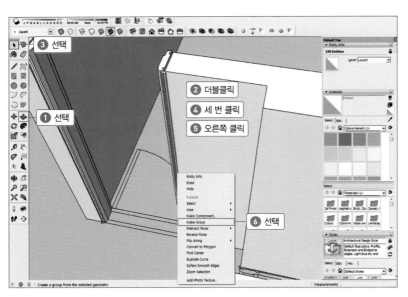

8 Push/Pull(밀기끌기) ◈ 도구로 객체를 더블클릭한 후 Select(선택) ▸ 도구로 세 번 클릭합니다. 마우스 오른쪽 버튼을 클릭하여 [Make Group]을 선택합니다.

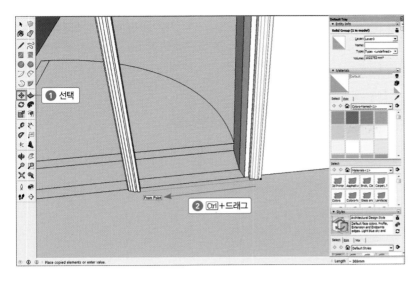

9 Move(이동) ⊕ 도구를 선택하고 Ctrl을 누른 상태에서 몰딩을 드래그하여 복사합니다.

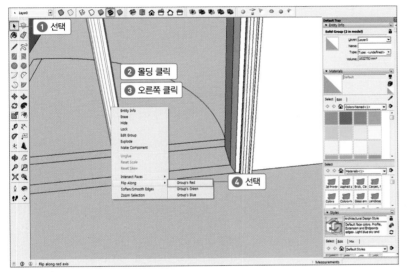

10 Select(선택) ▶ 도구로 복사한 몰딩을 클릭합니다. 마우스 오른쪽 버튼을 클릭한 후 [Flip Along]-[Group's Red]를 선택하여 좌우반전시킵니다.

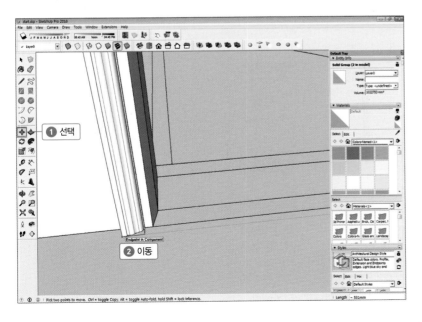

11 Move(이동) ⊕ 도구를 선택하여 몰딩을 도면 위로 이동시킵니다.

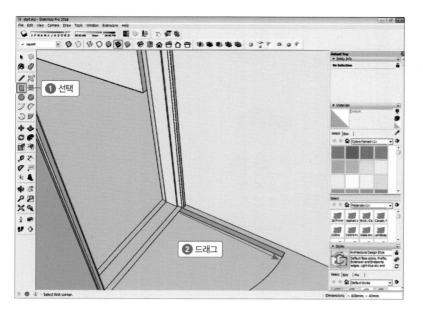

12 Rectangle(사각형) 도구를 선택한 후 드래그하여 문을 그립니다.

13 Push/Pull(밀기끌기) 도구로 객체를 더블클릭합니다. Select(선택) 도구로 객체를 세 번 클릭한 후 마우스 오른쪽 버튼을 클릭하여 [Make Group]을 선택합니다.

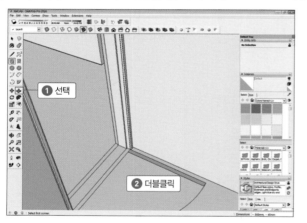

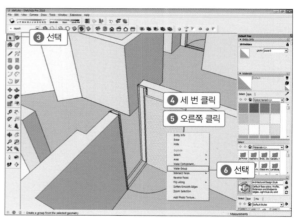

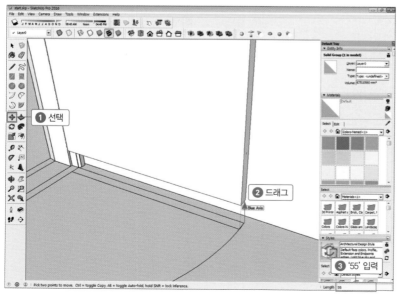

14 Move(이동) 도구를 이용하여 [On Blue Axis]가 뜬 상태로 객체를 55mm 위로 이동시킵니다.

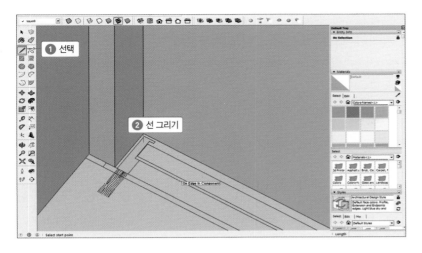

15 Line(선그리기) ✏️ 도구로 욕실 미닫이 문 프레임을 따라 그립니다.

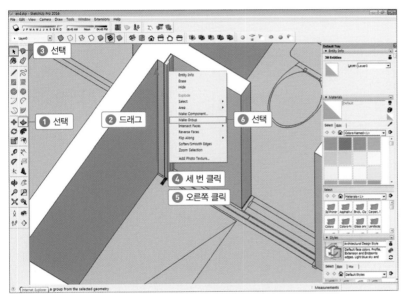

16 Push/Pull(밀기끌기) ◆ 도구를 선택한 후 드래그하여 벽체 높이에 맞춥니다. Select(선택) ▲ 도구로 객체를 세 번 클릭한 후 마우스 오른쪽 버튼을 클릭하여 [Make Group]을 선택합니다.

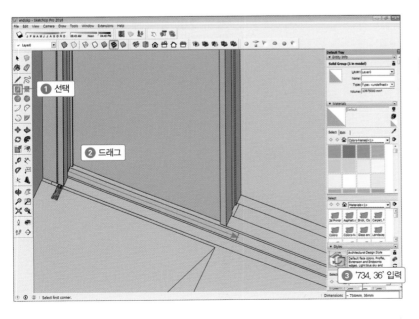

17 욕실 미닫이와 욕실 오픈문 프레임을 만든 후 Rectangle(사각형) ▦ 도구를 이용하여 문(734mm, 36mm)을 그립니다.

18 Push/Pull(밀기끌기) 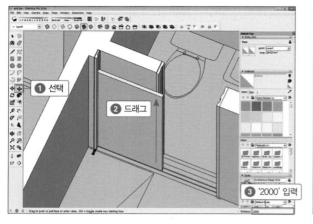 도구로 드래그하여 객체를 2000mm로 높입니다. Select(선택) 도구로 세 번 클릭한 후 마우스 오른쪽 버튼을 클릭하여 [Make Group]을 선택합니다.

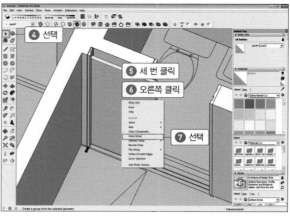

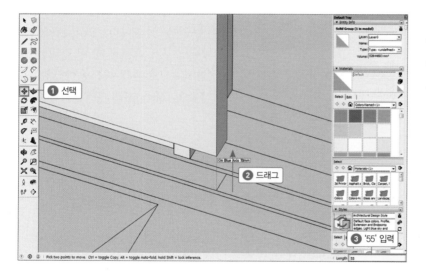

19 Move(이동) 도구를 선택하여 'On Blue Axis'가 뜬 상태에서 드래그하여 55mm 위로 이동시킵니다.

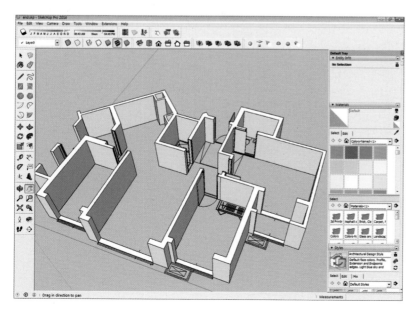

20 동일한 방법으로 문을 작업한 후 레이어를 문틀, 몰딩, 문으로 지정합니다.

Follow Me Tool을 이용한 창문 만들기

사각형 도구로 창문 바닥 틀을 그리고, 선그리기로 바깥쪽 프레임을 벽에 붙여 그립니다. 밀기끌기, 이동 도구 등을 통해 높이를 맞춰서 창문을 완성합니다.

◉ **예제파일** 부록CD/파트2/03장/03문.skp ◉ **완성파일** 부록CD/파트2/03장/03창문.skp

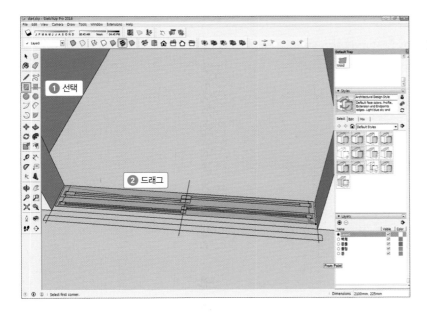

1 '03문.skp' 파일을 엽니다. Rectangle(사각형) 🔲 도구로 드래그하여 창문 바닥 틀을 그립니다.

2 Push/Pull(밀기끌기) ◆ 도구로 드래그하여 창문 바닥 틀을 70mm로 높입니다. Select(선택) ▶ 도구로 세 번 클릭한 후 마우스 오른쪽 버튼을 클릭하여 [Make Group]을 선택합니다.

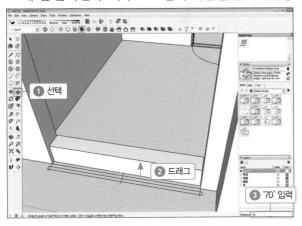

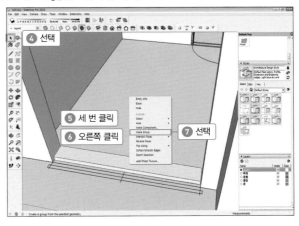

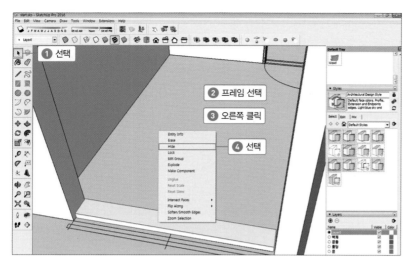

3 Select(선택) ⬆ 도구로 창문 프레임을 클릭합니다. 마우스 오른쪽 버튼을 클릭한 후 [Hide]를 선택하여 숨깁니다.

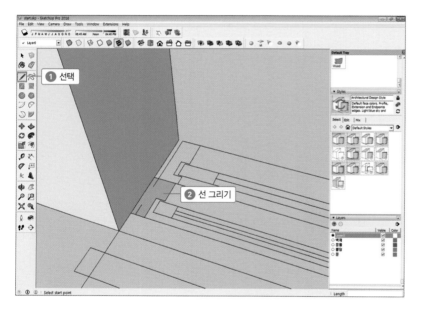

4 Line(선그리기) ✏ 도구로 바깥쪽 프레임을 벽에 붙여서 따라 그립니다.

5 Push/Pull(밀기끌기) 🡡 도구로 드래그하여 벽체 높이에 맞춘 후 Select(선택) ⬆ 도구로 세 번 클릭합니다. 마우스 오른쪽 버튼을 클릭하여 [Make a Group]을 선택합니다.

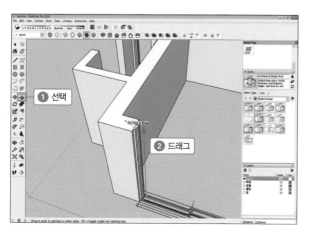

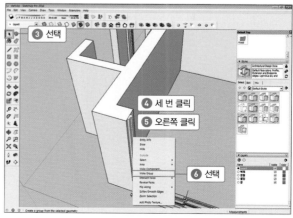

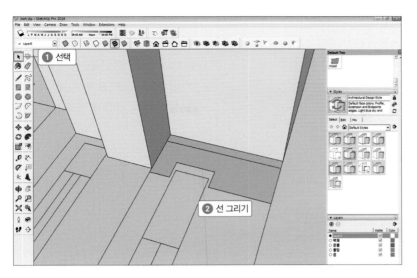

6 Line(선그리기) ✏️ 도구로 안쪽 프레임을 벽에 붙여서 따라 그립니다.

7 Push/Pull(밀기끌기) ◈ 도구로 더블클릭한 후 Select(선택) ▶️ 도구로 세 번 클릭합니다. 마우스 오른쪽 버튼을 클릭하여 [Make a Group]을 선택합니다.

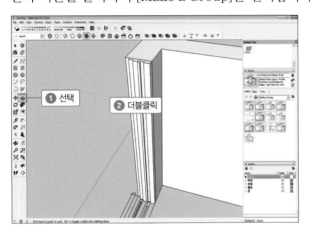

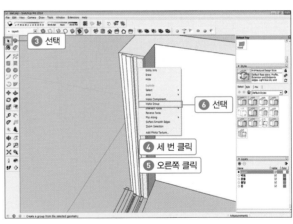

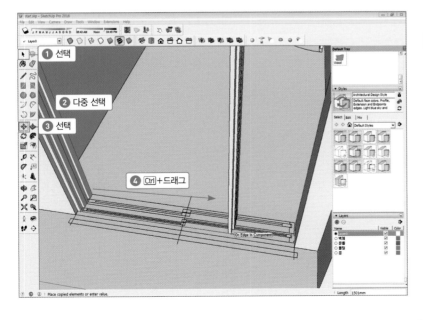

8 만든 프레임을 Select(선택) ▶️ 도구로 다중 선택합니다. Move(이동) ◈ 도구를 선택하고 Ctrl을 누른 상태에서 드래그하여 복사합니다.

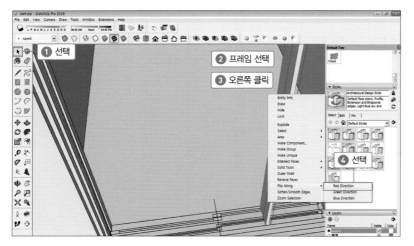

9 Select(선택) 🔺 도구로 복사한 창문 프레임을 선택한 후 마우스 오른쪽 버튼을 클릭합니다. [Flip Along]-[Red Direction]을 선택하여 좌우반전시킵니다.

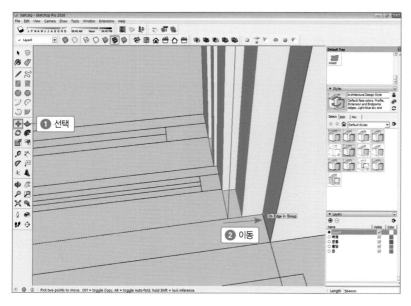

10 Move(이동) ✥ 도구를 선택하여 도면 위로 이동시킵니다.

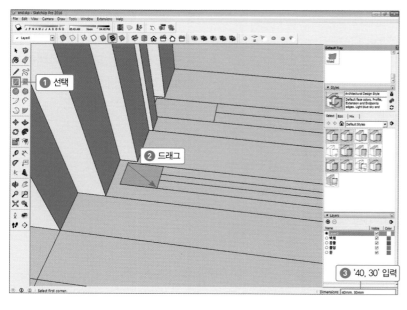

11 Rectangle(사각형) ▨ 도구로 창문 프레임(40mm, 30mm)을 그립니다.

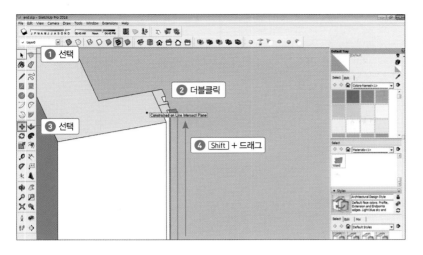

12 Select(선택) 도구로 프레임을 더블클릭한 후 Move(이동) 도구로 [On Blue Axis]가 뜨면 Shift를 누른 상태에서 맨 위로 드래그하여 이동시킵니다.

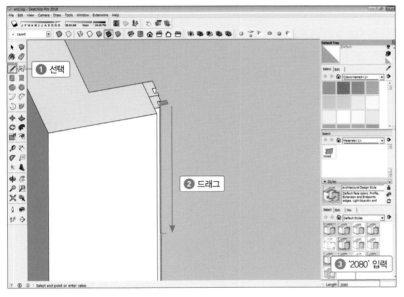

13 Line(선그리기) 도구로 프레임 끝점에서 아래로 드래그하여 'On Blue Axis'가 뜬 상태에서 2080mm의 값을 입력합니다.

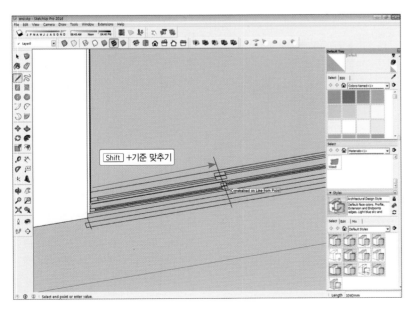

14 이어지는 라인 그대로 'On Red Axis'가 뜨면 Shift를 누른 상태에서 프레임에 기준을 맞춰 그립니다.

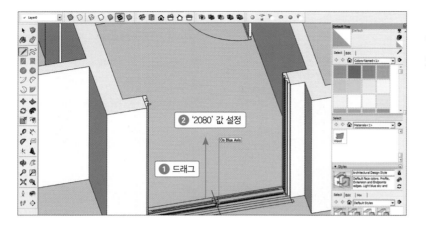

15 라인을 이어서 위쪽으로 드래그한 후 'On Blue Axis'가 뜨면 2080mm 값을 설정합니다.

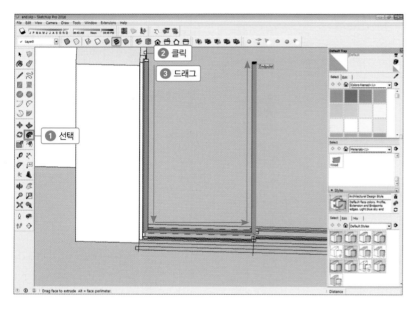

16 Follow Me(따라가기) 도구로 사각형 프레임 면을 클릭한 후 라인을 따라 움직입니다.

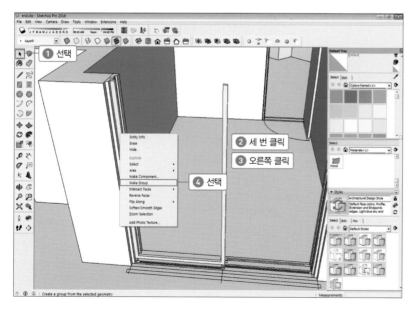

17 Select(선택) 도구로 세 번 클릭한 후 마우스 오른쪽 버튼을 클릭하여 [Make a Group]을 선택합니다.

> **Tip**
>
> 객체가 하얀색이 아닌 다른 색인 경우 면이 뒤집힌 것이므로 Select(선택) 도구로 객체를 선택한 후 마우스 오른쪽 버튼을 클릭하여 [Reverse Faces]를 선택하면 면을 뒤집을 수 있습니다.

18 Rectangle(사각형) 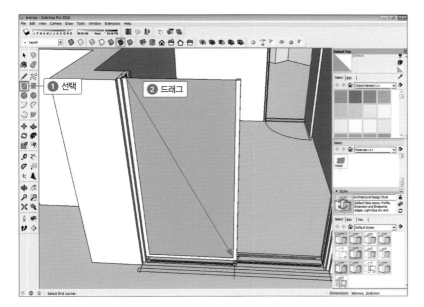 도구로 드래그하여 창문을 그립니다.

19 Push/Pull(밀기끌기) 도구로 드래그한 후 10mm의 값을 입력합니다. Select(선택) 도구로 세 번 클릭한 후 마우스 오른쪽 버튼을 클릭하여 [Make Group]을 선택합니다.

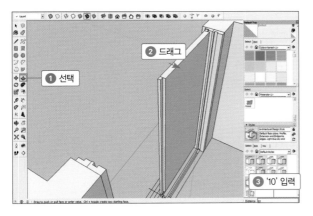

20 Move(이동) 도구로 창문의 중간을 잡고 프레임 중간으로 이동시킵니다. 같은 방법으로 창문과 창틀을 모두 만든 후 안쪽 프레임과 바깥쪽 프레임의 매핑이 다르므로 창문 프레임1, 창문 프레임2, 창문, 벽체로 레이어를 설정합니다.

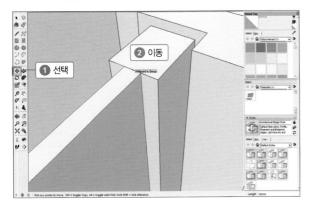

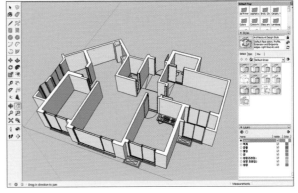

붙박이장 만들기

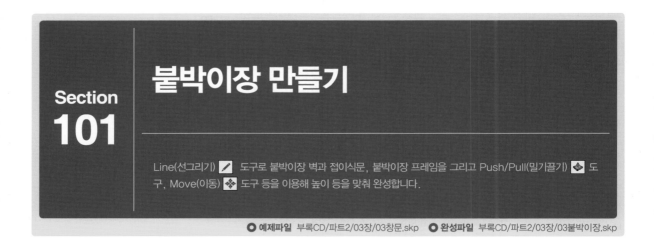

Line(선그리기) ✏ 도구로 붙박이장 벽과 접이식문, 붙박이장 프레임을 그리고 Push/Pull(밀기끌기) ◈ 도구, Move(이동) ✛ 도구 등을 이용해 높이 등을 맞춰 완성합니다.

◉ 예제파일 부록CD/파트2/03장/03창문.skp ◉ 완성파일 부록CD/파트2/03장/03붙박이장.skp

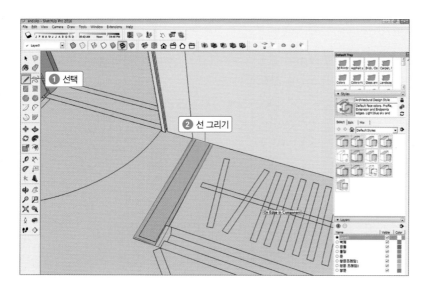

1 '03창문.skp' 파일을 엽니다. Line(선그리기) ✏ 도구로 붙박이장 벽을 따라 그립니다.

2 Push/Pull(밀기끌기) ◈ 도구로 드래그하여 벽체 높이에 맞춥니다. Select(선택) ▶ 도구로 세 번 클릭한 후 마우스 오른쪽 버튼을 클릭하여 [Make Group]을 선택합니다.

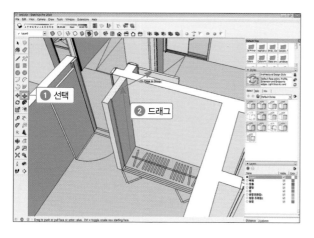

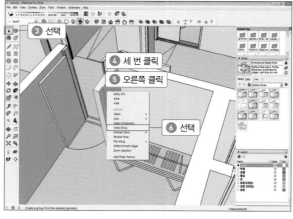

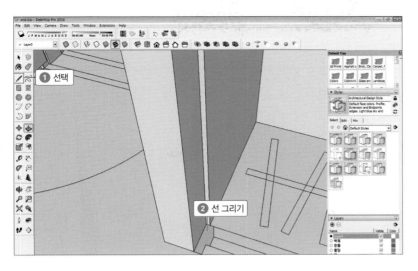

3 Line(선그리기) ✏ 도구로 붙박이장 프레임을 그립니다.

4 Push/Pull(밀기끌기) ◈ 도구로 드래그하여 높이를 올립니다. Select(선택) ▶ 도구로 세 번 클릭한 후 마우스 오른쪽 버튼을 클릭하여 [Make Group]을 선택합니다.

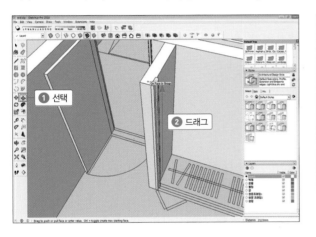

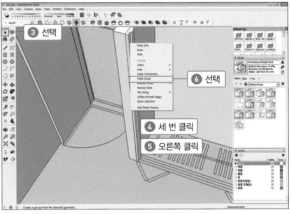

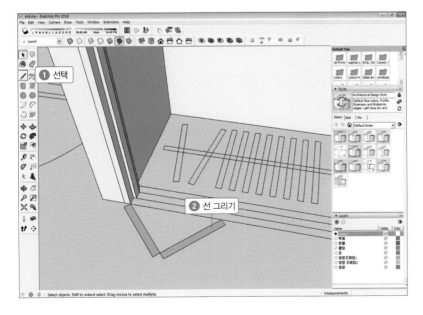

5 Line(선그리기) ✏ 도구를 선택하여 접이식문을 따라 그립니다.

6 Push/Pull(밀기끌기) 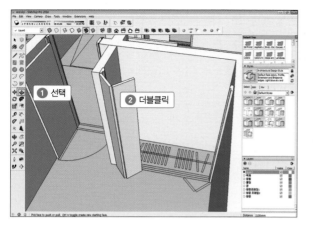 도구로 접이식문을 더블클릭합니다. Select(선택) 도구로 세 번 클릭한 후 마우스 오른쪽 버튼을 클릭하여 [Make Group]을 선택합니다.

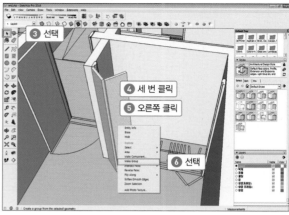

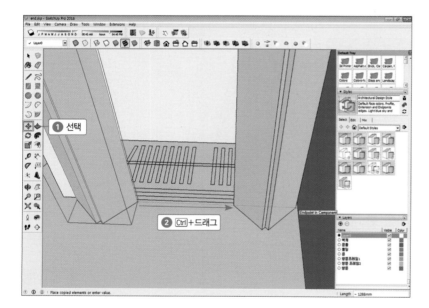

7 Move(이동) 도구를 선택한 후 Ctrl을 누른 상태에서 접이식문을 드래그하여 복사합니다.

Section 102

바닥 만들기

사각형 도구로 현관 부분과 욕실 문 가운데, 현관 바닥, 다용실 문 가운데 등을 그리고 Line(선그리기) ✏️ 도구와 Push/Pull(밀기끌기) ♦ 도구를 이용하여 바닥을 완성합니다.

◉ **예제파일** 부록CD/파트2/03장/03붙박이장.skp ◉ **완성파일** 부록CD/파트2/03장/03바닥.skp

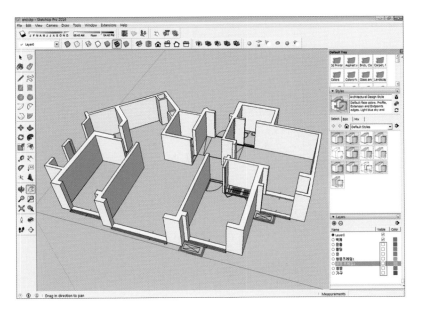

1 '03붙박이장.skp' 파일을 엽니다. 벽체만 남기고 레이어를 모두 꺼줍니다.

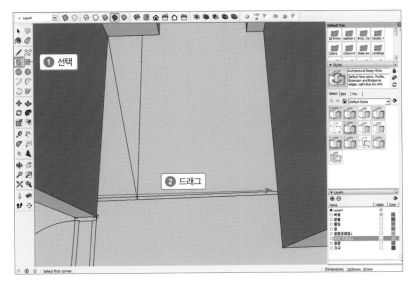

2 Rectangle(사각형) ▣ 도구로 드래그하여 현관 부분에 마감선을 그립니다.

3 Push/Pull(밀기끌기) 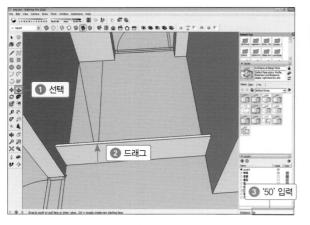 도구로 드래그한 후 50mm의 값을 설정합니다. Select(선택) 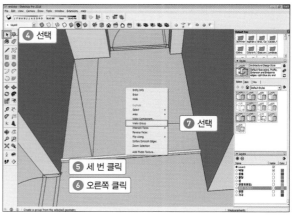 도구로 세 번 클릭한 후 마우스 오른쪽 버튼을 클릭하여 [Make Group]을 선택합니다.

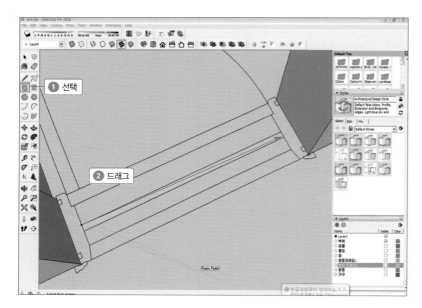

4 Rectangle(사각형) 도구로 드래그하여 욕실 문 가운데 부분에 마감선을 그립니다.

5 Push/Pull(밀기끌기) 도구로 드래그한 후 50mm의 값을 설정합니다. Select(선택) 도구로 세 번 클릭한 후 마우스 오른쪽 버튼을 클릭하여 [Make Group]을 선택합니다.

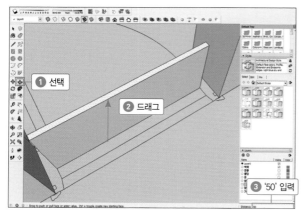
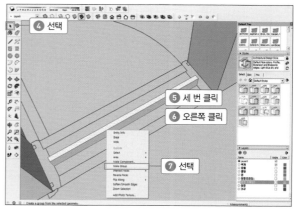

6 Rectangle (사각형) 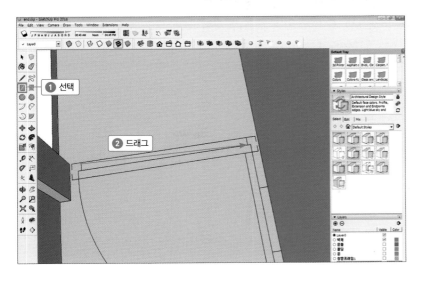 도구로 드래그하여 다용도실 문 가운데에 마감선을 그립니다.

7 Push/Pull(밀기끌기) 도구로 드래그한 후 50mm의 값을 설정합니다. Select(선택) 도구로 세번 클릭한 후 마우스 오른쪽 버튼을 클릭하여 [Make Group]을 선택합니다.

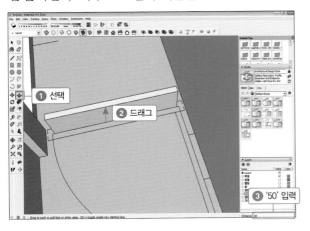

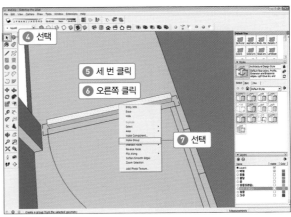

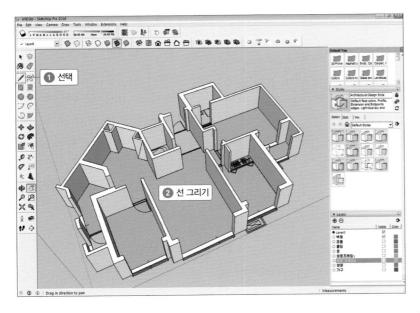

8 전체 바닥면과 높이가 다른 현관, 욕실, 다용도실을 제외한 부분을 Line(선그리기) 도구를 이용하여 그립니다.

9 Push/Pull(밀기끌기) 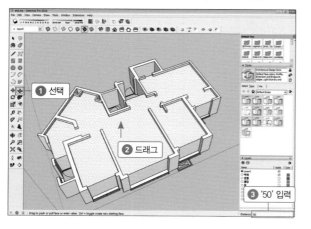 도구로 드래그한 후 50mm의 값을 설정합니다. Select(선택) 도구로 세 번 클릭한 후 마우스 오른쪽 버튼을 클릭하여 [Make Group]을 선택합니다.

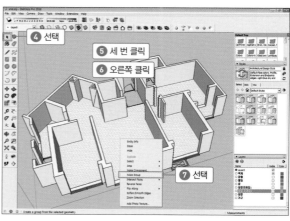

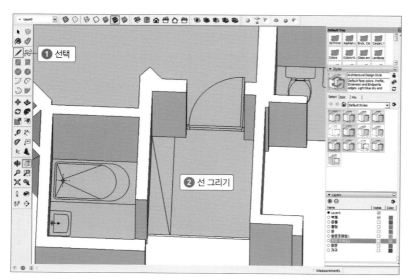

10 Line(선그리기) 도구로 현관 바닥을 그립니다.

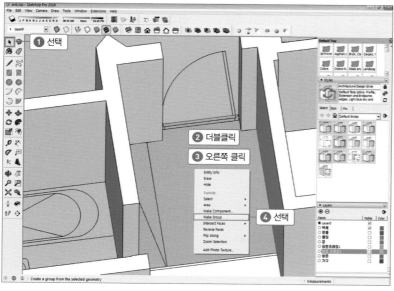

11 Select(선택) 도구로 현 관 바닥면을 더블클릭한 후 마 우스 오른쪽 버튼을 클릭하여 [Make Group]을 선택합니다. 욕실과 다용도실 바닥도 동일하 게 작업한 후 바닥, 현관바닥, 욕 실바닥, 다용도실 바닥으로 레이 어를 지정합니다.

Section
103

걸레받이 만들기

Line(선그리기) 도구로 바닥면을 그리고 끝선을 연결한 후 Push/Pull(밀기끌기) 도구로 높이를 맞춰서 걸레받이를 만듭니다.

예제파일 부록CD/파트2/03장/03바닥.skp **완성파일** 부록CD/파트2/03장/03걸레받이.skp

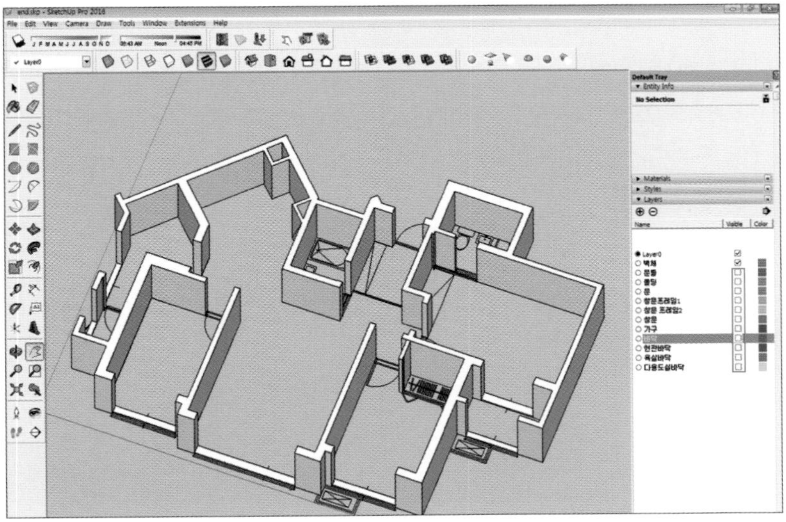

1 '03바닥.skp' 파일을 엽니다. 벽체만 남기고 레이어를 모두 숨깁니다.

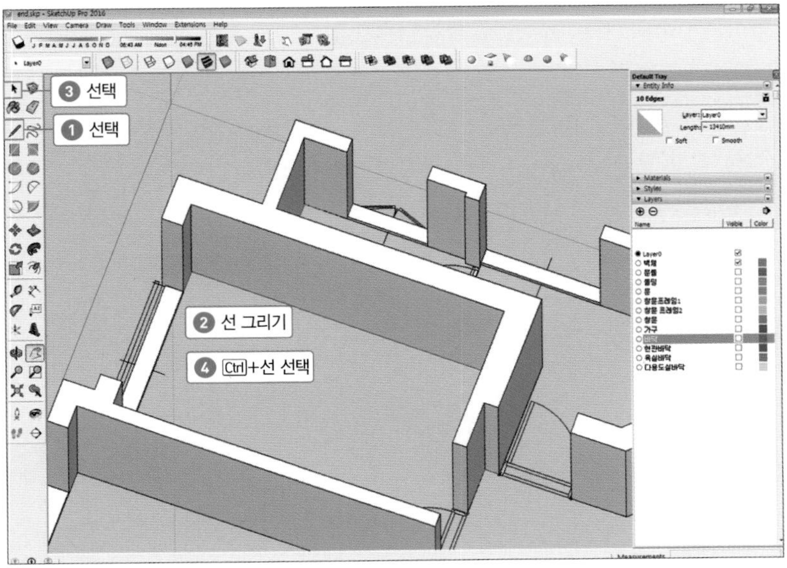

2 Line(선그리기) 도구로 바닥면을 따라 그립니다. Select(선택) 도구를 선택한 후 Ctrl을 누른 상태에서 그린 선을 모두 선택합니다.

3 Select(선택) 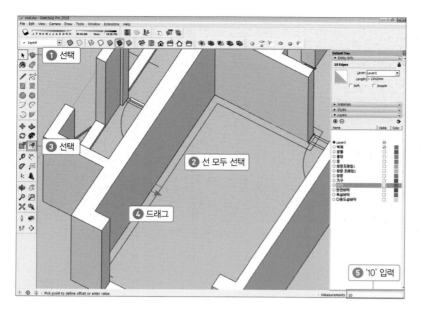 도구로 그린 라인을 선택합니다. Offest(간격 띄우기) 도구를 선택하여 바깥쪽으로 10mm 값을 줍니다.

4 Line(선그리기) 도구로 끝선을 연결해 줍니다.

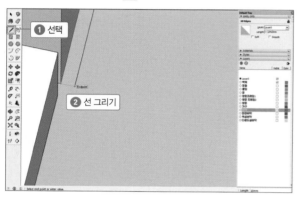
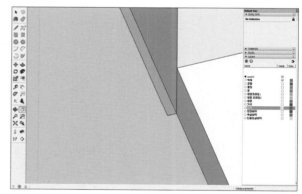

5 Push/Pull(밀기끌기) 도구로 드래그한 후 140mm의 값을 설정합니다. Select(선택) 도구로 세 번 클릭한 후 마우스 오른쪽 버튼을 클릭하여 [Make Group]을 선택합니다.

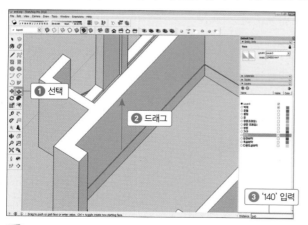
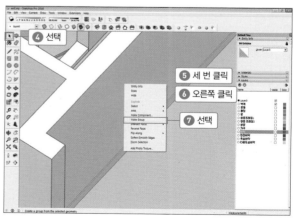

TIP

걸레받이의 높이가 90mm지만, 바닥의 두께가 50mm 올라오므로 140mm의 값을 줍니다.

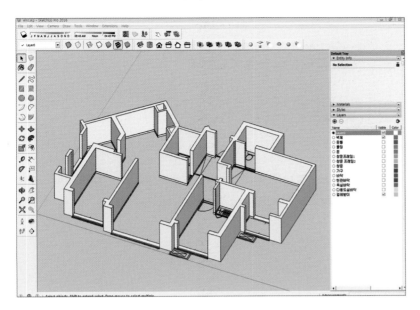

6 동일한 방법으로 모두 진행한 후, 레이어를 걸레받이로 지정합니다.

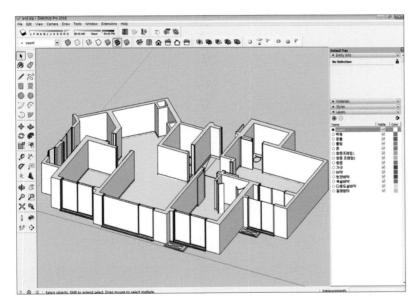

7 숨겨진 객체가 있다면 [Edit]-[Unhide]-[All]을 통해 나타내주고, 숨긴 레이어를 모두 표시합니다.

Chapter 04

빌딩 엘리베이터 모델링하기 [고급]

빌딩에 있는 엘리베이터실과 계단 등을 모델링해 보겠습니다. 벽체와 바닥, 계단, 난간, 천장 등을 모델링하는 방법을 자세히 알아보겠습니다.

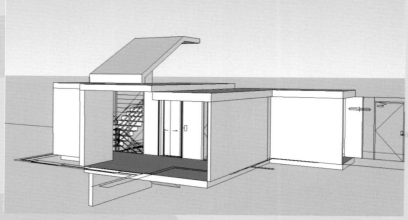

Section
104

벽체 만들기

Line(선그리기) ✏️ 도구와 Rectangle(사각형) ▱ 도구로 선을 그려서 벽체를 만듭니다.

◉ 예제파일 부록CD/파트2/04장/복도입면.dwg, 엘리베이터입면.dwg, s.skp ◉ 완성파일 부록CD/파트2/04장/04벽체.skp

1 's.skp' 파일을 엽니다. Select(선택) ▸ 도구로 도면을 클릭한 후 마우스 오른쪽 버튼을 클릭하여 [Lock]을 선택합니다.

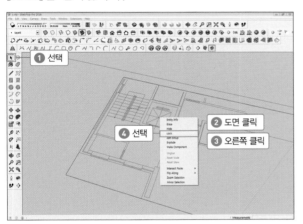

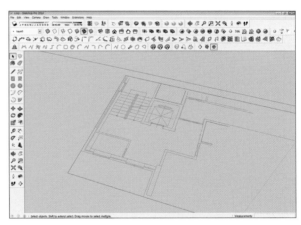

2 Line(선그리기) ✏️ 도구를 선택한 후 벽체를 따라 그립니다.

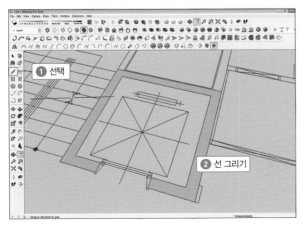

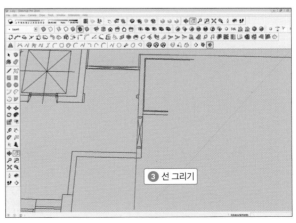

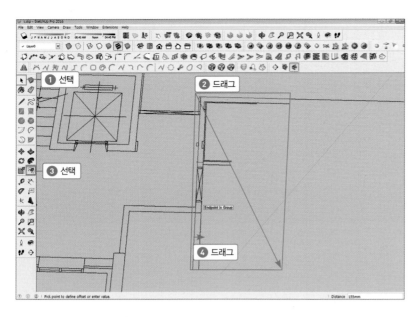

3 Select(선택) ▶ 도구로 드래그하여 오른쪽 벽체를 따라 그린 선을 모두 선택한 후, Offset(간격 띄우기) 도구로 드래그하여 벽체 두께만큼 간격을 줍니다.

4 Line(선그리기) ✏ 도구로 끝점을 연결한 후, Eraser(지우개) 도구로 필요 없는 선들을 정리합니다.

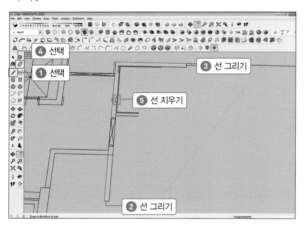

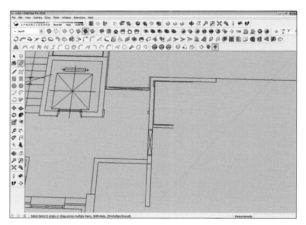

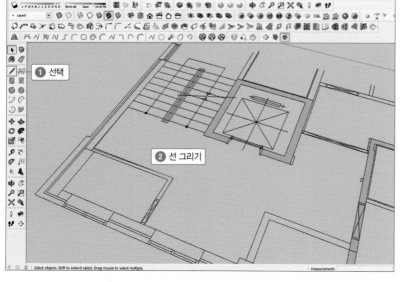

5 Line(선그리기) ✏ 도구로 왼쪽 벽을 따라 그립니다.

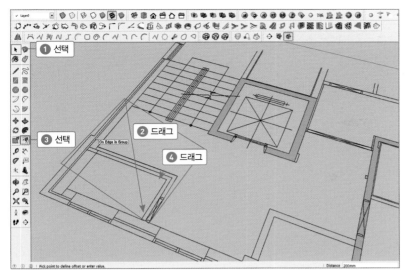

6 Select(선택) ▶ 도구로 드래그하여 왼쪽 벽체를 따라 그린 선을 모두 선택합니다. Offset(간격 띄우기) 도구로 드래그하여 벽체 두께만큼 간격을 줍니다.

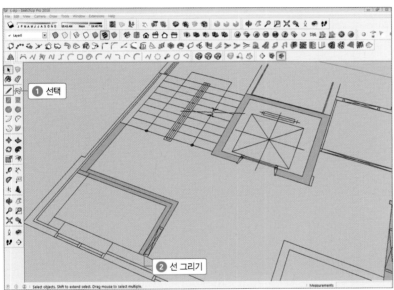

7 Line(선그리기) ✏ 도구로 끝점을 연결합니다.

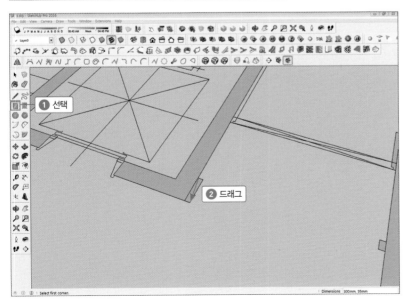

8 Rectangle(사각형) ▣ 도구로 엘리베이터 옆 사각형을 따라 그립니다.

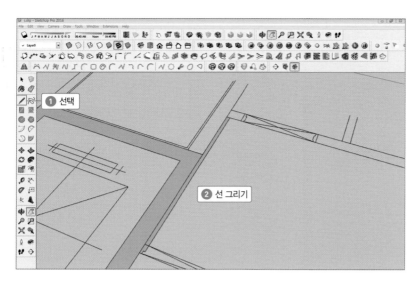

9 Line(선그리기) ✏️ 도구로 방화문 프레임과 벽을 따라 그립니다.

10 엘리베이터 입면도를 불러오기 위해 [File]-[Import]를 선택합니다. [Import] 창에서 '엘리베이터입면.dwg' 파일을 선택한 후 [Import] 버튼을 클릭합니다. 이때 옵션에서 밀리미터(millimeters)로 되어 있는지 확인한 후 밀리미터가 아닌 경우 바꿔줍니다.

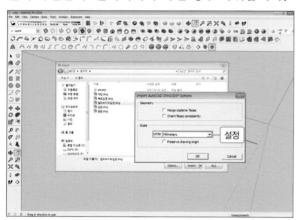

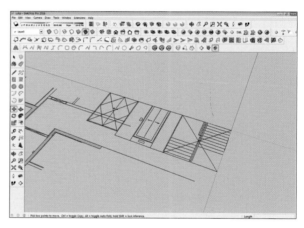

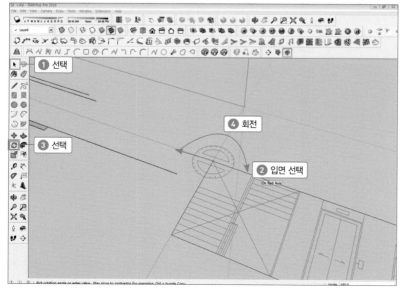

11 Select(선택) ▶ 도구로 입면을 클릭합니다. Rotate(회전) 🔄 도구를 선택하여 도면을 회전시킵니다.

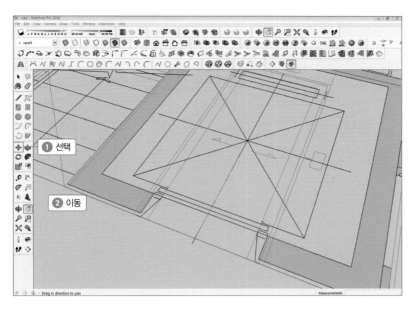

12 도면을 Move(이동) ✦ 도구로 엘리베이터를 기준으로 잡고 평면도 위로 이동시킵니다.

13 Rotate(회전) ⟳ 도구로 'On Red Axis' 상태로 돌려 도면을 세워준 후 마우스 오른쪽 버튼을 클릭하여 [Lock]을 선택합니다.

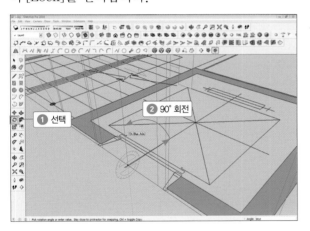

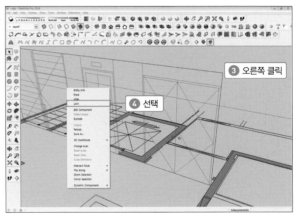

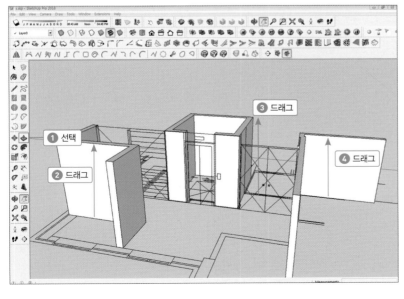

14 Push/Pull(밀기끌기) ◈ 도구로 드래그하여 도면의 높이에 맞게 올려줍니다.

15 Select(선택) ▶ 도구로 각각 벽체들을 세 번 클릭합니다. 마우스 오른쪽 버튼을 클릭한 후 [Make Group]을 선택하여 그룹화시켜줍니다.

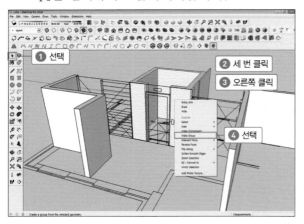

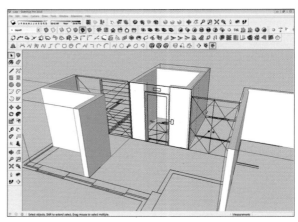

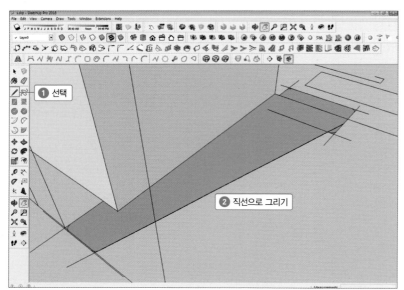

16 Line(선그리기) ✏ 도구로 엘리베이터 프레임을 모서리 라운드는 무시한 채 따라 그립니다.

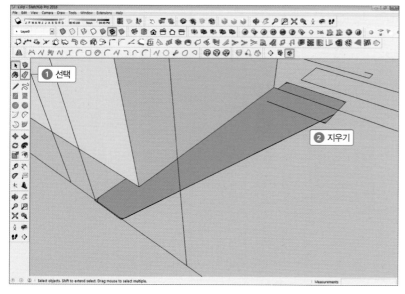

17 Eraser(지우개) ✏ 도구로 불필요한 라인들을 지웁니다.

18 Fillet 2 Edges(모서리 모깎기) 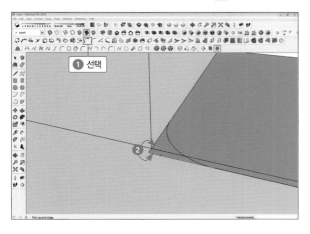 도구로 모서리를 5mm만큼 라운드지게 만듭니다.

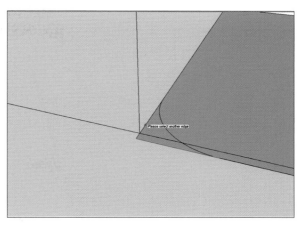

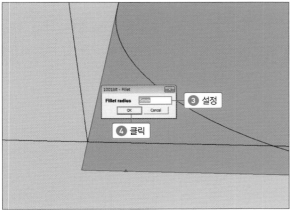
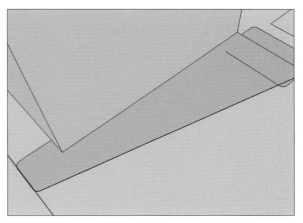

19 Push/Pull(밀기끌기) 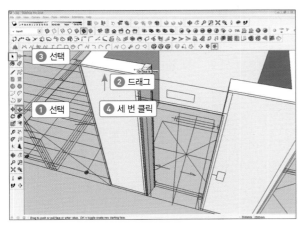 도구로 끝까지 올려주고 Select(선택) 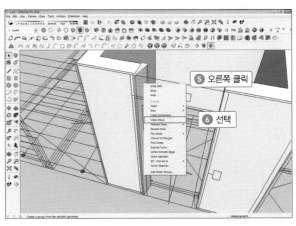 도구로 세 번 클릭합니다. 마우스 오른쪽 버튼을 클릭한 후 [Make Group]을 선택하여 그룹화합니다.

20 Move(이동) 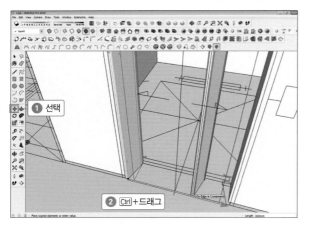 도구를 선택하고 Ctrl 을 누른 상태에서 엘리베이터 프레임을 드래그하여 복사합니다. 마우스 오른쪽 버튼을 클릭한 후 [Flip Along]−[Group's Red]를 선택하여 반전시킵니다.

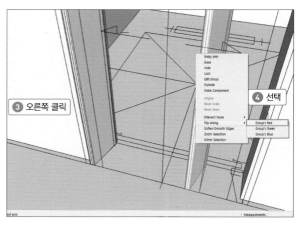

21 Move(이동) 도구로 드래 그하여 선택해 프레임 위치로 이 동시킵니다.

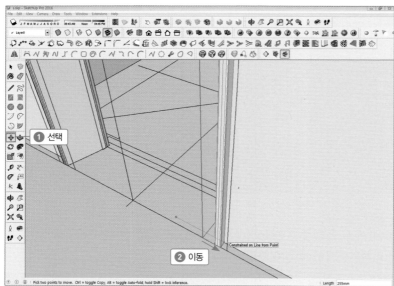

22 Rectangle(사각형) 도구 로 엘리베이터 문을 따라 그립니다.

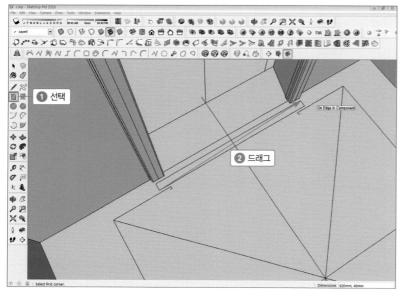

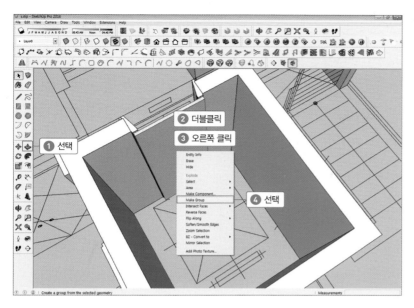

23 Push/Pull(밀기끌기) 도구로 더블클릭합니다. 마우스 오른쪽 버튼을 클릭한 후 [Make Group]을 선택하여 그룹화합니다.

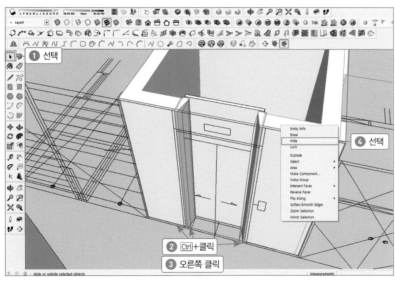

24 Select(선택) 도구로 선택하고 Ctrl을 누른 상태에서 프레임과 벽을 선택한 후, 마우스 오른쪽 버튼을 클릭한 후 [Hide]를 선택하여 숨깁니다.

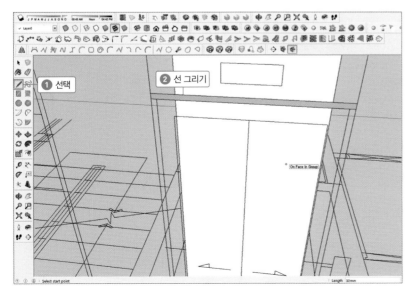

25 Line(선그리기) 도구로 도면의 프레임을 따라 그립니다.

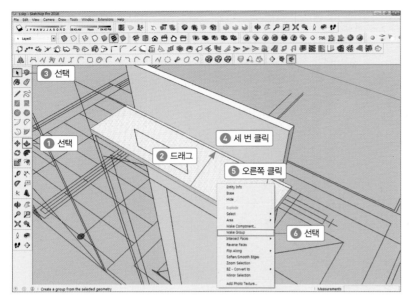

26 Push/Pull(밀기끌기) 도구로 드래그하여 엘리베이터 문 앞까지 두께를 준 후, Select(선택) 도구로 세 번 클릭합니다. 마우스 오른쪽 버튼을 클릭하여 [Make Group]을 선택합니다.

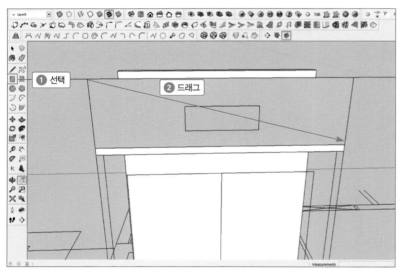

27 Rectangle(사각형) 도구로 드래그하여 도면을 기준으로 사각형을 따라 그립니다.

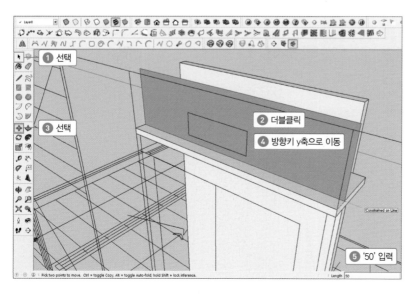

28 Select(선택) 도구로 더블클릭한 후 Move(이동) 도구로 방향키 y축으로 50mm만큼 이동시킵니다.

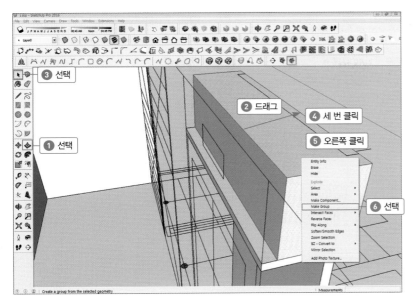

29 Push/Pull(밀기끌기) ◈ 도구로 드래그하여 엘리베이터 문 뒤까지 두께를 준 후, Select(선택) ► 도구로 세 번 클릭합니다. 마우스 오른쪽 버튼을 클릭하여 [Make Group]을 선택합니다.

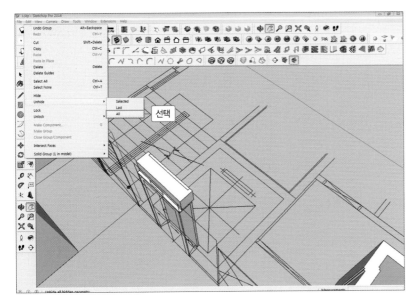

30 [Edit]-[Unhide]-[All]을 선택하여 숨긴 객체를 모두 엽니다.

31 Rectangle(사각형) ▢ 도구로 드래그하여 양쪽의 방화문을 그립니다.

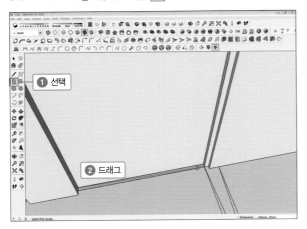
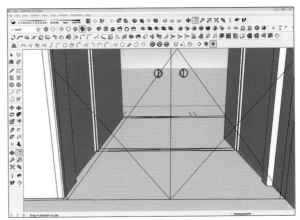

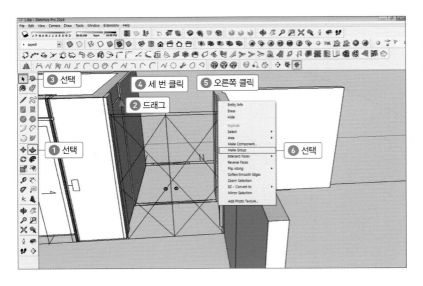

32 Push/Pull(밀기끌기) 도구로 드래그하여 방화문 높이까지 끌어올린 후, Select(선택) 도구로 세 번 클릭합니다. 마우스 오른쪽 버튼을 클릭하여 [Make Group]을 선택합니다.

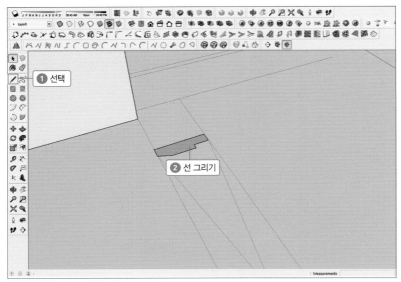

33 Line(선그리기) 도구로 해 방화문 뒤쪽 복도의 문 프레임을 따라 그립니다.

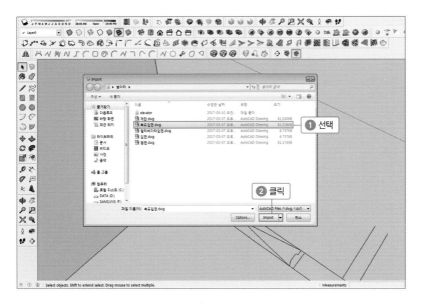

34 [File]-[Import]를 선택한 후 [Import] 창에서 '복도입면.dwg'를 선택하고 [Import]를 클릭합니다.

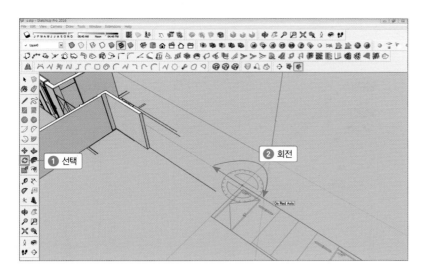

35 Rotate(회전) 도구를 선택한 후 복도 입면 도면을 회전시킵니다.

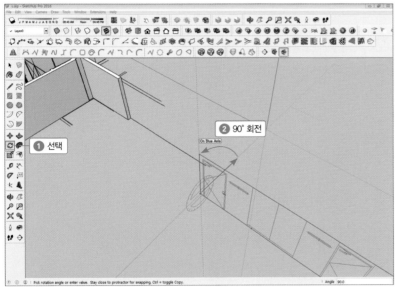

36 Rotate(회전) 도구로 'On Red Axis' 상태에서 90° 회전하여 도면을 세웁니다.

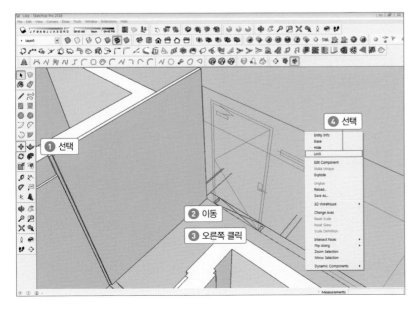

37 Move(이동) 도구로 회전한 복도 입면을 드래그하여 평면도 위로 이동시킵니다. 마우스 오른쪽 버튼을 클릭하여 [Lock]을 선택합니다.

38 Rectangle(사각형) 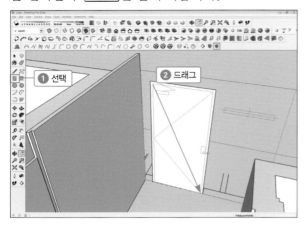 도구로 문 프레임의 바깥을 따라 그린 후, Select(선택) 도구로 아래쪽 라인을 선택한 후 Delete 를 눌러 지웁니다.

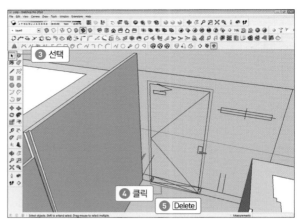

39 Select(선택) 도구로 남은 라인을 선택한 후 Follow Me(따라가기) 도구로 프레임을 클릭합니다.

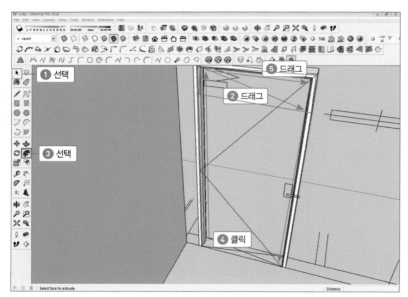

40 Select(선택) 도구로 프레임을 세 번 클릭합니다. 마우스 오른쪽 버튼을 클릭하여 [Make Group]을 선택합니다.

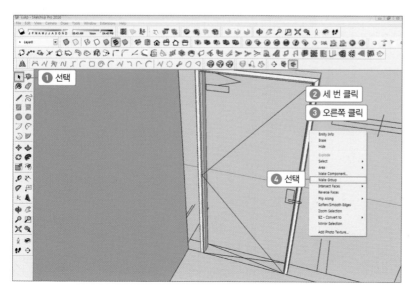

41 Rectangle(사각형) 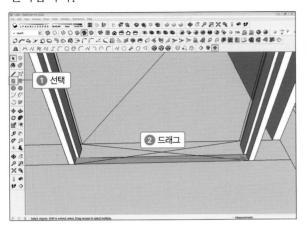 도구로 문을 그린 후 Push/Pull(밀기끌기) 도구로 드래그하여 문 높이만큼 끌어올립니다. Select(선택) 도구로 세 번 클릭한 후 마우스 오른쪽 버튼을 클릭하여 [Make Group]을 선택합니다.

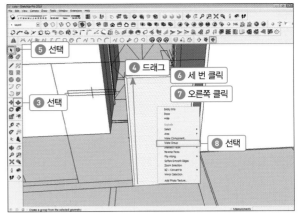

42 Rectangle(사각형) 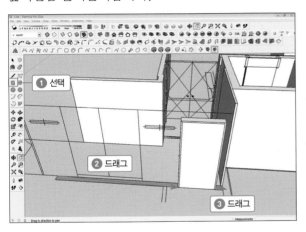 도구로 복도 벽체을 그린 후 Push/Pull(밀기끌기) 도구로 드래그하여 도면의 높이만큼 끌어올려줍니다.

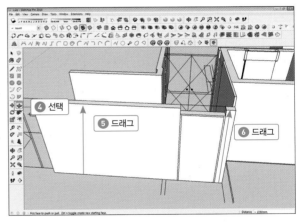

43 Rectangle(사각형) 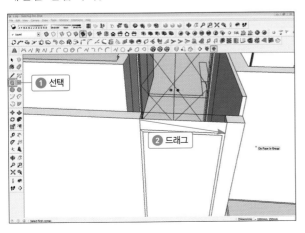 도구로 윗판을 따라 그린 후 Push/Pull(밀기끌기) 도구로 드래그하여 벽두께만큼 만듭니다.

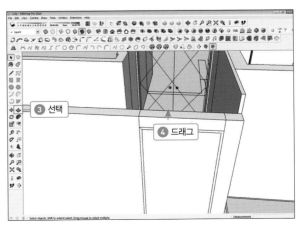

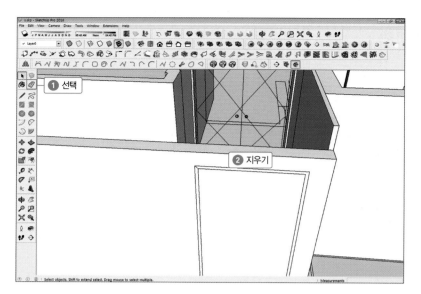

44 Eraser(지우개) 🔲 도구로 불필요한 라인을 모두 지웁니다.

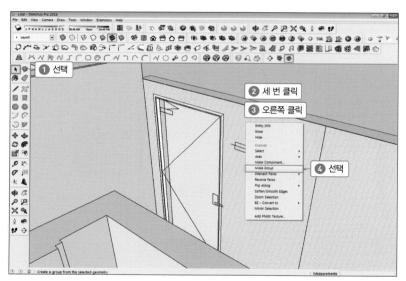

45 Select(선택) 🔲 도구로 복도 벽체를 세 번 클릭한 후 마우스 오른쪽 버튼을 클릭하여 [Make Group]을 클릭합니다.

바닥 만들기

Line(선그리기)  도구로 바닥면을 따라 그리고 Push/Pull(밀기끌기) 도구로 두께를 주어 만듭니다.

◎ 예제파일 부록CD/파트2/04장/04벽체.skp ◎ 완성파일 부록CD/파트2/04장/04바닥.skp

1 '04벽체.skp' 파일을 엽니다. Line(선그리기) 도구로 바닥면을 따라 그립니다.

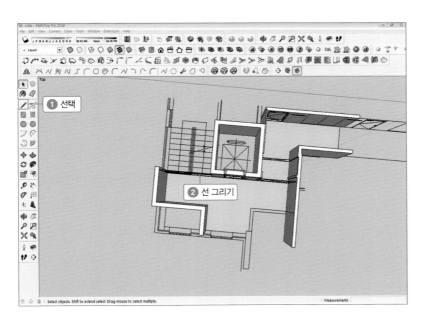

2 Push/Pull(밀기끌기) 도구로 아래로 드래그하여 200mm만큼 두께를 줍니다. Select(선택) 도구로 바닥을 세 번 클릭한 후 마우스 오른쪽 버튼을 클릭하여 [Make Group]을 선택합니다.

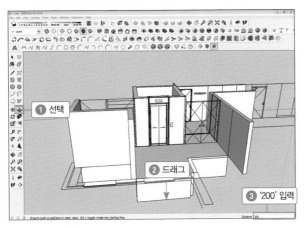

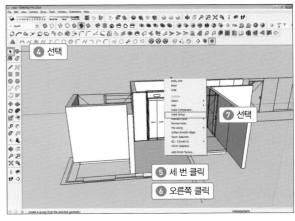

계단 만들기

도면을 불러와 도면을 따라 계단을 그리고 두께를 주어 계단을 완성합니다.

◉ **예제파일** 부록CD/파트2/04장/계단.dwg, 04바닥.skp ◉ **완성파일** 부록CD/파트2/04장/04계단.skp

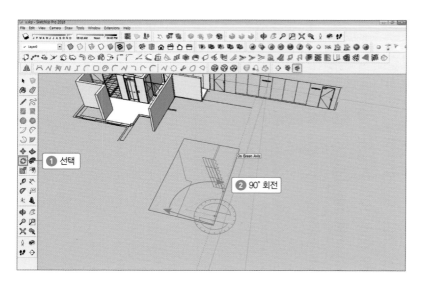

1 '04바닥.skp' 파일을 엽니다. [File]-[Import]를 선택한 후 [Import] 창에서 '계단.dwg'를 엽니다. 계단을 선택한 후 Rotate(회전) 🔁 도구로 도면을 90° 회전시킵니다.

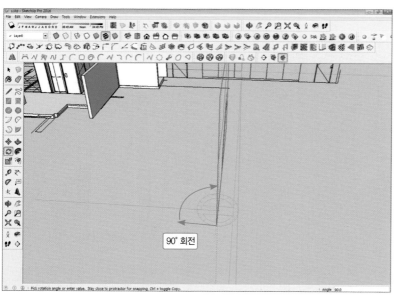

2 다시 Rotate(회전) 🔁 도구로 'On Green Axis' 상태가 되면 도면을 회전해 세웁니다.

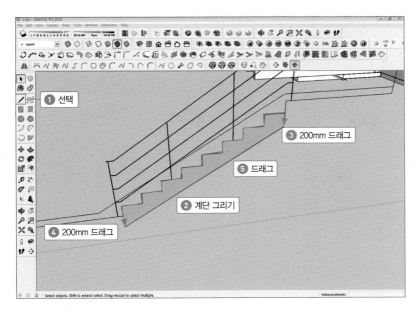

3 계단이 잘 보이도록 화면을 조정합니다. Line(선그리기) ✏️ 도구로 계단의 맨 위 칸을 제외하고 따라 그립니다. 맨 처음과 마지막 선에서 아래로 200mm만큼 라인을 그린 후 라인을 이어줍니다.

4 Push/Pull(밀기끌기) ◈ 도구로 적당히 두께를 주고, Select(선택) ▶ 도구로 세 번 클릭한 후 마우스 오른쪽 버튼을 클릭하여 [Make Group]을 선택합니다.

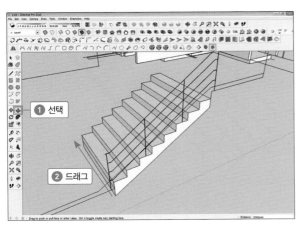
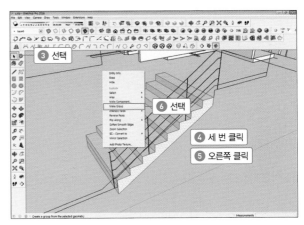

5 계단 올라가는 시작 부분의 모서리를 확대합니다. Move(이동) ✦ 도구로 계단의 기준을 잡고 이동시킵니다.

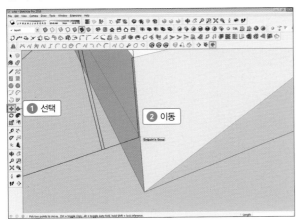
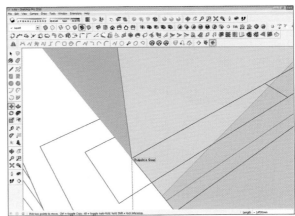

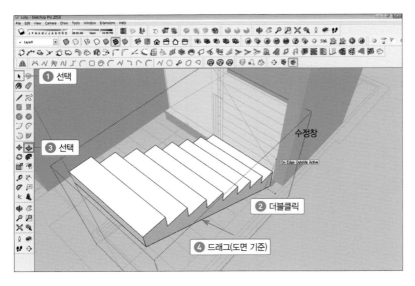

6 Select(선택) ► 도구로 더블클릭하면 계단이 수정 창으로 들어갑니다. Push/Pull(밀기끌기) ◆ 도구로 드래그하여 계단의 넓이를 맞춰줍니다.

7 Move(이동) ✛ 도구를 선택하고 Ctrl을 누른 상태에서 드래그하여 계단을 복사한 후 마우스 오른쪽 버튼을 클릭하여 [Flip Along]-[Group's Green]을 선택합니다.

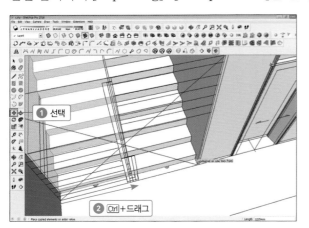

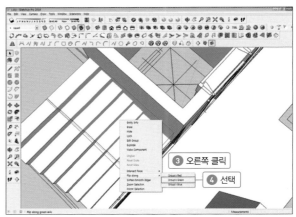

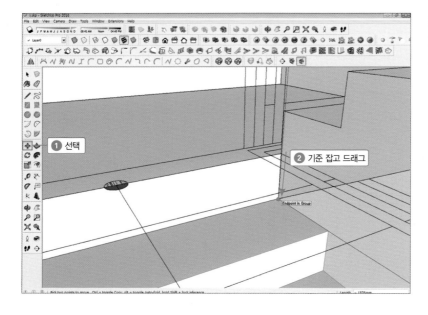

8 복사한 계단을 확대한 후 Move(이동) ✛ 도구로 계단의 기준을 잡고 이동합니다.

9 Line(선그리기) ✐ 도구로 계단 도면에서 벽을 따라 그립니다.

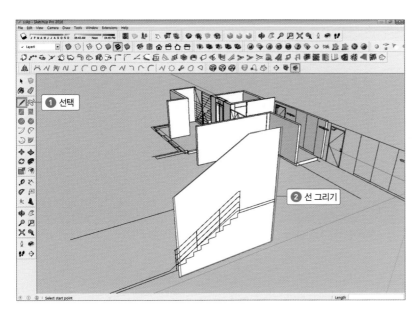

10 Push/Pull(밀기끌기) ◈ 도구로 드래그하여 200mm만큼 두께를 주고, Select(선택) ▶ 도구로 세 번 클릭한 후 마우스 오른쪽 버튼을 클릭하여 [Make a Group]을 선택합니다.

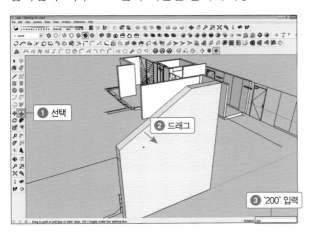
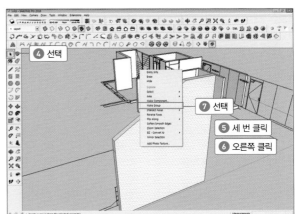

11 Move(이동) ✛ 도구로 벽체의 기준을 잡고 이동시킵니다.

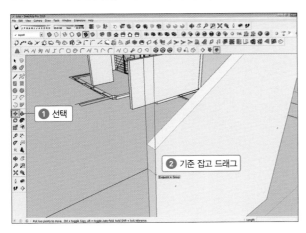
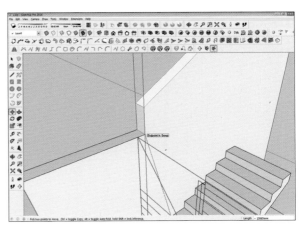

난간 만들기

Rectangle(사각형) ▦ 도구와 Line(선그리기) ✎ 도구를 이용하여 가로, 세로 난간을 그린 후 두께를 주고 이동시켜 완성합니다.

◉ 예제파일 부록CD/파트2/04장/04계단.skp   ◉ 완성파일 부록CD/파트2/04장/04난간.skp

1 '04계단.skp' 파일을 엽니다. Rectangle(사각형) ▦ 도구로 처음과 마지막 세로 난간을 따라 그립니다.

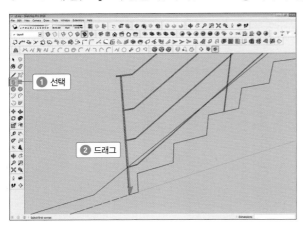
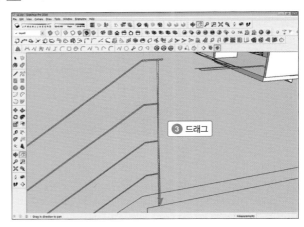

2 Line(선그리기) ✎ 도구로 나머지 세로 난간을 따라 그립니다.

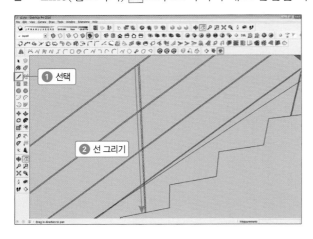
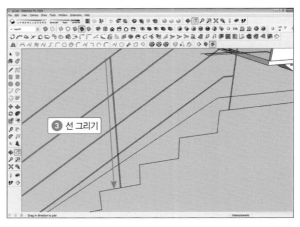

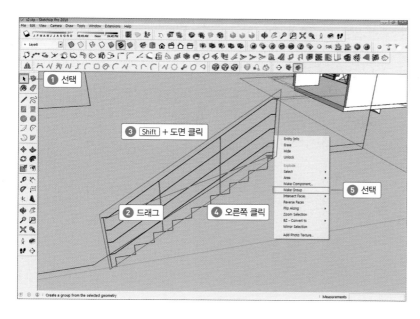

3 Select(선택) ▶ 도구로 드래그하여 세로 난간을 모두 선택하고 [Shift]를 누른 상태로 도면을 클릭해 도면은 선택 해제시킵니다. 마우스 오른쪽 버튼을 클릭하여 [Make Group]을 선택합니다.

4 Move(이동) ✥ 도구로 계단의 꼭짓점을 기준으로 난간을 계단모델링 위로 이동시킵니다.

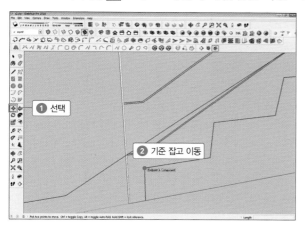

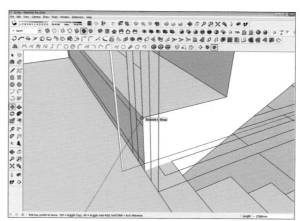

5 Move(이동) ✥ 도구로 방향키를 이용하여 난간을 X축으로 고정시킨 후, 계단 안쪽을 기준으로 이동시킵니다.

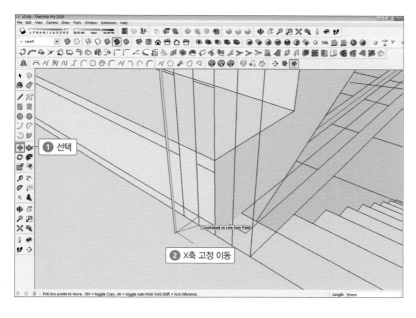

6 Select(선택) 🖱 도구로 난간을 더블클릭하여 수정 창으로 들어간 후, Push/Pull(밀기끌기) 📦 도구로 드래그하여 입면을 기준으로 난간의 두께를 줍니다. 나머지 난간도 동일하게 작업합니다. 작업 후 `Esc`를 눌러 수정 창에서 나옵니다.

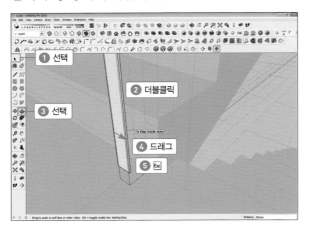 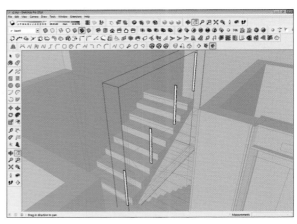

7 Line(선그리기) ✏ 도구로 가로난간을 따라 그립니다.

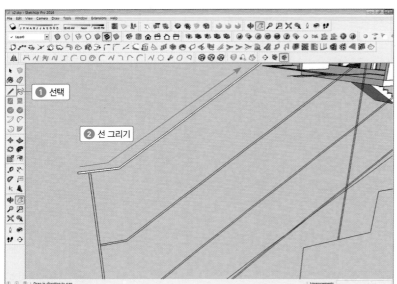

8 Line(선그리기) ✏ 도구를 선택한 후로 두 번째 가로난간을 따라 그려줍니다. 나머지 가로난간도 모두 그려줍니다.

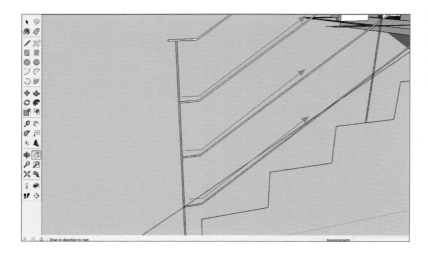

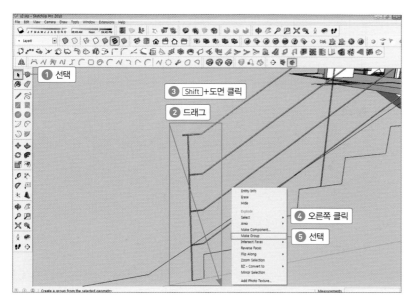

9 Select(선택) ▶ 도구로 드래그하여 가로난간을 모두 잡은 후 Shift를 누른 상태로 도면을 클릭하면 도면은 선택 해제됩니다. 마우스 오른쪽 버튼을 클릭하여 [Make Group]을 선택합니다.

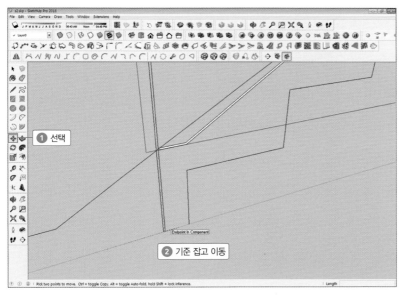

10 Move(이동) ✛ 도구를 선택한 후 세로난간을 기준으로 잡고 난간을 계단모델링 위로 이동시킵니다.

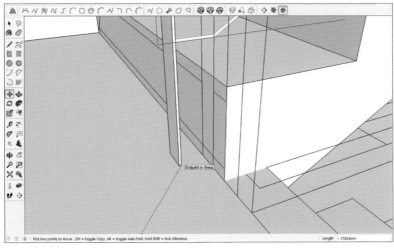

11 난간이 계단모델링 위로 이동한 결과를 그림과 같이 확인할 수 있습니다.

12 Select(선택) 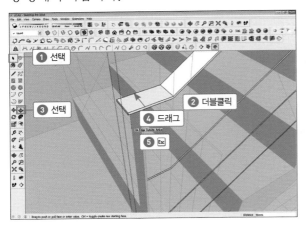 도구로 난간을 더블클릭하면 수정 창으로 들어갑니다. Push/Pull(밀기끌기) 도구로 입면을 기준으로 난간의 두께를 줍니다. 나머지 난간도 동일하게 작업합니다. 작업 후 Esc를 눌러 수정 창에서 나옵니다.

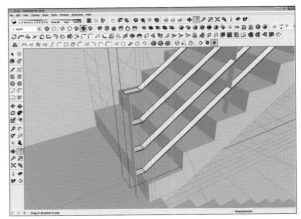

13 Select(선택) 도구를 선택한 후 Ctrl을 누른 상태에서 세로난간과 가로난간을 모두 클릭합니다. 마우스 오른쪽 버튼을 클릭하여 [Make Group]을 선택합니다.

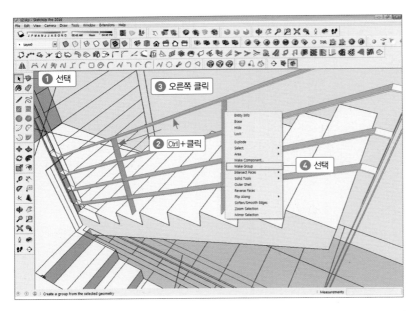

14 Move(이동) 도구를 선택한 후 Ctrl을 누른 상태에서 난간을 클릭합니다. 방향키를 이용하여 X축으로 고정한 후 난간 입면을 기준으로 난간을 드래그하여 복사합니다.

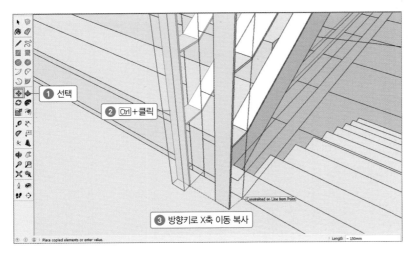

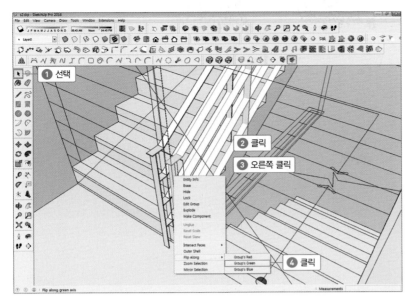

15 Select(선택) ▶ 도구로 복사한 난간을 선택합니다. 마우스 오른쪽 버튼을 클릭하여 [Flip Along]-[Group's Green]을 선택해 반전시킵니다.

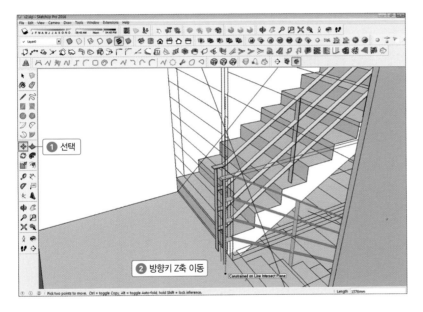

16 Move(이동) ✣ 도구로 방향키를 이용하여 반전시킨 난간을 Z축으로 고정한 후 이동시킵니다.

걸레받이와 슬라브 만들기

Line(선그리기) ✐ 도구와 Push/Pull(밀기끌기) ◈ 도구를 이용하여 걸레받이와 슬라이브를 따라 그리고 두께를 주어 완성합니다.

⊙ 예제파일 부록CD/파트2/04장/04난간.skp   ⊙ 완성파일 부록CD/파트2/04장/04걸레받이.skp

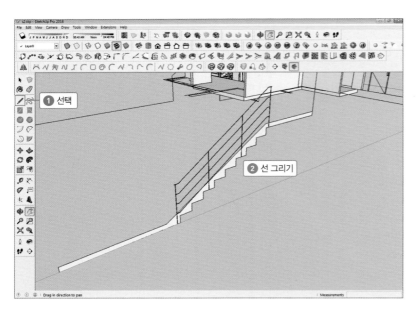

1 '04난간.skp' 파일을 엽니다. Line(선그리기) ✐ 도구를 이용하여 계단입면을 기준으로 걸레받이를 따라 그립니다.

2 Push/Pull(밀기끌기) ◈ 도구로 아래로 드래그하여 10mm만큼 두께를 줍니다. Select(선택) ▶ 도구로 세 번 클릭한 후 마우스 오른쪽 버튼을 클릭하여 [Make Group]을 선택합니다.

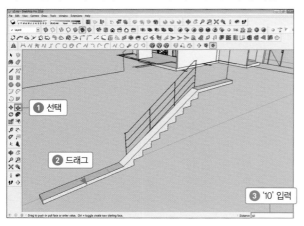

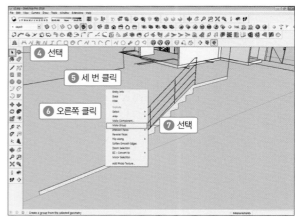

3 Move(이동) 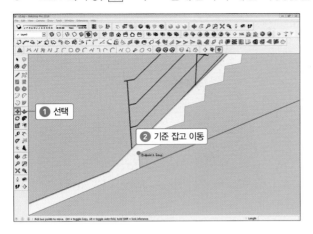 도구로 걸레받이의 계단 꼭짓점을 기준으로 잡고 계단모델링으로 이동시킵니다.

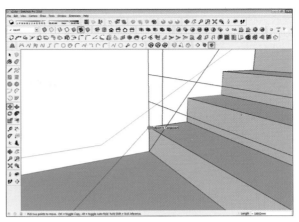

4 Move(이동) 🔷 도구로 걸레받이를 앞쪽으로 튀어나오도록 10mm 이동시킵니다.

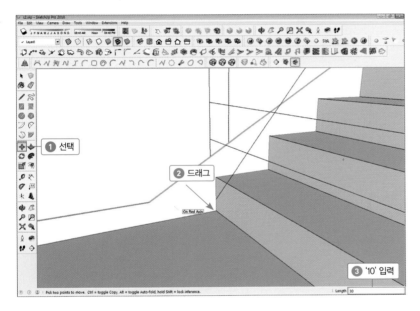

5 Line(선그리기) 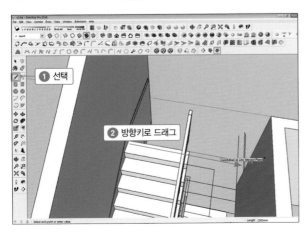 와 방향키를 이용하여 계단걸레받이를 기준으로 슬라브를 따라 그립니다.

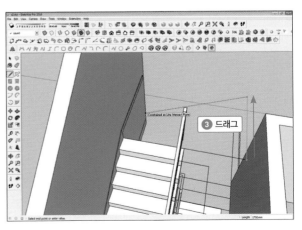

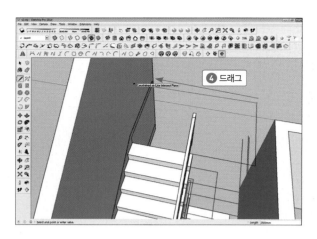

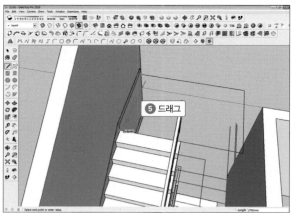

6 Push/Pull(밀기끌기) ◆ 도구로 걸레받이에 맞춰 올려줍니다. Select(선택) ▶ 도구로 세 번 클릭한 후 마우스 오른쪽 버튼을 클릭하여 [Make Group]을 선택합니다.

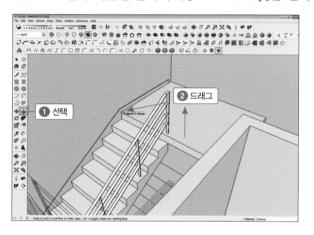

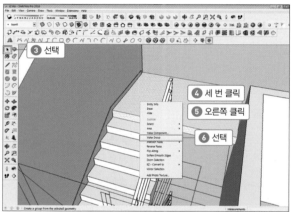

천장 만들기

Line(선그리기) ✏️ 도구와 방향키를 이용하여 천장을 그리고 Push/Pull(밀기끌기) 🔷 도구를 이용해 두께를 주어 천장을 만듭니다.

◉ **예제파일** 부록CD/파트2/04장/04걸레받이.skp   ◉ **완성파일** 부록CD/파트2/04장/04천장.skp

1 '04걸레받이.skp' 파일을 엽니다. Line(선그리기) ✏️ 도구와 방향키를 이용하여 오른쪽 낮은 천장 부분을 따라 그립니다.

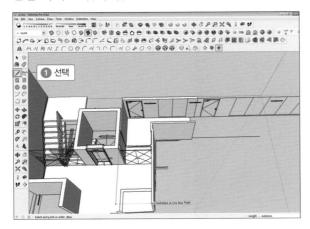
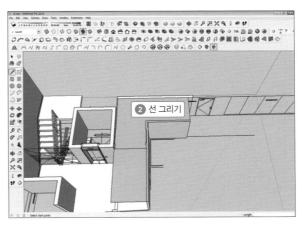

2 Push/Pull(밀기끌기) 🔷 도구로 옆벽 위까지 올려줍니다. Select(선택) ▶️ 도구로 세 번 클릭한 후 마우스 오른쪽 버튼을 클릭하여 [Make a Group]을 선택합니다.

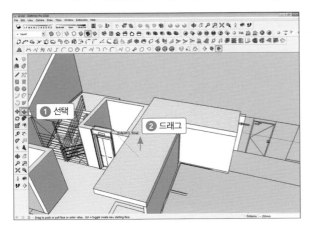
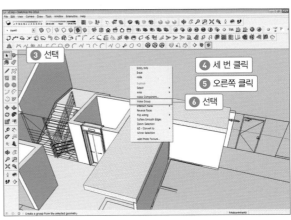

3 Line(선그리기) 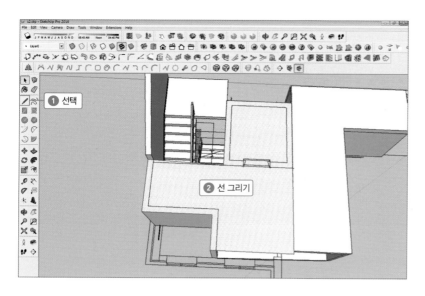 도구와 방향키로 계단 부분을 제외한 천장을 따라 그립니다.

4 Push/Pull(밀기끌기) 도구로 드래그하여 200mm 올려주고 Select(선택) 도구로 세 번 클릭합니다. 마우스 오른쪽 클릭하여 [Make a Group]을 선택합니다.

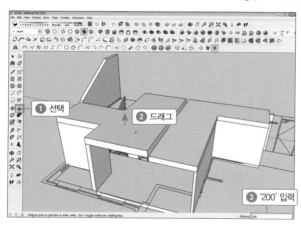

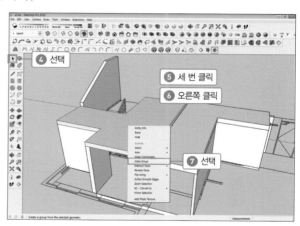

5 Line(선그리기) 도구로 벽면을 따라 그립니다.

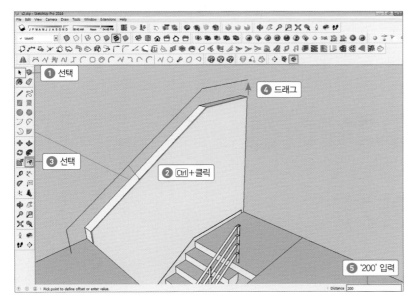

6 Select(선택) 도구를 선택한 후 Ctrl을 누른 상태에서 그린 라인을 모두 선택합니다. Offset(간격 띄우기) 도구로 200mm만큼 간격을 줍니다.

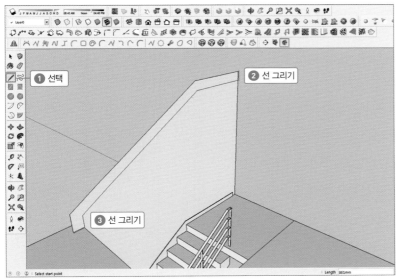

7 Line(선그리기) 도구로 끝점을 이어줍니다.

8 Push/Pull(밀기끌기) 도구로 엘리베이터 벽면까지 넓혀주고, Select(선택) 도구로 세 번 클릭합니다. 마우스 오른쪽 버튼을 클릭하여 [Make a Group]을 선택합니다.

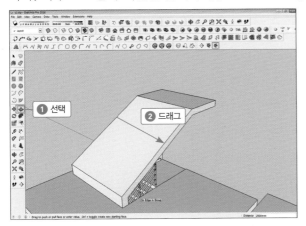

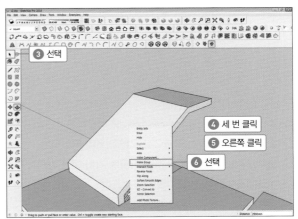

Part 03

V-Ray & 애니메이션

무작정 따라하기

건축 모델링의 핵심 프로그램인 V-Ray의 사용법을 알아보고 실사 이미지를 구현하기
위한 방법을 실무 예제를 통해 익혀보겠습니다. 실무 예제를 만든 후 애니메이션으로
구현하는 방법도 알아봅니다.

ketch
Up

Chapter 01

V-Ray for
SketchUP 따라하기

V-Ray 프로그램을 다운로드해서 설치하고 실행하는 방법을 알아본 후 라이팅 등의 옵션을 설정하여 그림자 등 건물의 밝기를 조절하는 기능을 익히고 렌더링을 실행하는 방법을 간단히 살펴보겠습니다.

Section 110

V-Ray 다운로드하기

웹 사이트 https://www.chaosgroup.com/에 접속해서 로그인한 후 V-Ray 프로그램을 다운로드하는 방법을 단계별로 알아봅니다.

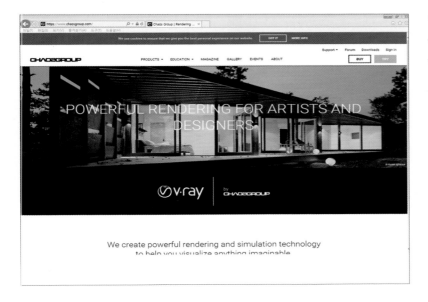

1 웹 브라우저에서 https://www.chaosgroup.com/에 접속합니다.

2 오른쪽 위의 [Sign in]을 클릭하여 계정을 만듭니다.

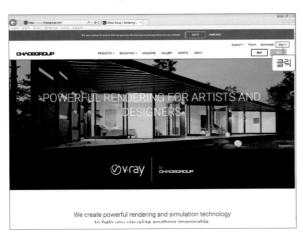

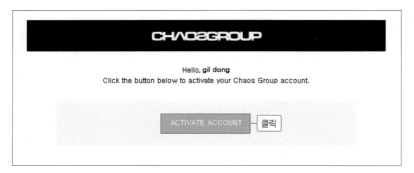

3 계정을 만들 때 입력한 메일 주소로 들어가 계정 활성화 메일을 클릭한 후, [ACTIVATE ACCOUNT]를 클릭합니다.

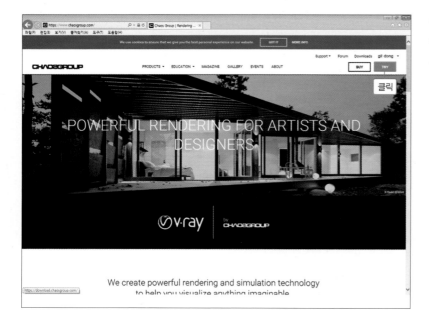

4 https://www.chaosgroup.com/에서 로그인한 후 오른쪽 상단의 [Try]를 클릭합니다.

5 왼쪽 탭에서 [Product]를 [V-Ray]로, [Platform]은 [SketchUP], [Platform version]은 [2016]으로 바꾸고 [Architecture]에서 컴퓨터 사양에 맞게 x34/x64를 설정한 후 [DOWNLOAD]를 클릭합니다.

독자들이 http://www.chaosgroup.com에서 V-Ray를 다운받을 때는 이 책과 달리 최신 버전으로 받게 된다. 이 책은 집필 시의 최신 버전이었으며, 실제 따라하기를 하기에는 버전의 차이가 문제되지 않는다.

V-Ray 설치하고 실행하기

Section 111

본인의 컴퓨터에 다운로드받은 V-Ray를 클릭하여 설치해봅니다. 쉽게 설치한 후에 예제파일을 열어 간단히 실행해봅니다.

○ **예제파일** 부록CD/파트3/01장/start0.skp

1 vray_demo_20026579_sketchup_2016_win_x64 파일을 실행시킨 후, [Next]를 클릭합니다.

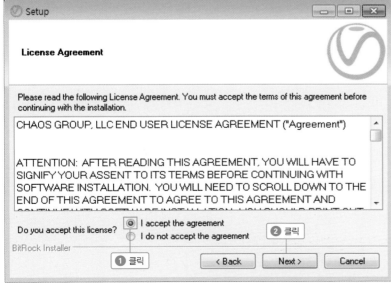

2 [I accept the agreement]를 선택한 후 [Next]를 클릭합니다.

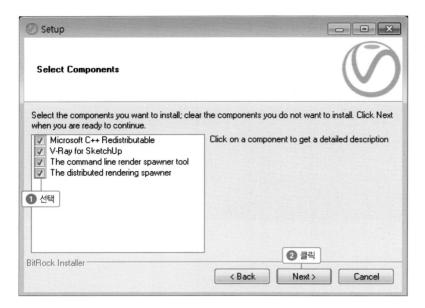

3 작업 시 필요한 컴포넌트를 모두 선택한 후 [Next]를 클릭합니다.

4 설치를 준비하라는 메시지가 나오면 [Next]를 클릭합니다.

5 설치가 끝났다는 메시지가 나오면 [Finish]를 클릭합니다.

6 스케치업을 실행한 후 'start0.skp' 파일을 엽니다.

png 저장 시 배경의 유무

png 저장 시 [Anti-alias], [Transparent Background]에 체크가 되어 있지 않으면 뒷배경이 그대로 나옵니다.

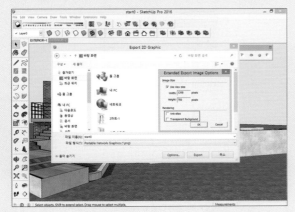 

png 저장 시 [Anti-alias], [Transparent Background]에 체크를 하면 뒷배경 없이 이미지가 저장됩니다.

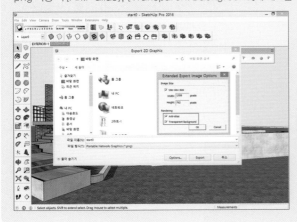 

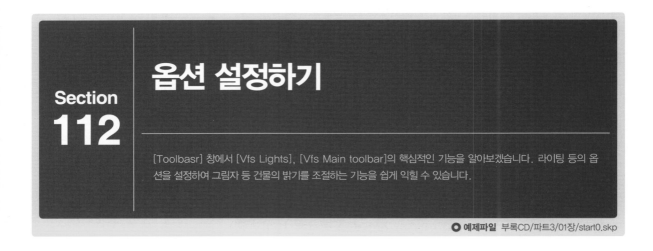

Section 112

옵션 설정하기

[Toolbasr] 창에서 [Vfs Lights], [Vfs Main toolbar]의 핵심적인 기능을 알아보겠습니다. 라이팅 등의 옵션을 설정하여 그림자 등 건물의 밝기를 조절하는 기능을 쉽게 익힐 수 있습니다.

○ 예제파일 부록CD/파트3/01장/start0.skp

1 [View]−[Toolbars] 메뉴를 선택한 후, [Toolbasr] 창에서 [Vfs Lights],[Vfs Main toolbar]를 체크합니다.

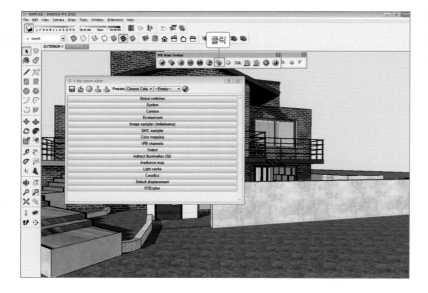

2 [Vfs Main toolbar]에서 [Options Editor]를 클릭하여 옵션 창을 켭니다.

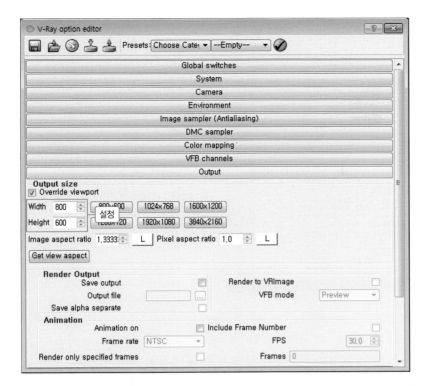

3 [Output] 탭은 렌더링 사이즈를 담당합니다. [Output size]에서 [Wide]-800, [Height]-600은 800×600 픽셀 이미지로 렌더링한다는 것을 의미합니다.

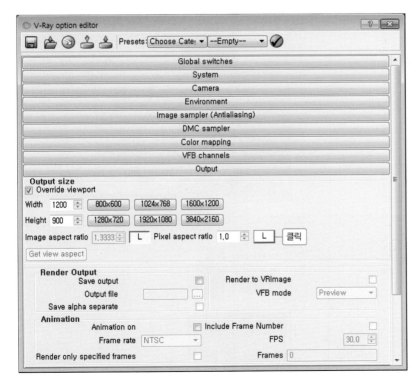

4 ㄴ을 클릭하면 크기를 변경할 때 처음 설정한 크기의 비율을 유지할 수 있습니다.

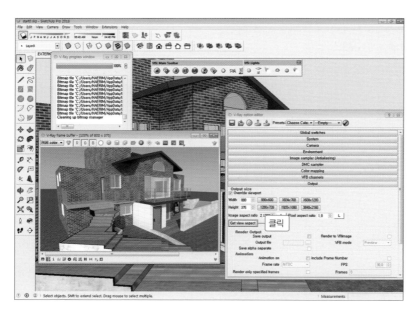

5 Get view aspect 를 클릭하면 현재 화면에 보이는 모습 그대로를 렌더링할 수 있습니다.

6 [Environment] 탭에서 [GI (skylight)]는 태양을 의미하며 체크 해제 시 태양이 없어집니다. [Reflection/refraction (background)]는 뒤 배경을 의미하며 체크 해제 시 배경이 사라집니다.

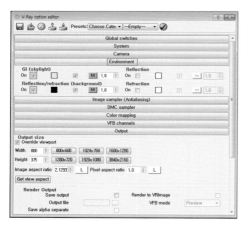

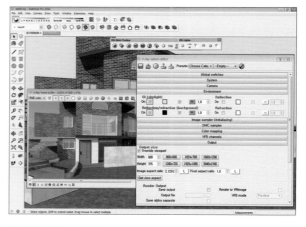

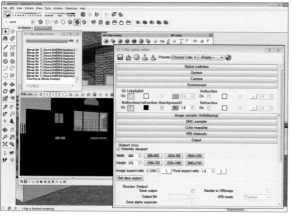

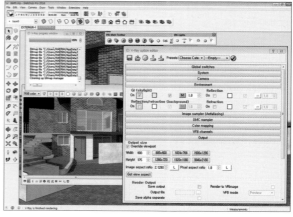

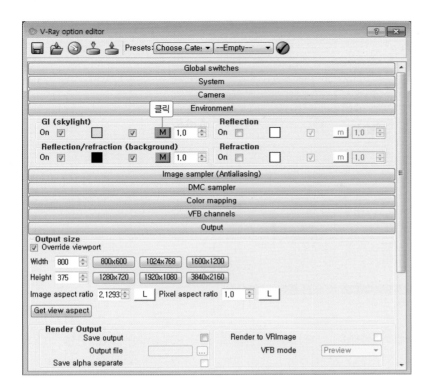

7 렌더링에서 보이는 태양의 설정을 조절하기 위해 [GI (skylight)]에서 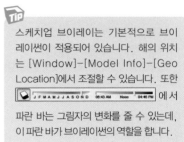을 클릭합니다.

> **TIP**
> 스케치업 브이레이는 기본적으로 브이레이썬이 적용되어 있습니다. 해의 위치는 [Window]-[Model Info]-[Geo Location]에서 조절할 수 있습니다. 또한 에서 파란 바는 그림자의 변화를 줄 수 있는데, 이 파란 바가 브이레이썬의 역할을 합니다.

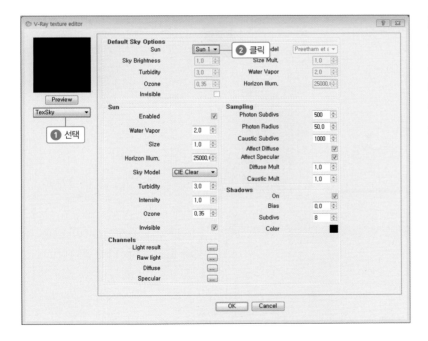

8 [V-Ray texture editor] 창에서 [None]을 클릭한 후, [TexSky]로 바꿉니다. [Default Sky Options] 탭에서 [Sun]-[Sun1]을 다시 한 번 클릭하면 아래의 탭들이 활성화됩니다.

9 [Sun]의 탭에서 [Enabled]의 체크를 꺼주면 태양이 나타나지 않습니다.

10 [Sun] 탭의 [Sky Model]은 하늘의 상태를 나타내주는 것으로 [CIE Clear]은 맑은 하늘, [CIE overcast]는 흐린 하늘을 말합니다.

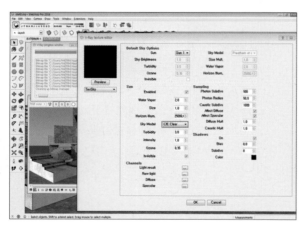

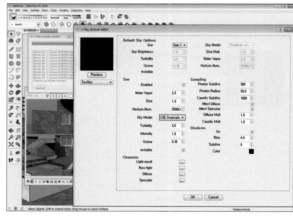

11 [Sun]-[Intensity] 값은 태양의 밝기 값을 나타냅니다.

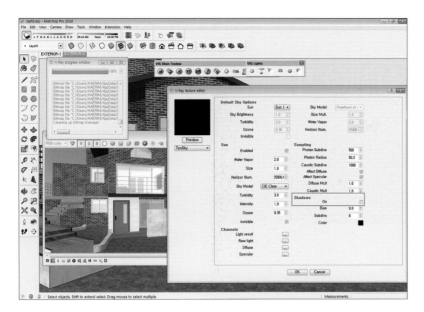

12 [Shadows]의 체크를 끄면 그림자가 생기지 않습니다.

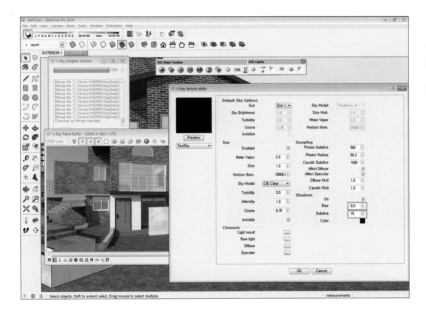

13 [Shadows] 탭에서 [Subdivs] 의 값을 높이면 그림자의 퀄리티 가 높아집니다. [Bias]는 그림자 와 물체 간격을 조절하는 것으로 대개 조정하지 않습니다.

렌더링 실행하기

[Vfs Main toolbar]에서 [Start Render]를 눌러 렌더링하는 방법을 알아봅니다. [V-Ray Progress] 창의
세부 항목을 살펴보면서 렌더링을 할 때 알아두어야 하는 기능을 살펴봅니다.

● 예제파일 부록CD/파트3/01장/start0.skp

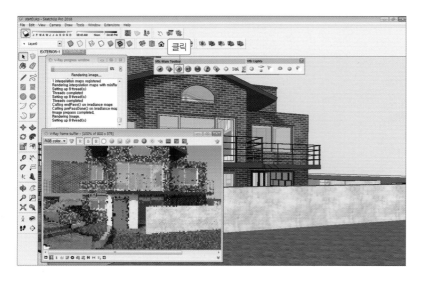

1 [Vfs Main toolbar]에서
[Start Render]를 클릭하면 렌
더링을 걸 수 있습니다. 렌더링
시 [V-Ray Progress] 창이 함
께 뜨는데 이 창은 렌더링의 진행
정도를 알려주며, 렌더링 이미지
위의 네모는 CPU의 숫자를 의미
합니다.

2 렌더링 창에서 [Save
Image]를 클릭하면 렌더링한 이
미지를 저장할 수 있습니다.

3 렌더링 창 아래의 ⊞ [Show VFB History Window]를 클릭하면 렌더링한 이미지들을 기록으로 남겨둘 수 있습니다. 렌더링 이미지 기록을 이용하여 전과 후를 비교하는데 효과적입니다.

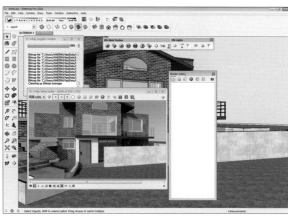

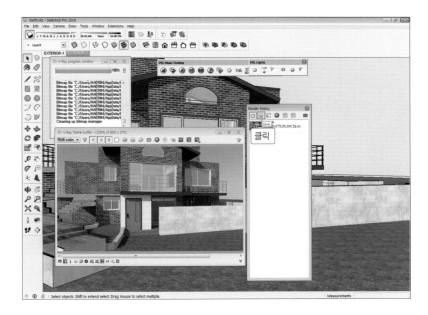

4 히스토리 창에서 🖫 [Save]를 클릭하면 히스토리 창에 현재 렌더링을 건 이미지가 저장됩니다.

5 히스토리 창에서 비교할 첫 번째 렌더링 이미지를 선택한 후 Ⓐ [Set A]를 클릭하고 두 번째 이미지를 선택하고 Ⓑ [Set B]를 선택합니다. 바를 움직이면서 두 개의 이미지를 비교할 수 있습니다.

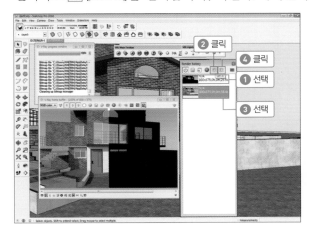

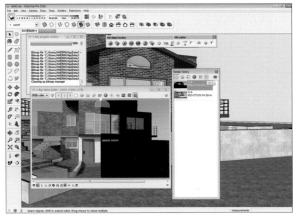

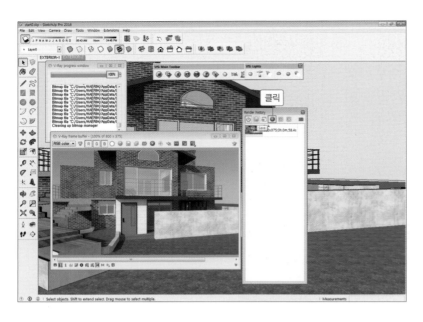

6 히스토리에 저장된 이미지를 삭제할 경우 삭제할 이미지를 선택한 후, 히스토리 창의 ⊕ [Remove]를 클릭합니다.

7 렌더링 창의 ▣ [Compare Horizontal]을 클릭하면 비교화면을 켜고 끌 수 있습니다.

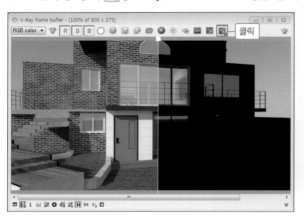
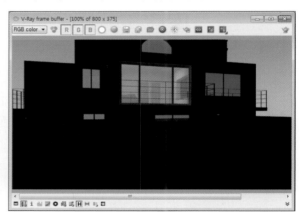

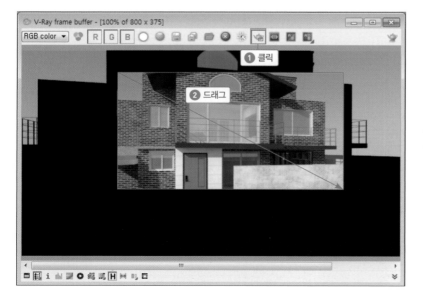

8 부분 렌더링을 설정하기 위해 ▣ [Region Render]를 클릭하고 렌더링을 걸고 싶은 부분을 드래그하여 영역을 설정합니다. [Vfs Main toolbar]의 [Start Render]를 클릭하면 설정한 영역만 렌더링이 됩니다.

RT 렌더 실행하기

Section 114

[Vfs Main toolbar]에서 [Start RT Render] 기능은 실시간 렌더링으로 퀄리티는 다소 떨어지나 렌더링의 속도가 빠른 장점이 있습니다. 실시간 렌더링을 설정하는 방법을 알아봅니다.

○ **예제파일** 부록CD/파트3/01장/start0.skp

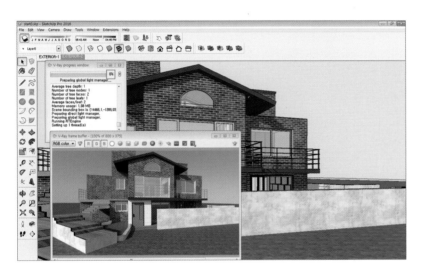

1 [Vfs Main toolbar]에서 ◉ [Start RT Render]는 실시간 렌더링으로, 퀄리티는 다소 떨어지나 렌더링의 속도가 빠릅니다. 이때 함께 나타나는 [V-Ray Progress] 창은 항상 0%로 나타납니다.

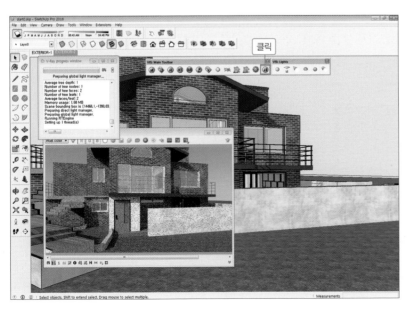

2 [Vfs Main toolbar]에서 ◉ [Freeze RT View]를 클릭하면 ◉ [Start RT Render]의 렌더링이 중단됩니다.

Output 크기 바꾸기, PNG 파일 저장하기

[Vfs Main toolbar]에서 [Options Editor]를 클릭한 후, [Output] 탭에서 버튼을 클릭해 비율을 고정시키고 Output 크기를 바꿔서 렌더링을 걸어준 후 렌더링 창에서 이미지의 확장자를 바꿔서 저장해봅니다.

○ 예제파일 부록CD/파트3/01장/start0.skp

1 [Vfs Main toolbar]에서 ⬙ [Options Editor]를 클릭합니다. [Output] 탭에서 ⬜L⬜을 클릭해 비율을 고정시키고 사이즈를 '1200'으로 변경한 후, [Vfs Main toolbar]의 ⬙ [Start Render]를 클릭하여 렌더링을 걸어줍니다.

2 렌더링 창에서 ⬛ [Save Image]를 클릭한 후 확장자를 [PNG]로 저장합니다. [PNG]로 저장할 경우 배경이 제거되어 저장되므로 포토샵에서 배경을 넣을 때 편하게 작업할 수 있습니다.

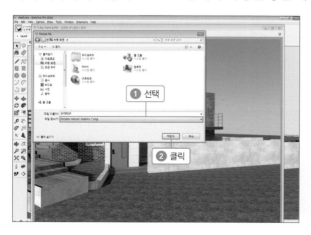

V-Ray 창의 도구 알아보기

실제 작업 시 V-Ray 창에서 사용하는 기능을 미리 알아두어 쉽게 적용해봅니다.

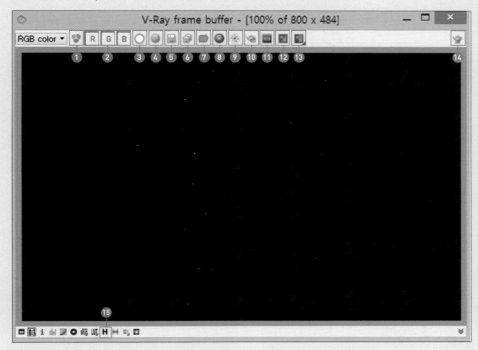

① RGB channel : RGB 채널로 렌더링 이미지가 나타납니다.

② red, green, blue channel : 각각 RED, GREEN, BLUE 채널로 렌더링 이미지가 나타납니다.

③ switch to alpha channel : ALPHA 채널로 이미지가 나타납니다.

④ monochromatic mode : 흑백으로 이미지가 나타납니다.

⑤ save image : 이미지를 저장합니다.

⑥ save all image channels : RGB, monochromatic, alpha의 채널이 모두 이미지로 저장됩니다.

⑦ load image : 브이레이 렌더링 이미지를 엽니다.

⑧ clear image : 렌더링한 이미지를 지웁니다.

⑨ track mouse while rendering : 렌더링 시 마우스가 있는 지점을 먼저 보여줍니다.

⑩ region render : 드래그로 부분 영역을 설정해 렌더링을 할 수 있습니다.

⑪ link VFB to PDPlayer : V-Ray vfb를 PDPlayer에 연결합니다.

⑫ swap A/B : 이미지 비교 시 두 개의 이미지의 위치를 서로 바꿔줍니다.

⑬ compare horizontal : [Reder History] 창에서 비교할 이미지를 A, B로 선택하면 활성화되며, 중간의 바를 이동시켜 이미지를 비교할 수 있다.

⑭ render last : 마지막 화면을 렌더링합니다.

⑮ show VFB history window : [Render History] 창으로 렌더링한 이미지들을 저장하여 전에 렌더링한 이미지를 확인할수 있다.

Chapter 02

V-Ray 조명으로
오피스 로비 따라하기

이번 장에서는 기본 조명을 설치하고 옵션을 설정한 후 IES Light를 이용하여 떨어지는 조명과 퍼지는 조명 효과를 연출해봅니다.

Rectangle Light로 기본 조명 설치하기

V-Ray Light의 종류인 Omni Light, Rectangle Light, Spot Light, Dome Light, Sphere Light, les Light에 대해 알아봅니다.

◉ 예제파일 부록CD/파트3/02장/Start1.skp　　◉ 완성파일 부록CD/파트3/02장/오피스로비01.skp

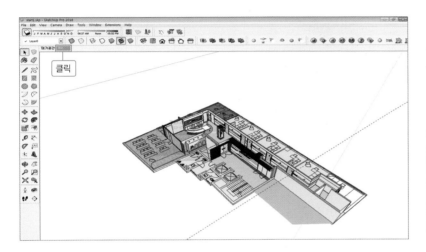

1 'Start1.skp' 파일을 엽니다. 기본 조명을 설치하기 위해 [iso]를 클릭하여 뷰를 전환시킵니다.

> **Tip**
> [Rectangle Light]는 기본 밝기와 환경을 제어하는 조명으로 가장 많이 사용하며, ◉ [Omni Light]는 백열전구과 같은 역할을 하고 ▼ [Spot Light]는 광원에서 떨어지는 빛을 표현합니다.

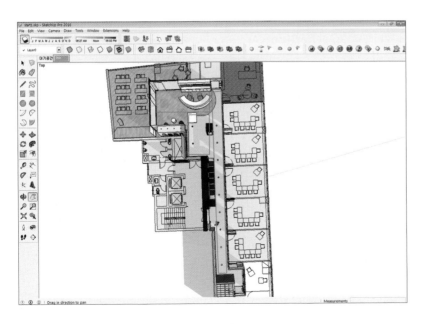

2 기둥을 기준으로 복도, 입구, 리셉션 세 부분으로 나누어 [Rectangle Light]를 설치할 영역을 확인합니다.

> **Tip**
> 하나의 조명으로도 기본 조명을 만들 수 있지만, 여러 개로 나누어 사용한 경우 입체적인 공간감을 얻을 수 있습니다.

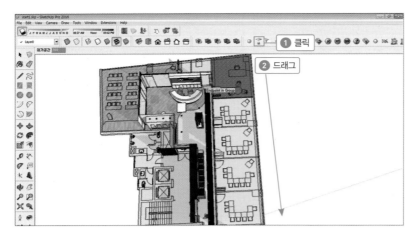

3 [Rectangle Light] 도구를 선택한 후 복도 바닥에 드래그하여 그립니다.

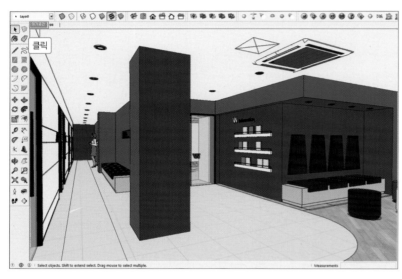

4 [대기공간]을 클릭하여 뷰를 전환하면 바닥에 면처럼 생성된 [Rectangle Light]를 확인할 수 있습니다.

5   Select(선택) 도구로 [Rectangle Light]를 클릭합니다. Move(이동) 도구를 선택하여 'On Blue Axis'가 뜬 상태로 위쪽으로 드래그합니다. 'On Face In Group'이 뜨면 클릭하여 천장에 붙여줍니다.

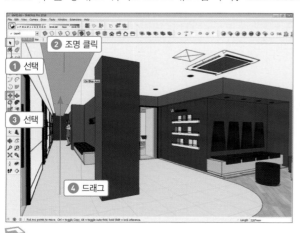
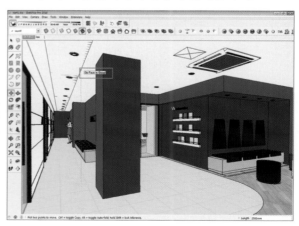

조명의 위치를 조정할 때 'On Blue Axis', 'On Green Axis', 'On Red Axis'가 뜬 상태에서 이동해야 여러 축으로 이동되는 것을 방지할 수 있습니다.

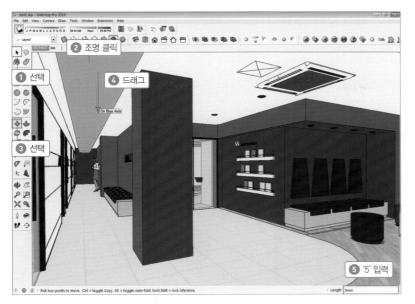

6 천장에 붙인 [Rectangle Light]를 Select(선택) 도구로 클릭한 후, Move(이동) 도구로 'On Blue Axis'가 뜬 상태에서 5mm 아래로 내려줍니다.

> **Tip**
> [Rectangle Light]가 천장, 기둥이나 벽에 붙어 설치되면 설치된 조명의 위치가 보이게 되어 빛이 경계지는 부분이 생기게 됩니다. 따라서 천장 바로 밑에 설치하되 벽이나 기둥에 붙지 않도록 주의합니다.

7 [Start Render]를 클릭하여 렌더링을 걸어줍니다.

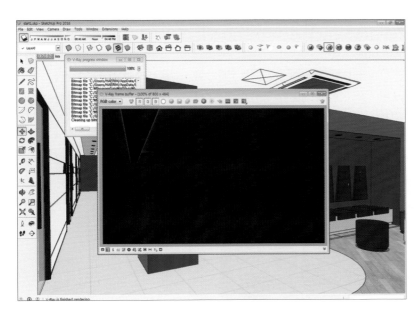

8 렌더링 화면에 조명의 느낌이 전혀 나타나지 않고, 하얀 선으로 나타나는 것은 조명이 뒤집혀 있어 천장으로 빛이 가고 있다는 것을 의미합니다. 조명을 뒤집어 주기 위해 Select(선택) ▶ 도구로 [Rectangle Light]를 클릭한 후, 마우스 오른쪽 버튼을 클릭하여 [Flip Along]-[Group's Blue]를 선택합니다.

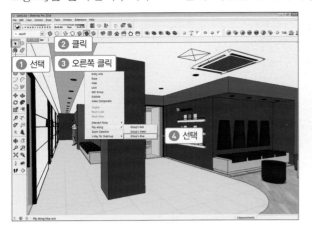 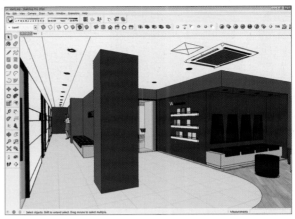

Tip 조명은 앞면과 뒷면이 있는데 조명을 설치했을 때 조명이 흰색이 아니라 다른 색으로 보인다면 면이 뒤집혔다는 뜻입니다.

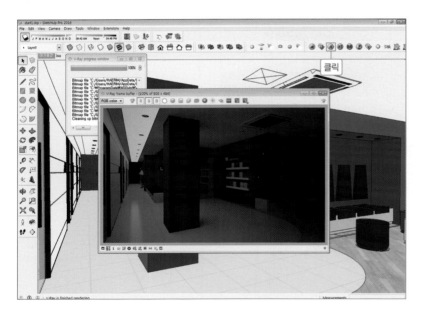

9 ⊛ [Start Render]를 클릭하여 렌더링을 걸어줍니다.

옵션 설정하기

[V-Ray for Sketchup]−[Edit light]를 클릭하여 옵션 창을 열어서 세부 기능을 자세히 알아본 후 실무에서 필요한 옵션들을 설정해봅니다.

◎ 예제파일 부록CD/파트3/02장/간접조명.skp

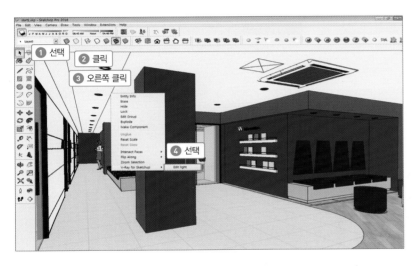

1 '간접조명.skp' 파일을 엽니다. Select(선택) ▶ 도구로 [Rectangle Light]를 클릭한 후 마우스 오른쪽 버튼을 클릭합니다. [V-Ray for Sketchup]− [Edit light]를 선택하여 옵션 창을 엽니다.

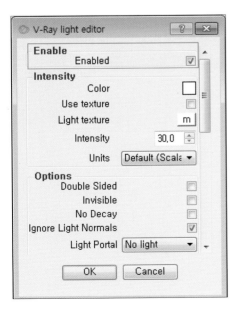

2 [Enable]−[Enabled]는 조명이 스케치업 예제에 이미 사용되고 있는지, 아닌지를 알려줍니다.

3 [Intensity]−[Color]는 조명의 색을 나타냅니다.

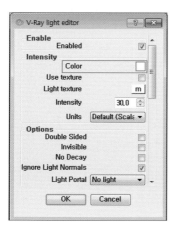

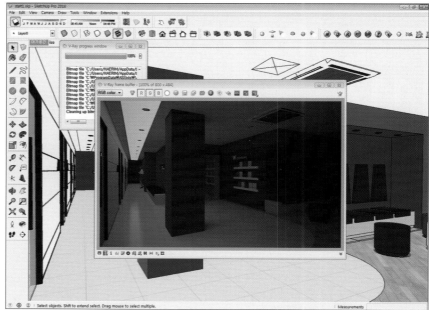

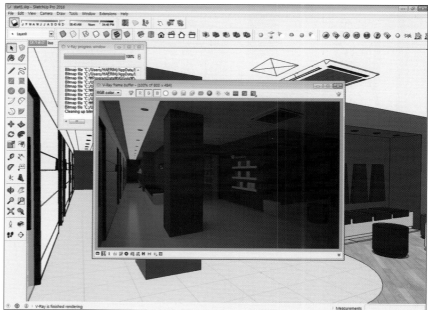

4 [Intensity]−[Use texture]는 텍스처 이미지를 불러오는 것이며, 일반적으로는 사용하지 않습니다. [Intensity]−[Intensity]는 빛의 세기를 나타내는 것으로 기본 값은 30입니다. 값을 높이면 밝기가 밝아지고, 값을 낮추면 밝기가 어두워집니다.

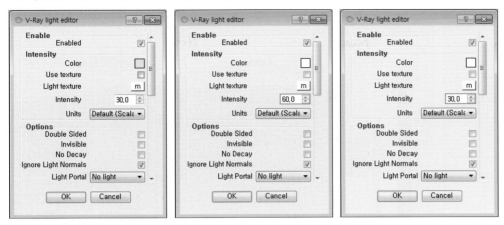

기본 30   값 올린것

5 [Options]−[Double Sided]는 앞면과 뒷면 모두 양쪽으로 빛이 나온다는 뜻입니다.

6 [Options]-[Invisible]은 꼭 체크해야 하며, 조명이 화면에서는 보이지만 렌더링에서는 나타나지 않고 투명하게 되는 것을 뜻합니다.

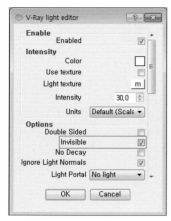

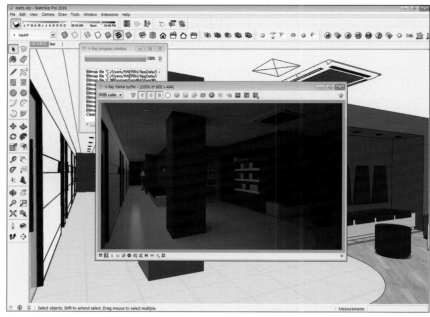

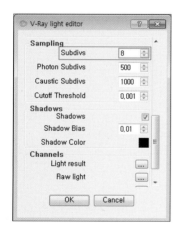

7 [Sampling]-[Subdivs]는 이미지 퀄리티를 결정하는 것으로 기본 값은 8입니다. 값을 높이면 이미지의 퀄리티가 높아지며, 최종 이미지 렌더링을 할 때 보통 24의 값을 사용합니다.

간접조명 설치하기

렌더링을 걸어서 전체적인 밝기를 여러 각도로 조절해봅니다. 여러 가지 뷰로 전환한 후 [Rectangle Light]를
설치하여 공간별로 적당한 밝기로 조절하며 설정해봅니다.

◉ 예제파일 부록CD/파트3/02장/간접조명.skp　　◉ 완성파일 부록CD/파트3/02장/오피스로비02.skp

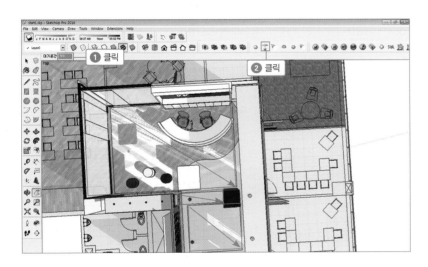

1 '간접조명.skp' 파일을 엽니다. [iso] 뷰로 전환한 후 리셉션과 입구 부분에도 ☜[Rectangle Light]를 클릭한 후 그림과 같이 설치합니다.

2 [대기공간] 뷰로 전환한 후 Select(선택) ▶ 도구로 [Rectangle Light]를 클릭합니다. Move(이동) ✛ 도구로 'On Blue Axis'가 표시된 상태에서 위쪽으로 드래그하여 'On Face In Group'이 표시되면 클릭하여 천장에 붙여줍니다.

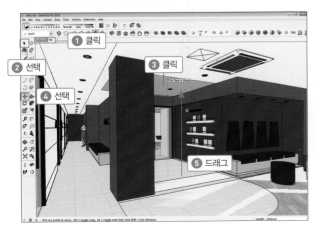

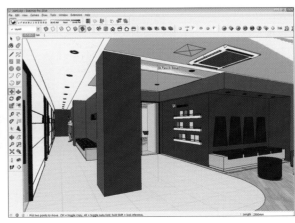

3 Select(선택) ▶ 도구로 천장에 붙인 [Rectangle Light]를 클릭한 후, Move(이동) ✛ 도구로 'On Blue Axis'가 표시되면 5mm 아래로 내려줍니다.

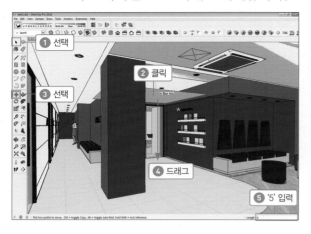 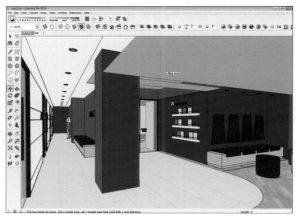

4 Select(선택) ▶ 도구로 [Rectangle Light]를 클릭합니다. 마우스 오른쪽 버튼을 클릭한 후 [Flip Along]-[Group's Blue]를 선택하여 조명의 면을 뒤집어 줍니다.

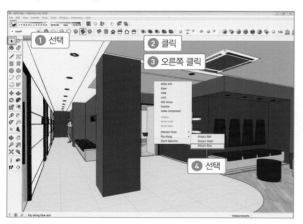 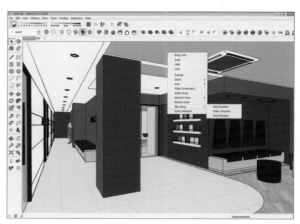

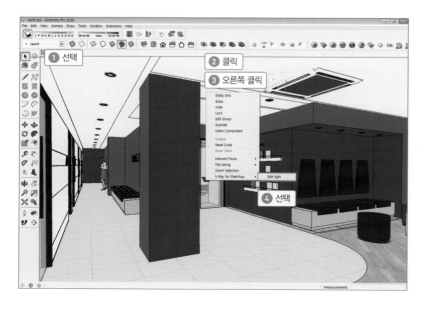

5 렌더링 화면에서 조명이 보이지 않도록 Select(선택) ▶ 도구로 [Rectangle Light]를 클릭한 후, 마우스 오른쪽 버튼을 클릭하여 [V-Ray for sketchup]-[Edit light]를 클릭합니다.

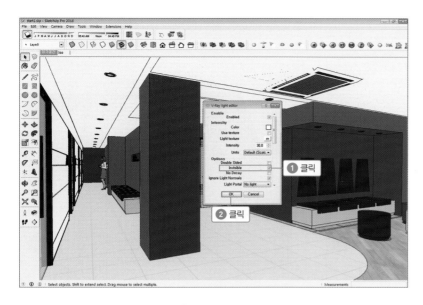

6 [Options] 창에서 [Invisible]을 체크한 후 [OK]를 클릭합니다.

7 ⓐ [Start Render]를 클릭하여 렌더링을 걸어줍니다. 전체적인 기본 밝기를 확인합니다.

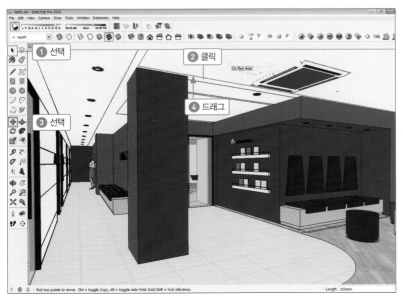

8 어두운 부분을 밝게 해주기 위해 Select(선택) ▶ 도구로 [Rectangle Light]를 클릭한 후, Move(이동) ✥ 도구로 'On Red Axis'가 표시되면 위쪽으로 이동합니다.

9 기본 밝기가 설정되면 간접조명을 포함한 세부 작업을 진행하면 됩니다. 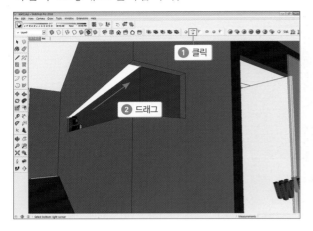[Rectangle Light]를 클릭한 후 모양대로 설치합니다.

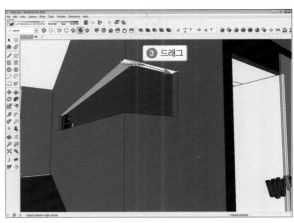

10 Select(선택) 도구로 [Rectangle Light]를 클릭한 후 Move(이동) 도구로 'On Blue Axis'가 표시되면 5mm 아래로 내려줍니다.

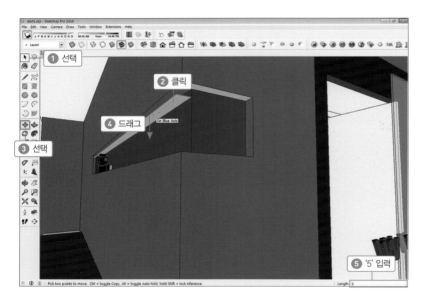

11 동일한 방법으로 [Rectangle Light]를 클릭한 후 'On Blue Axis'가 표시되면 5mm 아래로 내려주어 세부 작업을 진행합니다.

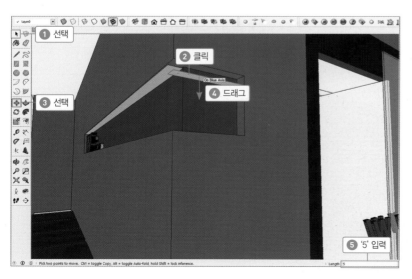

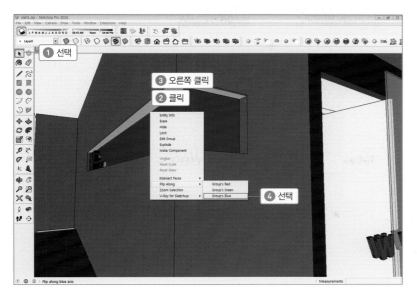

12 Select(선택) 도구로 [Rectangle Light]를 클릭합니다. 마우스 오른쪽 버튼을 클릭한 후 [Flip Along]-[Group's Blue]를 선택하여 조명의 면을 뒤집어줍니다.

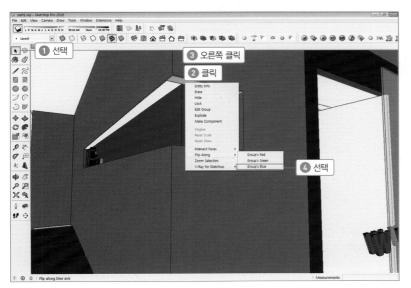

13 [Rectangle Light]를 클릭한 후 마우스 오른쪽 버튼을 클릭하여 [Flip Along]-[Group's Blue]를 선택합니다. 나머지 부분에도 조명의 면을 뒤집어 완성합니다.

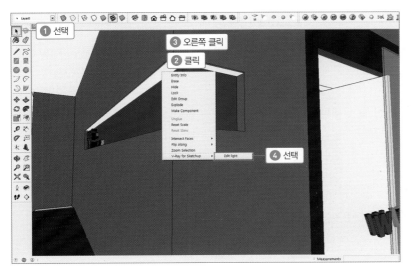

14 렌더링 조명이 보이지 않도록 Select(선택) 도구로 [Rectangle Light]를 클릭합니다. 마우스 오른쪽 버튼을 클릭한 후 [V-Ray for sketchup]-[Edit light]를 선택합니다.

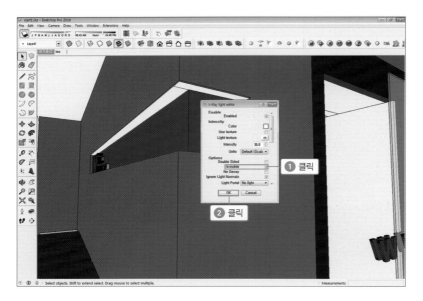

15 [Options] 창에서 [Invisible]
을 체크해줍니다.

16 ⓡ [Start Render]를 클릭
하여 렌더링을 걸어 밝기를 확인
합니다.

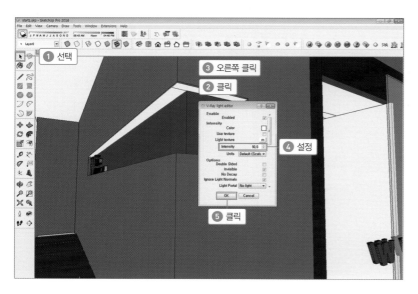

17 밝기가 충분하지 않으
므로 Select(선택) ▶ 도구로
[Rectangle Light]를 클릭한
후, 마우스 오른쪽 버튼을 클릭하
여 [V-Ray for sketchup]-[Edit
light]를 선택합니다. [Intensity]-
[Intensity]의 값을 90으로 높이고
[OK]를 클릭합니다.

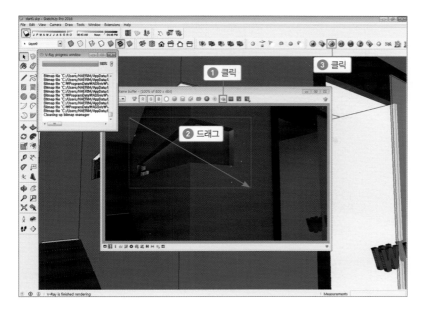

18 [Region Render]를 클릭합니다. 드래그하여 렌더링 영역을 설정하고 ⓡ [Start Render]를 클릭하여 부분 렌더링을 걸어 밝기를 확인합니다.

19 아직도 밝기가 충분하지 않으므로 17번 과정을 반복하여 [V-Ray for sketchup]-[Edit light]를 선택하고 [Intensity]-[Intensity]의 값을 150으로 높이고 [Regin Reder]를 클릭하고 드래그하여 렌더링 영역을 설정합니다. ⓐ [Start Render]를 클릭하여 밝기를 확인합니다.

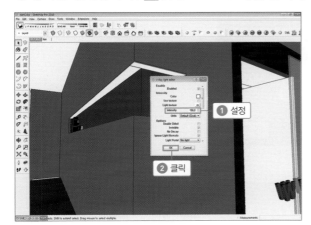

Tip
가까이에서 볼 경우는 5mm 내린 조명의 경계가 보일 수 있으므로 1mm만 내려서 작업합니다.

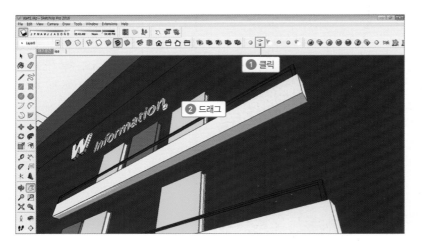

20 [Rectangle Light]를 클릭한 후 책꽂이 밑 부분을 드래그하여 모양대로 설치합니다.

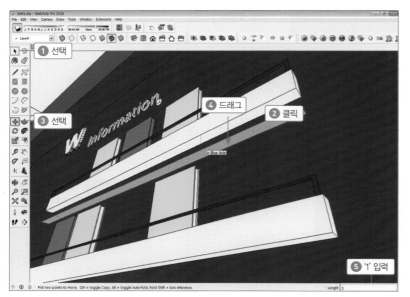

21 [Rectangle Light]를 Select(선택) 도구로 클릭한 후, Move(이동) 도구로 'On Blue Axis'가 표시되면 1mm 아래로 내려줍니다.

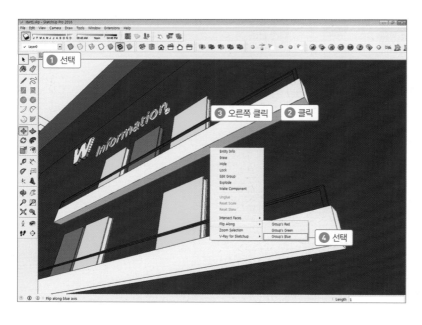

22 Select(선택) 도구로 [Rectangle Light]를 클릭한 후 마우스 오른쪽 버튼을 클릭하여 [Flip Along]-[Group's Blue]를 선택하여 조명의 면을 뒤집어 줍니다.

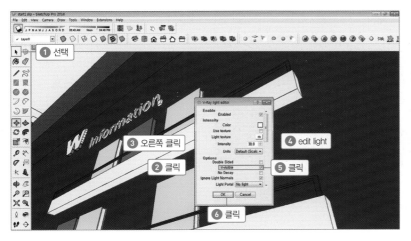

23 렌더링 조명이 보이지 않도록 Select(선택) ⬚ 도구로 [Rectangle Light]를 클릭한 후, 마우스 오른쪽 버튼을 클릭하여 [V-Ray for sketchup]-[Edit light]를 클릭합니다. [Options]-[Invisible]에 체크합니다.

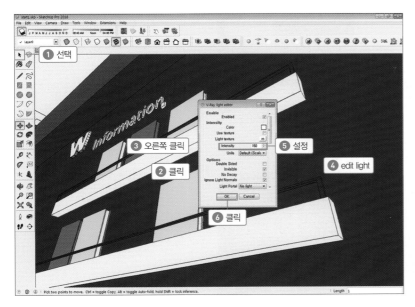

24 다시 Select(선택) ⬚ 도구를 선택하여 [Rectangle Light]를 클릭한 후, 마우스 오른쪽 버튼을 클릭하여 [V-Ray for sketchup]-[Edit light]를 클릭합니다. [Intensity]-[Intensity]의 값을 150으로 높입니다.

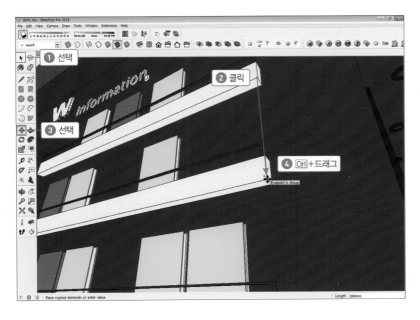

25 Select(선택) ⬚ 도구로 [Rectangle Light]를 선택합니다. Move(이동) ⬚ 도구를 이용하여 Ctrl을 누른 상태에서 드래그하여 아래쪽 책꽂이 밑 부분에도 복사해줍니다.

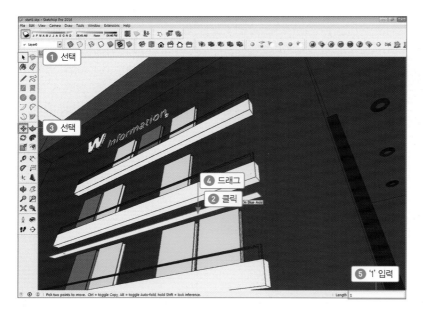

26 Select(선택) ▶ 도구로 복사한 [Rectangle Light]를 선택한 후, Move(이동) ✛ 도구로 'On Blue Axis'가 표시되면 1mm 아래로 내려줍니다.

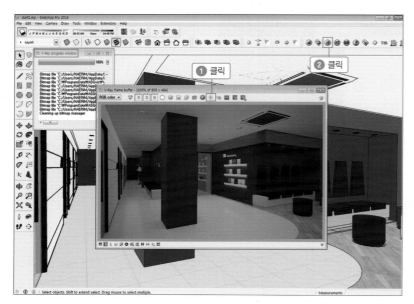

27 [대기공간] 뷰로 전환한 후 [Region Render]을 클릭하여 부분 렌더링을 해제합니다. ⓡ [Start Render]를 클릭하여 부분 렌더링을 걸어줍니다.

> **Tip**
>
> 📷 [Rectangle Light]를 통해 기본 조명, 우물천장, 다양한 간접조명을 표현할 수 있습니다. 상황에 따라 기본 조명을 어둡게 하면 간접조명이 잘 보이게 됩니다.

공간에 적당한 뷰별로 [IES Light]를 클릭한 후 바닥에 조명을 만들고 천장으로 이동하여 떨어지는 조명을 만들어봅니다. 조명의 색상 등을 결정하여 완성된 조명으로 조절해봅니다.

◎ **예제파일** 부록CD/파트3/02장/오피스로비02.skp, ies_02.ies, ies_03.ies　　◎ **완성파일** 부록CD/파트3/02장/오피스로비03.skp

1　'오피스로비02.skp' 파일을 엽니다. [대기공간] 뷰에서 [IES Light]를 클릭한 후, 바닥에 클릭하여 조명을 생성합니다.

2　생성된 [IES Light]를 Select(선택) ▶ 도구로 클릭한 후, Move(이동) ✦ 도구로 'Endpoint in Group'을 선택하고 천장 모델링 조명의 가운데로 드래그하여 이동합니다.

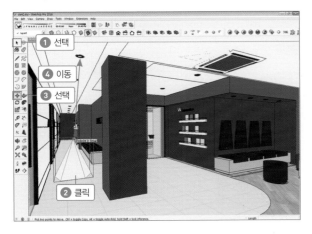

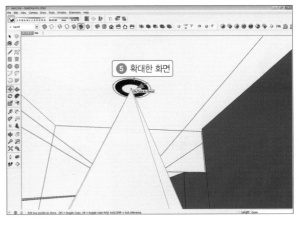

3 Select(선택) 📍 도구로 [IES Light]를 클릭한 후, Scale(변형) 📐 도구로 드래그하여 조명의 크기를
줄여줍니다.

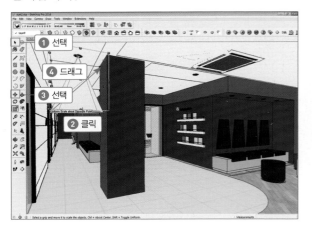 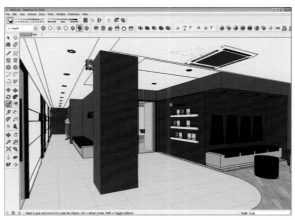

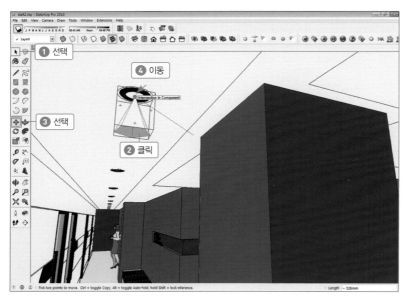

4 Select(선택) 📍 도구로 [IES
Light]를 선택한 후, Move(이동)
✛ 도구로 'Endpoint in Group'
을 선택하고 천장 모델링 조명의
가운데로 드래그하여 이동합니다.

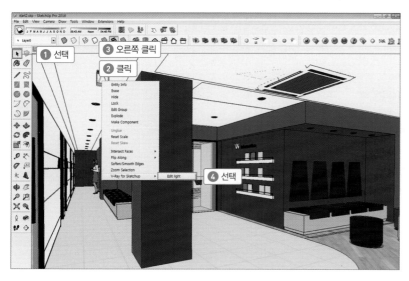

5 Select(선택) 📍 도구로
[IES Light]를 클릭합니다. 마
우스 오른쪽 버튼을 클릭한 후
[V-Ray for Sketchup]-[Edit
light]를 선택하여 옵션 창을 엽
니다.

6 [Intensity]-[Filter Color]는 빛의 색상을, [Intensity]-[Power]는 빛의 밝기를 나타냅니다. [Options]-[File]은 사전에 빛의 모양 등을 디지털 데이터로 저장한 것을 불러들여서 사용하는 형식으로 IES 파일을 불러와 사용할 수 있습니다.

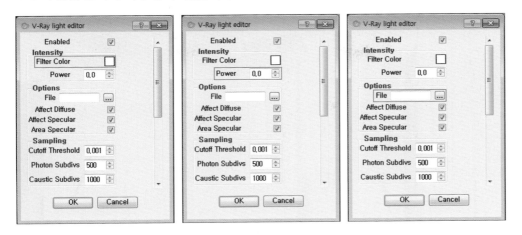

7 [Intensity]-[Filter Color]는 [Red]:255, [Green]:205, [Blue]:25의 값을 주고, [Intensity]-[Power]는 25000의 값을 입력합니다.

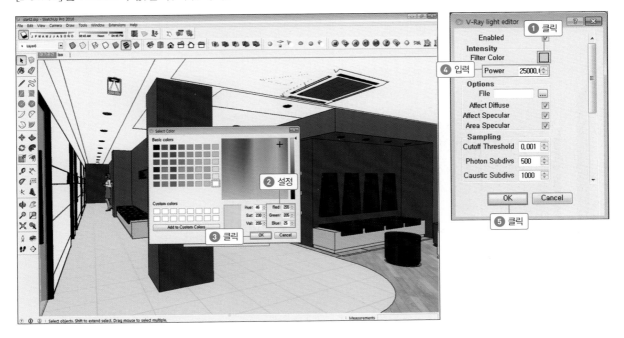

8 [Options]-[File]의 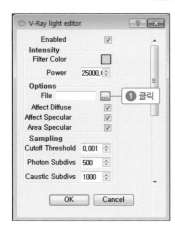을 클릭하여 'ies_03.ies' 파일을 엽니다.

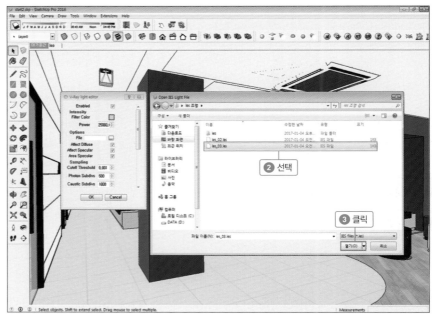

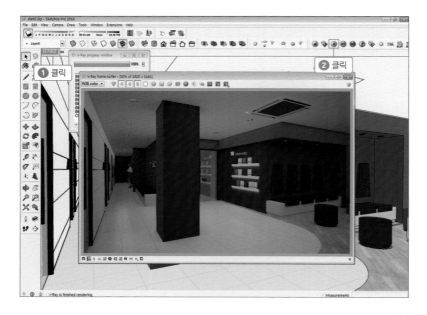

9 [대기공간] 뷰로 전환한 후 ⓡ[Start Render]를 클릭하여 렌더링을 걸어줍니다.

TIP

[IES Light]는 [Rectangle Light]와 달리 [Invisible]을 체크할 필요 없이 렌더링 화면에 나타나지 않으며, 모양이 원형으로 나타납니다.

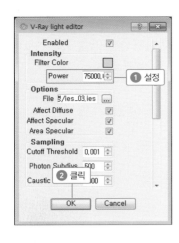

10 빛이 흐리게 나오므로 Select(선택) 🔺 도구로 [IES Light]를 클릭한 후, 마우스 오른쪽 버튼을 클릭하여 [V-Ray for Sketchup]-[Edit light]를 선택합니다. [V-Ray light editor] 창에서 [Intensity]-[Power]를 75000으로 값을 높여줍니다.

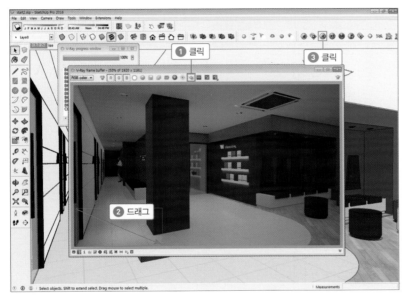

11 🖼 [Region Render]를 선택한 후 부분 렌더링 영역을 드래그하여 설정하고 🅡 [Start Render]를 클릭하여 렌더링을 걸어줍니다.

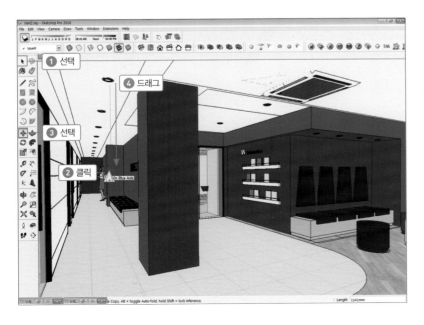

12 조명의 원형이 너무 퍼진 경우 Select(선택) 🔺 도구로 [IES Light]를 클릭한 후, Move(이동) ✥ 도구로 'On Blue Axis'가 표시되면 드래그하여 아래쪽으로 이동합니다.

13 [Start Render]를 클릭하여 렌더링을 걸어줍니다.

> **TIP**
>
> 조명의 값을 높이면 조명의 밝기가 밝아지고, 조명의 위치가 바닥이나 벽과 가까워지면 원이 작아지면서 선명하게 나타납니다.

14 [iso] 뷰로 전환하고 Select(선택) 도구로 [IES Light]를 클릭합니다. Move(이동) 도구를 선택하고 Ctrl을 누른 상태에서 천장에 있는 모델링 조명에 기준점을 잡고 드래그하여 복사합니다. '＊8'을 입력하고 Enter↵를 누릅니다.

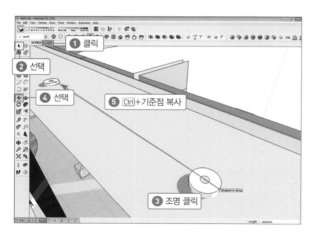

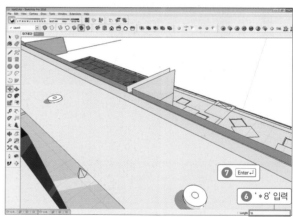

> **TIP**
>
> Move(이동) 도구로 Ctrl을 눌러 복사 시, 기준점을 잡고 같은 위치의 기준점에 놓은 뒤 '＊□'를 입력하면 같은 간격으로 □개만큼 복사됩니다.

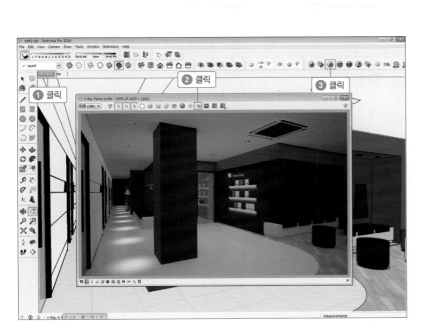

15 [대기공간] 뷰로 전환한 후, [Region Render]를 클릭하여 부분 렌더링을 해제하고 [Start Render]를 클릭하여 렌더링을 걸어줍니다.

16 [iso] 뷰에서 나머지 천장 모델링 조명에도 [IES Light]를 복사합니다.

퍼지는 조명

공간에 적당한 뷰별로 [IES Light]의 기능을 이용하여 렌더링을 하면서 조명을 조절해봅니다. [IES Light]를 사용하면 보다 다이내믹하고 깊이감 있는 공간을 얻을 수 있습니다.

◑ 예제파일 부록CD/파트3/02장/오피스로비03.skp, ies_02.ies   ◑ 완성파일 부록CD/파트3/02장/오피스로비04.skp

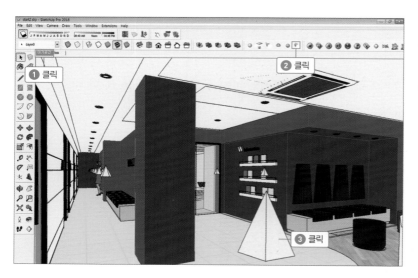

1 '오피스로비03.skp' 파일을 엽니다. [대기공간] 뷰에서 [IES Light]를 클릭한 후, 바닥에 클릭하여 조명을 생성합니다.

2 Select(선택) 도구로 생성된 [IES Light]를 클릭한 후, Move(이동) 도구로 'Endpoint in Group'을 잡고 천장 모델링 조명의 가운데로 드래그하여 이동합니다.

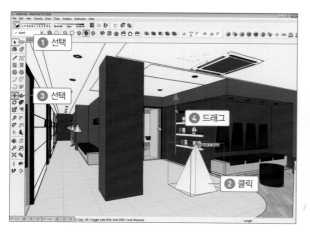

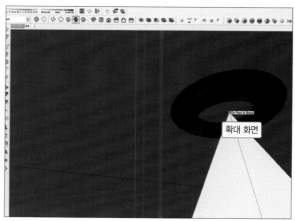

확대 화면

3 Select(선택) ⬚ 도구로 [IES Light]를 클릭한 후, Scale(변형) ⬚ 도구로 드래그하여 조명의 크기를 줄여줍니다.

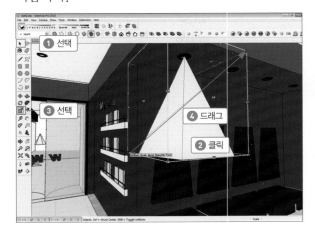

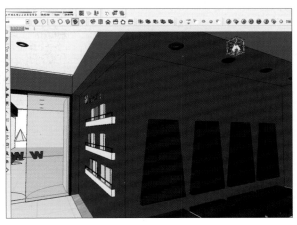

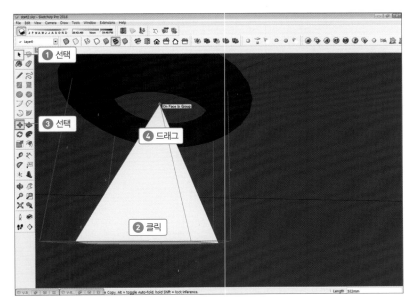

4 Select(선택) ⬚ 도구로 [IES Light]를 클릭한 후, Move(이동) ⬚ 도구로 'Endpoint in Group'을 잡고 천장 모델링 조명의 가운데로 드래그하여 이동합니다.

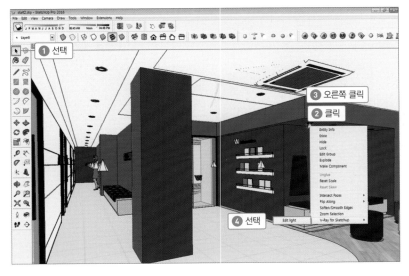

5 Select(선택) ⬚ 도구로 [IES Light]를 클릭한 후, 마우스 오른쪽 버튼을 클릭하여 [V-Ray for Sketchup]-[Edit light]를 선택합니다.

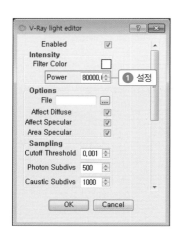 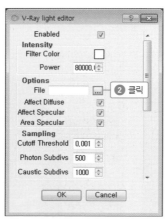

6 [Intensity]−[Power] 값은 80000으로 설정하고, [Options]−[File]의 ▦을 클릭합니다.

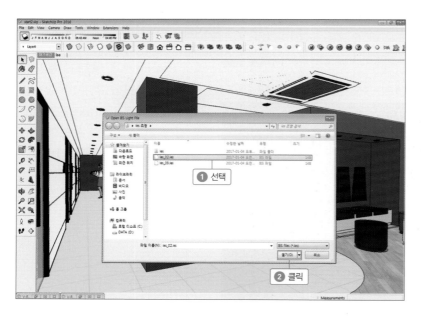

7 'ies_02.ies' 파일을 연 후에 [V−Ray light editor] 창에서 [OK]를 클릭합니다.

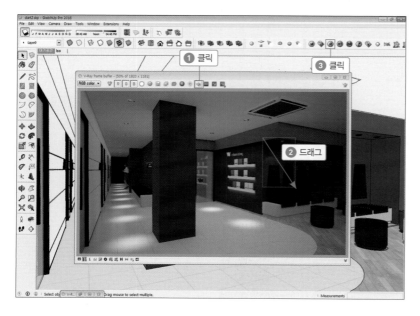

8 ▦[Region Render]를 통해 부분 렌더링 영역을 드래그하여 설정하고 ▦[Start Render]를 클릭하여 렌더링을 걸어줍니다.

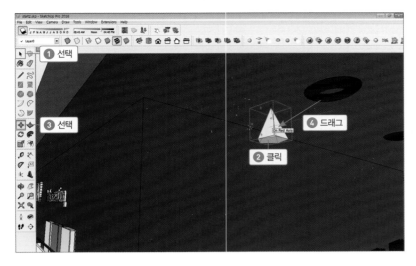

9 [IES Light]를 Select(선택) ▶ 도구로 클릭한 후, Move (이동) ✦ 도구로 'On Red Axis'가 표시되면 벽 쪽으로 드래그하여 이동시킵니다.

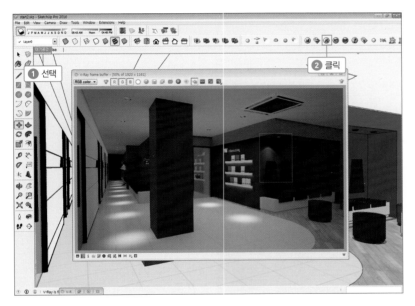

10 [대기공간] 뷰로 전환한 후 ⓡ [Start Render]를 클릭하여 렌더링을 걸어줍니다.

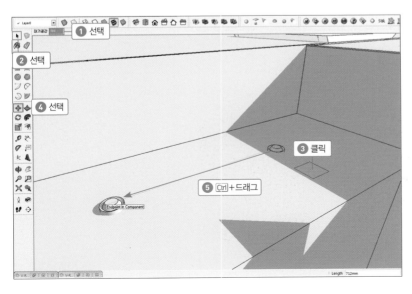

11 [iso] 뷰로 전환하고 Select(선택) ▶ 도구로 [IES Light]를 클릭한 후, Move(이동) ✦ 도구를 선택하고 Ctrl을 누른 상태에서 천장에 있는 모델링 조명에 기준점을 잡고 드래그하여 복사합니다.

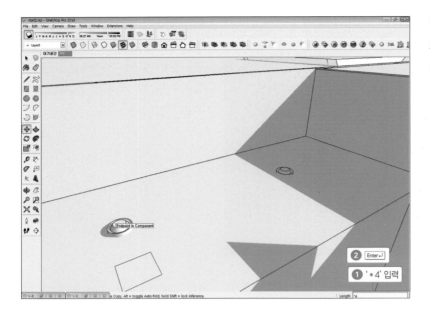

12 '＊4'를 입력하고 Enter⏎를 누르면 [ISO] 뷰의 조명이 완성됩니다.

13 [대기공간] 뷰로 전환한 후 [Region Render]를 클릭하여 부분렌더링을 해제하고, [Start Render]를 클릭하여 렌더링을 걸어줍니다.

Tip
[IES Light]를 사용하면 보다 다이내믹하고 깊이감 있는 공간을 얻을 수 있습니다.

매핑 라이팅

로비 벽에 있는 글자를 선택한 후 크기를 조절하고 재질로 넣을 색상과 밝기를 조절하여 매핑 라이팅을 완성합니다.

◉ 예제파일 부록CD/파트3/02장/오피스로비04.skp ◉ 완성파일 부록CD/파트3/02장/오피스로비05.skp

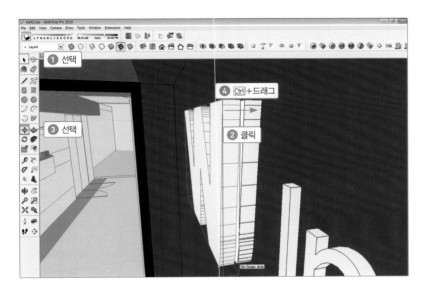

1 '오피스로비04.skp' 파일을 엽니다. [W] 모양의 글씨 모델링을 선택한 후, Move(이동) ✥ 도구로 Ctrl을 누른 상태에서 'On Green Axis'가 표시되면 [W] 모양의 글씨모델링 뒤쪽으로 드래그하여 복사합니다.

2 Select(선택) ▶ 도구로 복사한 [W] 글씨모델링을 클릭한 후, Scale(변형) ▩ 도구로 드래그하여 두께를 줄여줍니다.

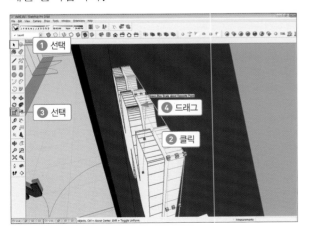

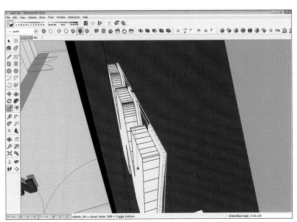

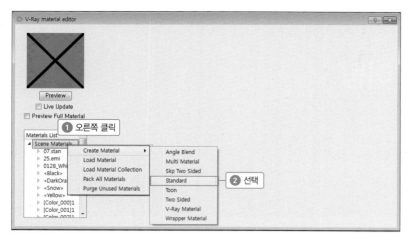

3 새로운 매핑을 만들기 위해 [Material Editor]를 클릭해 매핑창을 엽니다. [Scene Material]에서 마우스 오른쪽 버튼을 클릭하여 [Create Material]-[Standard]를 선택합니다.

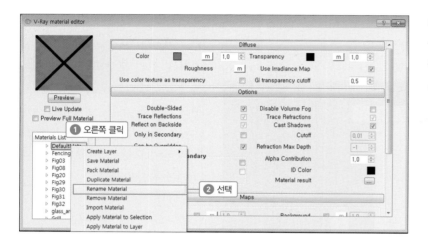

4 매핑 이름을 바꾸기 위해 이름 위에서 마우스 오른쪽 버튼을 클릭하여 [Rename Material]을 선택합니다.

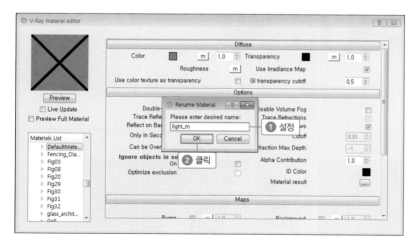

5 [Rename Material] 창에서 [light_m]으로 설정한 후 [OK]를 클릭합니다.

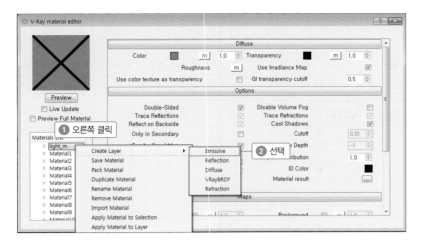

6 라이트 역할을 하는 레이어를 추가하기 위해 이름 위에서 마우스 오른쪽 버튼을 클릭하여 [Create Layer]−[Emissive]를 선택합니다.

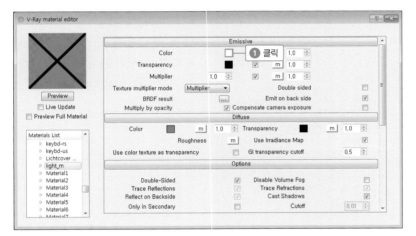

7 [Emissive]−[Color]는 빛의 색상입니다. Color를 클릭한 후 원하는 색을 선택하고 [OK]를 클릭합니다.

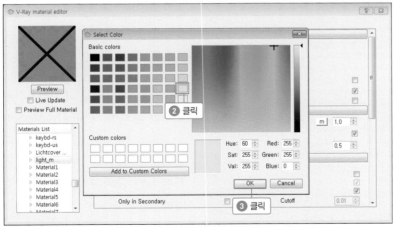

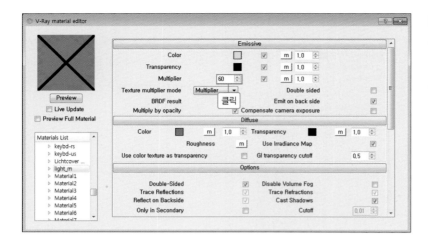

8 [Emissive]–[Multiplier]는 기본 값이 30이며 빛의 밝기를 말합니다. [Emissive]–[Color]는 노란색으로, [Emissive]–[Multiplier]는 60의 값을 줍니다.

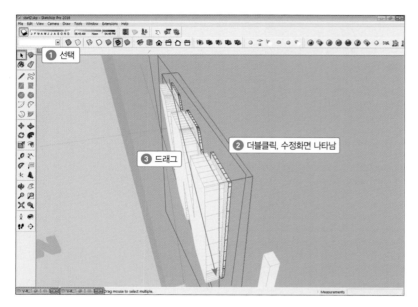

9 Select(선택) 도구로 복사한 [W] 글씨 모델링을 더블클릭하면 수정화면이 나타납니다. [W] 글씨 모델링 전체를 드래그합니다.

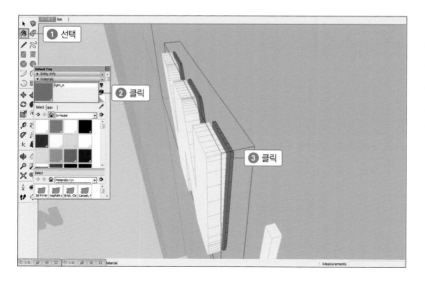

10 Paint Bucket(페인트통) 도구를 클릭한 후 [In Model]을 클릭하면 새로 만든 매핑이 적용되어 있습니다. 이 매핑을 복사한 [W] 글씨 모델링에 입혀줍니다.

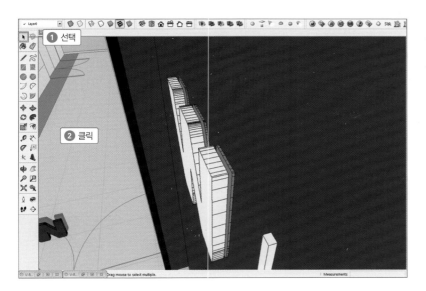

11 Select(선택) ⮕ 도구를 선택한 후 바탕을 한 번 클릭하여 수정화면에 나옵니다.

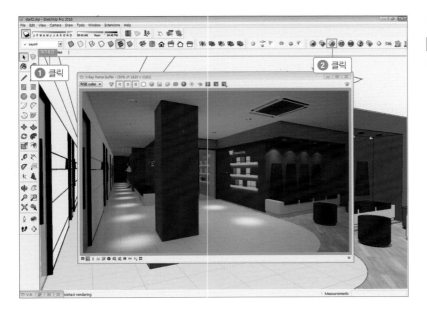

12 [대기공간] 뷰로 전환한 후 ⮕ [Start Render]를 클릭하여 렌더링을 걸어줍니다.

Chapter 03

V-Ray를 이용한 아파트 거실 매핑 따라하기

이번 장에서는 V-Ray로 아파트 거실의 색상과 재질을 표현해 보겠습니다. 마루 바닥과 벽 타일, 문틀과 책장, 패브릭 소파, 티비 등을 표현해 깔끔하고 고급스러운 거실을 만들어봅니다.

마루 매핑

맨 처음 마루 바닥을 매핑하기 위해 매핑 창을 열고 새로운 매핑을 만든 후, 원하는 색상과 재질을 입혀 렌더링하는 방법을 알아봅니다.

◉ **예제파일** 부록CD/파트3/03장/Start3.skp, maru.jpg　◉ **완성파일** 부록CD/파트3/03장/아파트거실01.skp

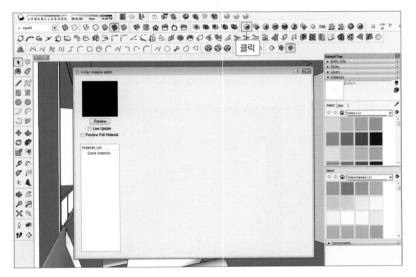

1 'Start3.skp' 파일을 엽니다. ⓜ [Material Editor]를 클릭하여 매핑 창을 엽니다.

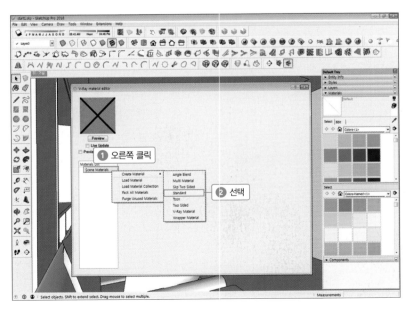

2 [V-Ray material editor] 창의 [Scene Materials]에서 마우스 오른쪽 버튼을 클릭한 후 [Create Material]-[Standard]를 선택하여 새로운 매핑을 추가합니다.

3 [V-Ray material editor] 창의 [Default Material]에서 마우스 오른쪽 버튼을 클릭하여 [Rename Material]을 선택합니다. [Rename Material] 창에서 이름을 [마루]로 변경한 후 [OK]를 클릭합니다.

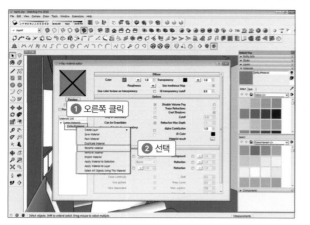 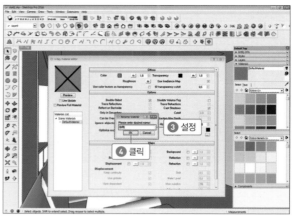

4 [Diffuse]는 매핑의 색상이나 재질을 넣을 수 있는 탭으로 [Diffuse]-[Color] 탭의 색상을 노란색으로 변경한 후 [Preview]를 클릭하면 재질을 미리 볼 수 있습니다.

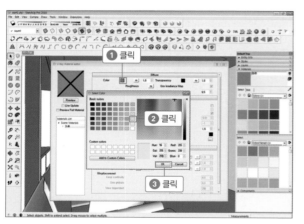 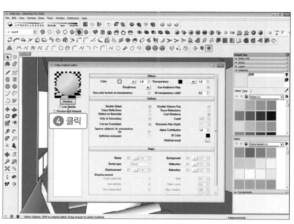

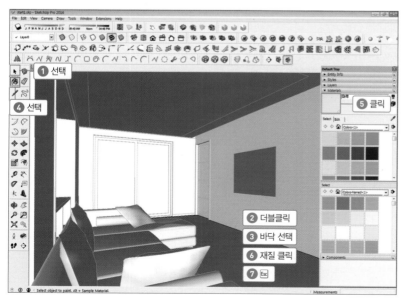

5 Select(선택) 도구로 바닥을 더블클릭하면 수정화면이 나타납니다. 바닥을 클릭한 후 Paint Bucket(페인트통) 도구로 바닥에 [마루] 매핑을 입힌 후 Esc를 눌러 수정화면에서 나옵니다.

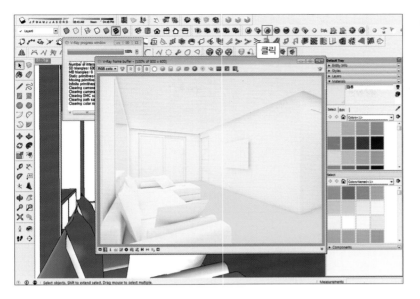

6 바닥에 입힌 매핑을 확인하기 위해 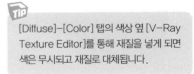 [Start Render]를 클릭하여 렌더링을 걸어줍니다.

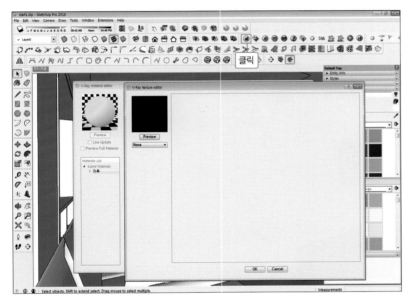

7 재질을 넣기 위해 [Material Editor]를 클릭한 후 [Diffuse]–[Color] 탭의 색상 옆 [m] [V-Ray Texture Editor]를 클릭합니다. 그림과 같이 [V-Ray Texture Editor] 창이 나타납니다.

> **TIP**
>
> [Diffuse]–[Color] 탭의 색상 옆 [V-Ray Texture Editor]를 통해 재질을 넣게 되면 색은 무시되고 재질로 대체됩니다.

8 [None]을 [Tex Bitmap]으로 변경한 후 'maru.jpg' 파일을 엽니다. [OK]를 클릭하고 재질 설정 창에서 나와 [Preview]를 클릭합니다.

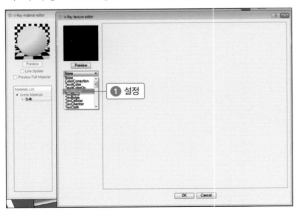

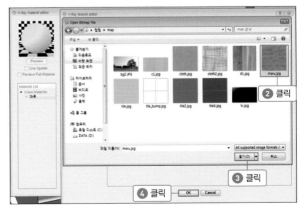

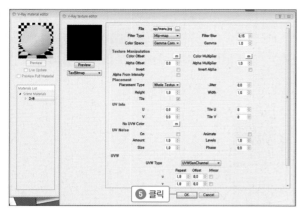

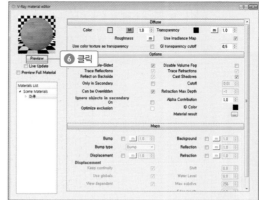

Tip

m 은 매핑이 적용되어 있지 않다는 것을 의미하고, M 은 매핑이 적용되어 있음을 나타내줍니다.

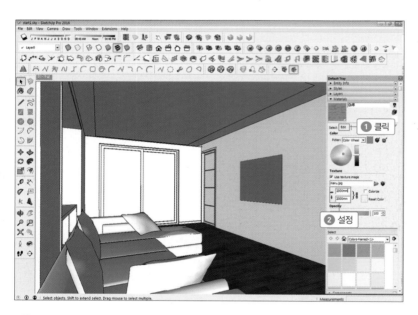

9 매핑의 크기를 변경하기 위해 오른쪽 [Materials] 탭의 [마루]-[Edit]를 선택한 후 2000mm×2000mm로 값을 변경합니다.

Tip

[Edit Texture Image In External Editor]를 클릭하면 매핑의 이미지가 뜨게 됩니다. 이 이미지는 매핑 크기의 값을 입력할 때 이미지에 따른 가로와 세로의 값, 실제 크기를 의미합니다. 크기를 변경함에 따라 화면에 보이는 매핑의 크기가 달라집니다.

10 Select(선택) 도구로 바닥을 선택한 후
마우스 오른쪽 버튼을 클릭하여 [Texture]-
[Position]을 선택합니다. 같은 방법으로
[Rotate]-[90]을 선택하여 매핑을 회전시키고,
[Done]을 선택하여 매핑 조절 화면에서 나옵니다.

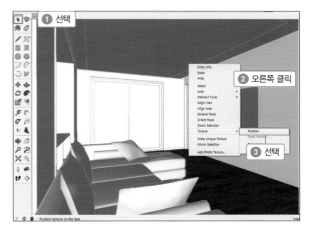

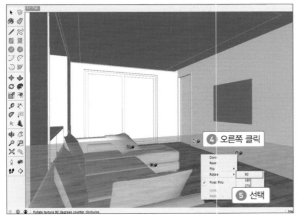

11 [Start Render]를 클릭
하여 렌더링을 걸어줍니다.

12 바닥에 반사도가 없으므로 반사도를 주기 위해 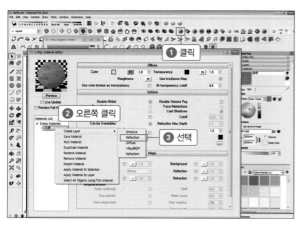 [Material Editor]를 클릭하여 매핑창을 엽니다. [V-Ray material editor] 창의 [마루]에서 마우스 오른쪽 버튼을 클릭하여 [Create Layer]-[Reflection]을 선택한 후, [Preview]를 클릭하면 반사도가 적용된 것을 확인할 수 있습니다.

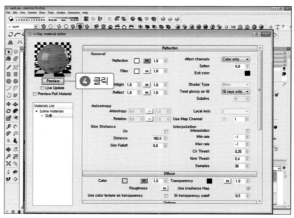

> **TIP**
>
> [매핑 이름]에서 마우스 오른쪽 버튼을 클릭하여 [Create Layer]에서 [Emissive]는 자체발광(조명), [Reflection]은 반사, [Refraction]은 투명을 의미합니다.

13 [Reflection]-[General]-[Reflection]의 색상은 반사도의 정도를 의미하는 것으로 흰색으로 갈수록 반사도가 높고, 검은색으로 갈수록 반사도가 낮아집니다. 색상 옆 **M**을 클릭하면 기본적으로 [Tex Fresnel]이 적용되어 있는데 [Perpendicular]의 색상 또한 반사도의 정도를 의미하며, 흰색으로 갈수록 반사도가 높고 검은색으로 갈수록 반사도가 낮아집니다. **M**이 활성화되어 있는 경우 **M** 앞의 색상은 무시되므로 [Perpendicular]의 색상으로 반사도를 조절해야 합니다.

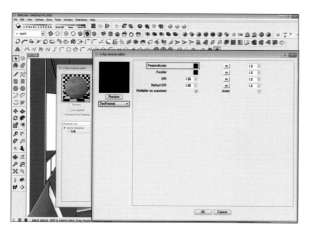
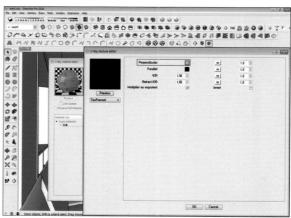

14 [V-Ray material editor] 창의 **M**을 클릭하고 [Perpendicular] 색상의 값을 '180'으로 설정한 후 [OK]를 클릭합니다. [Preview]를 클릭해 반사도를 확인합니다.

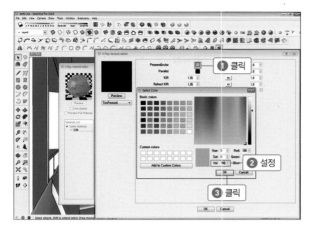
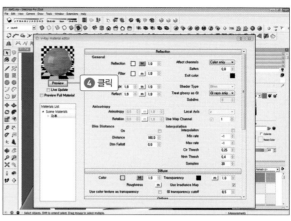

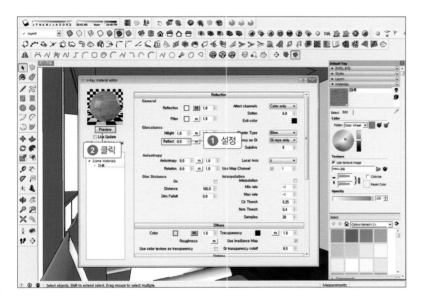

15 [Reflection]-[Glossiness] -[Reflect]의 값을 '0.9'로 조절 한 후 [Preview]를 클릭합니다.

16 [Maps]-[Bump]에서는 요철, 입체적 효과를 줄 수 있습니다. [Bump] 옆 사각형에 체크하면 사용 할 수 있도록 활성화됩니다.

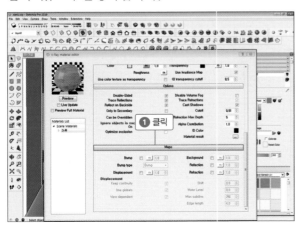
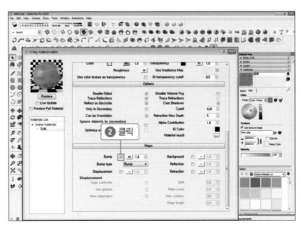

[Reflection]-[Glossiness]-[Reflect]는 기본 1.0의 값을 가지며 1.0에 가까울수록 반사상이 정확히 맺히고, 값이 낮아질수록 상이 흐리게 맺힙니다.

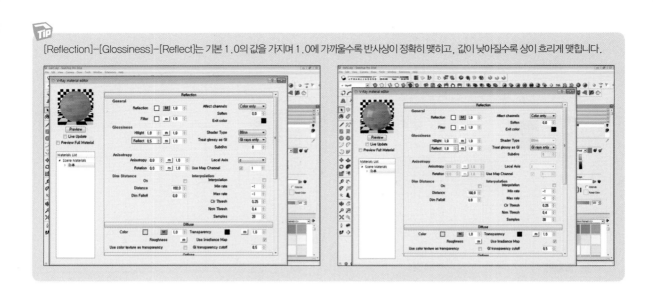

17 [Maps]-[Bump] 옆을 체크한 후 m을 클릭합니다. [None]을 [Tex Bitmap]으로 변경합니다.

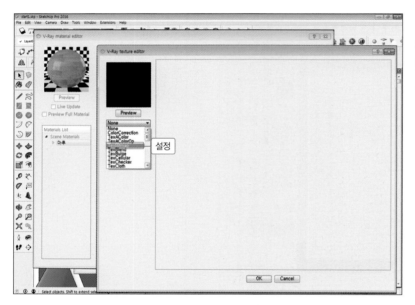

18 마루 매핑에 사용했던 'maru.jpg' 파일을 엽니다. [Preview]를 클릭하여 입체적 효과를 확인합니다.

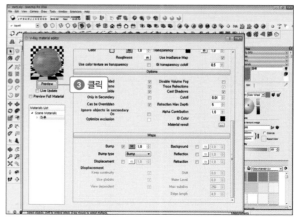

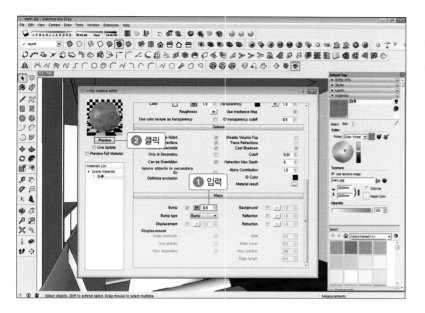

19 [Maps]-[Bump]의 값을 '0.5'로 입력한 후 [Preview]를 클릭하여 확인합니다.

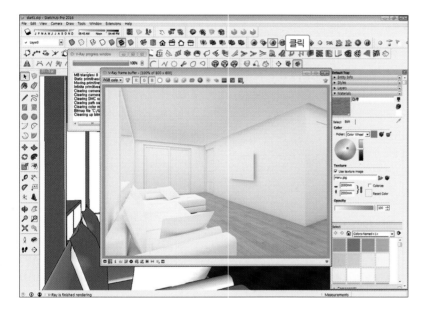

20 ⓡ [Start Render]를 클릭하여 렌더링을 걸어줍니다.

타일 매핑

벽을 매핑하기 위해 새로운 매핑을 만든 후, 타일의 크기를 결정하고 포토샵을 이용해 재질과 색상을 좀 더 품격
있게 완성합니다.

◉ **예제파일** 부록CD/파트3/03장/아파트거실01.skp, tile.jpg, tile-bump.jpg　◉ **완성파일** 부록CD/파트3/03장/아파트거실02.skp

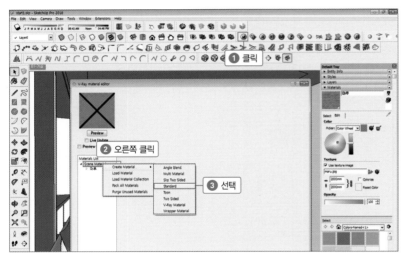

1 '아파트거실01.skp' 파일을
엽니다. [Material Editor]를
클릭합니다. [V-Ray material
editor] 창의 [Scene Materials]
에서 마우스 오른쪽 버튼을 클
릭한 후 [Create Material]–
[Standard]를 선택하여 새로운
매핑을 생성합니다.

2 [V-Ray material editor]
창의 [Material List]–[Default
Material]을 더블클릭하여 이름을
[타일]로 입력한 후 [OK]를 클릭
합니다.

Tip

이름을 변경하는 방법은 바꾸고자 하는 매
핑을 선택한 후 마우스 오른쪽 버튼을 클릭
하고 [Rename Material]을 선택하여 이
름을 바꾸는 방법과 바꾸고자 하는 이름을
더블클릭하여 바꾸는 방법이 있습니다.

3 ⌨ m [V-Ray Texture Editor]를 클릭합니다.
[None]을 [Tex Bitmap]으로 변경한 후, 'tile.jpg'
파일을 엽니다. [OK]를 클릭하고 재질 설정 창에서
나와 [Preview]를 클릭합니다.

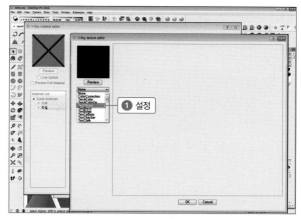

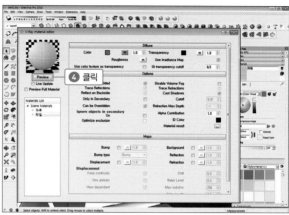

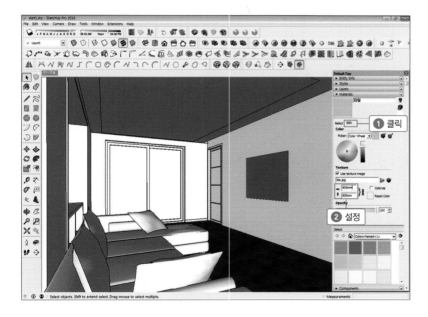

4 우측의 [Material]-[Edit]
탭에서 타일의 크기를 600mm×
600mm으로 변경합니다.

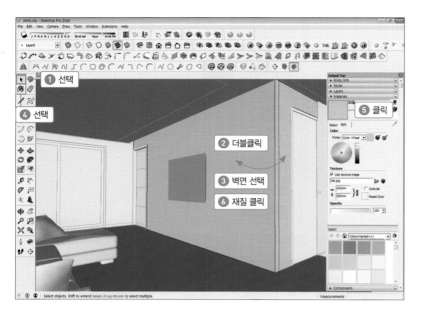

5 Select(선택) 도구로 벽을 더블클릭합니다. 벽면을 선택한 후 [Materials] 창의 [타일]을 클릭하여 벽에 입혀줍니다.

> **Tip**
> 타일의 모양이 벽에 맞지 않다면 벽을 더블클릭하여 들어간 후, 벽을 클릭하고 마우스 오른쪽 버튼을 클릭하고 [Texture]-[Position]을 선택하여 위치를 이동시켜 맞춰줍니다.

6 [V-Ray material editor] 창의 [타일]에서 마우스 오른쪽 버튼을 클릭한 후 [Create Layer]-[Reflection]을 선택하여 반사를 주고 [Preview]를 클릭합니다.

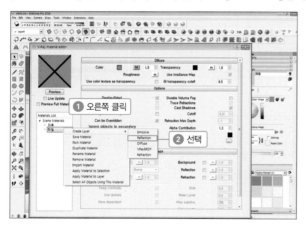
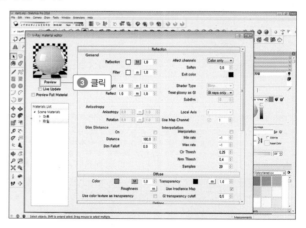

7 [V-Ray material editor] 창에서 [Reflection]-[General]-[Reflection]의 M 을 클릭하여 [Perpendicular] 색상의 값을 '230'으로 설정한 후 [OK]를 클릭합니다. [Preview]를 클릭해 반사도를 확인합니다.

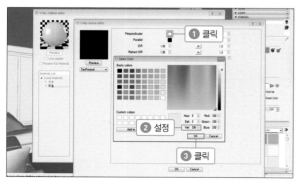
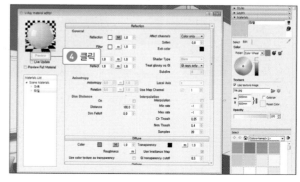

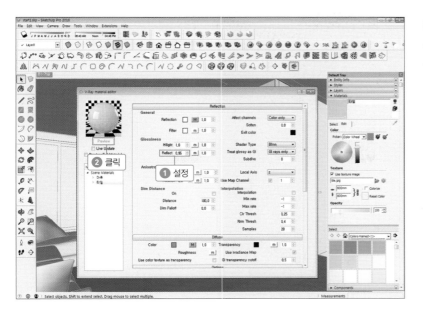

8 [Reflection]-[Glossiness] -[Reflect]의 값을 '0.95'로 조절한 후 [Preview]를 클릭합니다.

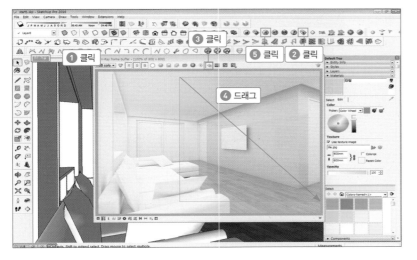

9 [B1-거실]을 클릭하여 카메라뷰로 전환한 후 🔲 [Open FrameBuffer]를 클릭하여 렌더링 창을 엽니다. 🔲 [Region Render]를 클릭한 후 부분렌더링 영역을 드래그하여 렌더링을 걸어줍니다.

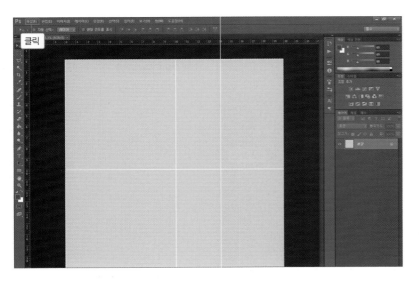

10 줄눈이 2차원적이므로 3차원 느낌을 주기 위해 [Bump]를 사용합니다. [Bump] 파일을 만들기 위해서 포토샵을 실행한 후 [파일]-[열기]에서 'tile.jpg'를 엽니다.

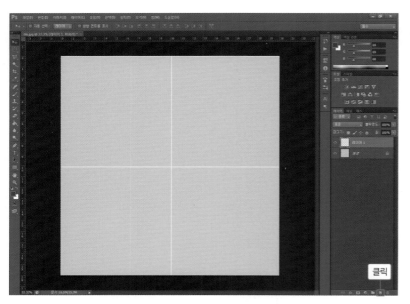

11 [New Layer]를 클릭하면 새로운 레이어가 추가됩니다.

12 '배경' 레이어를 선택한 후 Magic Wand Tool ⚡ 도구를 선택합니다. 허용치(Tolerance)를 10, 앤티 앨리어스(Anti-aliased)와 인접(Contiguous)의 체크를 꺼준 후 줄눈을 클릭하여 선택합니다.

13 새로운 레이어를 클릭한 후 전경색을 검은색으로 지정하고 Alt + Delete 를 눌러 줄눈을 검은색으로 칠합니다.

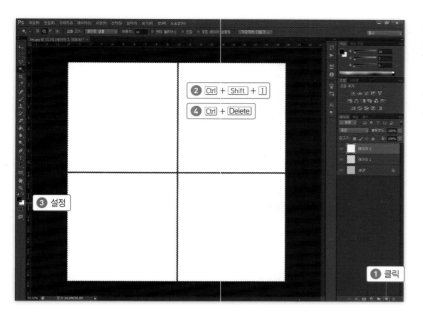

14 새로운 레이어를 추가한 후 Ctrl+Shift+I를 눌러 선택 영역을 반전시키고, 배경색을 하얀색으로 지정합니다. Ctrl+Delete를 눌러 타일을 하얀색으로 칠합니다.

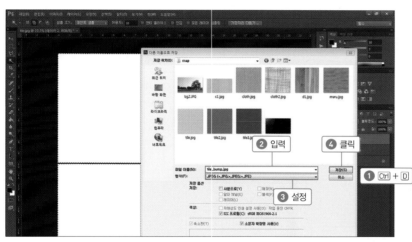

15 Ctrl+D를 눌러 작업을 마칩니다. [파일(File)]-[다른 이름으로 저장(Save as)]을 선택하여 [파일 이름]은 'tile_bump'로 입력하고 [형식]은 'jpg' 파일로 지정한 후 [저장]을 클릭합니다.

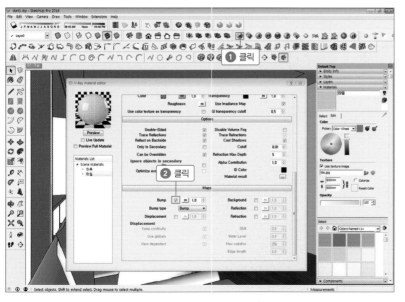

16 스케치업으로 돌아가 [V-Ray materials editor]를 열고, 아래로 내리면 [Maps] 탭이 있습니다. [Maps]-[Bump]를 체크하여 활성화시킵니다.

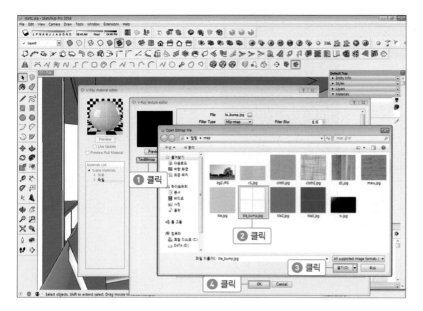

17 m [V-Ray Texture Editor]를 클릭합니다. [None]을 [Tex Bitmap]으로 변경한 후 'tile_bump.jpg' 파일을 선택하여 엽니다. [V-Ray Texture Editor] 창에서 [OK]를 클릭하여 재질 설정 창을 닫습니다.

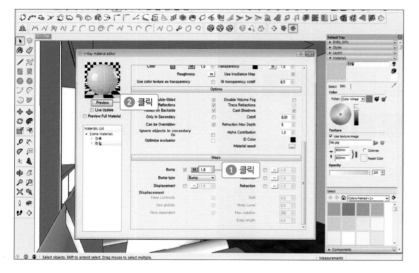

18 [Maps]-[Bump]- M 옆의 값은 값에 따라 입체도가 달라집니다. 기본 값 1.0을 유지한 채 [Preview]를 클릭합니다.

19 [Open FrameBuffer]를 클릭하여 렌더링 창을 엽니다. [Region Render]를 클릭하여 부분렌더링을 해제한 후 [Start Render]를 클릭하여 렌더링을 걸어줍니다.

Section 124

시트지 매핑

[Material Editor]를 클릭한 후, [V-Ray material editor] 창의 [Scene Materials]에서 마우스 오른쪽 버튼을 클릭하여 [Create Material]-[Standard]를 선택해 새로운 매핑을 만듭니다. 시트지의 색상을 주고 반사 효과를 지정한 후 재질을 넣고 렌더링하여 완성합니다.

◉ 예제파일 부록CD/파트3/03장/아파트거실02.skp, c1.jpg ◉ 완성파일 부록CD/파트3/03장/아파트거실03.skp

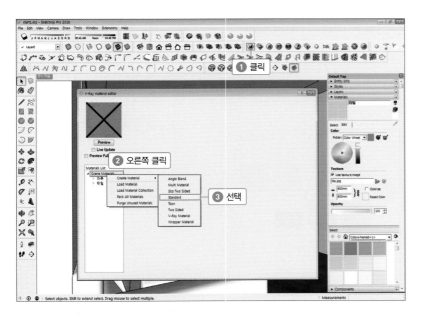

1 '아파트거실02.skp' 파일을 엽니다. Ⓜ [Material Editor]를 클릭한 후 [V-Ray material editor] 창의 [Scene Materials]에서 마우스 오른쪽 버튼을 클릭합니다. [Create Material]-[Standard]를 선택하여 새로운 매핑을 엽니다.

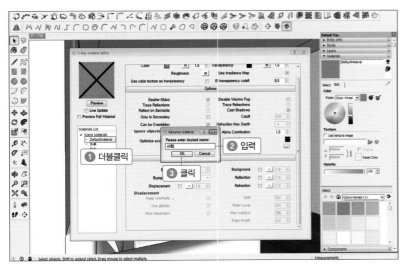

2 [Default Material]을 더블클릭합니다. [Rename Material] 창에서 이름을 '시트'로 입력한 후 [OK]를 클릭합니다.

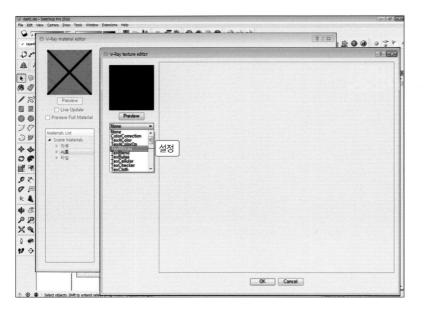

3 ⌨ [V-Ray Texture Editor]를 클릭합니다. [V-Ray Texture Editor] 창에서 [None]을 [Tex Bitmap]으로 변경합니다.

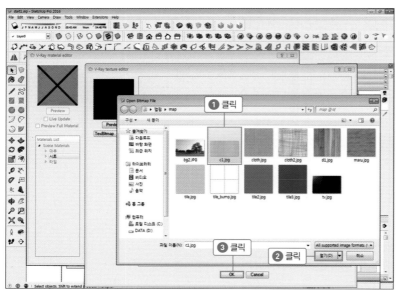

4 'c1.jpg' 파일을 연 후에 [OK]를 클릭합니다.

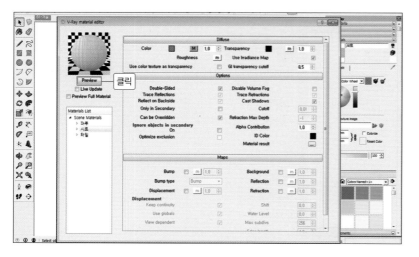

5 재질 설정 창에서 나와 [Preview]를 클릭합니다.

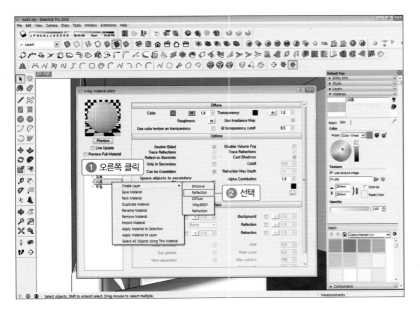

6 [V-Ray material editor] 창의 [시트]에서 마우스 오른쪽 버튼을 클릭하고 [Create Layer]-[Reflection]을 선택하여 반사 효과를 줍니다.

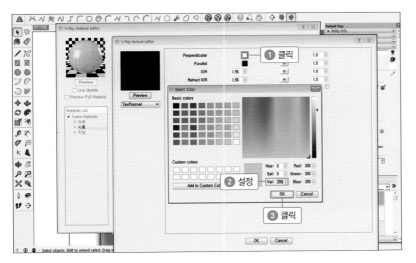

7 [Reflection]-[General]에서 [Reflection]- M 의 [Perpendicular] 색상 값을 '200'으로 설정한 후 [OK]를 클릭합니다.

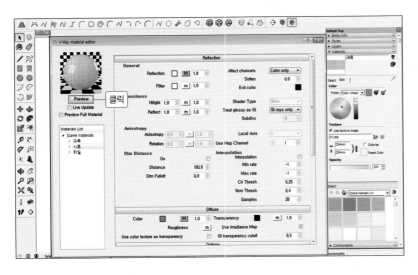

8 [Preview]를 클릭해 반사도를 확인합니다.

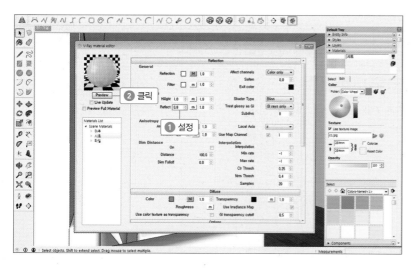

9 [Reflection]–[Glossiness]에서 [Reflect]의 값을 '0.8'로 조절한 후 [Preview]를 클릭합니다.

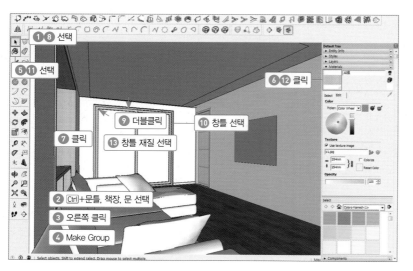

10 Select(선택) 도구를 선택하고 Ctrl 을 누른 상태에서 문틀, 책장, 문을 선택하여 한 개의 그룹으로 지정해 매핑을 입혀주고, 창만 따로 더블클릭합니다. 창틀에 [Materials] 창의 [시트]를 선택해 각각 매핑을 입혀줍니다.

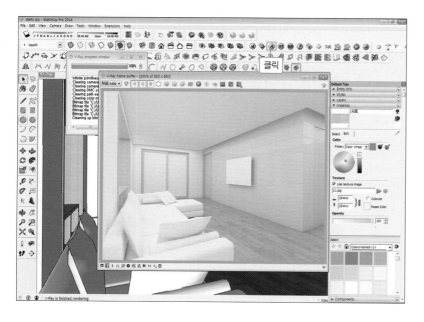

11 [Start Render]를 클릭하여 렌더링을 걸어줍니다.

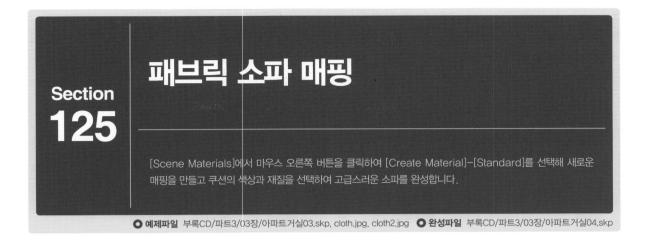

패브릭 소파 매핑

[Scene Materials]에서 마우스 오른쪽 버튼을 클릭하여 [Create Material]-[Standard]를 선택해 새로운 매핑을 만들고 쿠션의 색상과 재질을 선택하여 고급스러운 소파를 완성합니다.

◉ 예제파일 부록CD/파트3/03장/아파트거실03.skp, cloth.jpg, cloth2.jpg ◉ 완성파일 부록CD/파트3/03장/아파트거실04.skp

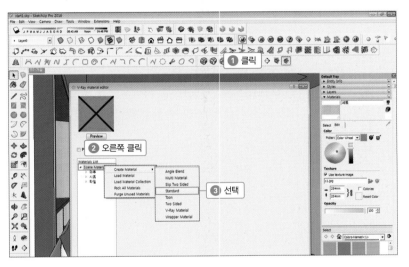

1 '아파트거실03.skp' 파일을 엽니다. Ⓜ [Material Editor]를 클릭한 후, [V-Ray material editor] 창의 [Scene Materials]에서 마우스 오른쪽 버튼을 클릭합니다. [Create Material]-[Standard]를 선택하여 새로운 매핑을 만듭니다.

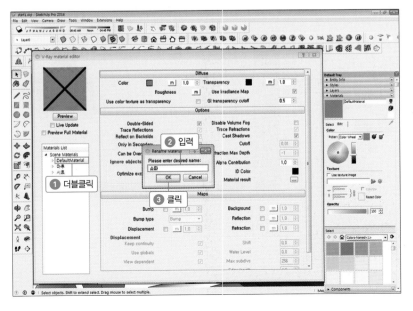

2 [Default Material]을 더블클릭하여 [Rename Material] 창에서 이름을 [소파]로 변경한 후 [OK]를 클릭합니다.

3 ⓜ [V-Ray Texture Editor]를 클릭합니다. [V-Ray Texture Editor] 창에서 [None]을 [Tex Bitmap]으로 변경한 후 'cloth.jpg' 파일을 엽니다. [V-Ray Texture Editor] 창에서 [OK]를 클릭하고 재질 설정 창에서 나와 [Preview]를 클릭합니다.

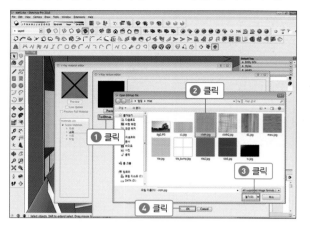

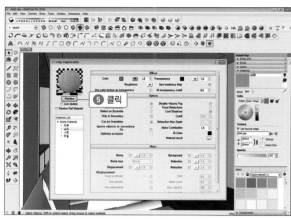

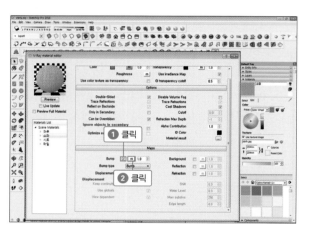

4 [Maps]-[Bump]의 체크를 클릭하여 활성화시킨 후 ⓜ을 클릭합니다. [None]을 [Tex Bitmap]으로 변경한 후 'cloth.jpg' 파일을 엽니다. [Preview]를 클릭하여 확인합니다.

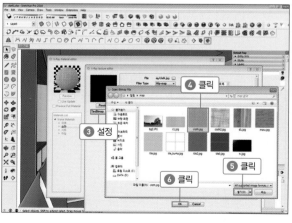

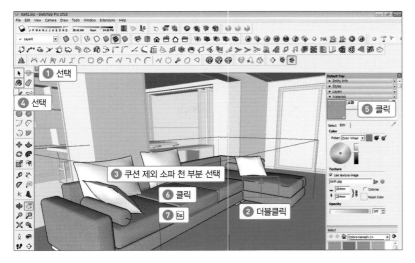

5 Select(선택) ▶ 도구로 소파를 더블클릭한 후 쿠션을 제외한 소파의 천 부분을 선택합니다. [Materials] 창의 [소파]를 선택해 매핑을 입힌 후 Esc를 눌러 수정 창에서 나옵니다.

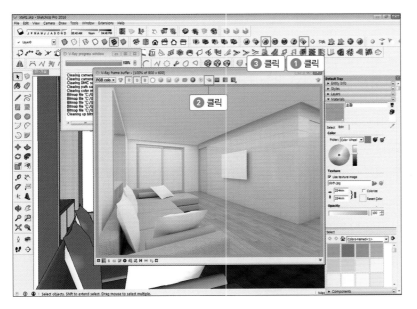

6 ◈ [Open FrameBuffer]를 클릭하여 렌더링 창을 엽니다. ◈ [Region Render]를 클릭하여 부분렌더링을 해제한 후 ® [Start Render]를 클릭하여 렌더링을 걸어줍니다.

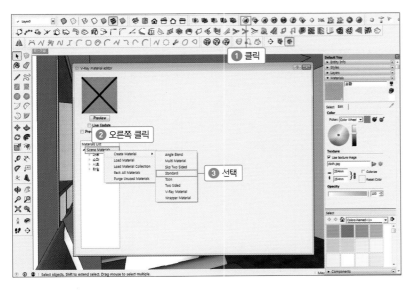

7 ⓜ [Material Editor]를 클릭합니다. [Scene Materials]에서 마우스 오른쪽 버튼을 클릭한 후 [Create Material]-[Standard]를 선택하여 새로운 매핑을 만듭니다.

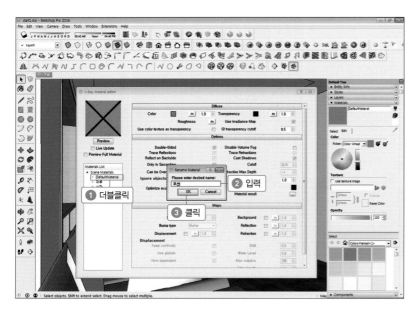

8 [Default Material]을 더블 클릭하여 [Remane Material] 창에서 이름을 [쿠션]으로 변경한 후 [OK]를 클릭합니다.

9 ☐m [V-Ray Texture Editor]를 클릭합니다. [V-Ray Texture Editor] 창에서 [None]을 [Tex Bitmap]으로 변경한 후 'cloth2.jpg' 파일을 엽니다. [V-Ray Texture Editor] 창의 [OK]를 클릭하고 재질 설정 창에서 나와 [Preview]를 클릭합니다.

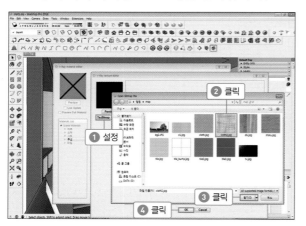

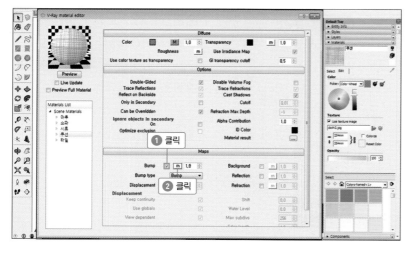

10 [Maps]-[Bump]의 체크를 클릭하여 활성화시킨 후 ☐m을 클릭합니다. [None]을 [Tex Bitmap]으로 변경한 후 'cloth2.jpg' 파일을 엽니다. [Preview]를 클릭하여 확인합니다.

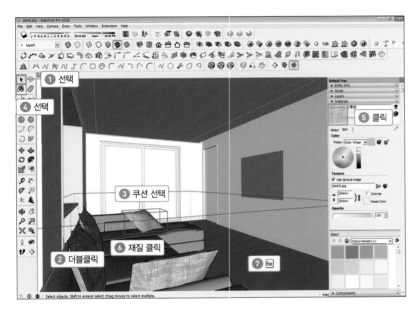

11 Select(선택) ▶ 도구를 이용하여 소파를 더블클릭한 후 [Materials] 창의 [쿠션]을 선택하여 매핑을 입힙니다. Esc를 눌러 수정 창에서 나옵니다.

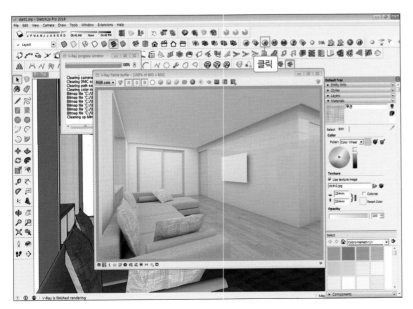

12 ⊛ [Start Render]를 클릭하여 렌더링을 걸어줍니다.

블랙하이그로시 매핑

Section 126

새로운 매핑을 만들고 텔레비전에 들어갈 적당한 색상을 선택하여 재질을 입혀준 후 텔레비전의 위치를 설정한
후 뷰를 전환하여 렌더링을 합니다.

◎ **예제파일** 부록CD/파트3/03장/아파트거실04.skp, tv.jpg ◎ **완성파일** 부록CD/파트3/03장/아파트거실05.skp

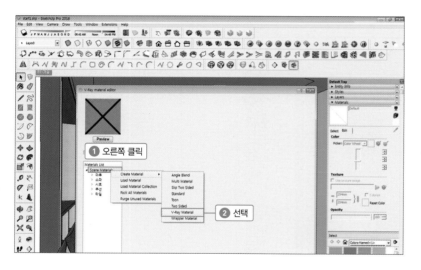

1 '아파트거실04.skp' 파일
을 엽니다. [V-Ray material
editor] 창의 [Scene Materials]
에서 마우스 오른쪽 버튼을 클릭
한 후 [Create Material]-[V-
Ray Material]을 선택하여 새로
운 매핑 창을 엽니다.

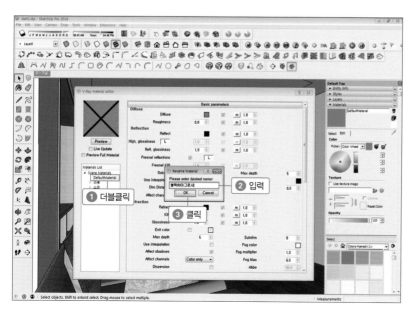

2 [Default Material]을 더블클
릭하여 [Rename Materials] 창에
서 이름을 [블랙하이그로시]로 변
경한 후 [OK]를 클릭합니다.

3 [Diffuse]-[Diffuse] 색상의 Val 값을 '45'로 지정한 후 [Preview]를 클릭합니다.

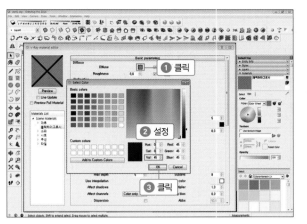 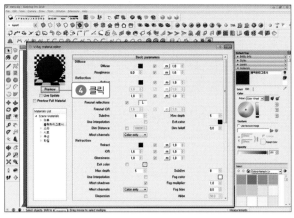

4 [Reflection]-[Reflect]의 Val 값을 40, [Reflection]-[Fresnel reflections]의 체크를 꺼준 후 [Preview]를 클릭합니다.

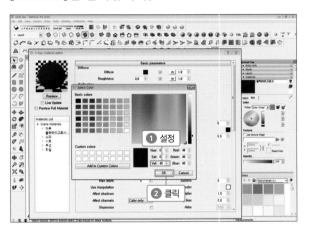 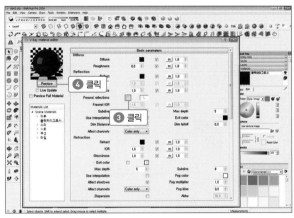

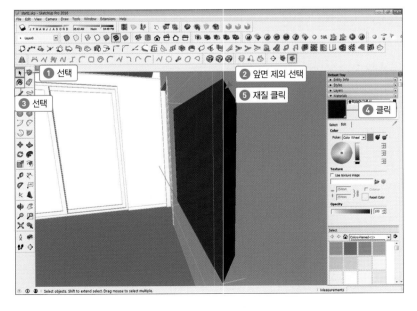

5 Select(선택) 도구로 텔레비전 앞면을 제외한 부분에 [Materials] 창의 [블랙하이그로시]를 선택하여 매핑을 입힙니다.

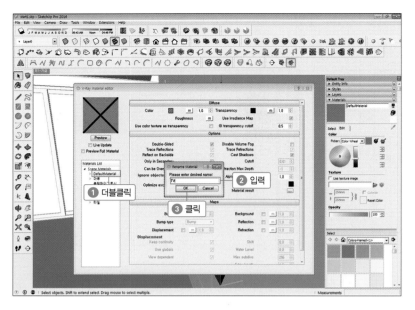

6 [Scene Materials]에서 마우스 오른쪽 버튼을 클릭한 후 [Create Material]−[Standard]를 선택하여 새로운 매핑창을 엽니다. [Default Material]을 더블클릭하여 [Rename Material] 창에서 이름을 [TV]로 변경한 후 [OK]를 클릭합니다.

7 ⬛ [V−Ray Texture Editor]를 클릭합니다. [V−Ray Texture Editor] 창에서 [None]을 [Tex Bitmap]으로 변경한 후 'tv.jpg' 파일을 엽니다. [V−Ray Texture Editor] 창에서 [OK]를 클릭한 후 재질 설정 창에서 나와 [Preview]를 클릭합니다.

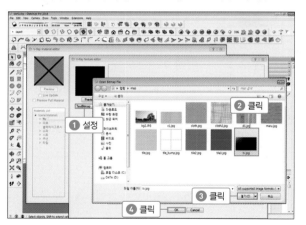

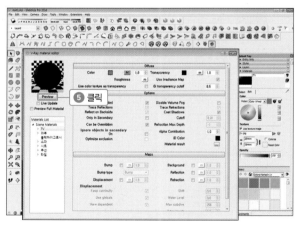

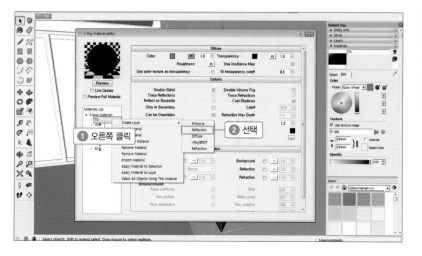

8 [V−Ray material editor] 창의 [TV]에서 마우스 오른쪽 버튼을 클릭하여 [Create Layer]−[Reflection]을 선택하면 반사 효과가 설정됩니다.

9 [Reflection]-[General]에서 [Reflection]의 M -[Perpendicular]의 색상 값을 '200'으로 설정한 후, [OK]를 클릭합니다. [Preview]를 클릭해 반사도를 확인합니다.

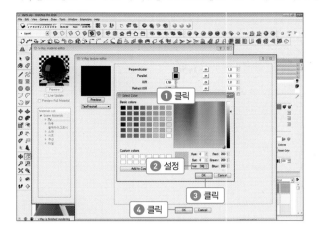

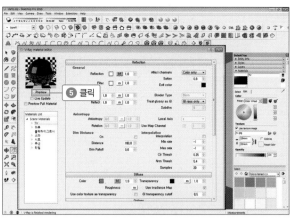

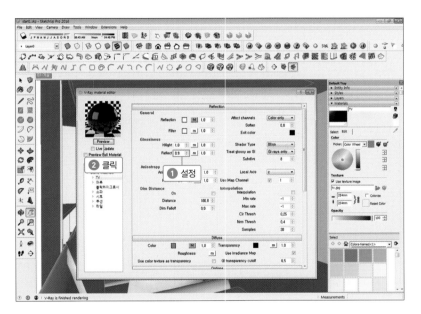

10 [Reflection]-[Glossiness] -[Reflect]의 값을 '0.9'로 조절한 후 [Preview]를 클릭합니다.

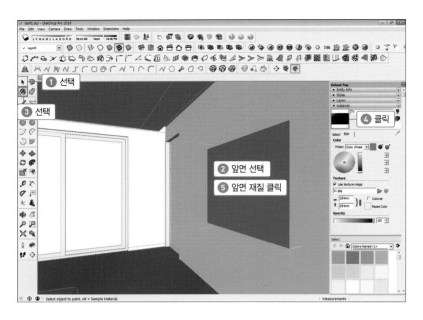

11 Select(선택) 도구로 텔레비전 앞면에 [Materials] 창의 [TV]를 선택하여 매핑을 입힙니다.

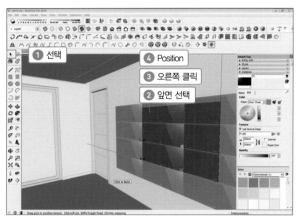

12 텔레비전 앞면을 선택한 후 마우스 오른쪽 버튼을 클릭하여 [Texture]-[Position] 선택합니다. , , 를 이용하여 텔레비전 크기에 맞게 조절합니다.

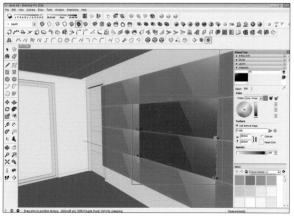

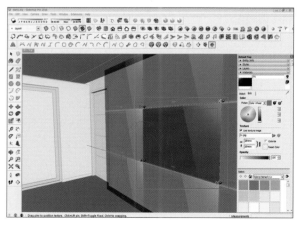

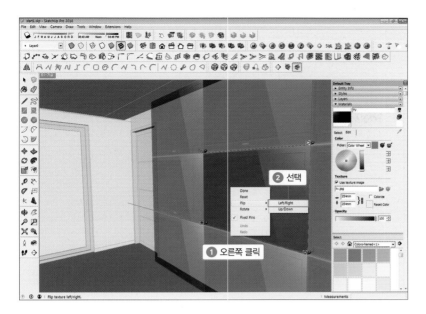

13 마우스 오른쪽 버튼을 클릭하여 [Flip]-[Left/Right]를 선택하면 좌우 반전됩니다.

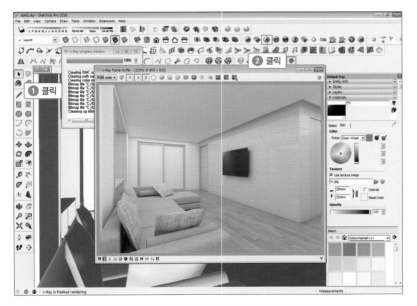

14 [B1-거실]을 클릭하여 카메라 뷰로 전환한 후 ⓡ [Start Render]를 클릭하여 렌더링을 걸어줍니다.

Section 127

유리 매핑

유리를 매핑하기 위해 [Scene Materials]에서 마우스 오른쪽 버튼을 클릭하여 [Create Material]-
[Standard]를 선택해 새로운 매핑을 만든 후, 유리에 투명도를 주고 반사 효과를 설정하여 렌더링을 합니다.

◉ **예제파일** 부록CD/파트3/03장/아파트거실05.skp   ◉ **완성파일** 부록CD/파트3/03장/아파트거실06.skp

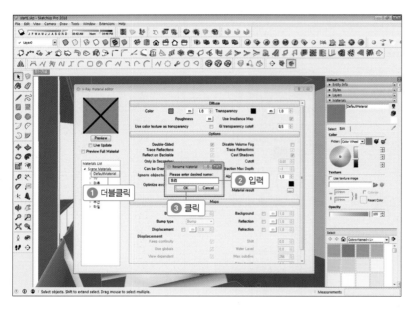

1 '아파트거실05.skp' 파일을
엽니다. [Scene Materials]에서
마우스 오른쪽 버튼을 클릭한 후
[Create Material]-[Standard]
를 클릭하여 새로운 매핑창을 엽
니다. [Default Material]을 더블
클릭하여 [Rename Materials] 창
에서 이름을 [유리]로 변경한 후
[OK]를 클릭합니다.

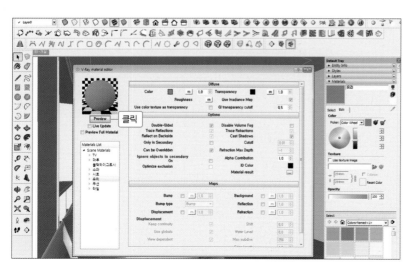

2 컬러는 유지한 채 [Preview]
를 클릭합니다.

3 오른쪽의 [Materials]-
[Edit] 탭에서 [Opacity]의 값
을 8로 지정해 투명하게 한 후
[Preview]를 클릭합니다.

4 [V-Ray material editor] 창의 [유리]에서 마우스 오른쪽 버튼을 클릭한 후 [Create Layer]-
[Reflection]을 선택하여 반사 효과를 주고 [Preview]를 클릭합니다.

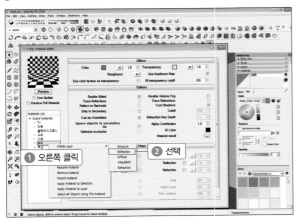
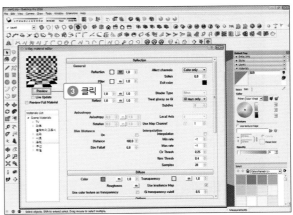

5 Select(선택) ![커서] 도구로 창문을 더블클릭한 후 유리 부분을 선택하고 [Materials] 창의 [유리]를 클릭
해 매핑을 입힙니다. ![아이콘] [Start Render]를 클릭하여 렌더링을 걸어줍니다.

Section 128

데크 매핑

데크를 매핑하기 위해 새로운 매핑을 만든 후, 색상을 지정하여 재질을 설정하고 반사 효과를 설정해 렌더링을 합니다.

◉ **예제파일** 부록CD/파트3/03장/아파트거실06.skp, d1.jpg ◉ **완성파일** 부록CD/파트3/03장/아파트거실07.skp

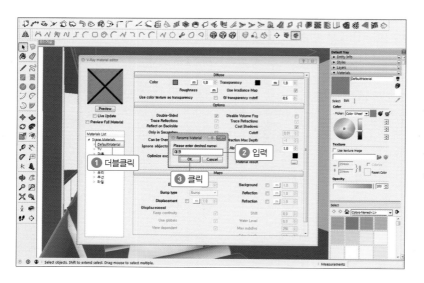

1 '아파트거실06.skp' 파일을 엽니다. [Scene Materials]에서 마우스 오른쪽 버튼을 클릭한 후 [Create Material]-[Standard]를 클릭하여 새로운 매핑 창을 엽니다. [Default Material]을 더블 클릭하여 [Rename Materials] 창에서 이름을 [데크]로 변경합니다.

2 ｍ [V-Ray Texture Editor]를 클릭합니다. [None]을 [Tex Bitmap]으로 변경한 후, 'd1.jpg' 파일을 엽니다. [V-Ray Texture Editor] 창에서 [OK]를 클릭하고 재질 설정 창에서 나와 [Preview]를 클릭합니다.

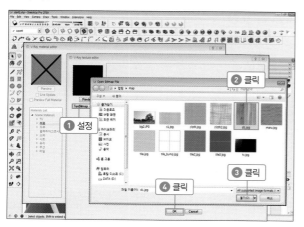

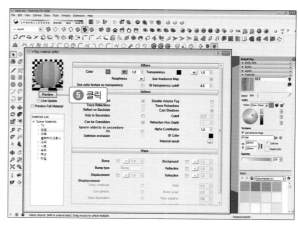

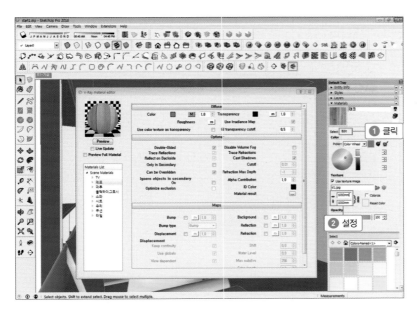

3 오른쪽 [Material]-[Edit] 탭에서 크기를 1000mm × 1000mm로 변경합니다.

4 [Maps]-[Bump]에 체크하여 활성화한 후 m 을 클릭합니다. [None]을 [Tex Bitmap]으로 변경하고 'd1.jpg' 파일을 엽니다. [Preview]를 클릭하여 확인합니다.

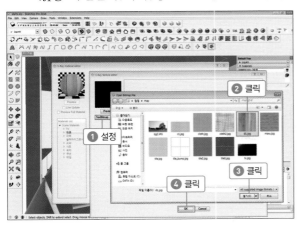

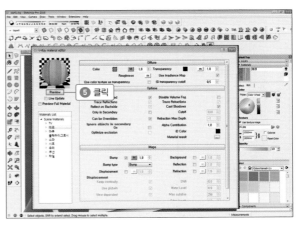

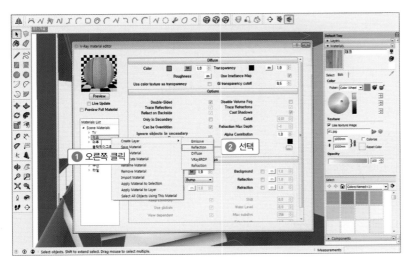

5 [V-Ray material editor] 창의 [데크]에서 마우스 오른쪽 버튼을 클릭한 후 [Create Layer]-[Reflection]을 선택하여 반사 효과를 줍니다.

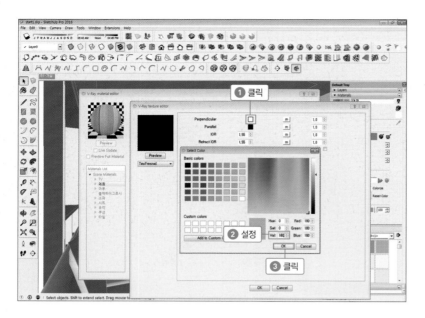

6 [Reflection]에서 M 을 클릭해 [General]-[Reflection]의 [Perpendicular] 색상 값을 180으로 설정한 후 [OK]를 클릭합니다.

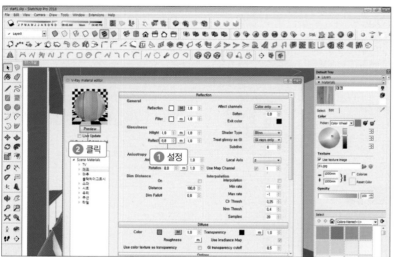

7 [Reflection]-[Glossiness]의 [Reflect]의 값을 0.8로 조절한 후 [Preview]를 클릭합니다.

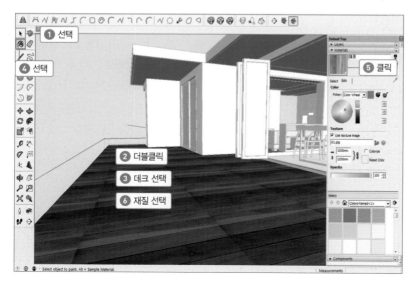

8 Select(선택) ▶ 도구로 데크를 더블클릭합니다. 데크를 선택한 후 데크에 [Materials] 창의 [데크]를 선택하여 매핑을 입힙니다.

9 데크를 선택한 후 마우스 오른쪽 버튼을 클릭하여 [Texture]-[Position]을 선택합니다. 다시 마우스 오른쪽 버튼을 클릭한 후 [Rotate]-[90]을 선택하여 회전시킵니다. Esc를 눌러 수정화면에서 나옵니다.

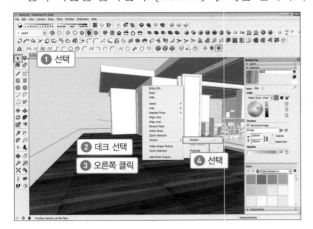

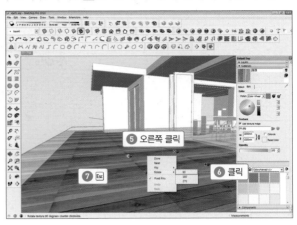

10 [B1-거실]을 클릭하여 카메라 뷰로 전환한 후 ⓡ [Start Render]를 클릭하여 렌더링을 걸어줍니다.

배경 매핑

배경을 만들고 사각형을 그리고 회전한 후 재질을 선택하고 매핑을 입힙니다. 배경의 밖에 자체조명을 추가하고 렌더링합니다.

◎ **예제파일** 부록CD/파트3/03장/아파트거실07.skp, bs2.jpg   ◎ **완성파일** 부록CD/파트3/03장/아파트거실08.skp

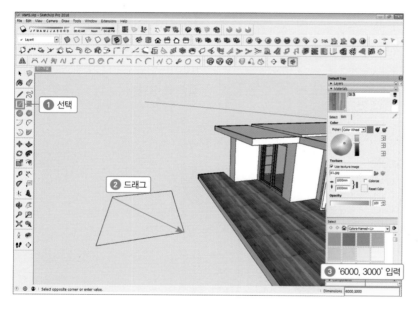

1 '아파트거실07.skp' 파일을 엽니다. Rectangle(사각형) 도구를 선택하여 6000mm × 3000mm 크기의 사각형을 그립니다.

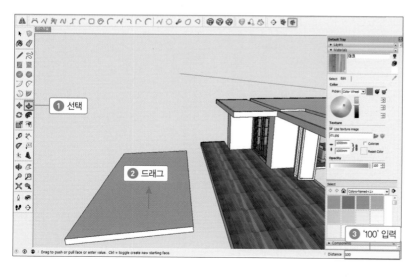

2 Push/Pull(밀기끌기) 도구로 앞에서 그린 사각형을 100mm 위로 드래그하여 올려줍니다.

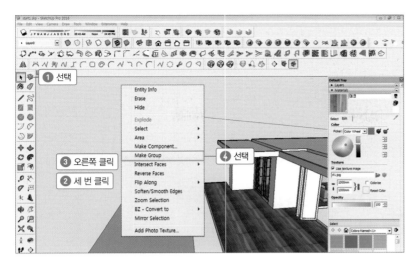

3 Select(선택) ► 도구를 세 번 클릭한 후 마우스 오른쪽 버튼을 클릭하여 [Make Group]을 선택하면 그룹이 설정됩니다.

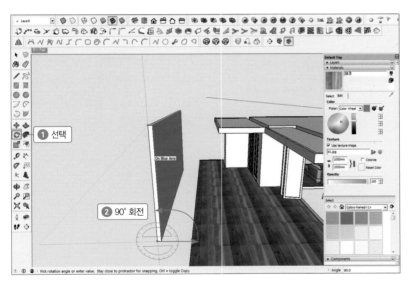

4 Rotate(회전) ⊙ 도구를 선택한 후 그룹 설정된 사각형을 90° 회전시킵니다.

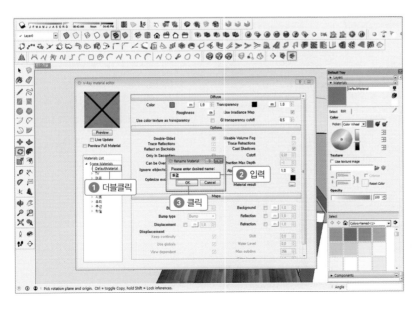

5 [Scene Materials]에서 마우스 오른쪽 버튼을 클릭한 후 [Create Material]-[Standard]를 클릭하여 새로운 매핑창을 엽니다. [Default Material]을 더블클릭하여 [Rename Material] 창에서 이름을 [배경]으로 변경합니다.

6 [m] [V-Ray Texture Editor]를 클릭합니다. [None]을 [Tex Bitmap]으로 변경한 후 'bg2.jpg' 파일을 엽니다. [V-Ray material editor] 창에서 [OK]를 클릭하고 재질 설정 창에서 나온 후 [Preview]를 클릭합니다.

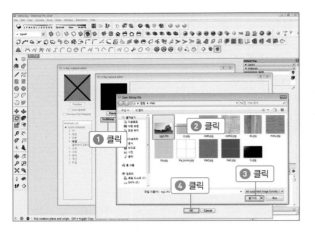
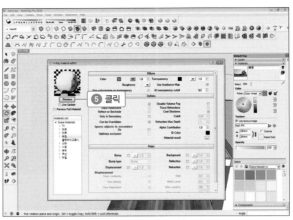

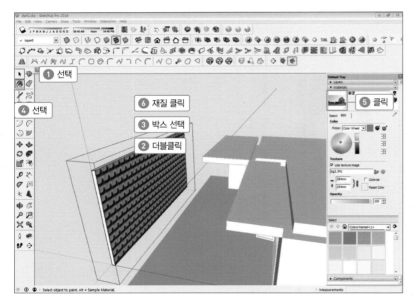

7 Select(선택) 도구로 박스를 더블클릭한 후 건물 쪽 면에 [Materials] 창의 [배경]을 선택하여 매핑을 입힙니다.

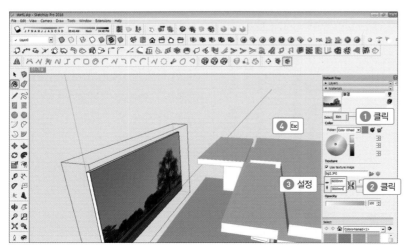

8 오른쪽 [Material]-[Edit] 탭에서 매핑의 크기를 자물쇠를 클릭하여 풀어준 후 6000mm× 3000mm으로 조정합니다.

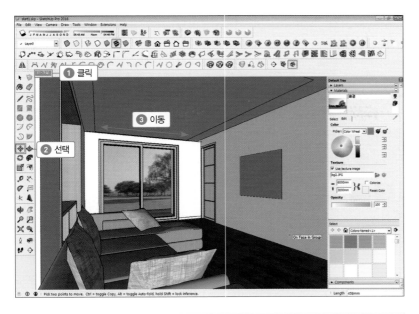

9 [B1-거실]을 클릭하여 카메라 뷰를 보면서 박스를 Move(이동) 🔀 도구로 이동해가며 맞춰줍니다.

10 [B1-거실]을 클릭하여 카메라 뷰로 전환한 후 🔳 [Start Render]를 클릭하여 렌더링을 걸어줍니다.

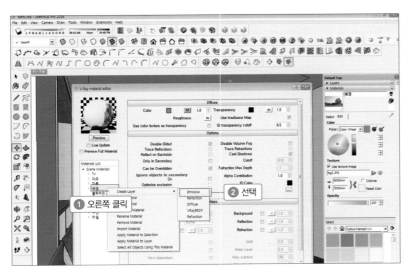

11 밖이 어두우므로 밝게 바꾸기 위해 [V-Ray material editor] 창의 [배경]에서 마우스 오른쪽 버튼을 클릭한 후 [Create Layer]-[Emissive]를 선택하여 자체조명을 추가합니다.

12 [Emissive]-[Color]에서 m을 클릭합니다. [None]을 [Tex Bitmap]으로 변경한 후 'bg2.jpg' 파일을 엽니다. [V-Ray texture editor] 창에서 [OK]를 클릭한 후 [Preview]를 클릭합니다.

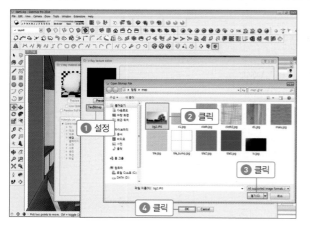
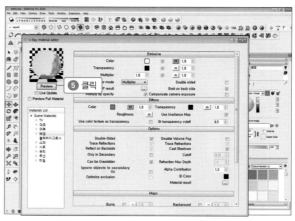

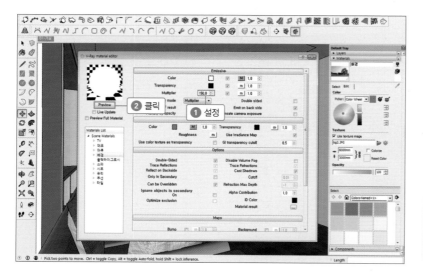

13 [Emissive]-[Multiplier]의 값을 150으로 높여 밝게 바꿔 준 후 [Preview]를 클릭합니다.

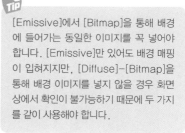

[Emissive]에서 [Bitmap]을 통해 배경에 들어가는 동일한 이미지를 꼭 넣어야 합니다. [Emissive]만 있어도 배경 매핑이 입혀지지만, [Diffuse]-[Bitmap]을 통해 배경 이미지를 넣지 않을 경우 화면 상에서 확인이 불가능하기 때문에 두 가지를 같이 사용해야 합니다.

14 [Start Render]를 클릭 하여 렌더링을 걸어줍니다.

Section
130

외부 조명

라이트 옵션 창 [Rectangle Light]를 열어 밝기 값을 조절하여 외부 조명을 만든 후 렌더링을 걸어 완성합니다.

◉ **예제파일** 부록CD/파트3/03장/아파트거실08.skp ◉ **완성파일** 부록CD/파트3/03장/아파트거실09.skp

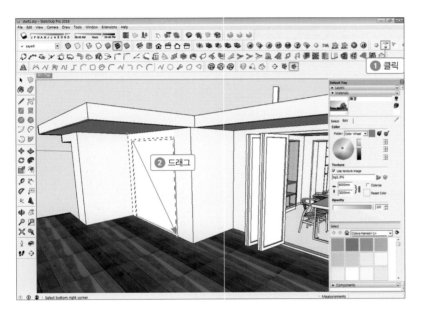

1 '아파트거실08.skp' 파일을 엽니다. [Rectangle Light]를 클릭한 후 드래그하여 창문에 그립니다.

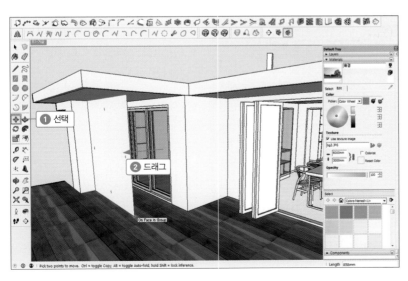

2 Move(이동) 도구로 배경 매핑 쪽으로 드래그하여 이동합니다.

3 면이 뒤집혀 있기 때문에 [Rectangle Light]의 'Midpoint'를 잡고 Rotate(회전)  도구로 180° 회전시킵니다.

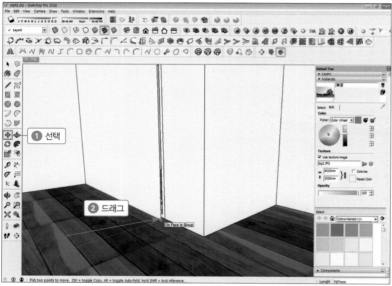

4 Move(이동) 도구로 창문 바로 앞으로 드래그하여 이동합니다.

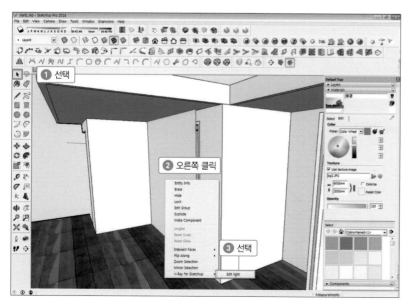

5 [Rectangle Light]에서 마우스 오른쪽 버튼을 클릭한 후 [V-Ray for Sketchup]-[Edit Light]를 선택하여 라이트 옵션 창을 켭니다.

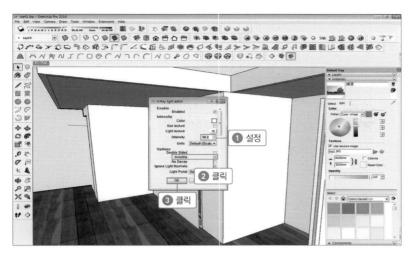

6 [V-Ray lighter editor] 창에서 밝기 값을 나타내는 [Intensity]의 값을 80으로 조절 하고, 조명을 안보이게 해야 하므 로 [Invisible]에 체크합니다.

① 설정
② 클릭
③ 클릭

7 [B1-거실]을 클릭하여 카 메라 뷰로 전환한 후 ⊛ [Start Render]를 클릭하여 렌더링을 걸어줍니다.

① 클릭
② 클릭

우측의 [Material]-[Edit] 탭의 🖿 [Browse For Material Image File]을 클릭하여 다른 재질의 이미지를 불러오면 매핑을 변경할 수 있습니 다. [Material]-[Edit] 탭에서 색상을 조정하여 사용할 수도 있으나 스케치업 상에서 색상 변환 시 버벅거림이 있을 수 있기 때문에 포토샵에서 원 하는 색상으로 바꾼 뒤 불러와 작업하도록 합니다.

포토샵으로 사무실 내부 조명 만들기

포토샵에서 [필터(Filter)]-[렌더(Render)]-[렌즈 플레어(Lens Flare)]를 선택하여 조명을 만들고 조명의 색이 바닥에 비친 조명 색과 같게 하기 위해 [이미지(Image)]-[조정(Adjustments)]-[색조/채도(Hue/Saturation)]를 조정하여 사무실 로비의 조명을 적절하게 만듭니다.

◉ 예제파일 부록CD/파트3/03장/ies_.jpg ◉ 완성파일 부록CD/파트3/03장/ies_end.jpg

1　포토샵에서 'ies_.jpg' 파일을 엽니다. [파일(File)]-[새로 만들기(New)]를 통해 새로운 레이어 창을 생성합니다. [New] 창에서 폭과 높이는 1000pixel, 배경을 하얀색(White)으로 지정한 후 [확인(OK)]을 클릭합니다.

2　[Layer)]-[New]-[Layer]를 선택하거나 ⬛ [레이어 추가(New Layer)]를 클릭하여 레이어를 추가합니다.

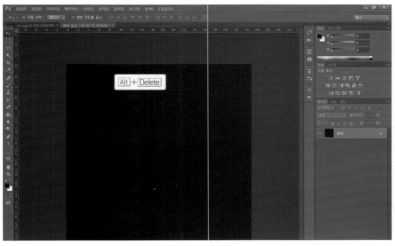

3 Alt + Delete 를 눌러 바탕을
전경색으로 칠합니다.

Tip

Alt + Delete 를 누르면 전경색으로,
Ctrl + Delete 를 누르면 배경색으로 칠할 수
있습니다.

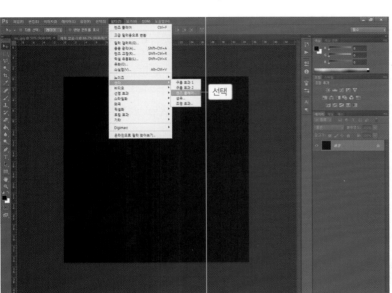

4 [필터(Filter)]-[렌더(Render)]
에서 [렌즈 플레어(Lens Flare)]를
선택합니다.

Tip

렌즈 유형별로 색과 크기가 다릅니다.

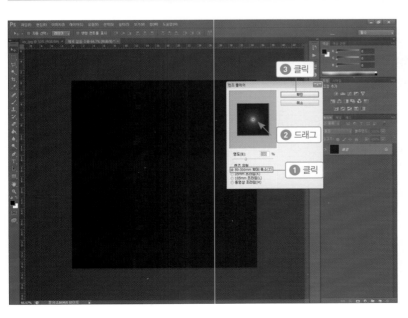

5 [렌즈 플레어] 창에서 [50~
300mm 확대/축소]를 선택한 후
렌즈를 중심으로 드래그하여 옮긴
후 [확인]을 클릭합니다.

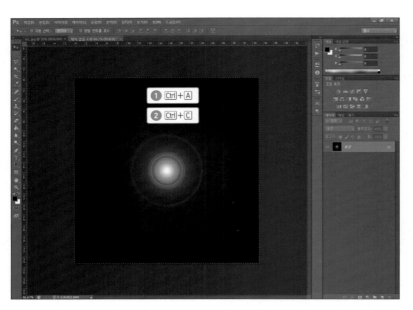

6 Ctrl+A를 눌러 전체를 선택한 후 Ctrl+C를 눌러 복사합니다.

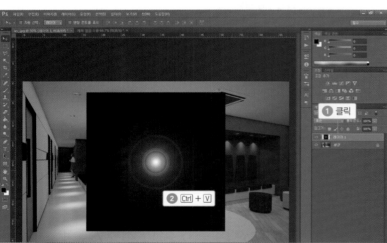

7 새로 만든 레이어를 클릭한 후 복사한 조명을 Ctrl+V를 눌러 붙여넣습니다.

8 Ctrl+T를 눌러 자유변형 상태로 만듭니다. 드래그하여 크기를 줄입니다.

자유변형 시 Shift를 누른 상태에서 크기를 늘리거나 줄이면 비례를 유지할 수 있습니다.

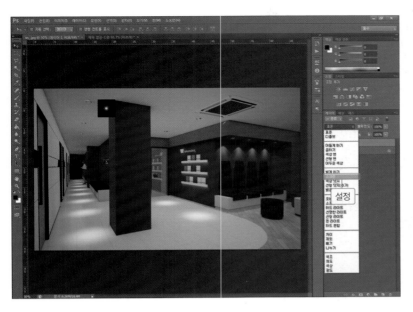

9 조명의 검은색 배경을 없애기 위해 [표준(Normal)]을 [스크린(Screen)]으로 바꿉니다.

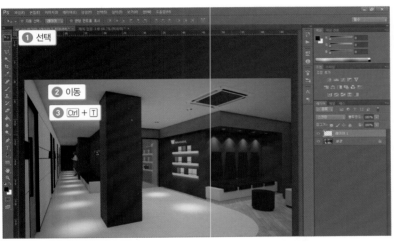

10 조명을 천장 조명 위로 이동시킨 후 Ctrl+T를 눌러 적절하게 크기를 조정합니다.

11 조명의 색이 바닥에 비친 조명의 색과 다르므로 [이미지(Image)]–[조정(Adjustments)]–[색조/채도(Hue/Saturation)]를 선택합니다.

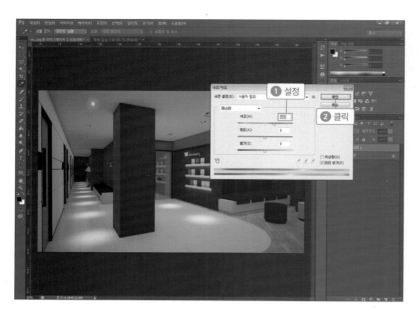

12 색조와 채도 창을 열고, 색조를 조정하여 바닥에 비친 조명과 색(색조 +33)을 비슷하게 조절합니다.

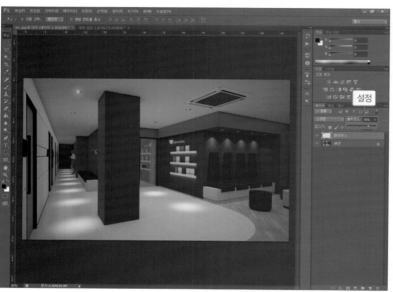

13 보다 자연스러워 보이도록 불투명도를 높여 조명을 흐리게 만듭니다.

불투명도가 0으로 갈수록 투명해집니다.

14 조명을 뒤쪽 천장 조명에도 복사합니다. Ctrl+T를 누르고 Shift를 눌러 알맞게 크기를 조정하고 Enter↵를 누릅니다.

Select(선택) ▶ 도구를 선택하고 Alt를 누른 상태에서 조명을 선택한 후 복사하여 조명 뒤쪽 천장에 복사합니다.

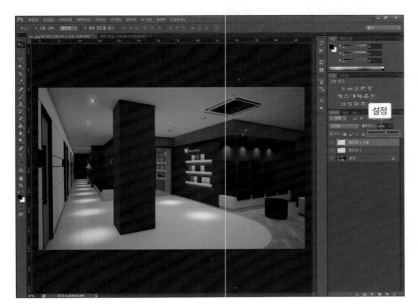

15 뒤쪽에 있어 앞쪽 조명보다 흐리게 보여야 하므로 불투명도를 더 높여줍니다.

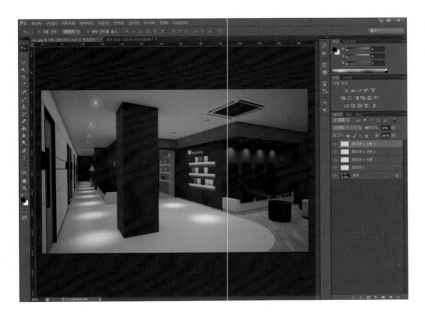

16 뒤로 갈수록 크기는 작아지고, 불투명도는 높게 표현합니다.

17 조명 주위를 자연스럽게 만들기 위해 Eraser(지우개) 도구로 지우개의 모양 중 주위가 흐릿한 모양을 선택하고 적절한 크기를 설정하여 레이어를 선택한 후 주위를 지워줍니다.

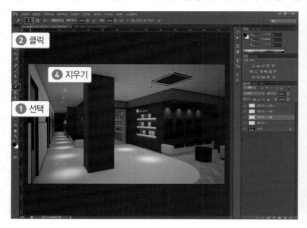 

Tip

레이어 선택 시 선택하고자 하는 객체의 레이어를 모를 경우, 선택하고자 하는 객체에 마우스 오른쪽 버튼을 클릭하면 레이어의 이름이 나타납니다.

18 같은 방법으로 조명의 주위를 지워줍니다.

19 레이어 창에서 Shift 를 눌러 작업한 레이어를 전부 선택한 후 마우스 오른쪽 버튼을 클릭하여 [레이어 병합]을 선택해 레이어를 하나로 합칩니다.

1 Shift , 전체선택
2 오른쪽 클릭
3 선택

20 조명 주위의 검은색 배경을 없애기 위해 [표준(Normal)]을 [스크린(Screen)]으로 바꿉니다.

설정

21 나머지 조명들도 작업합니다.

Chapter 04

애니메이션
따라하기

애니메이션을 실행하기 전에 먼저 Camera Location 씬과 Hidden Geometry 씬, Visible Layers 씬, Activate Section Planes 씬, Style 씬을 만든 후에 애니메이션의 세팅 값을 설정하여 애니메이션을 실행하고 저장하는 방법을 알아봅니다.

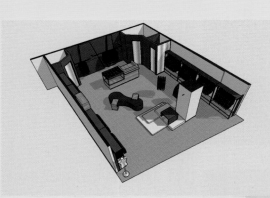

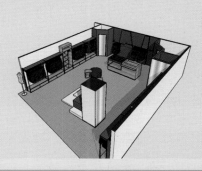

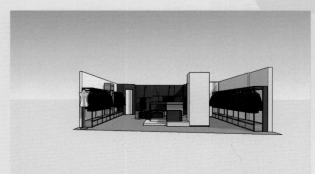

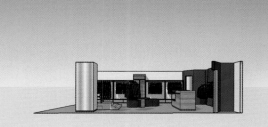

Camera Location 씬 만들기

[Window]-[Default Tray]-[Scenes]를 선택하면 우측에 씬 창에서 씬을 제어하고 이름을 바꾸는 등의 작업을 할 수 있습니다. 여기서는 씬을 생성한 후 이름을 지정하고 그림자를 켜서 left 씬을 만들어봅니다.

● 예제파일 부록CD/파트3/04장/Start5.skp

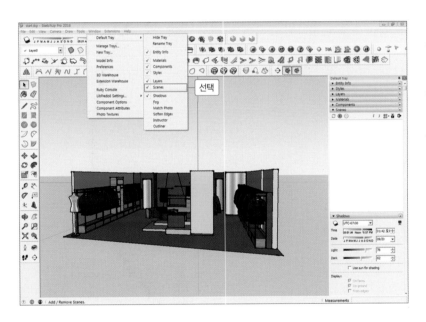

1 'Start5.skp' 파일을 엽니다. [Window]-[Default Tray]-[Scenes]를 선택하면 우측에 씬 창이 뜨는데 이 창에서는 씬을 제어하고 이름을 바꾸는 등의 작업을 할 수 있습니다.

2 [View]-[Animation]-[Add Scene]을 클릭하여 씬을 생성하고 이름을 [start]로 지정합니다.

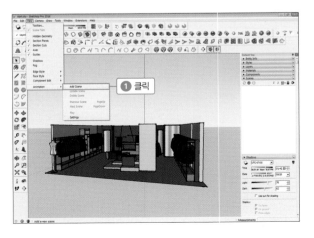

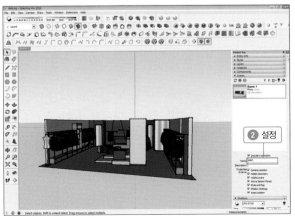

3 마우스 휠을 누른 상태로 움직여 [iso] 뷰로 전환한 후 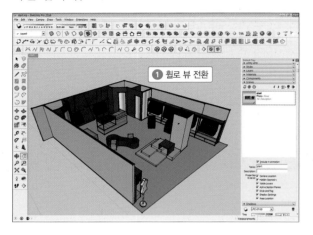[Show/Hide Shadows]를 클릭하여 그림자를 켭니다.

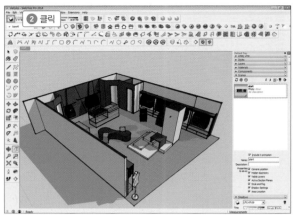

4 [Window]-[Default Tray]-[Shadows]를 클릭하면 우측에 그림자 창이 뜨는데 이 창에서는 그림자를 제어할 수 있습니다. [On faces]는 모델링에 그림자가 나타나는 것을 의미하고, [On Ground]는 지면에 그림자가 나타나는 것을 의미합니다. 인테리어에서는 [On Faces]만 사용하기 때문에 [On Ground]에 체크를 꺼줍니다.

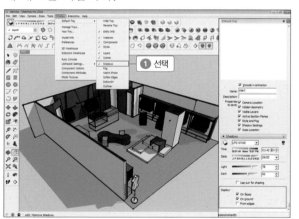
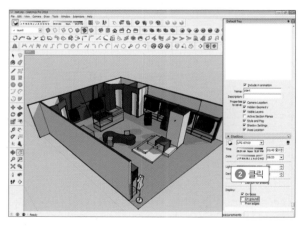

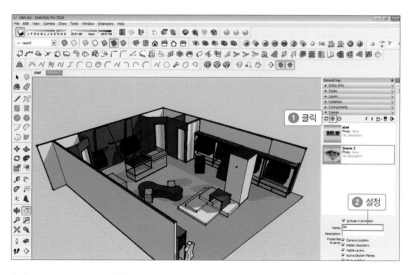

5 [Scenes] 패널에서 [Add Scene]을 클릭하여 씬을 추가합니다. 이름은 [iso]로 지정합니다.

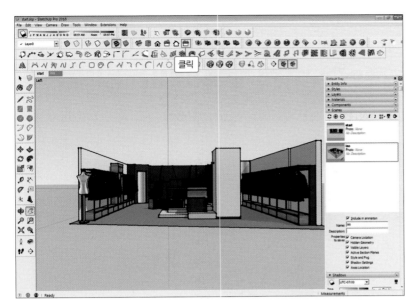

6 Left(좌측면) ▣ 도구를 클릭해 Left 뷰로 전환합니다.

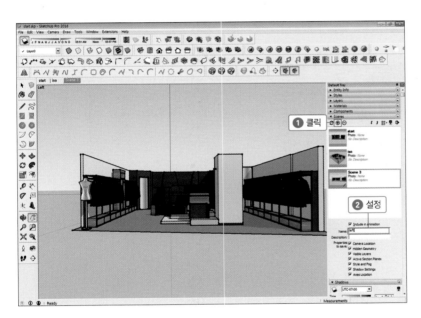

7 [Scenes] 패널에서 ⊕ [Add Scene]을 클릭하여 씬을 추가합니다. 이름은 [left]로 지정합니다.

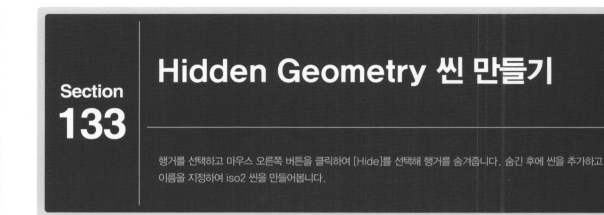

Hidden Geometry 씬 만들기

행거를 선택하고 마우스 오른쪽 버튼을 클릭하여 [Hide]를 선택해 행거를 숨겨줍니다. 숨긴 후에 씬을 추가하고
이름을 지정하여 iso2 씬을 만들어봅니다.

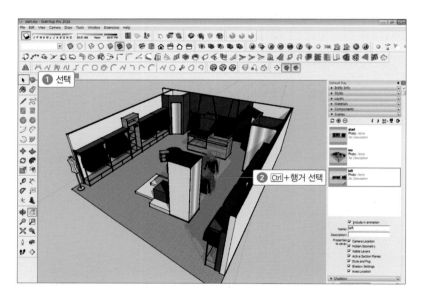

1 마우스 휠을 누른 상태로 움
직여 뷰를 [iso] 뷰로 전환한 후,
가운데 행거 두 개를 Ctrl을 누른
상태에서 Select(선택) ▶ 도구로
선택합니다.

2 행거를 마우스 오른쪽 버튼으로 클릭한 후 [Hide]를 선택해 숨깁니다. [Scenes] 창에서 ⊕ [Add Scene]
을 클릭하여 씬을 추가합니다. 이름은 [iso2]로 지정합니다.

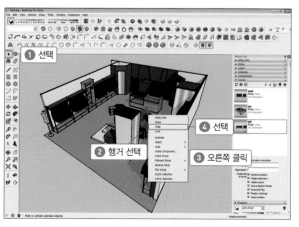

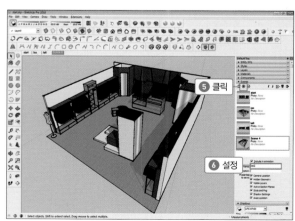

Visible Layers 씬 만들기

레이어 창에서 해당 레이어의 [Visible]의 체크를 꺼서 레이어가 보이지 않도록 한 후에 씬을 추가하여 iso3을 만들어봅니다.

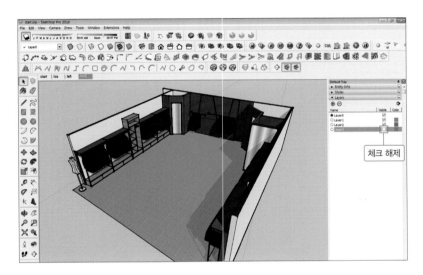

1 우측 레이어 창에서 [Layer 3]의 [Visible]의 체크를 꺼 레이어가 보이지 않도록 합니다.

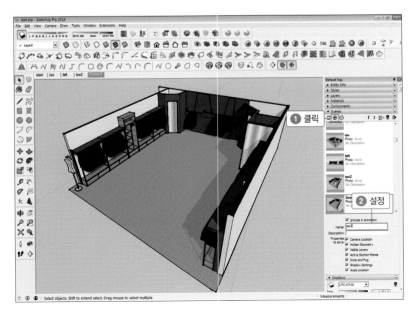

2 우측 [Scenes] 창에서 ⊕ [Add Scene]을 클릭하여 씬을 추가합니다. 이름은 [iso3]으로 지정합니다.

Style 씬 만들기

씬 창에서 탑 뷰로 전환하고 [Add Scene]을 클릭하여 씬을 추가하고 스타일을 바꿔준 후 씬을 업데이트합니다. 씬의 순서를 바꿔봅니다.

1 씬 창에서 [start]를 더블클릭한 후 Top(윗면) 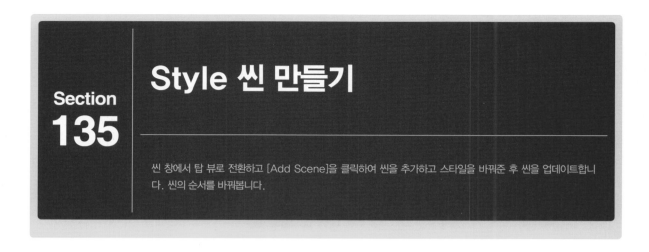 도구를 선택해 탑 뷰로 전환합니다.

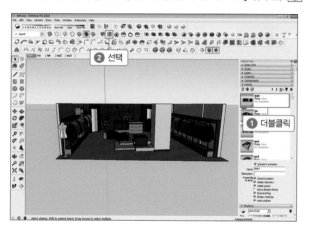

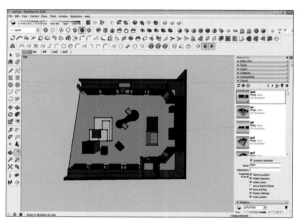

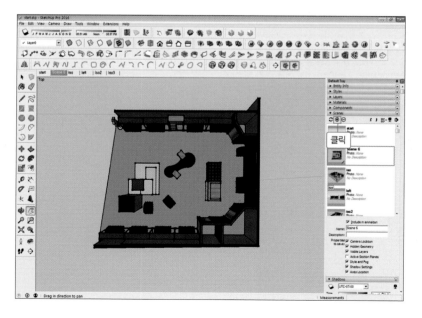

2 우측 [Scenes] 창에서 ⊕ [Add Scene]을 클릭하여 씬을 추가합니다.

3 우측 [Styles] 창에서 [Sketchy Edges]-[Airbrush with Endpoints]를 클릭하여 스케치로 스타일을 바꿔줍니다.

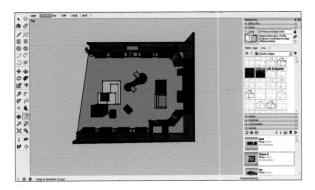

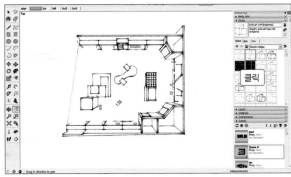

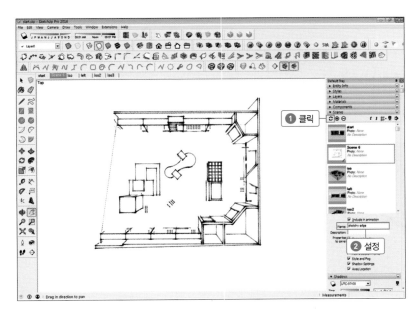

4 [Scenes] 창의 ⟳ [Update Scenes]를 클릭해 씬을 업데이트 합니다. [Scenes] 창의 [Name]을 [sketchy edge]로 변경합니다.

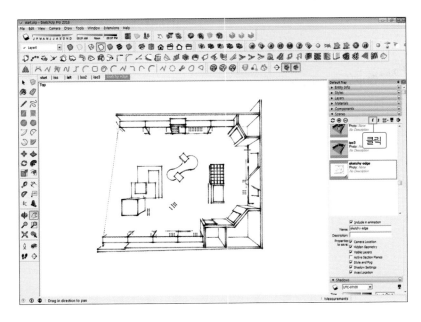

5 🄵 [Move Scene Down]을 클릭하여 씬의 순서를 바꿀 수 있습니다.

Activate Section Planes 씬 만들기

뷰를 전환한 후에 [Section Plane]을 선택하여 우측면을 클릭합니다. 한 면을 숨기고 씬을 추가하고 씬의 순서를 바꿉니다. 업데이트를 하여 씬에서 섹션이 보이지 않도록 만듭니다.

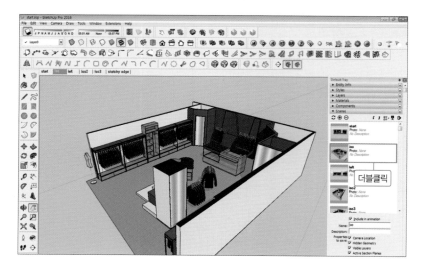

1 씬 창에서 [iso] 뷰를 더블클릭하여 뷰를 전환시킵니다.

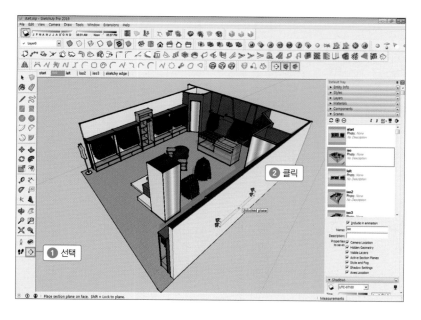

2 Section Plane(단면) ⊖ 도구를 선택하여 우측면을 클릭합니다.

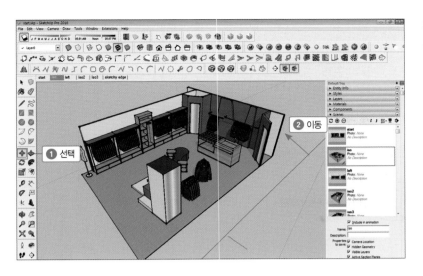

3 Move(이동) ✛ 도구로 섹션을 피팅룸 전까지 이동합니다.

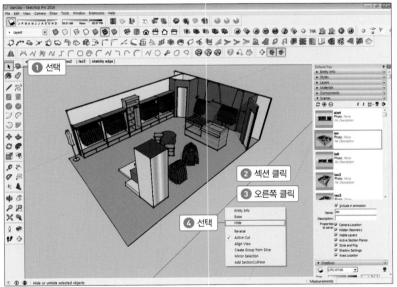

4 Select(선택) ▶ 도구로 섹션을 클릭한 후 마우스 오른쪽 버튼을 선택하여 [Hide]를 선택하여 숨깁니다.

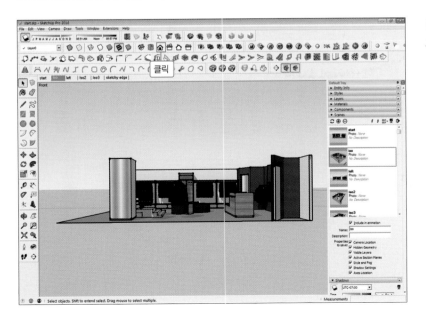

5 Front(정면) 🏠 뷰를 클릭해 뷰를 전환합니다.

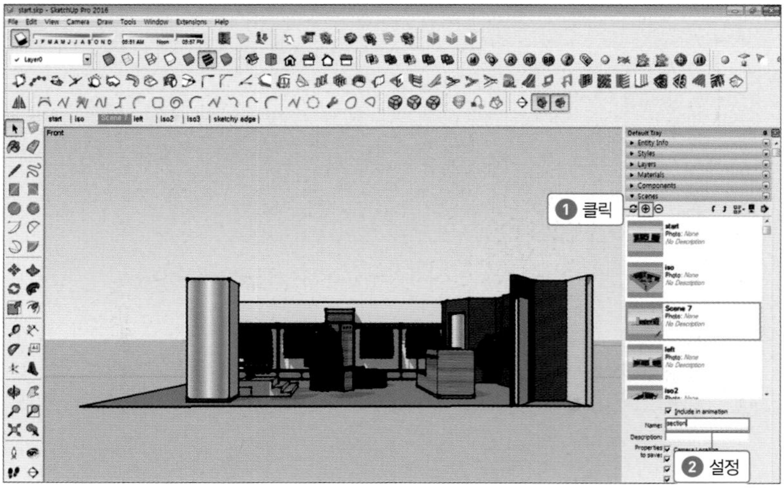

6 [Scenes] 창에서 [Add Scene]을 클릭하여 씬을 추가합니다. 이름은 [section]으로 지정합니다.

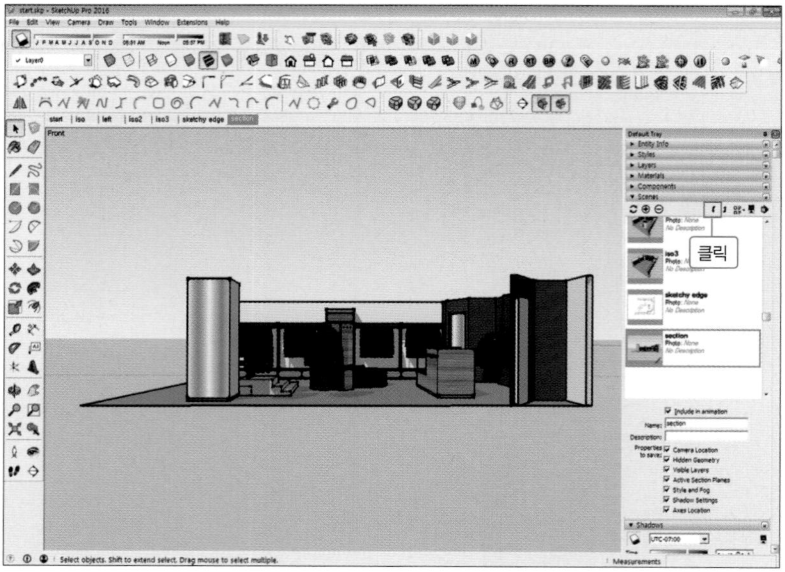

7 [Move Scene Down]을 클릭하여 마지막으로 씬의 순서를 바꿔줍니다.

8 [section]을 제외한 모든 뷰에서 각각 섹션을 더블클릭한 후 Select(선택) 도구로 화면의 각 섹션 영역을 선택하고 마우스 오른쪽 버튼을 클릭하여 [Hide]를 선택합니다. [Update Scene]을 클릭하여 [Scene Update] 창에서 [Update]를 클릭해 씬에서 섹션이 보이지 않도록 합니다.

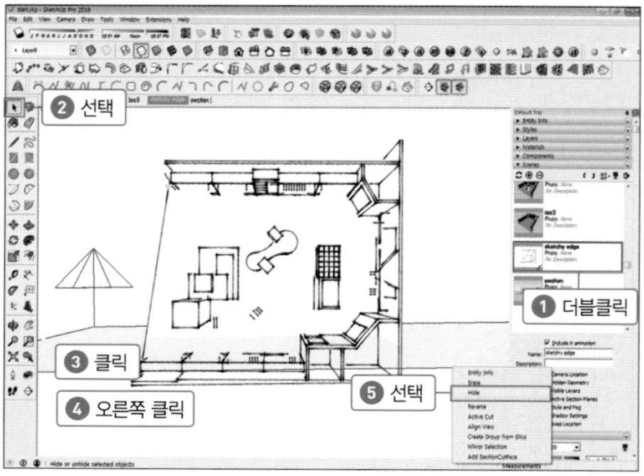

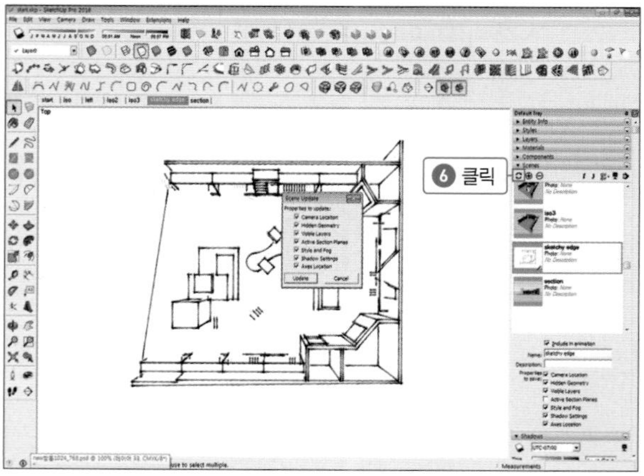

Animation 설정하기

애니메이션을 미리 본 후 세팅 창을 열어 씬이 전환하고 머무는 간격을 초단위로 지정합니다. [View]-[Animation]-[Settings]를 클릭하여 애니메이션 세팅창에서 몇 초 간격으로 씬을 전환하고 머무르게 할지를 설정합니다.

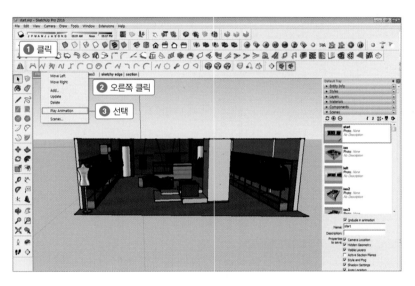

1 [Start] 뷰로 전환한 후, 마우스 오른쪽 버튼을 클릭하여 [Play Animation]을 선택하면 애니메이션을 미리 볼 수 있습니다.

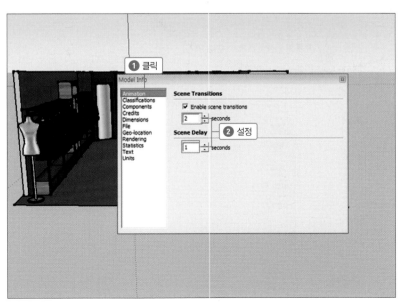

2 [View]-[Animation]-[Settings]를 클릭하면 애니메이션 세팅창이 뜹니다. [Animation] 탭의 [Scene Transitions]는 몇 초 간격으로 씬을 전환할 것인지를 의미하며, [Scene Delay]는 몇 초 동안 씬이 머무는지를 의미합니다.

Animation 저장하기

애니메이션을 저장하기 위해 [File]-[Export]-[Animation]-[Video]를 선택한 후 [Export Animation] 창에서 화질, 프레임, 파일 형식 등을 지정하여 저장합니다.

● 완성파일 부록CD/파트3/04장/end5.skp

1 애니메이션을 저장하기 위해 [File]-[Export]-[Animation]-[Video]를 선택한 후 [Export Animation] 창에서 [파일 형식]은 mp4로 지정합니다.

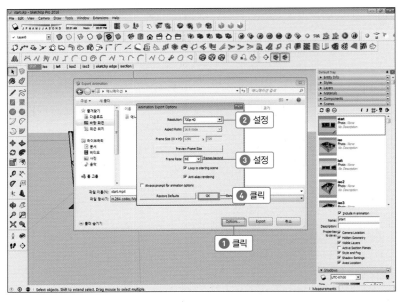

2 [Export Animation] 창에서 [Options]를 클릭한 후 [Animation Export Options] 창에서 [Resolution] 화질을 [720p HD], [Frame Rate]는 30으로 지정합니다.

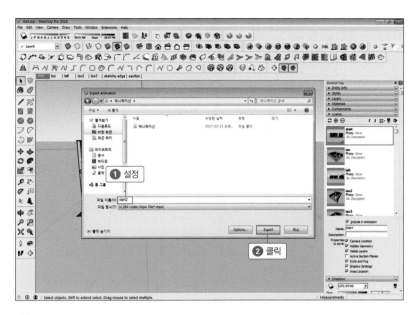

3 [OK]를 클릭하면 [Export Animation] 창에서 파일 이름은 'start2'로 지정한 후 [Export]를 클릭합니다.

 확장자가 [avi]인 경우 섹션이 자연스러우나 [mp4]인 경우 화면 구현이 잘 되지 않을 수도 있습니다. 또한, [avi]는 단순한 애니메이션일 경우도 기가 바이트 단위로 파일이 크기 때문에 하드웨어 용량이 충분해야 합니다.

 씬 창에서 [Include in animation]의 체크를 끄면 이름에 가로가 쳐지며, 애니메이션에서 제외됩니다.

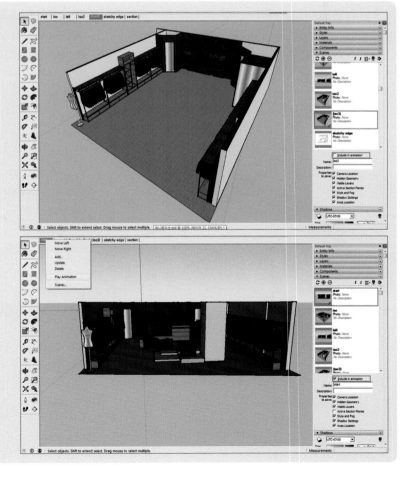

INDEX

S~W

ㄱ~ㄴ

ㅁ ~ ㅂ

ㄷ ~ ㄹ

ㅅ ~ ㅇ